현대 생활과 경제

박일수 • 김동규 • 김종섭 • 김정호 • 유원근 • 정은희

한울출판사

머 리 말

우리들은 하루하루를 생활하면서 “경제”와 관련을 맺지 않을 수 없다. 우리의 일상생활은 아침에 집을 나와 저녁에 귀가할 때까지 수많은 경제행위들로 이루어진다. 이와 같이 경제는 인간의 생활을 지탱하는 기반이며 우리들의 일상생활과 밀접한 관련을 맺고 있다.

1990년대 들어 세계 모든 국가는 그 무엇보다도 경제문제를 최우선으로 하고 있다. 특히 우리 나라는 1997년 경제위기를 겪으면서 경제에 대한 관심이 그 어느 때보다도 높아져 있는 것이 사실이다.

최근 세계경제의 흐름은 정보화의 급진전과 더불어 글로벌, 지식경제시대로 대변되는 무한경쟁의 시대로 접어들었다. 특히 경제위기 이후 한국에서 국제경쟁력, 재벌, M&A, 다각화, 지식기반경제, 외환보유고, BIS 자기자본 비율 등의 경제용어들을 접하기란 그리 어렵지 않은 일이 되었다. 이렇게 복잡한 경제환경 속에 살면서 우리가 경제흐름을 올바로 이해하고 합리적인 경제생활을 영위한다는 것은 그리 만만해 보이지 않는다.

이 책에서는 이렇게 복잡해지고 있는 경제현상을 우선 경제학의 이론을 통해 가능한 쉽게 풀어 설명함으로써, 경제학 입문자들이 경제문제를 보다 쉽게 이해할 수 있도록 하였다. 이러한 맥락에서 이 책은 다음과 같은 몇 가지 점에 초점을 맞추고 있다.

첫째, 경제주체의 실제 경제생활과 관련하여 설명하였다.

예를 들면 합리적인 소비생활, 고용임금과 관련한 노동시장, 자본조달과 투자문제 등 개인과 기업이 부딪히는 문제를 다루었다. 또한 국민경제와 관련하여 소득분배와 복지문제, 물가와 실업문제, 환경문제, 자산증식을 위한 증권과 부동산 재테크 전략 등의 문제를 다루었다.

둘째, 경제이론들을 되도록 쉽게 풀어 설명하였다.

경제학은 사회과학의 여왕이라는 별칭과는 달리 공부하려는 학생 수는 점점 줄어들고 있는 추세이다. 그 요인 중 하나는 경제이론이 너무 난해하다는 선입관 때문이기도 하다. 이에 따라 본 교재에서는 이론의 전개를 쉽게 하기 위해 경제학에서 흔히 사용되고 있는 수리적 표현이나 그래프의 사용을 되도록 줄여 독자의 이해를 돕고자 하였다.

셋째, 최근에 변화하고 경제환경을 최대한 반영하였다.

1990년대 이후 경제의 블록화와 글로벌화가 급진전되고 있고, 정보화와 지식정보사회로 급선회하고 있다. 이에 따라 국제경쟁력의 문제, 환율문제, 국제금융문제 뿐만 아니라 개인의 자산관리와 재테크 문제, 주식시장과 파생상품시장 문제 등을 다루었다. 따라서 본서는 대학에서 생활경제 입문교재로서 뿐만 아니라 교양도서로서 일반인의 눈높이에 맞추어 서술되었다고 할 수 있다.

이 책은 초판이고 또 여러 교수님들이 전공분야를 중심으로 공동으로 집필된 것이다. 따라서 책의 구성과 서술상 일관성 면에서는 다소 부족한 면이 예상되나 앞으로 보완해 나갈 것을 약속하며, 이 책을 통해 학생들뿐만 아니라 일반 독자 여러분이 경제문제와 친밀해질 수 있기를 기대한다.

이 책의 출간과정에서 편집과 교정을 도와준 지역경제학과의 허호성서진영 선생께 감사드린다. 끝으로 책이 나올 수 있도록 해주신 한올출판사의 임순재 사장님과 최혜숙 실장님 그리고 수고하신 편집부 직원 여러분들께 감사를 드린다.

2007년 3월

저자 일동

C/O/N/T/E/N/T/S

Chapter 1

경제학의 개념

Chapter 2 수요와 공급

Chapter 3 소비와 생산

Chapter 4 기업의 지배력이 없는 시장

Chapter 7 환경과 경제의 관계

Chapter 8 국민소득과 복지

Chapter 9 화폐와 금융

Chapter 10 증권시장

Chapter 11 경제성장의 토대 재정

경제학의 개념 제1장

1. 경제학이란 무엇인가

경제학이란 무엇인가. 간단히 말해 경제학이란 우리가 살고 있는 자본주의 경제의 운용방식을 설명하는 학문분야를 말한다고 할 수 있다.

자본주의란 기업가가 자본을 투자하여 기업활동을 하고 이를 통해 이윤을 얻는 체계이다. 이 때 기업가는 자신이 투자한 자본의 양보다 더 큰 가치를 갖는 산출물을 얻어야 이윤을 획득할 수 있다.

만약 비용이 생산물보다 크다면 그 기업가는 손해를 보게 되어 투자는 계속될 수 없다. 즉 기업가는 이윤의 획득이 가능할 경우에만 투자하려 할 것이다. 따라서 이윤은 기업가의 투자 여부를 결정해주는 가장 중요한 지표가 된다.

1.1 생산수단과 노동력에 대한 투자

기업가가 투자하는 자본의 종류는 크게 두 가지로 나눌 수 있다. 하나는 생산을 가능하게 해주는 수단들로 예를 들면 기계나 설비, 원재료, 연료 등에 대한 투자이다. 이것들을 '생산수단'이라고 한다. 다른 하나는 생산수단을 작동하고 관리하는데 동원되는 인력에 대한 투자이다. 이것은 '노동력'이라 한다. 이처럼 자본주의란 생산수단과 노동력을 결합시킴으로써 생산활동이 이루어지는 시스템을 의미한다.

자본주의에서 생산수단의 소유자와 노동하는 사람들은 분리되어 있다. 그렇지만 생산수단과 노동력 모두는 자본가가 구입하여 생산과정에 투입해야 한다. 이처럼 생산수단과 노동력이 분리되어 존재하는 시대는 사실상 그리 오래된 것이 아니다. 이 두 요소가 직접적으로 분리된 것은 자본주의적 생산 시스템이 성립된 이후라고 할 수 있다. 그 이전의 사회에서는 생산수단과 노동력이 완전히 분리되어 있지 않았다. 따라서 생산수단과 노동력의 완전한 분리는 오랜 경제적 발전과정의 산물이라고 볼 수 있다.

1.2 생산과정과 경제적 관계

생산한다는 것은 사람들이 일상생활을 영위하기 위한 물질적 수단을 마련할 수 있는 중요한 방책이다. 대부분의 경우 사람들은 대개 다른 사람들과 어떻게든 관계를 맺고 살아간다. 얼핏 보면 사람들의 관계란 특정한 이해관계 없이 영위되는 것처럼 보인다. 그러나 이 관계가 경제적인 이해관계로 바뀌게 되면 사정이 달라져 사람들 사이의 친분관계는 부차적인 것으로 변화된다. 심지어 친척은 물론 가족들 사이에서도 경제적인 문제를 둘러싼 분쟁이 일어나는 일을 흔히 볼 수 있는 것은 좋은 사례라고 할 수 있다.

이와 같이 경제적인 관계는 사람들이 의식하지 못하는 사이 그들 사이의 기본적인 관계를 규정한다. 왜냐하면 사람들은 일상적인 생활을 영위하기 위해 일정한 규모의 물질적인 수단을 지녀야 하기 때문이다. 살 집과 먹을 음식 그리고 입을 옷이 있어야 사람들은 기본적인 생활을 할 수 있다. 이러한 것들은 너무도 필수적인 조건들이기 때문에 그리 자주 의식되지는 않지만, 이와 같은 물질적 조건들을 마련하기 위해 사람들은 경제활동을 하게 되며, 그 과정에서 사람들 사이의 관계가 정립되는 것이다.

경제활동 과정에서 사람들은 그들의 일상에서와는 다른 경제적 관계 속에 들어가게 된다. 이것은 사람들 각자가 행하는 경제행위가 사회적인 질서 속에서 특정한 관계를 맺기 때문에 발생하는 것이다. 이것을 사회적인 관계라고 한다. 경제활동 과정에서

맺어지는 경제적 관계는 사회적 관계를 결정하는 기본 요인이 된다. 어떤 사람은 자본과 생산수단을 갖고 사람을 고용하며, 다른 사람들은 기업가에게 자신의 노동력을 제공해야 한다. 이 과정에서 자본과 노동력의 소유자들 사이의 경제적 관계가 형성되는 것이다. 이처럼 자본주의란 생산수단의 이처럼 생산수단의 소유자와 노동력의 소유자가 맺는 사회적 관계를 특징으로 하는 생산 시스템이라고 할 수 있다.

1.3 경제학이란

우리가 고찰하는 경제학은 이상과 같은 경제활동을 영위하는 사람들 사이의 관계를 다룬다. 사람들 사이의 사회적 관계는 기본적인 생활을 영위할 수 있는 물질적 수단의 생산과 분배를 둘러싼 경제적 관계에 의해서 규정된다. 따라서 인간의 경제생활과 그들의 존재 형태는 바로 경제적 관계에 의해서 결정된다고 할 수 있다. 인간의 생활 양식은 정치, 경제, 사회, 문화적인 다양한 부문을 개별적으로 분리하여 고찰하는 것이 아니라, 이것들의 총체를 종합적으로 고려해야 과학적으로 파악할 수 있다. 이 때 가장 기본적인 요소는 바로 이들의 생활을 영위할 수 있게 해주는 물질적인 수단의 생산과 분배관계이기 때문에 경제활동 과정에서 성립되는 사람들 사이의 사회적 관계는 인간의 사회적 존재를 규정하는 일차적인 요소가 된다. 따라서 경제활동 과정에서의 경제적 관계를 연구하는 경제학이란 경제활동의 제반 영역들인 생산과 분배 그리고 소비와 투자의 전체적인 운행과정을 체계적으로 파악하고 설명해 내는 사회과학이라고 할 수 있다.

2. 경제행위와 경제문제

2.1 경제행위

경제행위란 인간이 삶을 영위하는 데 필요한 재화와 용역을 생산하고 사용하는

데 관련된 인간의 활동을 말한다. 이를 통해 인간은 일상생활에 필요한 재화와 용역 등의 물질적 수단을 생산한다. 물질적 수단은 우리가 직접 볼 수 있는 '유형(有形)의 것'과 '무형(無形)의 것'이 있는데, 이 중 유형의 것을 재화라고 하고 무형의 것을 용역 또는 서비스라고 한다.

빵이나 음식, 기계, 원재료 등과 같이 생산하는 과정에서 직접 손으로 다루거나 육체적으로 느낄 수 있는 것들은 유형의 재화라고 할 수 있다. 반면 국방이나 치안, 정보 서비스, 그리고 음악이나 연극처럼 인간의 심미적인 만족을 채울 수 있는 다양한 문화적 프로그램, 법적인 갈등을 해결해 주는 법률적 서비스 등은 모두 무형의 용역이라고 할 수 있다. 이상과 같은 유형 무형의 것들을 생산하는 모든 행위는 '경제 행위'에 포함된다.

2.2 경제문제

이상과 같은 경제행위는 사회에서 일정한 관계를 통해 이루어지고, 그 과정에서 다양한 문제들이 발생하는데, 이를 '경제 문제'라고 한다. 과거 사회의 구조가 비교적 단순했던 때의 생산력적인 발전 단계는 매우 저급한 것이었다. 그러나 사회의 발전과 함께 기술의 개발이나 과학의 발전으로 생산력의 급속한 발전이 이루어지면서 생산과정이 고도로 분화될 수 있었다. 이에 따라 사람들 사이의 관계도 급속히 분화되기 시작하고, 관계들의 분화와 함께 이들을 체계적으로 조직하는 틀도 더욱 복잡해지고 정교해지면서 점차 경제 문제도 매우 복잡한 양상을 띠기 시작했다. 이처럼 경제 문제는 사회 구조나 조직의 분화 정도, 그리고 그것이 조직된 상태에 따라 형태나 성격도 변화되었다.

인간에게 주어진 경제 문제는 다시 문제를 해결하기 위한 인간의 노력을 수반한다. 때문에 인간은 생각하지 않을 수 없었다. 인간의 경제 행위는 인간들 사이의 관계 속에서 나타나기 때문에 경제학을 다시 정의한다면 이와 같은 경제문제를 해결하기 위한 인간들의 인식의 체계라고 할 수 있다.

이론적인 체계는 고정되어 있는 것이 아니다. 역사적으로 인간이 자연으로부터 재화를 획득하는 방법이 발전하면서 인간의 사고체계도 점차 발전해 왔다. 이는 다시 인간들 사이의 관계를 변화시켰다. 즉 그것은 이전보다 더욱 복잡하고 다양한 형태를 띠게 되었다. 이에 따라 발생하는 경제 문제도 이전과는 많이 달라졌고, 이와 함께 문제를 해결하는 방식 자체도 바뀌게 되었다. 이는 다시 문제의 해결을 위한 사고의 체계를 변화시켜 왔다.

사고의 변화와 발전은 사람들 사이의 관계를 설명해오던 기존의 이론 체계를 변화시게 된다. 경제학의 학문체계도 역사의 발전과정 변천을 거듭해왔고 현재에도 끊임없이 변화 발전의 과정을 거치고 있는 것으로 파악될 수 있다.

3. 경제의 근본문제

특정한 시대에 체계화된 경제이론은 그 시대에 제기된 경제문제들을 어느 정도 해결해 주었다. 이렇게 볼 때 지금까지 발전되어 온 인류의 역사과정은 어떤 시대에 어떤 경제문제가 제기될 수 있었는가 하는 것과 이 문제를 어떤 방식으로 풀어왔는가 하는 대응 방식의 변천사라고 할 수 있다. 이 과정에서 경제제도는 다음과 같은 근본문제에 대한 해결방식을 제공해 왔다.

3.1 욕구와 희소성

경제활동이 이루어지는 근본적인 이유는 사람들이 갖는 욕구나 필요를 충족시키는 데 있다. 그리고 역사의 발전과정에서 사람들의 욕구나 필요는 증대해 왔다. 따라서 사람들이 더 커다란 욕구를 표현하면 할 수록 더 많은 재화를 생산하여 채울 수밖에 없게 되는데, 대개 인간의 욕구를 실제 생산될 수 있는 재화보다 더 클 뿐만 아니라 심지어 무한하게 팽창되는 것이다.

요컨대 인간의 욕구는 무한한데 이를 채울 수 있는 물질적 수단들은 제한되어 있다. 따라서 인간은 주어진 조건하에서 자신의 욕망을 극대화하려는 행위에 나선다. 이 과정에서 근본적으로 물질적 수단이 팽창하여 인간의 욕구를 채워주지 못하는 한 인간들 사이에는 재화의 분배와 소비를 둘러싼 경제문제가 발생하게 된다.

여기서 인간의 욕구가 무한하다는 것은 하나의 이론적 전제가 된다. 뿐만 아니라 인간의 욕구는 고정되어 있지 않다. 하나의 욕구가 충족되면 이전에는 느끼지 못했던 새로운 욕구가 생긴다.

우리는 주위에서 이와 같은 사례를 얼마든지 관찰할 수 있다. 상당한 재력가가 오히려 그렇지 않은 사람들보다 소액의 금전에 대해서도 더욱 집요한 집착을 보이는 사례를 보는 것은 그리 어렵지 않다.

또 사람들은 조그만 힘을 얻게 되면, 더 큰 힘을 얻고자 한다. 누군가 자신의 이름을 알아주기라도 하면 그 사람은 더욱 더 커다란 명성을 얻기 위해 분주해진다. 이처럼 일단 처음에 바라던 욕구를 채워지면 그가 지니고 있던 욕구는 이전보다 훨씬 커진 욕구로 변모되는데, 이는 인류의 역사발전을 추동시켜온 중요한 요인이 되어 온 것이라고 볼 수 있다.

그렇지만 일정한 시기에 인간의 욕구를 충족시킬 수 있는 물질적 수단들은 제한되어 있다. 욕구충족의 수단이 제한되어 있을 뿐 아니라 유한하다는 것을 경제학에서는 '그 수단이 희소(稀少)하다'고 표현한다. 이 때 '희소하다'는 것은 욕구를 충족시키는 물질적 수단이 절대적으로 부족하다는 것을 말하는 것이 아니라, 인간의 욕구에 비해 이를 채울 수 없다는 것을 말한다. 즉 그것은 '상대적으로 부족한' 상태를 말한다. 이것을 '희소성의 원리'라고 한다. 따라서 경제의 주체는 상대적으로 부족한 물적 수단을 어떻게 배분할 것인가의 문제를 해소하기 위해 경제적인 선택을 해야 한다. 이러한 선택의 과정이 바로 경제행위이고, 동시에 경제적 의사결정 과정이다.

3.2 경제적 선택의 기본 원리

제한된 물적 수단을 무한한 필요에 대응시킬 때 매우 복잡한 문제가 발생된다. 왜냐하면 각각의 경제주체들은 모두 다른 소비 묶음을 요구하게 될 것이고, 이들 사이에 제한된 재화를 배분하는 원칙이 없다면 모든 사람들에게 가장 큰 만족을 줄 수 없게 되기 때문이다. 대체로 선택의 과정에서 모두가 모든 것을 원하는 대로 취할 수는 없다. 어떤 사람이 하나를 얻는다는 것은 다른 것이 제공하는 만족을 포기해야 함을 의미한다. 이때 가장 효과적인 선택방식은 가장 낮은 희생으로 가장 큰 만족을 얻는 조합이 될 것이다. 이것은 하나의 경제법칙인데, 주어진 만족을 가장 적은 희생으로 충족시키거나, 희생이 같다면 가장 큰 만족을 얻을 수 있는 경제행위가 가장 합리적인 선택이다. 경제적으로 말해서 비용이 같다면 효과를 극대화시킬 수 있게 선택하는 의사결정원리－이를 '최대효과의 원리'라고 한다－가 이루어지거나, 같은 효과를 가장 낮은 비용으로 이룰 수 있는 의사결정원리－이를 '최소비용의 원리'라고 한다－를 달성하는 것은 가장 합리적인 선택이다. 이러한 경제원칙은 경제행위의 모든 영역에서 적용될 수 있어야 하며, 현실적으로 모든 경제행위를 설명하는 이론적인 방법은 이상과 같은 원칙을 기본적으로 내포하고 있다.

3.3 경제적 효율성과 공평성

3.3.1 경제적 효율성

이상과 같은 '최소비용 원리'와 '최대효과 원리'는 경제학의 가장 중요한 원칙으로, 제한된 물질적 조건들을 선택하고 이를 효과적으로 배분하는 데 근본적인 기준이 된다. 그리고 이 기준이 충족될 때 그 효율성은 극대화된다.

그러나 개인적으로 경제적 효과를 최대화시키는 선택이 이루어지고, 개인들의 효율성을 극대화시킨다고 하여 사회 전체의 효율이 극대화되는 것은 아니다. 왜냐하면 사회 전체의 효율이란 개인적 효율의 산술적인 합으로 도출되는 것이 아니기 때문이다.

경제행위는 그것이 경제 주체들에게 주는 효율과 함께 사회적인 효율을 발생시킨다. 예를 들어 한 기업이 이윤을 극대화시키기 위한 자원 배분 과정에서 비용 최소화의 원리를 추구한다고 하자. 공해를 방지하기 위해 필요한 비용은 사회적으로 깨끗한 환경을 보장하기 위한 조건이 되는데, 기업의 입장에서는 추가 비용으로 된다. 만일 환경법규와 같은 공해 발생 관련 제약이 없다면 그 기업의 경우 공해를 방지하는 시설에 대한 투자비용을 줄이는 것은 최소비용의 원리에 충실한 경제행위가 된다.

그러나 이는 자연환경의 보존을 어렵게 하고 사회 구성원들의 건강을 위협함으로써 사회 전체적으로는 비효율을 유발하게 된다. 이 때 개인의 효율적이고 합리적인 행위는 공공의 이익과 대립된다. 따라서 효율성을 극대화시키는 과정은 개인의 효율 뿐 아니라 사회 전체적인 효율도 높일 수 있는 의사결정이어야 한다.

이처럼 개인의 이해와 사회의 이해가 대립되어 있을 때 이를 어떻게 해결할 것인가의 문제가 발생하게 된다. 이는 매우 중요한 경제 문제이며, 이러한 문제를 고려한 의사결정은 단순히 개인적인 차원의 선택을 넘는 문제가 된다.

3.3.2 경제적 공평성 : 평등성

다음으로 고려해야 할 것은 경제적 공평성의 문제, 즉 평등의 문제이다. 앞서 든 예에서는 한 개인의 최적화 의사결정이 사회 전체의 경제적 효율을 저해할 수 있는 사례였다. 그런데 이번에는 개인의 선택이 사회 전체의 효율성을 직접적으로 저해하지 않는 경우에 해당된다.

예를 들면 부의 불평등한 분배의 문제를 들 수 있다. 어떤 기업이 특정 산업 분야에서 여러 기업들과 경쟁관계에 있다고 하자. 선의의 경쟁은 경제주체들의 경제활동을 활성화시킨다. 그리하여 가장 효율적인 생산방법의 도입이나 경영의 혁신이 이루어짐으로써 생산의 효율성을 증대시킬 수 있다. 이는 사회 전체적으로 보더라도 후생을 증대시킬 수 있는 좋은 환경이라고 할 수 있다.

이 때 특정 기업이 신기술을 도입하여 다른 기업에 비해 압도적으로 유리한 조건으로 생산할 수 있게 되었다고 하자. 이 기업은 제품 가격을 낮출 수 있을 뿐 아니라 나아가 품질도 높일 수 있게 된다. 그러면 그 기업은 낮은 가격에 품질이 좋은 상품을 독점적으로 생산·판매함으로써 다른 기업들과의 경쟁에서 우위에 설 수 있게 된다. 압도적인 우월성을 토대로 하여 그 기업이 다른 기업을 위협하고, 마침내 새로운 생산방식을 도입할 수 없는 기업들은 도산할 수밖에 없다고 하자. 그러면 나머지 기업들은 모두 새로운 기술을 도입해야 할 것이다. 그 결과 사회는 전체적으로 싼 양질의 제품을 제공받을 수 있게 된다. 이 경우 사회 전체적인 후생이 증대하는 순기능을 관찰할 수 있을 것이다.

그러나 신기술을 도입한 기업이 다른 기업들을 퇴출시키고 자신만의 독점적 지위를 누리게 되면, 비록 기술과 경영의 혁신을 통해 판로를 장악한 형태라고 해도 독점적 초과이윤을 발생시키게 되고, 사회적으로 독점의 폐해를 낳기 쉽다.

3.3.3 독점의 폐해와 대응책

독점적 지위를 이용하여 규모를 키운 대기업이 중소기업과의 분업 연관관계를 형성할 때, 독점적 지위를 이용하여 불평등한 계약을 강요할 수 있다. 이는 대기업이 중소기업으로부터 부가가치를 부당하게 빼앗아 성장하는 결과를 낳을 수 있다. 이로 인해 대기업에게 부가 편중되고 중소기업은 상대적으로 빈약한 이윤을 얻을 수밖에 없게 되어 확대투자의 여력을 잃을 수도 있다.

기술혁신을 통해 압도적인 초과이윤을 획득할 수 있게 된 기업의 최적화 행동이 다른 기업이나 사회의 효율성을 직접적으로 저해하지 않는다고 해도 이처럼 다른 경로를 통해 자원배분의 건전성을 왜곡시킬 수 있다는 점이 간과되어서는 안된다.

여기서 문제는 같은 양을 생산하더라도 그 경제활동의 결과가 부와 소득의 분배를 균등하게 해주는가 하는 것이다. 효율성의 관점에서 볼 때 문제가 없다고 해도 경제활동 결과 자원배분의 건전성이 왜곡되는 경우가 발생할 수 있다면, 그러한 배분방식은 바람직하지 않다고 볼 수 있다.

같은 양의 후생이라 해도 불평등한 분배와 평등한 분배가 있다면 후자의 경우를 규범적이며 안정적이고 건전한 상태라고 할 수 있음은 물론이다. 분배의 형평성이 보장되는 사회가 불평등한 사회보다 사람들 사이의 연대의식이나 공동체의식을 더 고양시킬 수 있을 뿐 아니라 부의 불평등성으로부터 발생되는 사람들 사이의 알력과 분쟁의 폐해는 일일이 열거하기 힘들 정도로 사회적 비용이 많이 든다.

따라서 경제적 정의를 위해 어느 정도 효율성을 희생하는 경우도 발생될 수 있다. 앞서 든 예에서 기술혁신을 이루어낸 기업이 독점적 지위를 이용한 축적을 막고 경쟁적인 경제환경을 조성하기 위해 정부가 직접 또는 간접적으로 규제하는 것도 좋은 방법이라 할 수 있다. 한국의 경우 기업의 자산이 일정한 규모를 넘는 기업들은 독점적 지위를 이용한 불공정 거래 행위를 하지 못하도록 공정거래위원회에서 일정한 규제를 가하고 있다.

장기적으로 볼 때 효율과 형평은 서로 상충되지 않는다고 한다. 그리고 경험적으로도 분배의 형평성이 잘 유지되는 나라들에서의 성장이 안정적으로 나타났고, 빈부격차가 심한 나라의 경우 경제의 운영이 효율적이지 않았다는 사실은 역사적으로도 잘 알려진 사실이다.

4. 경제이론의 구성과 방법론

복잡한 경제현상를 분석하고 설명하는 방법은 다양하다. 지금까지 경제현상을 설명하는 이론은 크게 고전학파의 분석방법과 케인즈학파의 분석방법이 서로 교차되어 왔다. 시기별로도 특정한 현상에 대해 설명력을 갖는 이론이 있었고, 일정한 기간 동안 경제현상을 파악하는 주된 분석 도구로 역할하기도 하였다.

예를 들면 1929년의 세계 대공황의 시기에 케인즈학파가 경기의 침체를 벗어나기 위한 중요한 정책적 대안인 '유효수요 이론'을 제시함으로써 그 때까지 주류경제학의 이론적 지주였던 고전학파를 대체하였다. 그러나 1970년대까지 상당한 설명력을 지녔던 케인즈학파는 두 차례의 오일 쇼크와 경제의 불황을 설명해내지 못함으로써 다시 고전학파에게 이론적인 주도권을 빼앗기게 되었다. 그러나 1970년대의 경제적 분석은 종전처럼 특정한 학파의 논리에만 치우쳐 있지 않았다. 다시 말해 신고전파의 우세 속에서 케인즈학파의 정책적 대안들이 결합된 형태로 나타나고 있었던 것이다. 이를 신고전파 종합(neo-classical synthesis)라고 하며, 오늘날 경제학의 주류로 자리잡고 있다고 할 수 있다(조순 외, 1997 : 15).

4.1 경제이론의 구성

본서에서 다루고 있는 경제이론은 여러 가지 경제현상들 사이의 상호의존 관계 혹은 인과관계를 설명하고, 그것을 기초로 앞으로 전개된 경제현상을 예측하는 것을 목적으로 하는 것이다.

경제이론을 정립하려면 먼저 사회의 경제현상을 설명하기 위해 복잡한 현실을 추상화하고 이를 단순화시킬 수 있는 가정을 세워야 한다. 그리고 이 가정하에서 경제적 작동을 관찰할 수 있는 모형을 설정해야 한다. 그리고 나서 이 모형이 현실의 경제현상을 어느 정도 설명해 주는가를 검증하는 단계를 거침으로써 이론으로서의 지위를 갖는가의 여부가 판가름된다.

4.1.1 가정의 도입

경제이론은 여러 가지 가정 위에서 구성된다. 이 가정은 현실사회의 복잡한 요소들을 단순화시키는데 필요하다. 그렇지 않으면 어떤 현상은 다른 모든 요소에 의해 영향을 받는다는 자명한 사실 밖에는 달리 어떠한 이야기도 할 수 없게 된다.

예를 들어 '생산'에 대한 이론을 구성할 때 '생산요소가 오로지 노동과 자본으로만 구성된다'고 가정한다고 하자. 그리고 '다른 조건은 동일하다'라는 가정을 덧붙인다. 이러한 가정 위에서 생산함수가 정립되고 노동과 자본 이외의 요소는 어떠한 영향도 주지 못하게 함으로써 일정한 법칙성을 도출할 수 있게 해준다.

그러나 이 가정은 비현실적이다. 왜냐하면 생산과 관련된 다른 요인들이 얼마든지 있기 때문이다. 예를들면 기술이나 경기순환, 그리고 가격의 변동 등과 같이 생산에 매우 직접적인 영향을 주는 요소들은 모형에 고려되지 않게 된다. 그렇지만 그러한 가정이 유지되는 상태에서 도출된 이론이라 해도 현실에 대한 설명력을 가질 수 있다. 이 때 그 이론은 이론적 가치를 갖게 된다.

경제학에서 사용되는 가정들은 대개 세 가지 중 하나에 속한다.

첫째, 자원과 생산기술에 관한 가정이다. 대개 경제 내의 자원 부존량 그리고 생산요소와 산출량 사이의 관계를 규정하는데, 이 때 생산기술 수준은 일정하다고 전제된다.

둘째, 경제제도와 기구에 대해서 가정한다. 여기서는 경제학이 자본주의 체제를 연구하는 분야이므로 자본주의 경제체제를 전제하고, 이후 시장의 조직 형태를 세분하여 전제한다. 예를 들면 경쟁 혹은 독점, 또는 독점적 경쟁의 여부를 미리 가정하는 것이다.

셋째, 경제주체들의 행위를 가정한다. 주로 경제학에서의 가정은 경제주체들의 '합리성'을 전제한다.

4.1.2 경제모형의 설정과 검증

가정에 의해 복잡한 경제현상이 단순화되면, 이를 기초로 경제현상의 인과관계를 추리해 낼 수 있게 된다. 이렇게 해서 추리된 인과관계를 '가설' 또는 '모형'이라고 한다.

경제모형은 대개 '다른 조건이 일정할 때 한 요인이 변화하면 경제는 어떻게 변화한다'는 식으로 표현된다.

이처럼 추리된 인과관계는 구체적인 통계자료를 통해 현실과 일치되는가의 여부를 확인해야 한다. 이것을 '검증'이라고 한다. 만약 어떤 모형이 현실과 부합되는 것으로 검증되면 그 모형은 하나의 경제이론으로 되어 다른 경제현상의 변화를 설명하고 예측하는 데 사용될 수 있다. 요컨대 경제이론이란 '검증된 모형'을 말하는 것이다.

4.2 경제학의 방법

경제이론을 구성하기 위해서는 다른 모든 학문 분야와 마찬가지로 주관성을 없애야 한다. 다시 말해 현상을 관찰하고 그 안에서 본질을 찾아내는 작업은 매우 냉정하고 합리적인 방식으로 일관되어야 한다. 이것을 '내부적 일관성'이라고 한다. 어떤 이론이 논리정연하다고 말할 때 이는 바로 내부적 일관성이 잘 유지된 상태로 볼 수 있다.

동시에 이론은 현실에 잘 부합되어야 한다. 이론으로서의 구조가 아무리 정연하고 체계적이라고 해도 현실에 대한 설명력을 갖지 못한다면 이론으로서의 가치가 없다고 할 수 있다. 이처럼 현실에 대해 어느 정도의 설명력을 갖느냐 하는 것을 '외부적 정합성'이라고 한다.

이처럼 하나의 이론이 '내부적 일관성'과 '외부적 정합성'을 모두 갖기 위해서는 이론의 정립과정 자체에 오류가 없어야 한다. 따라서 그 과정은 매우 일관되고 객관적이어야 한다. 이를 위해서는 방법론상 빠지기 쉬운 몇 가지 오류를 피해야 한다.

첫째로, '인과의 오류'이다. 주로 귀납적인 논리적 추론과정에서 발생하기 쉬운 것은 '인과의 오류'이다. 귀납적인 방법은 개별적인 사실로부터 출발하여 일반적인 원리나 법칙을 도출해내는 추론 방법이다. 법칙을 도출해 내려면 상당히 많은 정보를 기초로 하여 그 중 중요한 요인들을 추출함으로써 이론적인 인과성을 밝혀낼 필요가 있다.

만약 어떤 요인을 매우 중요한 것으로 생각하였는데 실제로 그렇지 않다면 그로부터 도출된 이론은 현실을 적절히 설명해내지 못할 수 있다. 이 경우 우리는 그 이론이 '인과의 오류'를 범한 것이라고 말한다.

둘째로, '구성의 오류'이다. 이 오류는 연역적인 논리 전개과정에서 빠지기 쉬운 경우이다. 구성의 오류란 부분에서 맞는 논리라고 해서 전체적으로도 그것이 맞는다고 생각하는 것을 말한다. 물론 부분에서의 참이 전체에 대해서도 참인 경우가 많은 것이 사실이다. 그러나 구성의 오류가 말하는 것은 이 명제가 항상 옳지는 않다는 것이다.

경제학에서는 귀납법과 연역법이 상호보완적으로 사용된다. 이 경우 두 가지의 논리전개 과정에서 빠지기 쉬운 오류를 피하는 것이 매우 중요하다. 그리하여 이론이 갖는 내부적 일관성과 함께 현실적 설명력, 즉 외부적 정합성을 갖게 하는 것은 무엇보다 중요하다.

5. 경제학의 구분

5.1 경제이론, 경제사, 경제정책

전통적으로 경제학의 학문체계는 경제이론, 경제사, 경제정책으로 분류된다.

경제이론은 다양한 경제현상들 사이에 존재하는 경제법칙을 구명하며, 그 법칙을 기초로 미래의 경제현상을 예측하는 학문분야를 말한다.

경제사는 특정 시기의 경제현상을 연구하거나 경제자료를 분석함으로써 그 시기의 경제적 운동법칙을 밝혀내고, 그것이 다른 체계로 이행하는 계기 등을 연구하는 학문분야이다.

경제정책론은 바람직한 경제상태를 설정하고, 여기에 도달하기 위한 경제적 방법을 연구하는 분야이다. 바람직한 경제상태란 각 시대에 따라 다르게 설정될 수 있다. 그러나 포괄적으로 말한다면 그것은 모든 사회구성원이 최소한의 인간다운 삶을 영위하면서 복지가 향상되고 안정적인 상태가 유지되는 것이라고 할 수 있다.

5.2 실증경제학과 규범경제학

실증경제학(positive economics)란 경제현상을 있는 그대로 분석하고 경제현상들 사이의 인과관계를 밝히며 이를 기초로 앞으로의 변화를 예측하는 지식체계를 말한다. 여기에는 특정 개인이나 집단의 가치 판단이 개입되지 않는다.

반면 규범경제학(normative economics)은 바람직한 경제에 대한 가치판단이 개입된다. 여기서 가장 중요한 것은 경제의 '바람직한 상태'를 어떻게 설정하느냐 하는 것이다. 따라서 규범경제학의 가치판단은 주관적인 성격을 갖는다고 볼 수 있다.

5.3 정태경제학과 동태경제학

경제학에서 균형이란 일단 도달하면 특별한 요인이 없는 한 그 상태를 유지하는 개념으로 설명된다. 이 상태를 '균형 상태'라고 한다. 정태경제학(static economics)이란 균형 상태들 사이의 관계를 비교·연구하는 분석방법이다. 이 방법은 시간의 변화를 고려하지 않기 때문에 단순히 현상간의 비교를 가능하게 해준다.

동태경제학(dynamic economics)이란 시간의 변동을 고려하면서 경제현상들 사이의 상호연관성을 분석하는 방법이다. 동태경제학은 한 균형 상태에서 다른 균형 상태로 이동하는 과정을 중시하고 이를 분석하는 연구방법이다.

5.4 미시경제학과 거시경제학

미시경제학(microeconomics)은 가격이론(또는 가격론)이라 불리기도 하는데, 주로 개인이나 기업의 경제 행위에 촛점을 두고 분석하는 학문체계이다. 미시경제학은 개인이나 기업이 경제 행위를 하는 동기와 목적, 그리고 행위의 결과로 나타나는 재화와 용역 및 생산요소들의 가격과 수급상태가 어떻게 결정되는가를 중요한 연구대상으로 한다. 이 때 가계의 소비와 기업의 생산이 연결되는 시장에서 가격이 결정되고, 이 가격은 다시 경제주체들의 상호작용에 직접적인 영향을 준다. 따라서 미시경제학에서는 가격의 결정이 매우 중요한다. 미시경제학을 가격이론(또는 가격론)이라고 하는 이유는 여기에 있다.

거시경제학(macroeconomics)은 국민소득론이라고도 한다. 이 분야는 개별 경제주체들의 집합인 국민경제 전반의 운용과정을 대상으로 연구하는 분야이다. 예를 들어 거시경제학은 국민소득, 물가, 고용, 통화량, 국제수지, 경제성장 등의 총량적인 지표들이 상호 어떤 관계에 있는가를 연구하고, 경제정책은 이들 지표에 어떤 영향을 미치는가 하는 점들에 대해 다룬다.

5.5 부분균형분석과 일반균형분석

경제현상을 한 부분만 떼어 놓고 보느냐 아니면 모든 부분 사이의 상호연관성을 고려하느냐에 따라 경제이론은 부분균형분석(partial equilibrium analysis)과 일반균형분석(general equilibrium analysis)로 나뉜다.

부분균형분석은 분석 대상이 되는 부분 이외의 시장 상황을 일정하다고 가정하고 분석을 행한다. 반면 일반균형분석은 특정 시장과 다른 모든 시장의 상호연관성을 고려하여 분석하는 연구방법이다.

부분균형분석은 분석이 간편하다는 장점이 있지만 시장들 사이의 상호연관성을 고려하지 않기 때문에 분석의 결과가 불완전하거나 오류로 판명될 가능성이 있다는 단점을 갖는다.

반면 일반균형분석은 분석의 결과가 현실정합성을 가질 가능성이 크다는 장점은 있으나 분석의 과정이 무척 복잡하다는 단점이 있다.

6. 현대경제학의 과제

6.1 현대세계의 변화 : 세계화(globalization)

지난 20여년 이래 세계 경제 구조는 엄청난 질적 변화를 겪어 왔다. 다국적 기업들이 전지구를 대상으로 활동영역을 넓히고 있고, 이와 함께 세계시장은 그 극단까지 넓어져 지구 자체가 하나의 단일한 시장이 되었다. 생산기반이 세계의 구석구석까지 내적으로 연관된 망을 형성하면서 기업활동의 규모도 방대하게 팽창되었다. 경제활동이 세계의 구석구석으로 분산되고 다시 연결되면서 통합되는 속도도 엄청나게 빨라졌다.

시대가 변화된 만큼 과거를 설명해주던 이론은 변화되고 적응되어야 한다. 현대사회를 설명하는 많은 이론들은 현대가 매우 자유롭게 교환하며, 그 과정에서 나라들 사이의 관계도 밀접하게 연관되어 있다는 점을 부각시키고 있다.

우리가 현재 이루어지고 있는 변화를 바라보는 입장을 세우는데 있어 고려해야 할 점은 무엇보다도 지금 전개되고 있는 세계화 과정이 모두 동일하지 않다는 것이다. 실제로 세계화 과정은 지구 곳곳에서 보편적이고 동일한 속도로 이루어지고 있지 않을 뿐만 아니라 동일한 영향력과 동일한 효과를 보장해주지도 않고 있다. 따라서 이 점을 명확히 하는 것은 매우 중요하다. 나아가 경제의 통합과정에서 그 속도와 효력의 차이가 각 지역의 사회경제적 재생산과정을 근본적으로 다르게 하고 있다.

특히 21세기 들어 급격하게 나타나는 경제 환경의 변화는 얼핏 획일적인 것 같지만 사실상 각국이 처해 있는 지역적 및 경제적 조건들 때문에 차별의 파장은 좀처럼 줄어들지 않고 있고, 오히려 지역간 격차가 심화되는 양상마저 보이고 있다.

문제는 현대 세계가 안고 있는 이와 같은 문제들에 대해 세계가 뚜렷한 대안을 제시하지 못하고 있다는 것이다. 과학기술의 혁명적인 발전과 경제적 응용을 통해 세계가 통합되어 가고 있는 시점에서 세계적인 불평등성과 경제적 불안정성이 심화되어 가는 최근의 현상에 대해 어떻게든 대안을 제시해야 하는 것이 현대 경제학이 안고 있는 일차적인 과제라고 할 것이다.

6.2 불확실성의 문제

소비자들의 시장 수요나 생산자의 공급에 대한 이론들은 대체로 양자의 선택이

확실한 결과를 가져다 줄 것이라는 것을 전제로 하여 구성되어 왔다. 그러나 소비자가 효용을 극대화시킬 수 있는 소비 묶음을 선택하거나, 생산자가 이윤을 극대화시킬 수 있는 생산요소의 결합을 결정할 때, 실제로 나타나는 결과는 불확실한 것이 일반적이다.

예를 들어 소비자와 생산자가 보유한 현금으로 특정 기업의 주식을 매입한다고 하자. 그 기업의 주가는 오를 수도 있고 떨어질 수도 있다. 그 결과에 따라 소비량이나 투자량은 변화될 수 있다. 결국 주식투자 행위가 주가의 변동에 의해 규정되고, 그 결과 경제 전체의 수급상황이 결정적으로 영향을 받을 수 있다.

이처럼 소비자나 생산자는 여러 가지 선택의 문제에 직면해 있고, 이 경우 선택행위는 장래에 대한 불확실성하에서 이루어지는 경제행위가 된다. 이에 따라 '불확실성'이라는 개념이 경제학에서 다루어야 할 중요한 변수로 자리잡게 된 것이다. 특히 정보 혁명 이후의 세계화 과정에서 미래에 대한 예측이 더욱 중요해졌음은 물론이다.

경제학에서 불확실성과 위험성이란 개념은 특별히 구분하여 사용하지 않는 경우가 많다. 엄밀히 볼 때, 어떤 일이 일어날지는 잘 모르지만 확률은 알고 있는 경우 위험성의 개념으로 설명된다. 반면 불확실성은 어떤 일이 일어날 확률조차 모르는 경우에 사용된다. 이처럼 불확실성과 위험성의 개념은 다르다. 그러나 경제학에서는 불확실성하의 선택이나 위험이 따르는 선택은 모두 비슷한 상황을 의미하는 것으로 표현된다.

경제 주체가 불확실성하에서 주어진 정보를 바탕으로 경제행위를 할 때, 위험을 선호하느냐 아니면 위험을 회피하느냐의 주관적 경향에 의해 경제행위의 내용이 달라지고, 그 결과도 달라진다. 이 때 문제는 주어진 정보의 양과 정보에 대한 경제 주체의 대응에 의해 경제행위가 달라진다는 것이다. 이는 궁극적으로 경제 전체에 영향을 준다. 이처럼 불확실성의 세계에서 정보의 양과 이에 대한 경제 주체의 선택은 경제활동 전체를 결정한다.

최근 전개되고 있는 정보 혁명으로 인해 불확실성의 영역이 줄어들고, 위험에 대한 방어 수단들이 다양하게 개발되고 있다. 그럼에도 불구하고 예측불가능한 새로운 영역이 끊임없이 나타나고 있다. 현대 경제는 자본의 이동성이 증대하면서 예측가능한 영역이 증대하는 동시에 불확실한 영역이 새롭게 창출되어가는 이중적인 과정이 진행되고 있는 추세를 경험하고 있다. 경제의 정보화, 소프트화 추세 속에서 현대 경제학이 당면한 이와 같은 이중적 추세는 향후 경제학이 풀어내야할 중요한 과제라고 할 수 있을 것이다.

6.3 현대경제학의 과제

종래 경제학의 발달은 경제생활의 변천과 이에 수반되는 경제문제를 해결해야 할 필요에 의한 것이었다. 실제 과거 200여년간 경제이론의 발전은 끊임없이 이루어져 왔다. 이 과정에서 실제 경제이론은 제기된 경제문제들을 제대로 인식하였고, 또 그에 대한 적합한 이론이나 정책을 제시해 왔는가? 유감스럽게도 그렇지 못했던 것이 사실이다. 왜 그러했는지 그 이유를 알아볼 필요가 있다.

우선, 사회의 현실과 이론 사이의 시차(time-lag)가 존재한다는 사실이 인정되어야 한다. 그간의 이론적 발전은 현실을 앞서 가지 못했다. 대신 현실 문제가 인식된 후 그것을 해결하기 위해 개발되는 것이 일반적인 과정이었다. 그래서 문제의 발생과 이론의 개발 사이에는 늘 시차가 있었다. 최근 들어 새로운 문제들이 한꺼번에 쏟아져 나오고 있다. 따라서 이에 대한 대안들이 제시된다 해도 얼마 가지 않아 또 다른 많은 문제에 직면할 수밖에 없게 된다. 따라서 문제는 이론이 현실과 시차를 가질 수밖에 없음을 인정해야 할 것인가 하는 데로 귀착된다.

둘째로는, 주류경제학의 방법론이 갖는 문제이다(조순, 1993 : 20). 미시경제이론, 거시경제이론을 막론하고 오늘의 주류경제학은 신고전파의 한계개념에 입각한 극대화, 극소화 등을 내용으로 하는 균형이론이 기본을 이루고 있다. 그 분석방법은 제도라는 표현으로 요약되는 일체의 환경적 조건을 여건으로 취급하고, 주로 수리분석이 가능한 몇 개의 변수를 중심으로 물리학과 흡사할 정도의 정치한 논리를 전개한다.

그러나 우리가 살고 있는 세계는 자연과학이 연구대상으로 하는 자연현상과는 다르다. 현실은 이론으로 추론할 수 있는 것보다 훨씬 더 풍부한 내용을 갖고, 따라서 훨씬 더 복잡하게 전개되지 않을 수 없다. 수리적인 분석기법이 설명할 수 있는 것은 현실의 매우 일부분일 뿐이다. 이와 같은 한계를 내포한 이론을 가지고 현실세계 전체를 충분히 설명할 수 있는 것처럼 믿는 것은 매우 중대한 오류를 낳을 수 있다는 점을 인식해야 한다.

수리적 분석을 통해 정밀한 경제이론이 만들어졌다고 해도 그것이 현실에 적용될 때 문제점을 낳을 수 있다면 그것은 큰 의미를 가질 수 없다. 논리적 완벽성과 현실 정합성은 두 개의 다른 이야기이다. 그럼에도 그간 경제이론은 현실세계의 제도적·심리적 측면 등에 대한 분석을 경시하는 경향이 있었다. 나아가 경제이론은 곧 수리분석과 동의어로 간주될 정도였다.

경제학은 실천적인 학문이다. 사회는 이론의 산물이 아니다. 반대로 이론이야 말로 현실세계의 산물이다. 현실에 대한 올바른 인식은 올바른 이론이 정립될 수 있는 기초이다. 역사는 현실세계가 어떻게 전개되어 왔는가, 그리고 어떻게 전개되는 것이 바람직한 것인가에 대해 생각하게 한다. 이론은 그것이 누구에게 어떠한 방식으로 적용되는가에 따라 평화적으로 또는 폭력적으로 활용된다. 이에 대한 가치관을 정립하는 것이 필요하다.

경제학은 매우 현실적이고 정책적인 학문이다. 세계경제의 전개에서 각 나라가 처한 환경에 따라 이론은 각기 상이한 효과를 낳을 수 있고, 따라서 각 나라의 구체적인 상황과 조건에 맞게 적용시킴으로써 의도한 정책효과를 기대할 수 있다. 즉 선진국에서 정립된 이론이라고 해도 그것이 한 나라의 경제적 조건에 맞지 않는다면 좋은 결과를 기대할 수 없다는 것이다.

경제이론에서는 넓은 의미의 사회제도를 주어진 것으로 보고 그것이 변하지 않는다는 가정하에서 이론을 전개한다. 따라서 사회제도의 중요성이 무시되기 쉽다. 하지만 장기적으로 제도는 변화하고 있는 과정에 있기 때문에 이를 무시할 수 없다.

그러므로 경제이론과 정책은 각국의 학자들에 의해 자국의 지역적 환경과 역사적 조건에 맞는 것으로 개발되고 적용되어야 한다.

결론적으로 말해 경제학은 현대 세계의 급격한 발전의 동향과 앞으로의 전망을 세우고, 바람직한 상태와 그것을 위한 변화의 방향에 대한 가치관을 기초로 나아가야 할 대안을 제시할 수 있을 때 현실적이고 실천적인 학문분야로서의 지위를 확고히 할 수 있을 것이다.

보론 : 경제학의 흐름

경제학은 시대의 흐름에 따라 달라지는 경제문제에 대응하여 변화해 왔다. 따라서 각각의 시대에 등장한 경제이론은 당시의 시대적 상황을 알아야 이론의 형성된 이유와 역할을 잘 알 수 있다.

경제학이 독립된 학문체계로 성립된 시기는 산업자본주의가 성립된 18세기 중엽이다. 1776년에 발간된 아담 스미스(A. Smith)의 "국부론"은 경제학을 최초로 체계화시킨 저서로 꼽힌다. 특히 중상주의와 절대왕정의 결합에 의해 특권적 무역에 의존하던 상업자본의 폐해가 드러나고, 생산력의 발전과 함께 '공장제 수공업'(manufacture)이 등장하면서 자본주의적 생산관계가 곳곳에서 발생하기 시작했다.

권력과 상업자본의 결탁에 의해 특혜를 받으며 성장하던 상업자본에 맞서 신흥 상공업자의 힘이 증대하면서 정부의 개입에 반대하는 목소리가 커지게 되고, 이와 함께 '경제적 자유주의' 사상이 나타났다. 당시에 이와 같은 사조를 집대성한 저서가 바로 아담 스미스의 "국부론"이었다. 이 저서에 의해 자본주의적 경제질서가 체계화될 수 있었고, 이로 인해 아담 스미스를 경제학의 시조라고 하는 것이다.

스미스 이전에도 인간의 경제활동에 대한 연구가 있었다. 그러나 경제문제에 대한 논의가 독자적으로 이루어지지는 않았고, 다만 윤리학이나 정치학 또는 신학적 체계의 일부로 취급되었을 뿐이다. 경제 문제가 독자적인 영역으로서 연구의 대상으로 부각된 것은 중상주의에서였다.

• 중상주의 학파 : 국부의 원천은 무역이다!

중상주의(mercantilism)은 15세기 중엽부터 18세기 중엽까지의 3세기 동안 자본주의 이전 단계인 상업자본의 활동을 당시의 경제사상과 결합시켜 체계화된 이론이다. 당시 유럽 각국은 근대 민족국가를 세우기 위해 정부의 주도하에 적극적인 부국강병책을 쓰고 있었다. 나라를 강력하게 하는 것은 국부를 증대시키는 것이며, 그 원천은 화폐에 있다는 사상하에 가능한 한 수출이 수입을 초과하게 하여 무역차액을 극대화시키는 것이 유일한 정책 목표로 설정되었다.

대표적인 사상가는 영국의 토마스 먼(Thomas Mun, 1571~1641), 윌리엄 페티(William Petty, 1623~1685), 프랑스의 바티스트 콜베르(Jean Baptist Colbert, 1619~1683) 등이 있었다.

중상주의 사상의 특징으로는 우선 국가가 개인의 이익을 규제하고, 정부가 경제에 적극 개입함으로써 국부의 증대를 모색해야 한다는 것이다(정부의 경제개입주의).

둘째, 금과 은은 곧 부를 대표한다는 사상이다(중금주의 사상).

셋째, 생산은 부를 창조하는 전제라는 것이다. 그렇지만 부는 생산과정보다는 유통과정에서 창출되므로 상업, 특히 국제무역에서 부를 축적할 수 있어야 한다는 것이다.

● 중농주의 학파

중상주의가 주장하는 국부의 원천에 대해 전적으로 반대하면서 그것은 생산과정에서 창출된다는 것, 특히 그것도 농업에서만 부가 창출될 수 있다는 주장을 내세운 일단의 학자들을 중농주의자라고 한다. 그 대표적인 사상가는 외과 의사이던 프랑스의 케네였다.

18세기 중엽까지 프랑스는 농민이 전체 인구의 90%를 차지하고 있었다. 그런데 당시 왕정은 사치산업과 상업만을 중시하는 중상주의 정책을 실시하였기 때문에 농업의 발전이 정체하였다. 뿐만 아니라 농민들은 과중한 소작료와 과중한 조세, 그리고 전쟁 때문에 농업생산에 의욕을 잃고 있었고 이에 따라 농업은 피폐해졌다. 이에 대해 케네는 경제적 자유를 주장하며 농업을 부흥시키고 상공업에 대한 국가의 간섭을 배격하는 중농주의를 제창하였다.

케네는 인간사회에도 자연적인 질서가 있다고 믿고 따라서 국가의 인위적인 보호나 간섭으로부터 자유로운 사회질서가 이루어져야 한다는 '자유방임주의'(laissez faire)를 주장하였다. 나아가 그는 국부의 원천이 금이나 은과 같은 귀금속이 아니라 토지라고 하면서 농업에 대한 지원을 주장하였다.

케네는 그의 저서 "경제표"(1758)에서 단순한 형태이긴 하지만 최초로 국민 경제를 전체적인 측면에서 고찰하여 재화가 생산, 유통, 분배, 소비되어 재생산되는 전과정을 밝혔다. 중농주의 학파의 이러한 주장은 당시 경제적 자유주의자였던 아담 스미스를 비롯한 고전학파에게 큰 영향을 미쳤다.

● 고전학파 : 자유방임, 작은 정부론

아담 스미스가 "국부론"(Wealth of Nations, 1776)을 쓰던 당시 영국에서는 산업혁명의 기운이 태동하고 있었다. 이 시기는 특히 농업과 공업 분야에서 새로운 산업자본가들이 등장하고 있었다. 이들은 기존의 지배계급이던 지주나 특권상인들의 경쟁자로 등장하였고, 당시 기득권자들의 이익을 보장해주던 정부의 경제에 대한 개입에 대해 강한 반감을 갖고 있었다.

당시 경제적으로 새로운 실력자로 등장한 신흥 상공업자들은 정부의 보호주의 정책에 의해 자유로운 자본의 축적을 방해받고 있었지만 점차 그들의 힘이 상업자본가를 압도하고 있었다. 이에 따라 자유로운 경제활동에 대한 요구가 높아져 갔고, 급기야 자유방임이 새로운 시대적 논리로 인식되기 시작했다. 바로 이 시기에 아담 스미스는 당시 무질서하게 제기되던 주장들을 집대성하여 "국부론"을 출간하였다.

아담 스미스는 국부의 원천을 노동이라고 보았다. 그는 중농주의의 노동 가치론을 계승하였지만 이를 한 단계 발전시켰다. 즉 부의 원천이 농업에 있다는 중농주의자들의 주장을 확장시켜 국부는 농업부문 뿐만 아니라 제조업의 노동에서도 창출된다고 하였다. 그리고 정부는 경제 주체들의 경제활동에 개입해서는 안되며, 국방이나 치안 등의 최소한의 역할만을 함으로써 자유로운 경제활동을 보장해야 한다고 주장하였다. 그러면 경제는 보이지 않는 손(invisible hand)에 의해 사회적 후생이 극대화되는 균형에 도달하게 된다고 하였다.

이상과 같은 아담 스미스의 주장은 이후 수많은 경제학자들에게 전파되었으며, 이후 논의의 출발점을 이루게 되었다. 특히 데이비드 리카도는 아담 스미스로부터 직접적인 영향을 받은 경제학자였다.

리카도는 그의 저서 "정치경제학 및 조세원리"(On the Principles of Political Economy and Taxation, 1817)에서 스미스의 자유무역론과 노동가치설을 발전시켜 자본주의에서 소득분배의 법칙을 분석하였다. 그에 의하면 한 나라의 생산물은 먼저 지대의 형태로 지주에게 돌아가고, 임금은 노동자에게 돌아간다고 하였다. 그 나머지는 자본가의 이윤으로 남게 된다고 하였다. 즉 리카도는 한 해의 생산물 가치가 어떻게 경제 주체들에 분배되고 소비되는가 하는 문제를 체계적으로 명확하게 해주었다.

맬더스는 그의 저서 "인구론"(1798)에서 노동자의 임금이 장기에는 최저생계비 수준에서 결정된다는 임금철칙설을 주장하였다. 즉 농업에서의 수확체감의 법칙 때문에 식량은 산술급수적으로 늘어나는 데 반해 인구는 기하급수적으로 증가한다고 하면서 맬더스는 인구의 과인과 식량의 부족으로 노동자의 실질임금은 최저생계비 이하로 떨어질 수도 있다고 주장하였다. 이는 노동의 공급을 감소시켜 실질임금을 상승시키는데, 이는 다시 인구의 증가를 초래하여 노동시장에서 노동의 초과공급을 유발시킨다. 그리하여 다시 임금이 하락하고, 다시 인구의 감소와 임금의 상승 등의 과정을 통해 결국 임금은 장기적으로 최저생계비 수준에서 결정된다고 주장하였다.

고전학파는 산업혁명이 몰고 온 기술진보의 효과를 보지 못하고 지나치게 수확체감의 법칙에 매달렸다는 한계를 안고 있다. 그러나 고전학파는 이후 경제학자들에게 이론적인 기초를 제공해 주는 지대한 역할을 한 것으로 평가된다.

● 역사학파 : 보호주의

산업혁명 이후 영국은 세계의 공장이라 할 정도로 세계시장에서 생산과 판매를 압도하고 있었다. 반면 독일의 경우는 경제발전이 뒤떨어져 있었고, 아직 농업국의 지위를 벗어나지 못하고 있었다. 공업도 아직 수준이 낮은 단계에 있었기 대문에 영국의 상품이 들어오는 것은 독일의 공업발전을 매우 어렵게 할 우려가 있었다.

이러한 환경하에서 영국의 경제적 영향으로부터 벗어나기 위해서는 산업의 보호와 육성이 필요하였다. 이러한 인식을 갖고 등장한 것이 역사학파이다.

역사학파의 대표적인 학자는 프리드리히 리스트(Friedrich List, 1789~1846)였다. 그는 저서 "정치경제학의 국민적 체계"(National System of Political Economy, 1940)에서 국민경제의 발전 단계를 원시상태·유목상태·농업상태·농공상태·농공상상태의 다섯 단계로 나누고, 영국은 농공상의 최고발전 단계에 있지만 독일은 농공상태에 있다고 분석하였다. 따라서 영국의 경우와는 달리 독일은 일정한 기간 동안 자국의 유치산업을 보호함으로써 농공상상태로 발전시키는 것이 필요하다고 하였다.

이 학파의 특징은 일반적인 경제이론이라 하더라도 그것은 한 나라가 당면해 있는 특수한 조건에 맞추어 적용되어야 한다는 입장을 갖고 있었다는 것이다. 즉 이론의 적용은 그 이론이 아무리 합리적이라고 해도 시간과 공간에 의해 제약을 받을 수밖에 없는 상대적인 이론으로 파악하고 있었다.

◈ 사회주의 경제학

산업혁명의 진전과 함께 자본주의적 생산관계가 널리 확산되기 시작했다. 그러나 그 과정에서 상당한 문제점도 나타나기 시작했는데, 그 중에서도 자본의 집적과 집중이 심화되기 시작하고, 다른 한편에서는 직접생산자들의 빈곤이 누적되어 갔다. 이 현상을 가중시키고 있던 것은 기계가 노동자들의 일을 대체하고 있었다는 것이다. 이는 노동자들의 구매력을 약화시켰고, 급기야 1825년부터 자본주의 경제의 문제점을 종합적으로 드러내는 주기적 공황이 시작되었다.

공황은 생산의 과잉에 의한 것이었다. 상대적인 과잉 상태였지만, 당시 구매력은 이를 충당하지 못했다. 약 10년을 주기로 영국에서만 발생되던 공황이 1857년부터는 세계 동시 공황의 형태로 작동하기 시작했다. 공황의 회복과정은 자본의 원활한 축적 조건을 만드는 과정이었는데, 이 과정에서 노동자들의 임금은 저하되었다. 실업자도 양산되기 시작했다. 자본에 대해 노동자들은 개별적으로 대항할 수 없음을 인식하기 시작하였다. 그리하여 노동자들은 조직되기 시작했다.

이러한 상황에서 당시 사회주의 경제학파가 나타났는데, 그들의 주장은 노동자에 대한 착취를 없애야 한다는 것이었고, 그 방법으로는 '자본관계'를 철폐하는 것이었다. 그 대표적인 학자는 칼 맑스(Karl Marx, 1818~1883)였다.

맑스는 그의 저서 "자본론"(Capital, 1886)에서 자본주의적 축적을 법칙으로서 파악하고 주기적인 공황이 필연적일 수밖에 없음을 논증하였다. 그리고 그 모순은 자본주의적 생산양식 자체에서는 해소될 수 없으며, 더 고도로 발전된 체제로 이행될 것이라고 예견하였다. 그것이 바로 사회주의인데, 사회주의란 자본에 의해 노동력이 착취되지 않는 사회를 말한다. 경제적으로 그것은 자본에 대한 소유를 철폐하는 것이라고 하여, 생산수단이 개인의 것이 아닌 사회적인 소유로 돌려야 한다는 주장을 제시하였다.

이러한 사회주의 경제학의 대두는 당시 노동가치론을 계승해온 학자들에게는 일대 도전이 아닐 수 없었다. 아담 스미스에 의해 체계화된 경제이론의 출발점은 노동가치론에 토대를 둔 것이었는데, 이것이 오히려 경제학 체계에 대해 도전하는 도구로 되었던 것이다. 이 도전에 대응한 일군의 학자들이 있었는데, 이들은 기존의 노동가치론을 대체할 수 있는 새로운 가치론을 제창한 '한계효용학파'였다.

- 한계효용학파

사회주의 학파는 노동가치론을 바탕으로 자본가에 의한 노동자의 착취구조를 밝혀냄으로써 자본가와 노동자 사이의 계급적 적대관계를 주장하고 있었다. 이에 대해 기존의 노동가치론은 이제 더 이상 자본가의 이해관계를 대변하지 못하게 될 위기에 처했다. 마침 이때 노동가치론을 폐기하고 사회주의와 노동조합운동에 반대하는 새로운 이론이 대두되었다. 이 학파가 바로 한계효용학파이다. 1870년대에 정부의 간섭을 배제하고 자유방임정책을 옹호하는 한계효용학파는 서구의 지속적인 성장을 예견하였고, 궁극적으로 자본주의의 장래에 대해 낙관적인 입장에 있었다.

대표적인 학자는 영국의 제본스(William S. Jevons, 1835~1882), 오스트리아의 칼 멩거(Carl Menger, 1840~1921), 프랑스의 레옹 왈라스(Leon Walras, 1834~1910) 등이었다.

이들은 기본적으로 그때까지 지배적인 원리였던 노동가치론을 부정하고 상품의 가치가 한계효용에 의해 결정된다는 주관적인 가치론을 주장하였다. 즉 가치란 한계원리에 의해 결정된다는 것이다. 동일한 상품의 소비량이 증가할 때 추가적으로 소비되는 상품으로부터 얻는 만족은 체감하는데, 그 중 마지막으로 소비되는 상품의 효용이 전체 상품의 가치를 결정한다는 것이다.

이들은 종래 경제학의 연구대상을 개인으로 좁히고, 수학을 분석의 도구로 활용함으로써 경제학을 순수한 과학으로 변모시켰다. 그리고 경제 활동의 중심을 생산이 아니라 소비에 둠으로써 소비의 규모가 증대할수록 체감되는 효용의 변화에 가격이 결정되는 효용가치설을 정립시켰다.

과거 아담 스미스에 의해 노동가치론이 정립되던 시기, 중상주의를 타파하고 자본주의 질서를 수립하는 무기로서 쓰이던 가치이론이 자본주의에 대한 사회주의의 공격의 무기로 전화되자, 곧 자본주의의 옹호론자들은 노동가치론을 버릴 수밖에 없게 된 것이다. 그 대응이 바로 효용가치론인데, 이는 이론이란 절대적인 진리를 함유하기 때문에 수립되어 통용되는 것이 아니라, 필요에 의해 이론이 성립되고 활용될 수 있음을 말하는 것이다.

- 케임브리지학파

역사학파, 사회주의 경제학, 한계효용학파 등의 이론이 각기 자신의 주장을 펼치던 19세기 말에, 각 학파의 장점들을 선택하여 독자적인 체계를 수립한 학파가 바로 케임브리지학파였다. 그 대표적 학자는 알프레드 마샬(Alfred Marshall, 1842~1923)이었다. 그는 고전학파의 객관적 가치설과 한계효용학파의 주관적 가치설을 종합하여 수요·공급의 이론을 완성하는 한편, 역사학파와 같이 경제이론은 역사적 현실의 검증을 통해 현실의 경제문제를 해결할 수 있어야 한다고 생각했다.

그는 1890년 "경제학원리"(Principles of Economics)를 출간하여 스미스－리카도－밀－마샬로 연결되는 체계를 이루어냈다. 따라서 그는 신고전파의 창설자라고 평가받고 있다.

그들은 우선 경제사회를 하나의 유기체로 파악하고, 이 관점에 입각하여 역사적으로 생성·발전하는 경제 형태를 규명하는 경제이론을 전개하려고 하였다. 이들은 고전학파의 객관적인 노동가치설을 생산자의 공급가격으로, 그리고 한계효용학파의 주관적인 효용가치론을 소비자의 수요가격으로 설정하여 시장가격과 거래량을 결정하려 하였다. 이 가격은 균형가격이고, 이는 현실의 시장가격과 일치한다고 보았다.

그리고 이들은 경제의 복지에 대해 정부가 고려해야할 중요한 요소를 후생경제의 이론으로 정립하려 하였다. 케임브리지학파를 신고전학파라고도 하는데, 일부 문헌에서는 한계효용학파와 케임브리지학파를 포괄하여 신고전학파라 부르기도 한다.

◉ 제도학파

독일의 역사학파와 같이 역사적인 접근을 중요시하면서 자본주의를 비판적으로 본 미국의 학파가 제도학파(institutional school)이다. 그 대표적인 학자는 일리(R. Ely), 커먼스(J. Commons), 미첼(W. Mitchell), 베블렌(T. Veblen) 등이 있다. 이들은 신고전학파가 제도적 요인을 무시한 제한된 이론임을 지적하고, 문화발달과 사회 및 경제제도와의 연관관계를 설명할 수 있는 진화론적 경제학을 세워야 한다고 주장했다.

제도학파의 영향을 받은 갤브레이드(K. Galbraith), 뮈르달(G. Myrdal) 등은 현대의 주류경제학에 대하여 비판적인 입장을 취한다. 갤브레이드는 현대자본주의의 각 부문이 세력관계를 형성하며, 정부와 기업은 기술관료에 의해 계획적으로 이루어지는 요소가 강함을 지적한다. 이러한 계획화 추세가 계속됨으로써 자본주의는 사회주의로 수렴한다는 입장을 취한다.

뮈르달은 시장기구가 선진국 내의 부문간, 그리고 선진국과 후진국간의 불평등을 누적적으로 확대시키고 있음을 주류경제학이 도외시하고 있다고 비판한다. 이를 극복하기 위해 후진국은 종합적인 발전계획을 세워 추진해 나가야 하며, 선진국의 민족주의적·폐쇄적

복지국가의 개념을 넘어서 '복지세계'로 지향해 나가야 한다는 점을 강조한다. 이러한 주장은 21세기 들어 급격히 확대되고 있는 세계적 불균등의 확대현상을 비판적으로 고찰하고 이에 대한 대안의 마련이 시급함을 잘 말해주고 있다고 볼 수 있다. 나아가 현대 세계에서 축소 일변도로 나아가고 있는 복지체계에 대한 경고의 메시지를 전달해 주고 있음을 볼 수 있다.

- 종속학파

종속학파란 오늘날 제3세계나 저개발국, 극빈국 등에서 보이고 있는 저개발의 상태를 후진국의 내부적인 요인에 의해서가 아니라 이들 나라와 선진국 사이의 관계에 의해 발생되는 것으로 파악하는 학파를 말한다. 이들에 의하면 선진국과 후진국 내지 저개발국 사이의 관계는 상호의존적인 것이 아니라 선진국에 대한 종속적인 내용을 갖는다고 한다. 선진국은 저개발국들에 비해 자본이나 기술 등에서 우월한 위치에 있는 반면 저개발국은 이들의 기술을 필요로 하는 관계에 있기 때문에 교환과정에서 나타나는 지위가 평등해질 수 없다는 것이고, 이에 따라 선진국은 저개발국으로부터 부등가교환(unequal exchange)을 통해 상당한 경제적 잉여를 가져갈 수 있다는 것이다.

종속학파의 대표적인 학자로는 바란(P. Baran), 프랭크(A. Frank), 아민(S. Amin) 등이 있다. 이들은 자본주의 세계체제가 선진국을 중심부로 하고 저개발국은 주변부를 구성한다고 파악한다. 그리하여 중심부에서는 주변부로 기술집약적인 공산품과 자본을 수출할 뿐 아니라 다국적기업의 형태로 주변부로 진출하며, 주변부로부터는 1차산품을 중심으로 하는 원자재나 식료품등을 수입한다는 것이다. 이 과정에서 공산품과 1차산품의 교역조건이 중심부 국가들에게 점차 유리해지게 되며, 그 결과 상당한 경제적 잉여가 교환과정을 통해 주변부 국가들로부터 중심부로 유출된다고 주장한다. 이는 기존의 성장 격차를 확대시킬 뿐 아니라 궁극적으로는 경제적인 주권마저도 위협을 받게 될 수밖에 없는 운동법칙을 보인다는 것이다.

이러한 주장은 남미나 동남아시아 등 과거 식민지적 통치를 받았던 지역에서 상당히 정확한 설명력을 갖고 있다. 종속이론이 갖는 정책적인 시사점은 저개발국들의 경제발전 전략은 선진국의 지배와 착취로부터 탈피하거나 적어도 그 영향력을 줄일 수 있는 대안을 마련하는 것이 필요하다는 것이다.

수요와 공급 제2장

교통통신수단이 발달하지 못했던 과거에는 소비자와 생산자가 필요한 재화(상품)를 구매하고 판매하고자 할 때, 공간적으로 제한된 시장에서 거래를 하였다. 그러나 통신수단이 발달된 오늘날에는 소비자와 소비자, 소비자와 생산자인 기업, 기업과 기업간 등의 많은 거래가 정해진 공간 외에도 전화나 인터넷 등을 통해서도 활발하게 이루어지고 있다. 이와 같이 시장은 교환이 이루어지는 구체적인 장소 개념에서 교환이 이루어지는 조직이나 체계로 그 의미가 확대되었다.

시장에서 형성되는 가격은 소비자와 생산자에게 신호등의 역할을 하는데, 가격 상승은 소비자로 하여금 구매하고자 하는 양을 줄이도록 하고, 생산자에게는 생산량을 늘리도록 하는 역할을 하며, 반대로 가격 하락은 소비자에게 더 많은 양을 구매하도록, 생산자에게는 보다 적은 양을 생산하도록 하는 역할을 한다.

이 장에서는 재화시장에 참여하는 소비자와 생산자의 의사결정에 관하여 알아보도록 한다.

1. 수 요

1.1 수요와 수요량

수요는 정해진 기간동안 어떤 재화나 용역을 구매하고자 하는 욕구를 의미하며,

수요량은 정해진 기간동안 정해진 가격에 구매하고자 하는 수량을 나타낸다. 구매하고는 싶으나 구매할 능력이 없는 부분은 수요에 포함되지 않는다.

수요량에 관한 예를 들어보자. 갑의 소득이 월 200만원이며, 을의 소득은 300만원이다. 그리고 이들 두 사람은 성향이 비슷하며, 건강에 좋다고 생각하여 사과를 즐겨 먹고 있다. 반면 병은 월 소득이 300만원이고 힘든 일을 하기 위하여 육류를 많이 먹고 있다.

이 세 사람의 1개월 동안의 사과에 대한 구매 계획을 조사하여 보았더니, 시장에서 거래되고 있는 가격 1,000원에 갑의 수요량은 20개, 을의 수요량은 25개, 병의 수요량은 20개였다. 이것은 가격이 1,500원이던 전 달에 비하여 각각 3개씩 증가한 것이다.

1.2 수요의 결정요인

가격이 1,500원에서 1,000원으로 하락하면 수요량이 증가한다. 가격이 하락하면 수요량이 증가하고 가격이 상승하면 수요량이 감소하는 현상을 수요의 법칙이라고 한다.

일반적으로 갑과 을의 경우에서 보듯이 소득이 많으면 구매하고자 하는 양이 많다. 또한 을과 병의 경우와 같이 소득이 같더라도 사과를 더 선호하는 을의 수요량이 더 많다.

바나나의 수입이 크게 증가하여 바나나 가격이 150원에서 100원으로 하락하자 사과 가격은 종전과 같이 1,000원에서 변하지 않음에도 불구하고 갑은 20개에서 18개로, 을은 25개에서 23개로, 병은 20개에서 18개로 각각 구매하고자 하는 수량을 감소시켰다. 이와같이 관련성을 갖는 다른 재화의 가격이 변하여도 구매하려고 하는 재화의 수량(수요량)은 변하게 된다.

위와 같은 수요의 결정요인으로는 그 재화의 가격, 소득수준, 기호, 관계가 있는 다른 재화의 가격 등을 들 수 있으며 이들이 변하면 수요가 증가하거나 감소하게 된다.

1.3 수요함수

앞에서와 같이 수요량은 구매하고자 하는 재화의 가격(P_n), 관련성이 있는 다른 재화의 가격(P_r), 소득(Y), 기호(T) 등과 같은 요인들에 의하여 영향을 받는다. 수요량(Q^d)과 수요의 결정요인들과의 관계를 나타낸 함수를 수요함수라 하며, 다음과 같이 나타낸다.

$$Q^d = Q(P_n,\ P_r,\ Y,\ T,\ \cdots) \tag{2-1}$$

흔히 수요의 결정요인 가운데 구매하고자 하는 재화의 가격(P_n)을 제외한 요인들은 단기적으로 변하지 않는다고 보고, 수요함수를 식 (2-2)와 같이 나타낸다.

$$Q^d = Q(P_n,\ \overline{P_r},\ \overline{Y},\ \overline{T},\ \cdots) \tag{2-2}$$

이는 $Q^d = Q(P_n)$로 표현할 수 있으며, 이 식에서와 같이 가격과 수요량과의 관계를 나타낸 점들을 연결한 곡선을 수요곡선이라고 한다.

1.4 시장수요

시장에서 재화를 구매하고자 하는 수요자가 갑과 을 둘 만 있고 1,000원일 때 갑의 수요량이 20개이고 을의 수요량이 25개라면 시장수요는 45개이며, 1,500원일 때 갑의 수요량이 17개이고 을의 수요량이 22개라면 시장수요는 39개이다. 즉 시장수요(market demand)는 <그림 2-1>에서와 같이 개별수요 (a)와 (b)를 수평으로 더한 (c)가 된다.

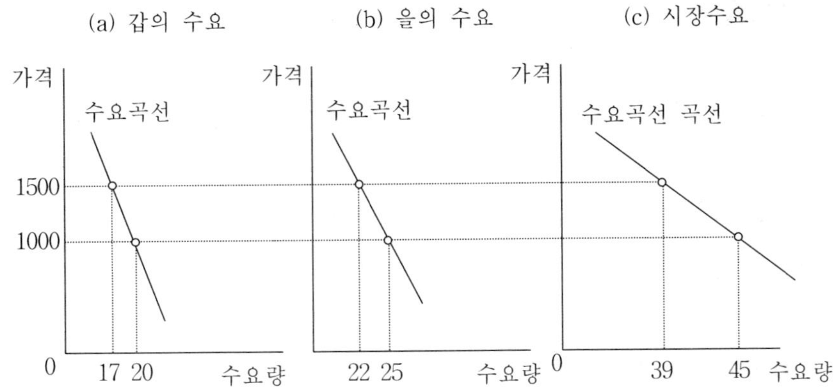

그림 2-1 개별수요와 시장수요

1.5 수요량의 변화와 수요의 변화

수요의 결정요인 가운데 구매하고자 하는 재화의 가격만 변할 때의 구매하고자 하는 수량의 변화를 수요량의 변화라고 한다. 예를 들어 사과의 가격이 1,500원에서 1,000원으로 하락할 경우 갑이 수요량을 17개에서 20개로 3개 증가시킨다고 하면 <그림 2-2>에서 점 A는 점 B로 이동하게 되는데 이러한 변화를 수요량의 변화라고 한다.

수요의 결정요인 가운데 구매하고자 하는 재화의 가격을 제외한 요인이 변하면 수요곡선이 이동하게 된다. 예를 들어 갑의 소득이 월 200만원에서 250만원으로 증가할 경우, 가격이 1,000인 사과를 20개에서 22개로 구매량을 증가시키고, 가격이 1,500원인 경우에는 17개에서 19개로 증가시킨다고 하면 <그림 2-3>에서와 같이 A는 A′으로 B는 B′으로 이동하여 갑의 수요곡선 D는 소득이 증가함에 따라 A′과 B′을 잇는 새로운 수요곡선인 D′으로 이동하게 된다. 이와 같이 그 재화의 가격을 제외한 수요의 결정요인의 변화로 인하여 수요곡선이 이동하는 현상을 수요의 변화라고 한다.

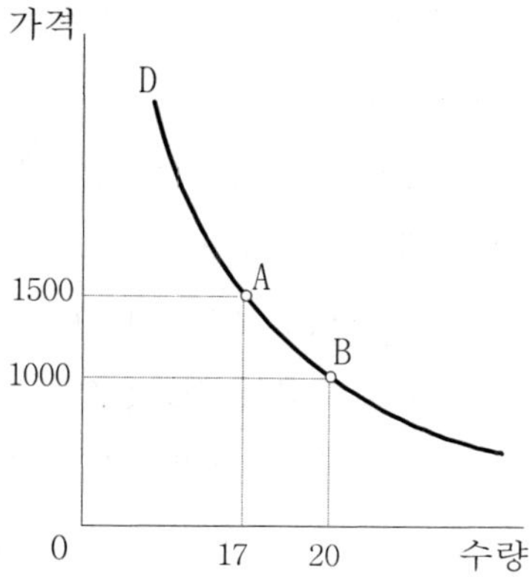

그림 2-2 수요량의 변화

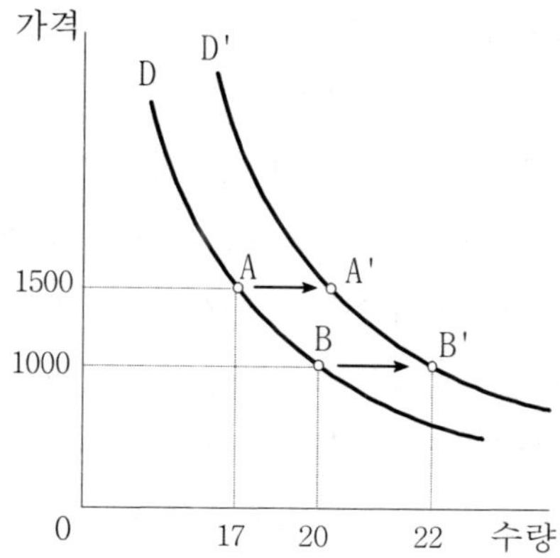

그림 2-3 수요의 변화

1.6 수요의 탄력성

앞에서 알아본 바와 같이 가격이 변하면 소비자들의 수요량도 변한다. 가격의 변화에 대한 수요량의 변화 정도를 수요의 가격탄력성(price elasticity of demand)이라고 하며, 다음과 같이 나타낸다.

$$\text{수요의 가격탄력성} = -\frac{\text{수요량의 변화율(\%)}}{\text{가격의 변화율(\%)}}$$

수요의 가격탄력성이 1보다 크면 탄력적, 1보다 작으면 비탄력적, 1이면 단위탄력적이라고 한다. 소비자들은 가격의 변화에 대하여 똑 같은 반응을 나타내는 것이 아니다. 가격이 오를(내릴) 경우 어떤 소비자는 반응의 정도가 작아서 구매량을 조금 감소(증가)시키는 반면 어떤 소비자는 민감해서 구매량을 크게 감소(증가)시킨다.

가격이 변할 때, 탄력성이 다르면 소비지출액도 달라지게 된다. 예를 들어 가격이 1% 오를 때, 갑은 수요량을 2% 감소시키고(수요의 가격탄력성 : 2), 을은 0.5% 감소시키며(수요의 가격탄력성 : 0.5), 병은 1% 감소시킨다고(수요의 가격탄력성 : 1) 가정하자. 상품 X에 대한 갑의 수요량이 가격 1,000원에서 20개라고 할 때, 가격이 1,100원으로 10% 상승하면 수요량은 20% 감소한 16개가되어, 소비지출액은 17,600원으로 종전보다 지출액이 2,400원 감소하게 된다.

을은 상품 X의 가격이 1,000원일 때, 수요량이 20개라면, 가격이 1,100원으로 10% 상승하면 수요량은 5% 감소한 19개가되며, 소비지출액은 20,900원으로 종전보다 지출액이 900원 증가하게 된다. 반면에 수요의 가격탄력성이 1인 병의 경우는 가격이 오르는 것과 같은 비율로 수요량을 감소시킴으로써 가격의 변화와 관계없이 지출액은 늘 같게 된다.

이와 같이 가격이 상승할 때 소비지출액은 수요의 가격탄력성이 1보다 크면 감소하고, 1보다 작으면 증가하며, 1이면 불변이다. 가격이 하락할 때는 이와 반대가 된다.

이 외에도 소득의 증가와 더불어 수요가 증가하는 재화인가 아닌가를 나타내는 수요의 소득 탄력성, 두 재화 간에 대체관계가 있는지 혹은 보완관계가 있는 지를 나타내는 수요의 교차탄력성 등이 있다.

수요는 정해진 기간동안 어떤 재화나 용역을 구매하고자 하는 욕구를 의미하며, 수요량은 정해진 기간 동안 정해진 가격에 구매하고자 하는 수량을 말한다.

수요함수는 수요량과 수요의 결정요인들과의 관계를 나타낸 함수이다.

수요의 결정요인 가운데 구매하고자 하는 재화의 가격이 변할 때 구매하고자 하는 수량의 변화를 수요량의 변화라고 하며, 가격을 제외한 요인의 변화로 인하여 수요곡선이 이동하는 현상을 수요의 변화라고 한다.

시장수요곡선은 개별수요곡선들의 수평합이다.

수요의 가격탄력성은 가격의 변화에 대한 수요량의 변화 정도를 나타낸다.

2. 공 급

2.1 공급과 공급량

생산자인 기업은 수입과 비용의 차이인 이윤을 목적으로 재화를 생산하여 시장에서 판매를 한다. 생산자가 정해진 기간 동안 재화를 판매하고자 하는 의도를 공급이라고 한다. 그리고 어떤 재화를 정해진 기간동안 정해진 가격으로 판매하고자 하는 수량을 공급량이라고 한다. 판매하고자 하는 수량은 생산할 능력의 범위 안에서 결정된다. 즉, 판매하고자 하는 수량 가운데 생산능력을 벗어난 부분은 공급에 포함되지 않는다. 예를 들어 생산능력은 100단위인데 150단위를 판매하고자 한다면 공급량은 생산능력인 100단위로 제한된다.

2.2 공급함수

생산자가 시장에 재화(X재)를 공급하는 데 영향을 미치는 많은 요인들 가운데 들 수 있는 중요한 요인들은 다음과 같다.

첫째, X재의 가격이다. 재화의 가격(P_X)이 상승하면 공급량(Q^S)은 증가하고, 반대로 가격이 하락하면 공급량은 감소한다. 이러한 현상을 공급의 법칙이라고 한다.

둘째, 다른 재화의 가격이다. 다른 재화(Y재)의 가격(P_Y)이 상승(하락)하면 X재의 공급량은 감소(증가)하고, Y재의 가격이 하락(상승)하면 반대의 현상이 나타난다. Y재의 가격이 상승하면 X재의 가격이 상대적으로 하락하게 되기 때문이다.

셋째, 생산요소의 가격이다. 생산을 하는데 이용되는 자본이나 노동과 같은 생산요소(F)의 가격이 변하면 비용도 변하므로 공급량이 변하게 된다.

넷째, 생산기술이다. 재화를 생산하는 기술(T)이 변하면 공급량이 변하게 된다.

생산기술이 개선되면 생산비용이 감소하여 종전과 같은 가격에 더 많이 생산 판매함으로써 더 많은 이윤을 얻을 수 있기 때문이다.

공급의 결정요인들과 공급량(Q^S)과의 관계를 나타낸 함수를 공급함수(supply function)라고 하며 식 (2-3)과 같다.

$$Q^s = Q(P_n,\ P_r,\ F,\ T,\ \cdots\ ) \tag{2-3}$$

일반적으로 공급하고자 하는 재화의 가격을 제외한 요인들은 단기적으로 변하지 않는다고 본다. 이러한 경우 공급함수는 식 (2-4)와 같이 가격과 공급량과의 관계로 나타내는 함수로 표시될 수 있다.

$$Q^s = Q(P_n,\ \overline{P_r},\ \overline{F},\ \overline{T},\ \cdots\ )\ \rightarrow\ Q^s = Q(P_n) \tag{2-4}$$

가격과 공급량의 대응점들의 집합으로 이루어지는 곡선을 공급곡선이라고 한다. <그림 2-4>

2.3 시장공급

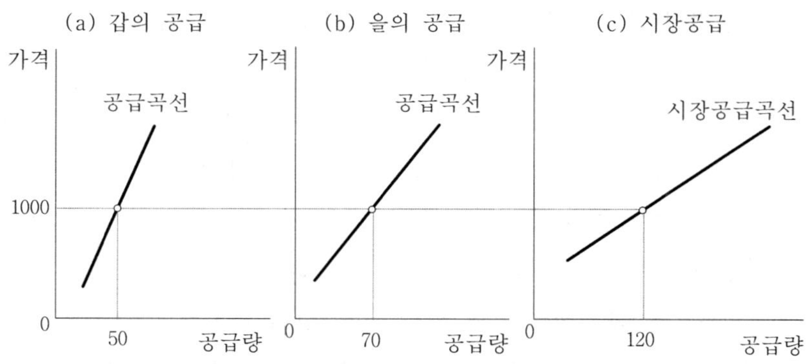

그림 2-4 개별공급과 시장공급

시장수요에서와 같이 각각의 가격 수준에서 각 생산자의 공급량을 더한 총합이 시장공급량이 된다. 예를 들어 재화 X를 거래하는 시장에 참여하고 있는 생산자가 갑과 을 둘이고, 가격이 1,000원일 때 갑은 50개를 공급하고 을은 70개를 공급한다고 하면, 시장에 공급되는 양은 120개가 된다. 즉 <그림 2-4>에서와 같이 시장공급(market supply)은 갑의 공급과 을의 공급을 수평으로 합한 것이 된다.

2.4 공급량의 변화와 공급의 변화

공급의 결정요인 가운데 다른 요인들은 변하지 않고 가격만 변할 때, 공급량이 변하는 것을 공급량의 변화라고 하고, 다른 재화의 가격이나 임금이나 이자 등과 같이 해당 재화의 가격을 제외한 공급의 결정요인이 변하면 가격이 변하지 않는 상태에서도 공급량이 변하게 되는데, 이러한 현상을 공급의 변화라고 한다.

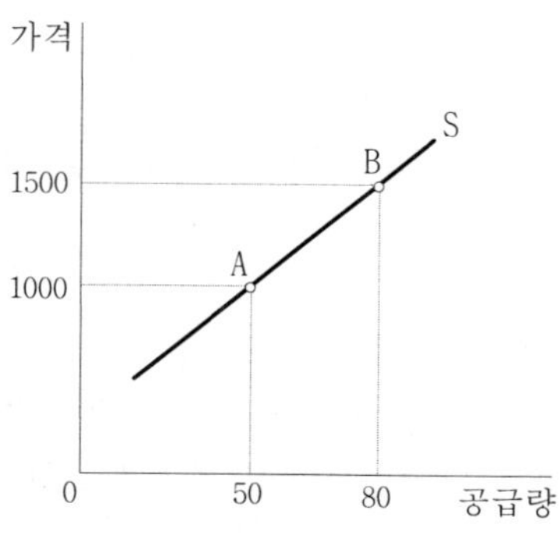

그림 2-5 공급량의 변화

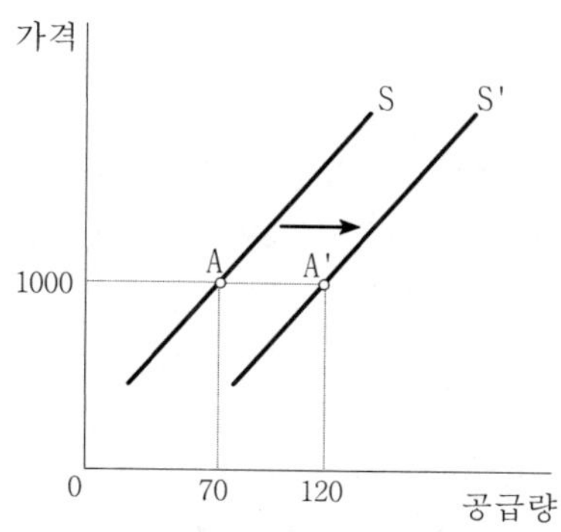

그림 2-6 공급의 변화

즉, 공급량의 변화는 <그림 2-5>에서 가격이 1,000원에서 1,500원으로 상승할 때, 공급량이 50 단위에서 80 단위로 변하는 것과 같이 동일의 공급곡선 상의 점 A에서 B로 이동하는 것을 의미하며, 공급의 변화는 <그림 2-6>의 예에서와 같이 가격이 1,000원에서 변하지 않더라도 생산요소 가격의 하락으로 생산비용이 감소하면 상품을 70단위에서 50단위 증가한 120 단위를 공급하게 된다. 이와 같이 공급의 변화는 점 A가 A′으로 이동하는 공급곡선의 이동을 의미한다.

2.5 공급의 가격탄력성

어떤 재화는 가격이 크게 변하여도 공급량이 그다지 변하지 않는가 하면 어떤 재화는 가격의 작은 변화에도 공급량이 크게 변한다.

가격의 변화에 대한 공급량의 변화 정도를 공급의 가격탄력성(elasticity of supply)이라고 하고, 가격의 변화율에 대한 공급량의 변화율의 비율로 크기를 나타낸다. 탄력성의 크기가 1보다 큰 경우를 탄력적이라고 하는데, 가격의 변화율보다 공급량의 변화율이 큼으로써, 가격의 변화에 공급이 민감함을 나타낸다. 탄력성이 1보다 작은 경우를 비탄력적이라고 하는데, 가격의 변화에 공급이 민감하게 반응하지 않음을 나타낸다. 그리고 탄력성이 1인 경우를 단위탄력적이라고 한다.

생산자가 정해진 기간 동안 재화를 판매하고자 하는 욕구를 공급이라고 하며, 어떤 재화를 정해진 기간동안 정해진 가격으로 판매하고자 하는 수량을 공급량이라고 한다.

공급함수는 공급의 결정요인들과 공급량과의 관계를 나타낸 함수이다.

공급의 결정요인 가운데 가격만 변할 때, 공급량이 변동하는 것을 공급량의 변화라고 하고, 가격을 제외한 결정요인이 변하여 공급곡선이 이동하는 현상을 공급의 변화라고 한다.

공급의 가격탄력성은 가격의 변화에 대한 공급량의 변화 정도를 나타낸다.

정부가 생산물에 단위 당 조세(종량세)를 부과하면, 생산비용이 상승하여 생산량이 감소하고 시장에 대한 공급량이 감소하게 된다. 가격의 변화에 공급량이 민감하게 반응하는 재화는 비용의 변화에도 생산량이 민감하게 반응한다. 즉, 공급의 가격탄력성이 탄력적일수록 비용의 성격이 있는 조세의 부과는 공급량을 크게 감소시키는 결과를 초래하게 된다.

3. 균형가격

어떤 가격에서 소비자의 수요량보다 생산자의 공급량이 많음으로써 초과공급이 이루어지면 재고가 발생하여 가격이 하락한다. 반대로 어떤 가격 수준에서 소비자의 수요량이 생산자의 공급량을 초과하여 초과수요가 발생하면 품귀 현상으로 가격이 상승하게 된다.

따라서 가격이 변하지 않는 상태에서 거래가 계속되려면 주어진 가격 수준에서 소비자의 수요량과 생산자의 공급량이 같아야 한다. 이러한 조건을 만족시키는 가격을 균형가격(equilibrium price)이라고 한다.

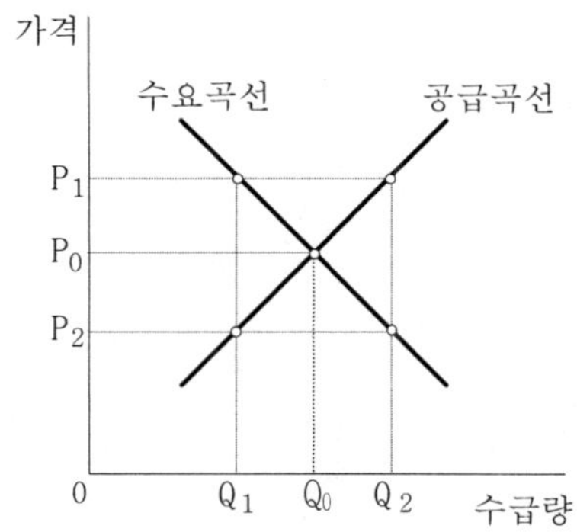

그림 2-7 균형가격

예를 들어 <그림 2-7>에서 가격이 P_1이면 Q_1에서 Q_2만큼의 초과공급량이 존재하여 가격이 하락하며, 가격이 P_2이면 Q_1에서 Q_2만큼의 초과수요량이 존재하여 가격이 상승하게 된다. 가격이 P_0일 때는 Q_0 수요량과 공급량이 일치하여 초과수요나 초과공급이 발생하지 않으므로 가격이 변하지 않게 되는데, 이러한 상태의 가격을 균형가격이라고 한다.

제3장 소비와 생산

1. 소비자의 선택

70년대 중반까지만 해도 중소도시에서는 아주머니들이 한 손에는 돈을 꼭 말아 쥐고 한 손에는 시장바구니를 들고 시장에 걸어 나가 필요한 물건을 이것저것 구매하여 돌아와서는 어떤 것은 너무 적게 샀고 어떤 것은 안 살 것을 충동구매하였구나 생각하고 후회하기도 하였다.

그러나 오늘날은 걷지 않고 승용차를 많이 이용하고, 고액권이나 신용카드를 사용하며, 필요한 물건을 시장에 가지 않고 인터넷으로 주문하여 가정에까지 배달되도록 하는 등의 다양한 방법으로 구매를 하고 있다. 그리고 소득수준이 증가함에 따라 과거와 비슷한 수준의 상품에 대하여 만족스럽지 못한 선택을 할지라도 과거와 같이 민감한 반응을 나타내지 않는 경향을 보이고 있다.

이와같이 상황의 변화에 따라 정도의 차이는 있으나 희소성이 작용하는 경제적 환경 하에서는 소비자들은 주어진 소득으로 만족이 극대화 되도록 재화나 용역을 구매하고자 한다. 이러한 목적을 달성하기 위하여 접근하는 방법들 가운데 한계효용이론과 무차별곡선이론을 소개하도록 한다.

● 효 용

소비자선택이론의 중요한 분석도구인 효용(utility)은 소비자가 재화나 용역을 이용함으로써 얻는 주관적인 만족감을 나타낸다. 주관적이므로 효용은 다음과 같은 특성이 있다.

첫째, 사람에 따라 다를 수 있다. 주관적이므로 같은 재화를 갑이 을보다 더 좋아하면 동일한 재화임에도 불구하고, 그 재화에 대하여 갖는 효용은 갑이 더 크다.

둘째, 장소에 따라 달라질 수 있다. X재보다 우수한 재화가 있는 곳에서는 상대적인 열등성으로 말미암아 X재의 효용은 작아질 수 있으며, 반대로 열등한 재화들이 있는 곳에서는 효용이 더 크게 평가될 수 있다.

셋째, 때에 따라 다를 수 있다. 어떤 재화에 대한 소비를 필요로 할 때의 효용이 필요로 하지 않을 때보다 크다. 그리고 시간적으로 이를 때의 효용이 늦을 때의 효용보다 큰 것이 일반적이다.

넷째, 소유량에 따라 다를 수 있다. 이미 X재를 많이 소유하고 있는 사람에게 추가적인 X재가 주는 효용은 적게 소유하고 있는 사람보다 적게 된다.

위와 같은 특성이 있는 효용은 기수적 효용과 서수적 효용으로 구분된다. 기수적 효용은 효용의 크기를 측정할 수 있으며 효용간에도 기수적 관계 즉, 배수관계가 성립한다. 서수적 효용에서 효용의 크기는 어느 것이 더 선호됨을 나타내는 순서일 뿐 배수관계가 존재하지 않는다.

1.1 한계효용이론

1.1.1 총효용과 한계효용

소비자는 일정 기간 동안 욕구 충족을 위하여 재화를 소비하게 되는데, 이 때 소비하는 모든 재화로부터 얻는 효용의 총합을 총효용 또는 효용이라고 한다.

소비하고자하는 재화(X, Y)의 소비량과 효용(U)과의 관계를 나타낸 함수를 효용함수(utility function)라고 하며 다음과 같이 표시할 수 있다.

$$U = U(X, Y)$$

한계효용(marginal utility)은 다른 재화(Y)의 소비를 일정하게 유지하는 상태에서, 정한 재화(X)를 마지막 한 단위 추가 소비하는 경우에 발생하는 총효용의 증분이다.

병은 사과를 좋아하는데 공짜로 먹으라고 하면 한꺼번에 다섯 개까지 먹을 의욕이 있다고 하는 가정 하에, 한자리에서 사과를 먹는데 따른 효용의 변화를 예로 나타낸 표가 <표 3-1>이다.

표 3-1 총효용과 한계효용

사과소비량(X)	총효용(U)	한계효용(MU)
0	0	0
1	8	8
2	14	6
3	18	4
4	20	2
5	21	1
6	20	−1

병이 사과를 5개까지는 소비량을 증가시킴에 따라 총효용이 계속 증가하여 21에 도달하게 된다. 그러나 1개 더 추가하여 6개를 소비하면 총효용은 오히려 감소하여 20이 된다.

한계효용은 마지막 한 단위 추가 소비하는데 따른 총효용의 증분으로서 처음 1개의 (총)효용이 8이고, 처음 2개의 효용이 14이므로 두 번째 소비의 한계효용은 14에서 8을 뺀 6이 된다. 그리고 여섯 번째의 한계효용은 −1인데, 이것은 여섯 번째 소비가 병에게 부담스러운 존재임을 나타낸다.

소비를 증가시킴에 따라 한계효용이 감소하는 현상을 보이고 있는데, 이러한 현상을 한계효용체감의 법칙(law of diminishing marginal utility)이라고 한다.

1.1.2 한계효용균등의 법칙

소비자가 정해진 소득으로 여러 재화를 함께 소비할 때, 만족을 극대화시키기 위해서는 각 재화의 한계효용이 같도록 구매하는 것이 필요한데, 이를 한계효용 균등의 법칙(law of equi-marginal utility)이라고 한다.

<표 3-2>는 소비하고자 하는 재화가 X재, Y재이고, 이들의 한계효용이 각각 MU_X, 와 MU_Y이며, 가격이 P_X=2원, P_Y=3원일 때를 나타낸다.

표 3-2 소비자의 선택

소비량	X 재			Y 재		
	U_X	MU_X	MU_X / P_X	U_Y	MU_Y	MU_Y / P_Y
1	20	20	10	27	27	9
2	38	18	9	51	24	8
3	54	16	8	72	21	7
4	68	14	7	90	18	6
5	80	12	6	105	15	5
6	90	10	5	117	12	4

만일 값을 지불하지 않고 6개를 취하라면 X재를 2개, Y재를 4개 취하는 것이 총효용 128로 가장 만족스럽다. 이 때 두 재화의 한계효용이 각각 18로 같다.

그러나 값을 지불하라면 위의 경우 16원이 소요되는 반면, X재를 5개, Y재를 2개 취하면 같은 16원이 소요되면서 효용은 131로 증가한다.

7원으로 X재와 Y재를 구매하라면 X재를 2 단위, Y재를 1 단위 취하는 것이 가장 만족스러운데 1원 당 한계효용이 각각 9이다. 17원으로 취하라면 X재를 4 단위, Y재를 3 단위 취하는 것이 가장 만족스러운데, 1원 당 한계효용이 각각 7이다. 즉 각 재화의 1원 당 한계효용이 같도록 소비할 때 효용이 극대화된다. 이러한 경우를 화폐로 가중된 한계효용 균등의 법칙이라고 하며, 일반적으로 한계효용균등의 법칙은 화폐로 가중된 한계효용균등의 법칙을 말한다.

이와 같은 효용극대화 조건을 수식으로 나타내면 식 (3-1)과 같다.

$$\frac{MU_X}{P_X} = \frac{MU_Y}{P_Y} \tag{3-1}$$

만일 X재의 가격이 하락하면 $MU_X/P_X > MU_Y/P_Y$가 되어 X재를 구매한 돈 1원 당 한계효용이 Y재를 구매한 1원 당 한계효용보다 크게 되어, X재를 추가구매하고 Y재의 구매를 줄임으로써 효용을 증가시킬 수 있다. 이 때, X재의 소비를 계속 증가시키면 X재의 한계효용이 감소하여 MU_X/P_X와 MU_Y/P_Y의 차이가 줄어들어 결국은 식 (3-1)과 같은 관계가 성립하고 효용은 극대화된다.

1.1.3 소비자잉여

소비자는 화폐를 보유하는 것으로부터 얻는 만족보다 그 화폐를 지출하여 구매하는 재화로부터 얻는 만족더가 크면, 재화를 구매하는 것이 더 좋다고 느끼게 된다. 소비자잉여란 재화를 구매하기 위하여 기꺼이 지불하고자 하는 값에서 실제로 지불한 값을 뺀 잉여의 크기를 말한다.

MU_X/P_X가 일정한 값 k를 갖는다면 다음과 같이 나타낼 수 있다.

$$\frac{MU_X}{P_X} = k \rightarrow \frac{MU_X}{k} = P_X$$

위의 식을 그림으로 나타내면 <그림 3-1>과 같다. 그림에서 소비자는 $0X_0ba$를 지불할 용의가 있음에도 불구하고 $0X_0bP_0$ 만을 지불하므로 abP_0가 소비자잉여이다.

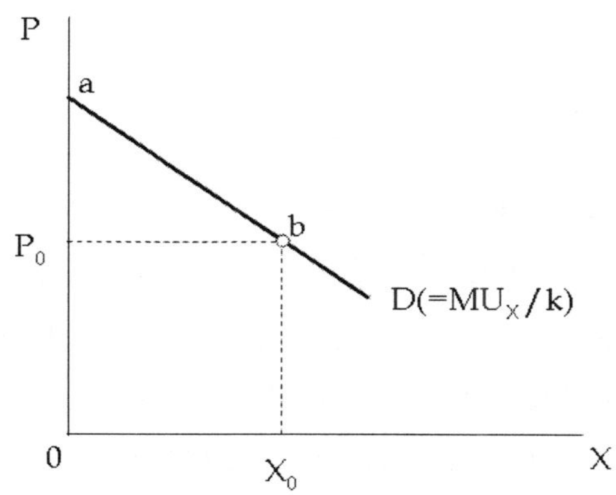

그림 3-1 소비자 잉여

1.1.4 가치의 역설

아담스미스(Adam Smith)는 그의 저서 국부론(Wealth of Nations)에서 상품의 가치를 사용가치와 교환가치로 분류하고, 물은 다이아몬드보다 사용가치가 큼에도 불구하고 교환가치가 작음에 대하여 문제를 제기하였는데 이를 아담스미스의 역설 또는 가치의 역설(paradox of value)이라고 한다.

그러나 한계효용이론에 의하면 물은 부존량이 많으므로 한계효용체감의 법칙에 의하여 한계효용이 작으므로 소비자가 추가적으로 느끼는 만족감이 작아 값이 싼 반면 다이아몬드는 총효용은 물보다 작으나 부존양이 적으므로 한계효용이 큼으로써 가격이 비싼 것으로 설명된다.

> 효용은 소비자가 재화나 용역을 이용함으로써 얻는 주관적인 만족감의 크기이다.
> 한계효용은 다른 재화의 소비를 일정하게 유지하는 상태에서, 어떤 재화를 마지막 한 단위 추가 소비하는 경우에 발생하는 총효용의 증분이다.
> 한계효용 균등의 법칙이란 소비자가 정해진 소득으로 만족을 극대화시키기 위해서 각 재화의 한계효용이 같도록 구매하는 것을 말한다.
> 소비자잉여란 재화를 구매하기 위하여 기꺼이 지불하고자 하는 값에서 실제로 지불한 값을 뺀 잉여의 크기를 말한다.

1.2 무차별곡선이론

객관적으로 정형화되지 않은 효용간에 기수적 관계가 유지되거나, 나아가 한 재화가 여러 가지 다른 재화들과 결합된 조합의 형태로 이용될 때도 한계효용의 크기를 측정할 수 있으며 효용간에 배수관계도 유지된다고 전제하는 것보다는 소비되는 재화들의 조합간에 선호되는 순서만 존재한다고 보는 것이 합리적이라는 측면에서 소비자 선택을 분석하는 이론이 무차별곡선이론 또는 서수적 효용이론이다.

1.2.1 무차별곡선

재화들의 결합이 소비자들에게 동일한 만족을 주는 점들을 연결한 곡선을 무차별곡선(indifference curve)이라고 한다. 즉 무차별곡선 상에 있는 점들에서 소비할 경우 어디에서나 만족의 정도가 같다.

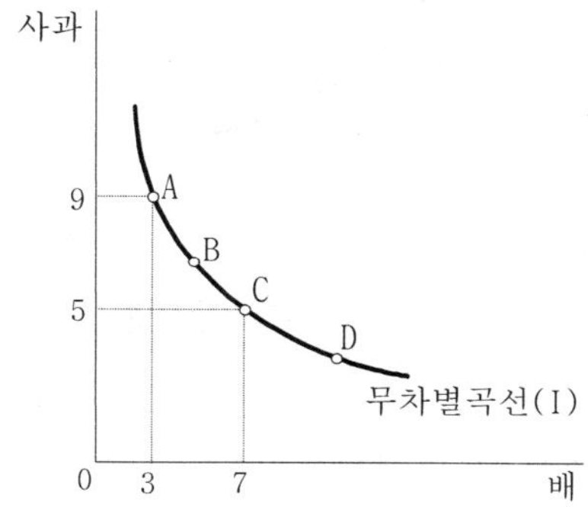

그림 3-2 무차별곡선

<그림 3-2>에서 소비자가 무차별곡선상의 A, B, C, D점 가운데 어느 점을 선택하더라도 선호 정도에 차이가 없다. 즉, 배 3 단위와 사과 9 단위를 결합한 A점과 배 7 단위와 사과 5 단위를 결합한 C점은 같은 수준의 만족을 준다.

1.2.2 무차별곡선의 특성

일반적으로 무차별곡선에는 다음과 같은 네 가지 성격이 있다.

첫째, 무차별곡선은 우하향 한다. X재의 한계효용과 Y재의 한계효용이 모두 0보다 크므로 X재나 Y재를 추가 소비하면 총효용이 종전보다 증가한다. 따라서 X재를 추가 소비함으로써 전체 효용이 증가하면 증가된 효용에 해당하는 만큼 Y재 소비를 감소시켜야 종전 수준의 효용을 유지할 수 있다.

이와 같이 동일한 효용 수준을 유지하기 위해서는 <그림 3-3>에서와 같이 X재가 ΔX 만큼 증가하면 Y재가 ΔY만큼 감소해야 한다. 따라서 동일한 효용수준을 나타내는 무차별곡선은 우하향한다.

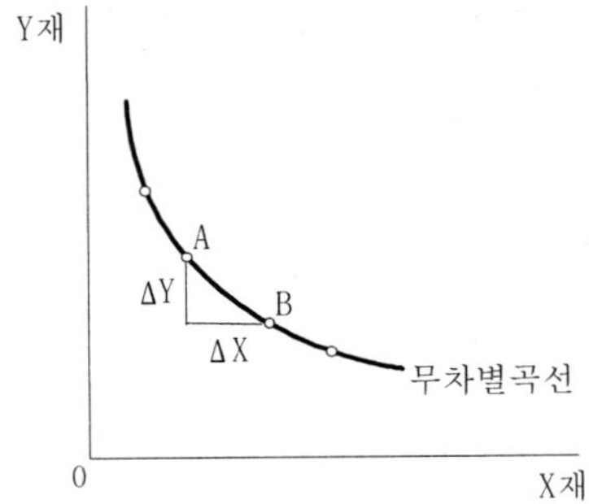

그림 3-3 우하향의 무차별곡선

둘째, 무차별곡선은 원점에서 멀수록 더 높은 수준의 선호를 나타낸다. <그림 3-4>에서 소비수준 A보다 X재와 Y재를 모두 더 소비할 수 있는 B 점이 더 선호되며, A점을 지나는 무차별곡선보다 B 점을 지나는 무차별곡선이 원점에서 더 멀다. 따라서 원점에서 먼 무차별곡선일수록 더 선호됨을 나타낸다.

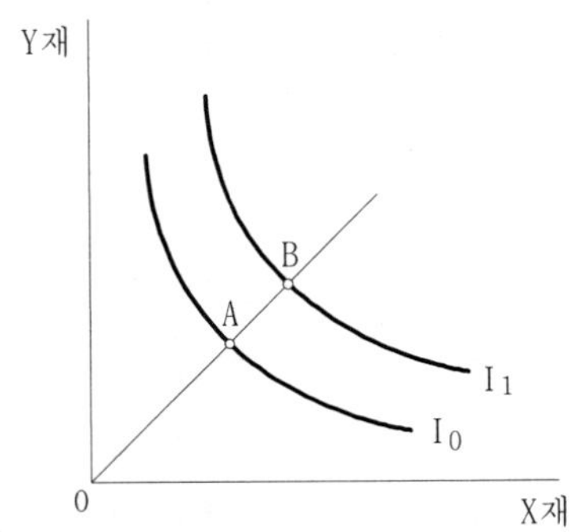

그림 3-4 무차별곡선의 선호

셋째, 무차별곡선은 서로 교차하지 않는다. 무차별곡선이 교차되어 있는 <그

림 3-5>에서 A와 C는 동일한 무차별곡선 I_0 위에 있으므로 만족 수준이 같다. B와 C는 동일한 무차별곡선 I_1 위에 있으므로 효용 수준이 같다. 따라서 A와 B는 선호도가 같다아야 하나 B는 A보다 X재와 Y재를 모두 더 소비하는 점이며, 두 재화는 모두 한계효용이 0보다 크므로 분명히 B가 A보다 선호된다. 즉 A와 B가 무차별이라는 결론은 모순이다. 그러므로 무차별곡선은 서로 교차하지 않아야 한다.

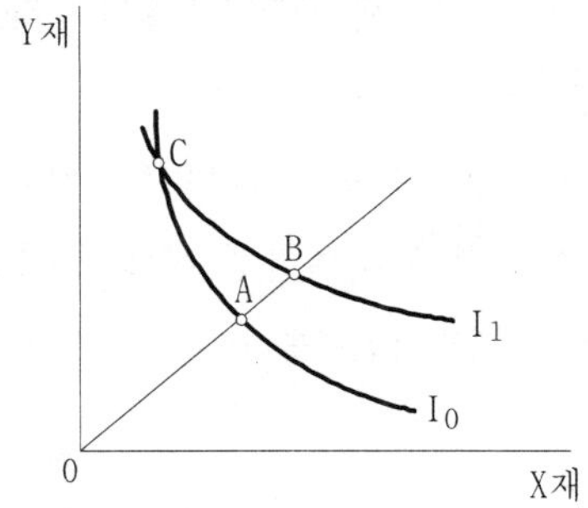

그림 3-5 무차별곡선의 교차

넷째, 무차별곡선은 원점에 대하여 볼록하다. 소비가 늘어나는 재화의 선호정도는 체감하는 반면 소비가 감소되는 재화의 선호도는 반대로 증가하게 된다. 이러한 현상은 <그림 3-6>의 무차별곡선상에서 소비하고자 하는 재화들의 조합을 점 A에서 점 B로 이동시키면, X재는 ΔX만큼 증가하고 Y재는 ΔY 만큼 감소하게 된다. A에서 B로 그리고 C로의 이동에 따라 X재의 소비는 계속 증가하므로 추가적인 선호도가 체감하게 되며, Y재의 소비는 계속해서 감소하므로 선호도가 증가하게 된다.

따라서 무차별곡선 상의 점 A에서 B로 그리고 C로 이동함에 따라, X재와 Y재 간의 대체율인 $-\Delta Y/\Delta X$의 값은 점점 작아져서 원점에 대하여 볼록한 형태를 나타낸다.

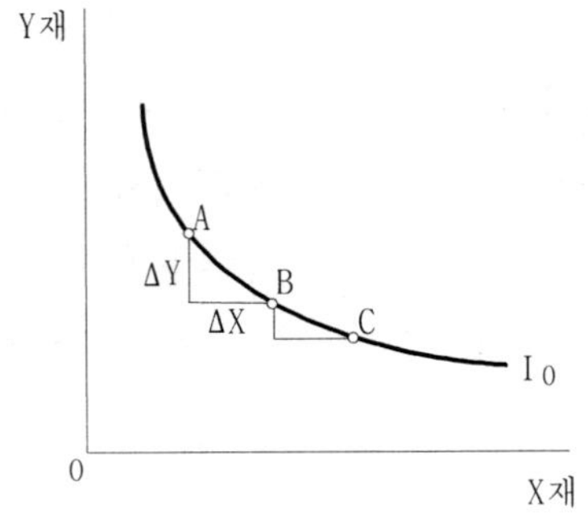

그림 3-6 원점에 관하여 볼록한 무차별곡선

$-\Delta Y/\Delta X$로 나타내는 두 재화간의 대체율을 한계대체율(marginal rate of substitution)이라고 하며, 동일한 무차별곡선 상에서 어떤 재화(X재)를 한 단위 추가 소비하기 위하여 감소시키는 다른 재화(Y재)의 양으로 정의된다.

1.2.3 가격선

소비자가 소비하기 위한 예산이 정해지면 그 예산으로 재화들을 구매하여 소비하게 된다.

정해진 소득 또는 예산 I를 가격이 P_X인 X재와 가격이 P_Y인 Y재를 구매하는데 지출한다고 하면 다음의 식 (3-2)가 성립된다.

$$I = P_X X + P_Y Y \tag{3-2}$$

식 (3-2)에서 Y재는 구매하지 않고 X재만 구매한다면 Y=0이므로 X재의 구매량은 식 (3-3)에서와 같다.

$$X = \frac{I}{P_X} \tag{3-3}$$

반대로 X재는 구매하지 않고 Y재만 구매한다면 X=0이므로 Y재의 구매량은 식 (3-4)과 같다.

$$Y = \frac{I}{P_Y} \qquad (3\text{-}4)$$

예산과 두 재화의 가격이 정해졌을 때, X재의 구매량이 정해지면 Y재의 구매량은 식 (3-5)와 같이 정해진다.

$$Y = \frac{I}{P_Y} - \frac{P_X}{P_Y} \cdot X \qquad (3\text{-}5)$$

식 (3-5)에서와 같이 정해진 소득을 모두 지출하여 구매할 수 있는 두 재화의 결합점들로 이루어진 직선을 가격선(price line) 또는 예산선(budget line)이라고 한다.

예를 들어 주어진 예산 10,000원으로 500원인 X재와 1,000원인 Y재를 구매할 경우의 예산선은 <그림 3-7>에서와 같다. X재를 10단위, Y재를 5단위 구매하면 예산선 상의 A점이 된다.

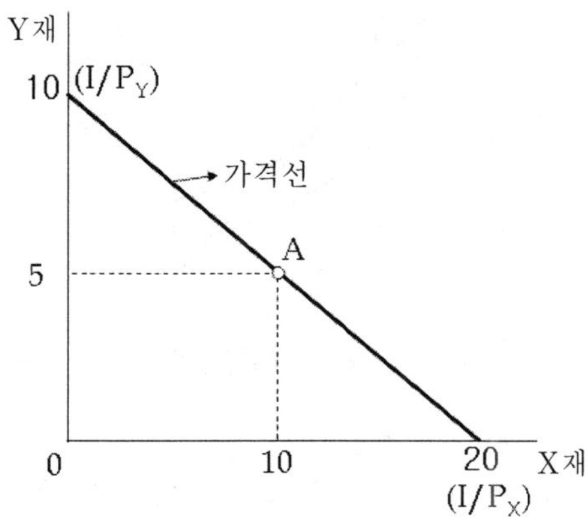

그림 3-7 가격선

1.2.4 소비자균형

소비자에게 재화를 구매하기 위한 일정의 소득이 주어질 경우 재화를 구매하는 방법은 가격선상에 무수히 많다. 소비자는 그 가운데 만족을 극대화시키는 재화의 결합점을 선택해야 하는데, 가격선만 주어지는 경우 효용을 극대화시키는 점을 알기가 힘들다. 반면에 무차별곡선만 존재하면 효용이 같은 점만 알 수 있을 뿐이며, 예산이 최소로 소요되는 점을 알기 어렵다.

가격선과 무차별곡선을 결합하여 소비자의 효용을 극대화시키는 소비자균형을 구할 수 있다. <그림 3-8>에서 소비자가 X재와 Y재를 각각 X_0, Y_0만큼 구매하여 I_0 수준의 만족을 느끼는 점 A에서 소비를 하게 되는 경우, 소비자는 Y재를 너무 많이 구매하고 X재를 적게 구매하였다고 느끼고, 다음 번에는 X재를 증가시키고 Y재를 줄이는 것이 좋겠다고 생각하게 된다. 반면에 점 C에서 소비하게 되는 경우, 소비자는 X재를 너무 많이 구매하고 Y재를 과소하게 구매하였다고 느끼고 다음에는 X재의 구매를 감소시키고 Y재 구매를 증가시킴으로써 만족이 증가하게 된다.

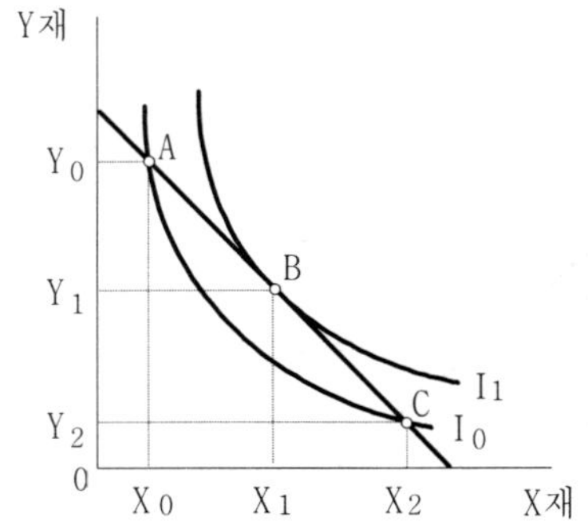

그림 3-8 소비자균형

X재를 X_1 만큼 Y재를 Y_1 만큼 소비하는 B점에서 소비자는 만족이 극대화되어 더 이상 재화의 결합 상태를 바꾸지 않게 된다. 즉 다음번에도 X_1, Y_1만큼 구매하게

된다. 점 B는 가격선과 가장 선호되는 무차별곡선이 접하는 점으로서 소비자균형 상태를 나타낸다. 균형 상태란 주어진 여건 하에서 선택된 상태가 변하지 않고 계속 되풀이되는 현상을 말한다.

> 재화들의 결합이 소비자들에게 동일한 만족을 주는 점들을 연결한 곡선을 무차별곡선이라고 한다.
>
> 한계대체율은 동일한 무차별곡선 상에서 어떤 재화를 한 단위 추가 소비하기 위하여 감소시키는 다른 재화의 양이다.
>
> 가격선은 정해진 소득을 모두 지출하여 구매할 수 있는 두 재화의 결합점들로 이루어진 직선이다.
>
> 만족이 극대화되는 소비자균형은 가격선과 무차별곡선이 접하여 한계대체율과 상대가격이 같은 상태에서 달성된다.

2. 생산과 비용

시장에 재화를 공급하는 대표적인 경제주체는 기업이다. 기업은 재화를 시장에 공급하기 위하여 생산요소시장으로부터 노동이나 자본과 같은 생산요소를 생산과정에 투입하여 산출물을 생산해낸다. 산출물을 얻기 위하여 투입하는 생산요소의 고용에는 비용이 수반된다.

생산이론에서 생산요소 투입과 재화의 산출간에 존재하는 효율적인 관계에 관하여 분석하고, 이를 기초로 하여 비용이론에서 생산량과 비용에 관하여 분석함으로써 주어진 여건 하에서 생산성의 극대화를 추구하는 기업의 선택 행위를 알아본다.

2.1 생산이론

생산이란 재화의 교환, 저장, 운반, 새로운 재화나 서비스의 창출 등에 의하여 가치를 증가시키는 행위를 말하는데, 전형적으로는 재화를 변형시키거나 새로운 재화를 창출하는 형태를 일컫는다.

기업은 대표적인 생산주체로서 주식회사의 형태가 일반적이며, 전통적으로는 이윤극대화를 생산동기로 한다.

생산을 위하여 투입되는 생산요소 가운데 크기가 변하지 않는 요소가 존재하는 경우의 생산을 단기생산이라고 하며, 모든 생산요소가 가변적인 경우를 장기생산이라고 한다.

2.1.1 단기생산

생산함수

기업이 노동과 자본 등과 같은 생산요소를 투입하여 산출물을 얻을 때, 생산요소의 투입과 산출물 사이에는 기술적인 함수관계가 존재하는데, 이를 생산함수(production function)라고 한다. 노동을 L, 자본을 K, 산출량을 Q라고 하면 생산함수는 다음의 식 (3-6)과 같이 나타낼 수 있다.

$$Q = Q(L,\ K) \tag{3-6}$$

단기생산함수

단기생산함수는 적어도 한 개의 생산요소가 고정되어 있는 경우의 생산함수로서, 일반적으로 노동(L)을 가변적인 요소로 보고 자본(K)을 고정된 요소로 보아 다음의 식 (3-7)과 같이 나타낸다.

$$Q = Q(L, \ \overline{K}) \tag{3-7}$$

투입량이 고정된 생산설비와 투입량을 신축적으로 증감시킬 수 있는 노동을 이용한 생산에서는 대체로 <표 3-3>과 같은 경향이 존재한다. 즉, 단기에는 자본인 생산설비를 변화시킬 수 없으므로 생산을 하는 동안 투입량이 1 단위로 일정하며, 노동은 단기적으로도 투입량의 변화가 가능하므로 생산량을 증가시키기 위하여 노동의 투입이 증가한다.

표 3-3 단기생산

자본(기계)	노동자수(L)	총생산물(TP)	평균생산물(AP_L)	한계생산물(MP_L)
1	0	0	0.00	0
1	1	5	5.00	5
1	2	17	8.50	12
1	3	38	12.67	21
1	4	64	16.00	26
1	5	88	17.60	24
1	6	107	17.83	19
1	7	121	17.29	14
1	8	129	16.13	8
1	9	129	14.33	0
1	10	121	12.10	−8

기계설비 1대에 대하여 투입되는 노동이 없으면 생산이 이루어지지 않으며, 노동자 한사람이 투입되면 총생산물(Total Product)이 5 단위 생산되고, 2 사람이 투입되면 17단위가 생산된다. 이러한 생산은 노동자를 8명 고용할 때까지 계속 증가하나 10명 째는 너무 많이 투입되어 추가 고용되는 노동이 오히려 생산을 방해하는 역할을 함으로써 총생산물이 129단위에서 121단위로 감소하는 결과를 초래하게 됨을 보여주고 있다.

평균생산물과 한계생산물

평균생산물(Average Product)은 총생산물을 생산요소의 총투입량으로 나눈 값인 생산요소 단위당 생산물로서 일반적으로는 총생산물을 노동량으로 나눈 노동의 평균생산물을 나타낸다.

노동의 평균생산물은 노동투입을 증가시킴에 따라 증가하다가 감소하는데, <표 3-3>에서 6 단위를 투입할 때까지 17.83으로 증가한 후 7단위의 투입부터는 감소하는 현상을 나타내고 있다.

노동의 한계생산물(Marginal Product of labour)은 다른 생산요소의 투입이 고정되어 있는 상태에서 노동을 한 단위 추가 투입하는데 따른 총생산물의 증분을 의미하며, 식 (3-8)과 같다.

$$MP_L = \frac{\Delta Q}{\Delta L} \tag{3-8}$$

노동을 추가 투입함에 따라 한계생산물도 평균생산물과 같이 증가하다가 감소하는 형상을 나타낸다. 즉, 노동을 처음 한 단위 추가 투입함에 때라 총생산물이 0인 상태에서 5단위로 증가하여 한계생산물은 5단위가 된다. 그리고 다음 한 단위 추가 투입하면 총생산물은 17단위로 종전보다 12단위가 증가하였으므로 한계생산물은 12단위이다.

수확체감의 법칙

한계생산물은 노동을 4단위 투입할 때까지 증가하다가 5단위부터는 점차로 감소하는 현상을 보이는데 이러한 감소 현상을 수확체감의 법칙이라고 한다. 즉, 수확체감의 법칙(law of diminishing returns)이란 다른 생산요소의 투입이 고정된 상태에서 가변적인 생산요소를 한 단위 추가 투입하는데 따라 한계생산물이 감소하는 현상을 말한다.

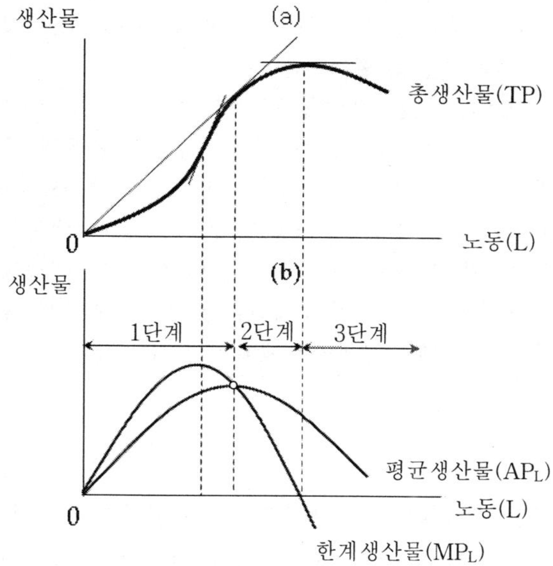

그림 3-9 생산물들간의 관계

평균생산물과 한계생산물의 관계

<그림 3-9>에서와 같이 노동의 투입을 증가시킴에 따라 총생산물은 한계생산물이 0보다 큰 범위에서는 계속해서 증가하며, 0보다 작게 되면 감소하게 된다. 평균생산물과 한계생산물은 증가하다 감소하며, 한계생산물이 평균생산물보다 먼저 감소하기 시작하여 평균생산물의 정점에서 만나며 그 이후에는 평균생산물보다 작아진다.

노동의 투입을 증가시킴에 따라 생산을 3단계로 구할 수 있는데, 1단계는 평균생산물이 증가하기 시작하여 정점에 이를 때까지이며, 2단계는 평균생산물이 감소하기 시작해서부터 한계생산물이 0인 범위이며, 3단계는 한계생산물이 0보다 작은 단계이다.

노동의 투입량은 수확체감의 법칙이 적용되는 2단계의 범위에서 결정된다.

생산이란 가치를 창출하는 행위를 말하며, 일반적으로는 재화를 변형시키거나 새로운 재화를 창출하는 형태를 일컫는다.
생산함수는 생산요소의 투입과 산출물 사이의 기술적인 함수관계이다.
단기생산은 적어도 한 개의 생산요소가 고정되어 있는 경우의 생산으로서, 일반적으로 노동을 가변적인 요소로 보고 자본을 고정된 요소로 본다.
수확체감의 법칙이란 다른 생산요소의 투입이 고정된 상태에서 가변적인 생산요소를 한 단위 추가 투입하는데 따라 한계생산물이 감소하는 현상을 말한다.
한계생산물은 평균생산물보다 먼저 감소하기 시작하여 평균생산물의 정점에서 만나며, 한계생산물이 0일 때 총생산물은 최대가 된다.

2.1.2 장기생산

장기생산은 생산에 투입되는 모든 생산요소가 가변적인 경우의 생산이며, 이러한 상태의 생산요소의 투입과 산출간의 관계를 나타낸 함수를 장기생산함수라고 한다. 생산요소를 노동과 자본으로 단순화하여 앞에서의 식 (3-6)과 같이 나타낸다.

등량곡선

노동과 자본을 얼마나 그리고 어떻게 투입하느냐에 따라 많은 산출량 수준이 결정된다. 이 가운데 동일한 산출량 수준을 유지하는 생산요소들의 결합점들이 존재하는데, 이 점들을 연결한 곡선을 등(생산)량곡선(isoquant curve : IQ)이라고 한다. 즉, 등량곡선은 산출량 수준이 같은 생산요소들의 조합을 연결한 곡선이다.

등량곡선의 성질

등량곡선은 무차별곡선과 비슷한 형태를 가지고 있으며, 다음과 같은 성질이 있다.
첫째, 등량곡선은 우하향한다. 생산요소인 노동과 자본은 모두 한계생산물이 0보다 크므로, <그림 3-10>에서 노동을 A점에서 ΔL만큼 증가시키면 생산량이 증가하므로 산출량을 동일하게 유지하려면 자본의 투입을 ΔK만큼 감소시켜야 B점에 도달하게 되므로 등량곡선은 우하향한다.

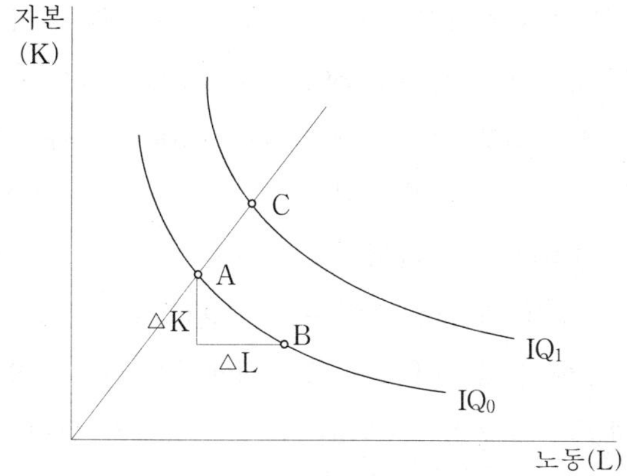

그림 3-10 우하향하는 등량곡선

둘째, 등량곡선은 원점에서 멀수록 산출량이 많다. 자본의 투입이 일정한 상태에서 노동의 투입을 증가시키거나, 노동의 투입이 일정한 상태에서 자본의 투입을 증가시키거나, 또는 노동과 자본 모두의 투입을 증가시키면 산출량은 증가한다. <그림 3-10>의 점 A에서 노동과 자본의 투입을 증가시켜 점 C로 이동하면 산출량은 증가한다. 따라서 원점에서 멀리에 있는 C를 지나는 등량곡선은 A를 자나는 등량곡선보다 산출량이 많다. 그리고 등량곡선은 무차별곡선과는 달리 구체적인 산출량 수준을 나타내므로 등량곡선간에 배수관계가 성립하는 특성이 있다.

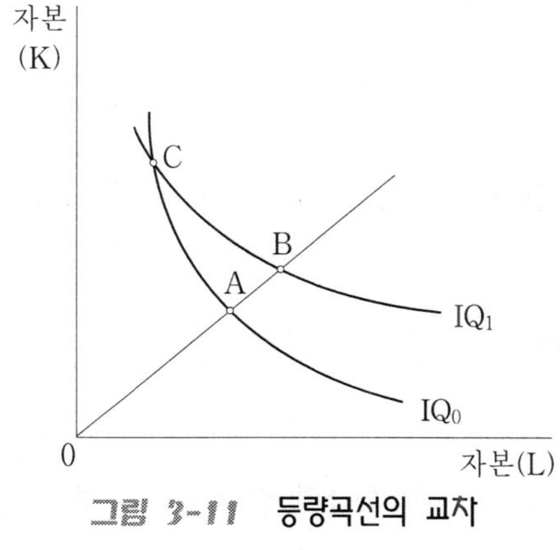

그림 3-11 등량곡선의 교차

셋째, 등량곡선은 서로 교차하지 않는다. 등량곡선이 교차되어 있는 <그림 3-11>에서 점 A와 점 C가 동일한 등량곡선상에 있고, 점 B와 C가 동일한 등량곡선상에 있으므로 점 A와 B는 동일한 산출량 수준을 나타내야 한다. 그러나 점 B는 A에 비하여 노동과 자본이 모두 더 많이 투입되고 있으므로 점 A에서보다 B에서의 산출량이 더 많은 것이 명백하다. 따라서 등량곡선은 서로 교차하지 않아야 한다.

넷째, 등량곡선은 원점에 대하여 볼록하다. <그림 3-12>의 등량곡선 위의 점 A에서 B로 이동하는 과정에서 자본이 노동으로 대체되는 현상이 발생한다. 동일한 산출량 수준을 유지하면서 노동을 한 단위 추가 투입하기 위하여 감소시켜야 하는 자본량을 한계기술대체율(marginal rate of technical substitution : MRTS)이라고 하며, 다음과 같은 수식으로 표시할 수 있다.

$$MRTS_{LK} = -\frac{\Delta K}{\Delta L} \tag{3-9}$$

두 점에서의 산출량이 같으므로 추가투입되는 노동량의 증분에 노동의 한계생산물을 곱하여 얻은 생산물의 증가분과 자본의 감소분에 자본의 한계생산물을 곱한 생산물의 감소분은 같아야 하므로 다음의 식이 성립한다.

$$\Delta L \cdot MP_L + \Delta K \cdot MP_K = 0$$

$$-\frac{\Delta K}{\Delta L} = \frac{MP_L}{MP_K} \tag{3-10}$$

식 (3-9)와 (3-10)에 의하여 다음의 식 (3-11)이 유도된다.

$$MRTS_{LK} = -\frac{\Delta K}{\Delta L} = \frac{MP_L}{MP_K} \tag{3-11}$$

노동을 추가 투입함에 따라 수확체감의 법칙이 작용하여 증가하는 생산량의 정도가 작아지므로 감소시켜야 하는 자본의 양은 줄어들게 된다. 즉, 노동의 투입을 동일한 양만큼 씩 증가시킴에 따라 감소시켜야 하는 자본의 양은 줄어들게 된다. <그림 3-12>에서 점 A에서 B로 그리고 C로 노동을 동일한 양만큼 씩 증가시킴에 따라 감소시켜야 하는 자본의 양이 감소하므로 등량곡선은 원점에 관하여 볼록한 모양이 된다.

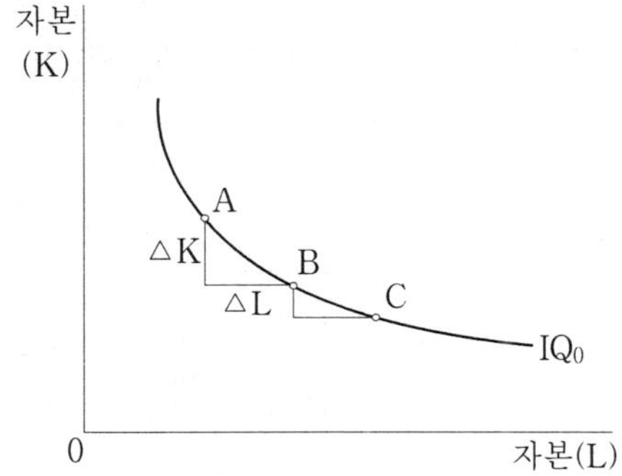

그림 3-12 원점에 관하여 볼록한 등량곡선

규모에 대한 보수

장기생산은 모든 생산요소의 투입이 가변적이므로 노동과 자본의 투입을 동시에 같은 비율로 변화시킬 수 있다. 노동과 자본의 투입을 동일한 비율로 증가시킬 때, 산출물의 증가율이 투입의 증가율보다 낮으면 규모에 대한 보수 감소(decreasing returns to scale), 투입의 증가율과 같으면 규모에 대한 보수 불변(constant returns to scale), 투입의 증가율보다 크면 규모에 대한 보수 증가(increasing returns to scale)라고 한다.

예를 들어 투입되고 있는 노동과 자본을 모두 2배로 증가시킬 경우, 산출물이 1.5배 증가하였다면, 규모에 대한 보수 감소에 해당되며, 산출물이 2배 증가하였다면 규모에 대한 보수 불변에 해당되고, 산출물이 2.5배 증가하였다면 규모에 대한 보수 증가에 해당된다.

장기생산은 생산에 투입되는 모든 생산요소가 가변적인 경우의 생산이며, 이 때의 생산요소의 투입과 산출간의 관계를 나타낸 함수를 장기생산함수라고 한다.

동일한 산출량 수준을 유지하는 생산요소들의 결합점들을 연결한 곡선을 등량곡선이라고 한다.

등량곡선 위에서 노동을 한 단위 추가 투입하기 위하여 감소시켜야 하는 자본량을 한계기술대체율이라고 한다.

노동과 자본의 투입을 동일한 비율로 증가시킬 때, 산출물의 증가율이 투입의 증가율보다 크면 규모에 대한 보수 증가(increasing returns to scale)라고 한다.

2.2 비용이론

어느 정도 생산할 것인가는 생산비용에 크게 의존하는데, 비용은 반영되는 범위에 따라 다음과 같은 여러 가지 개념으로 나누어볼 수 있다.

기회비용(opportunity cost)은 경제주체(기업)가 어떤 선택을 함으로써 잃게 되는 다른 선택으로부터의 편익을 나타낸다. 예를 들어 천만 원을 투입하여 자동차를 1대 생산하거나 벽걸이형 TV 3대를 생산할 수 있는데, 자동차 생산을 택하였다면 자동차 생산에 대한 기회비용은 벽걸이형 TV 3대이다.

잠재적 비용(implicit cost)은 회계장부상에 나타나지 않는 비용이다. 자영업자의 회계장부 상에 총수입이 2억원, 총비용이 1억 2천만 원이었다면 이윤은 8천만 원이다. 그러나 자영업자가 다른 회사에 고용되었더라면 임금으로 5천만 원의 소득을 얻을 수 있는 경우에, 자영업자의 임금에 해당하는 비용을 제외하면 이윤은 3천만 원이 된다. 잠재적 비용은 자영업자의 소득과 같은 성격을 지녔다.

명시적 비용(explicit cost)은 회계장부에 명시적으로 기록되는 비용을 말하며, 앞에서의 예로든 1억 2천만 원을 의미한다.

경제적 비용(economic cost)은 명시적 비용과 잠재적 비용을 합계한 비용으로 앞의 예에서 1억 7천만 원에 해당하는 비용이다.

사회적 비용(social cost)은 기업이 부담하는 사적비용과 환경오염의 제거 등과 같이 기업이 부담하지 않고 사회가 부담하게 되는 비용으로 구성된다.

경제학적 선택은 주로 기회비용에 의하여 결정된다.

2.2.1 단기비용

생산을 하려면 생산요소를 고용하고 대가를 지불하는 비용이 발생한다. 단기적으로는 자본이 고정되어 있고 노동만이 변할 수 있으므로 자본에 대한 비용은 고정되어 있고, 노동에 대한 비용만 변하게 된다.

총비용

생산을 하기 위하여 노동과 자본을 고용한다. 단기적으로 변화시킬 수 없는 자본을 고용하면, 생산활동을 하지 않아도 이자나 설비의 감가상각 등과 같은 비용이 발생한다. 즉 자본을 고용하면 단기적으로는 생산을 많이 하거나, 적게 하거나, 하지 않거나에 관계없이 비용이 일정하게 발생하는 총고정비용(total fixed cost : TFC)이 존재한다. <표 3-4>에서 총고정비용은 생산량에 관계없이 100으로 일정하다.

표 3-4 여러 가지 생산비용

생 산 량 (A)	총고정비용 (B)	총가변비용 (C)	총 비 용 (D=B+C)	한계비용 (E)	(총)평균비용 (D/A)	평균고정비용 (B/A)	평균가변비용 (C/A)
0	100	0	100				
1	100	45	145	45	145.0	100.0	45.0
2	100	65	165	20	82.5	50.0	32.5
3	100	75	175	10	58.3	33.3	25.0
4	100	82	182	7	45.5	25.0	20.5
5	100	99	199	17	39.8	20.0	19.8
6	100	129	119	30	38.2	16.7	21.5
7	100	184	284	55	40.6	14.3	26.3
8	100	289	389	105	48.6	12.5	36.1

노동은 생산량에 따라 투입을 조정할 수 있는 가변적 생산요소이다. 산출량을 증가시키려면 노동의 투입을 증가시켜야 하고, 이것은 비용의 증가를 초래한다. 이와 같이 산출량의 변화와 더불어 변하는 비용을 총가변비용(total variable cost : TVC)이라고 한다. <표 3-4>에서 총가변비용은 1 단위일 때의 45에서 생산량을 증가시켜 나아감에 따라 65, 75 등과 같이 증가하는 현상을 나타낸다.

생산을 하려면 자본과 노동을 고용해야 하므로 고정비용과 가변비용이 발생하는데, 이 두 비용의 합을 총비용(total cost : TC)이라고 한다. 1단위를 생산할 때, 총고정비용이 100이고, 총가변비용이 45이므로 총비용은 145이다.

<그림 3-13>은 총비용과 총가변비용, 총고정비용을 나타낸 그림이다. 그림에서 총비용은 총가변비용을 총고정비용만큼 상방으로 평행이동시킨 모양이 된다.

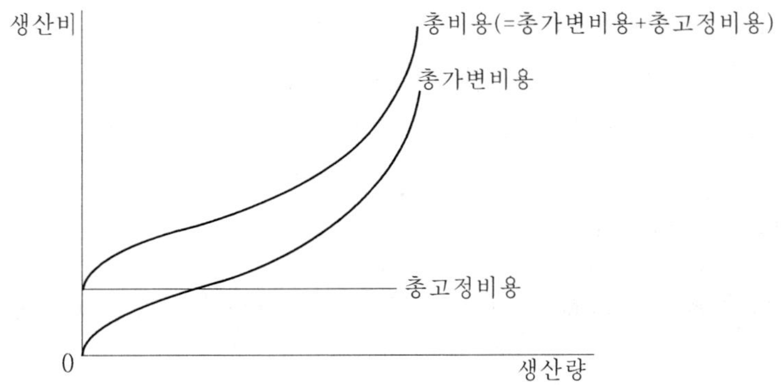

그림 3-13 총비용

평균비용

총비용, 총고정비용, 총가변비용을 각각 생산량(Q)으로 나눈 값인 단위 당 비용을 차례로 (총)평균비용(average cost : AC), 평균고정비용(average fixed cost : AFC), 평균가변비용(average variable cost : AVC)이라고 하며 이들간에는 다음의 식 (3-10)에서와 같은 관계가 있다.

TC = TFC + TVC의 관계가 있으므로

$$AC = \frac{TC}{Q} = \frac{TFV}{Q} + \frac{TVC}{Q} = AFC + AVC \qquad (3\text{-}10)$$

평균비용(AC)은 생산을 증가시킴에 따라 감소하다가 증가하는 현상이 있는데, <표 3-4>에서 1단위 생산할 때 145에서 점점 감소하여 6단위 생산에서 최저인 38.2에 이른 다음 다시 증가하여 8단위 생산에서 48.6에 이르고 있다.

평균고정비용(AFC)은 생산량에 관계없이 일정하므로 생산량을 증가시킴에 따라 감소한다. <표 3-4>에서 평균고정비용은 첫 단위의 100에서 생산을 증가시킴에 따라 지속적으로 감소하고 있다.

평균가변비용(AVC)은 평균비용과 같이 감소하다가 증가하는데, 처음 1단위 생산시 45에서 계속 감소하여 5단위 생산에서 최소인 19.8에 이른 다음 다시 증가하고 있다.

한계비용

생산을 증가시키면 총비용이 증가하게 되는데, 생산물을 한 단위 추가 생산하는데 따른 총비용의 증분을 한계비용(marginal cost : MC)이라고 한다. 한계비용은 (3-11)과 같은 수식으로 표시될 수 있다.

$$MC = \frac{\Delta TC}{\Delta Q} \qquad (3\text{-}11)$$

<표 3-4>에서 1 단위 생산할 때의 총비용이 145이고 2 단위 생산할 때의 총비용은 165로 2번째 단위를 추가 생산하는데 총비용이 20만큼 증가하였다. 즉 2번째 단위의 한계비용은 20이다.

한계생산물이 증가하다가 감소하는 것과는 달리, 한계비용은 감소하다가 증가하

는 현상이 있다. 한계비용은 첫 번째 생산의 45에서 생산량을 증가시킴에 따라 4번째 생산의 7까지 감소하다가 다시 증가함을 나타내고 있다.

비용들간의 관계

<그림 3-14>는 평균비용, 평균고정비용, 평균가변비용, 한계비용들 간의 관계를 나타낸다.

평균고정비용을 제외한 평균비용, 평균가변비용, 한계비용은 감소하다가 증가하는 형태를 보인다. 그리고 한계비용, 평균가변비용, (총)평균비용 순서로 비용의 최저 상태가 나타나며, 평균비용과 평균가변비용은 최저점인 B와 A에서 한계비용과 만난다.

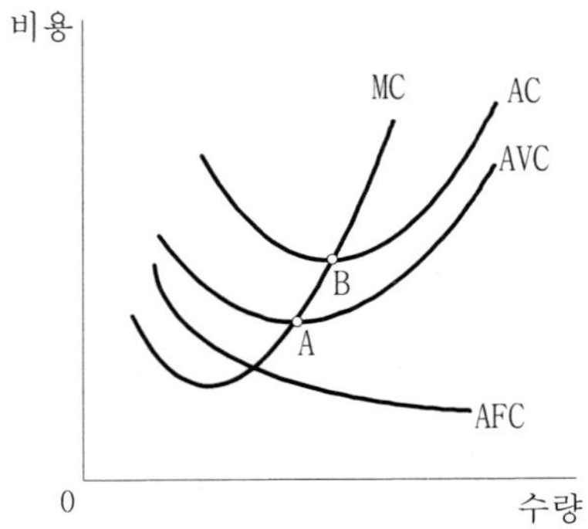

그림 3-14 비용들간의 관계

> 총비용은 자본의 고용에 투입되는 총고정비용과 노동의 고용에 투입되는 총가변비용으로 구성된다.
>
> 한계비용은 생산물을 한 단위 추가 생산하는데 따른 총비용의 증분이다.
>
> 평균고정비용을 제외한 평균비용, 평균가변비용, 한계비용은 감소하다가 증가하는 형태를 보이며, 한계비용은 증가하는 상태에서 평균가변비용 및 평균비용의 최저점과 만난다.

2.2.2 장기비용

모든 생산요소의 투입이 가변적인 경우의 생산이 장기생산이며, 이러한 방법에 의한 생산에 소요되는 비용이 장기비용이다. 즉, 장기비용은 노동과 자본의 투입이 가변적인 경우의 생산비를 말한다. 장기의 경우에는 정해진 생산비용으로 생산량이 극대화되도록 노동과 자본을 결합하거나, 정해진 생산목표를 달성하는데 비용이 최소화되도록 노동과 자본을 결합할 수 있다.

등비용선

생산비용이 주어지면 그 비용으로 노동을 고용하거나 자본을 고용하거나 노동과 자본을 동시에 고용할 수 있다. 정해진 비용으로 고용할 수 있는 노동과 자본의 결합점들을 연결한 직선을 등비용선이라고 한다.

총비용을 TC, 노동의 고용량을 L, 임금을 w, 자본의 고용량을 K, 자본 단위당 이자를 r이라고 하면 다음의 식 (3-12)가 성립한다.

$$TC = w \cdot L + r \cdot K \tag{3-12}$$

주어진 비용으로 모두 노동을 고용하면 자본량은 0이므로 고용할 수 있는 노동량은 다음과 같다.

$$L = \frac{TC}{w} \tag{3-13}$$

그리고 자본만 고용한다면 노동량이 0이므로 자본량은 다음과 같다.

$$K = \frac{TC}{r} \tag{3-14}$$

노동과 자본을 함께 고용하는 점들은 <그림 3-15>에서와 같이 식 (3-13)의 L과

(3-14)의 K를 잇는 등비용선 위에 있게 되며, 등비용선의 기울기는 다음과 같다.

$$\frac{K}{L} = \frac{TC}{r} \Big/ \frac{TC}{w} = \frac{w}{r} \qquad (3\text{-}15)$$

만일 총비용이 TC_0에서 TC_1으로 증가하면 등비용선은 그림에서와 같이 밖으로 평행이동한다.

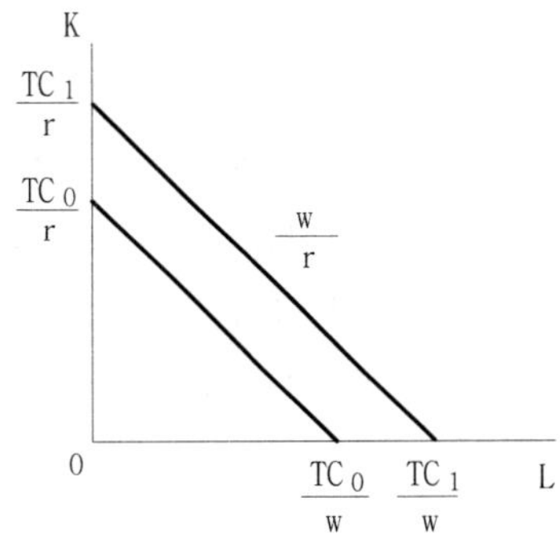

그림 3-15 등비용선

생산자균형

생산자에게 생산요소를 고용하기 위한 일정의 비용이 주어질 경우 생산요소인 노동과 자본을 고용하는 방법은 등비용선 위에 무수히 많다. 생산자는 그 가운데 생산을 극대화시키는 생산요소들의 결합점을 선택해야 하는데, 등비용선만 주어지는 경우 생산을 극대화시키는 노동과 자본의 결합 상태를 알기 힘들다. 반면에 등량곡선만 존재하면 생산량이 같은 노동과 자본의 결합점만 알 수 있으며, 비용이 최소화되는 점을 알기 어렵다.

등비용선과 등량곡선을 함께 이용하면 생산량을 극대화시키는 노동과 자본의 결합점인 생산자균형점을 알 수 있다. <그림 3-16>에서 생산자가 노동과 자본을 각각

L_1, K_1만큼 고용하는 점 A에서 IQ_0를 생산하는 경우, 생산자는 자본을 너무 많이 고용하고 노동을 적게 고용하였음을 깨닫고 다음 번에는 노동을 증가시키고 자본을 줄이게 된다. 반면에 점 C에서 생산하는 경우, 생산자는 노동을 너무 많이 고용하고 자본을 과소하게 고용하였음을 알고, 다음 번에는 노동을 감소시키고 자본을 증가시킴으로써 생산량을 증대시키고자 할 것이다.

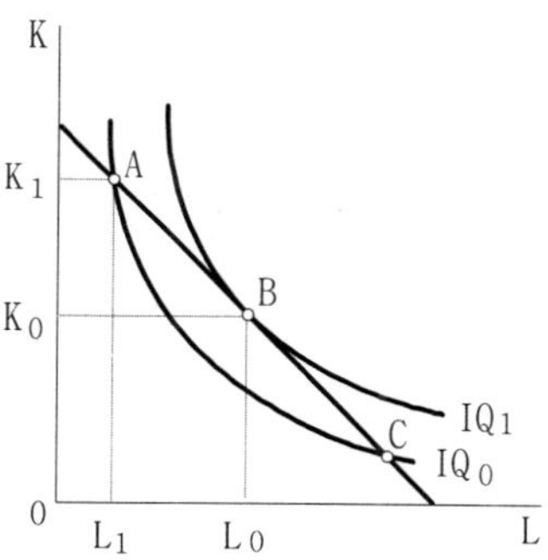

그림 3-16 생산자균형

노동과 자본을 L_0, K_0 만큼 고용하는 B점에서 생산량이 극대화되어 생산자는 더 이상 생산요소의 결합상태를 바꾸지 않게 되는데, 이러한 상태를 생산자균형이라고 한다. 즉, 생산자균형이란 주어진 여건 하에서 생산요소의 결합 방법이 변하지 않고 계속 되풀이되는 상태를 나타낸다. 점 B는 등비용선과 원점에서 가장 먼 등량곡선이 접하는 점이며, 식 (3-16)에서와 같이 등비용선의 기울기와 등량곡선의 기울기인 한계기술대체율이 같은 점이다.

$$\frac{w}{r} = -\frac{\Delta K}{\Delta L} \tag{3-16}$$

식 (3-10)에서와 같이 한계기술대체율은 한계생산물의 비율과 같으므로 식 (3-17)에서와 같이 생산량을 극대화시키기 위해서는 각 생산요소의 1원 당 한계생산물이

균등하게 되도록 생산요소를 투입하여야 한다.

$$\frac{w}{r} = -\frac{\Delta K}{\Delta L} = \frac{MP_L}{MP_K} \Rightarrow \frac{MP_L}{w} = \frac{MP_K}{r} \qquad (3\text{-}17)$$

> 장기비용은 노동과 자본의 투입이 모두 가변적인 경우의 생산비를 말한다.
> 정해진 비용으로 고용할 수 있는 노동과 자본의 결합점들을 연결한 직선을 등비용선이라고 한다.
> 정해진 비용으로 생산량이 극대화되는 생산자균형은 등비용선과 한계기술대체율이 같은 상태에서 달성된다.

기업의 지배력이 없는 시장 제 4 장

소비자는 생산요소를 제공한 대가로 받은 소득으로 욕구충족이 극대화되도록 재화나 용역을 구매한다. 생산자는 효율적인 생산방법이 되도록 노동, 자본 등과 같은 생산요소를 고용하고, 생산된 재화의 판매를 통하여 이윤극대화를 실현하고자 한다.

소비자(가계)는 소비를 통하여 효용을 극대화시키고자 하는 목적으로 생산자(기업)는 생산으로부터 이윤을 극대화시키고자 하는 목적을 가지고 각각 수요자와 공급자로서 시장에 참여한다.

시장이론은 소비자 측면보다는 이윤극대화를 추구하는 기업의 의사결정에 관한 분석이 더 큰 비중을 차지하고 있는데, 이는 자본주의 시장경제체제에 있어서 기업의 중요성을 시사하는 면이기도 하다.

시장의 형태

시장에서 수요와 공급에 의하여 결정되는 가격과 수급량은 시장의 형태에 따라 다르다. 가격과 수량이 결정되는 영향을 주는 시장의 형태는 완전경쟁, 독점, 과점, 독점적 경쟁 등으로 구분되며 주로 다음과 같은 요인들에 의하여 결정된다.

첫째, 재화에 대한 수요자와 공급자의 수가 많을수록 경쟁적이다. 수요자와 공급자가 많을수록 특정 경제주체는 시장에 대한 지배력이 약하게 되어 시장 전체에 의한 결정을 수용하는 입장(price taker)에 놓이게 된다.[1)]

---

1) 일반적으로 수요자는 다수로 가정되며, 공급자의 수만을 대상으로 하는 경우가 많다.

둘째, 재화의 동질성이 큰 대체재가 많을수록 경쟁적이다. 소비자는 가격이 상승할 때, 동질성이 큰 대체재가 존재하면 쉽게 다른 대체재를 선택하게 될 것이다. 동질성이 작을수록 대체성이 낮아서 기업의 독점력은 상승하게 된다. 예를 들어, 사과와 배를 다 같이 좋아한다면 기존의 상태에서 사과 가격만 오른다면 이 사람은 쉽게 사과 대신 배를 더 많이 즐길 것이므로 사과 공급자는 쉽게 가격을 올리지 못하게 된다. 반면에 사과를 강하게 선호하고 배는 그다지 선호하지 않는다면 사과 가격이 상승해도 사과 대신에 배를 즐기는 현상은 크게 나타나지 않게 되어 가격을 쉽게 올릴 수 있다.

셋째, 시장에 대한 진입과 퇴거가 자유로울수록 경쟁적이다. 다른 산업보다 이윤이 많아 새로운 기업이 진입하고자 할 때, 그리고 기존 기업이 손실을 입어 시장에서 퇴거하고자 할 때, 장애요인이 없으면 없을수록 한정된 기업들에 의한 시장 지배력(market power)은 감소하게 된다.

1. 완전경쟁시장

완전경쟁시장은 거래 과정에서 자원이 낭비되지 않고 효율적으로 배분되어 사회후생의 극대화가 실현되는 시장조직으로서 다음과 같은 특성을 갖는다.

완전경쟁시장의 특성

첫째, 다수의 구매자와 판매자가 존재한다. 소비자는 물론 생산자의 수가 대단히 많아 개별 소비자의 구매행위가 시장 전체의 수요에 영향을 주지 못할 정도로 미미하며, 개별 기업의 생산도 시장 전체의 공급에 영향을 주지 못할 정도로 미미하여 시장가격에 영향을 주지 못한다. 따라서 개별경제주체는 시장에서 결정된 가격에 맞춰 구매량이나 생산량을 결정하여야 한다. 이러한 측면에서 기업은 가격순응자

(price taker)이다.

둘째, 재화가 동질적이다. 모든 기업들에 의하여 생산되는 재화는 상표만 다를 뿐 성능이나 사후관리 등을 비롯하여 모든 면에서 조건이 동일하다. 따라서 어떤 기업의 제품을 사용하더라도 동일한 만족감을 느끼게 된다. 현실에서는 유사하거나 동질적인 재화일지라도 생산자인 기업이 주는 이미지의 차이에 의하여 이질적으로 인식되는 경우가 많다.

셋째, 시장에 대한 진입과 퇴거가 자유롭다. 기업들이 시장에 진입하거나 퇴거하는데 따른 장벽이 없으므로 기업은 다른 시장보다 조건이 유리하면 아무런 대가의 지불 없이 이 시장에 진입할 수 있으며, 반대로 다른 시장으로의 전환이나 퇴거를 하는 것이 유리하다고 판단될 때는 아무런 대가의 지불 없이 시장을 떠날 수 있다.

넷째, 거래에 관한 정보가 완전하다. 소비자나 생산자는 거래에 관련된 모든 정보를 보유하고 있다. 만일 어떤 생산자가 판매하고자 하는 재화의 가격을 다른 생산자보다 높게 받고자 한다면, 소비자는 동질적인 제품을 다른 기업보다 높은 가격으로 판매하고자 한다는 사실을 알고 그 제품을 구매하지 않을 것이다. 생산자인 기업 역시 다른 기업들의 행위에 대하여 잘 알고 있으며, 소비자들이 어떤 제품을 다른 제품보다 높은 가격을 지불하고 구매하지 않을 것이라는 사실도 잘 알고 있다.

2. 단기균형

생산이론에서 분석한 바와 같이 기업은 단기적으로 생산설비인 자본을 변화시킬 수 없으므로 노동의 투입을 변화시켜 시장에서 결정되는 가격에 이윤을 극대화시키는 산출량을 결정한다. 이윤극대화를 추구하는 기업이 직면하는 수요와 공급에 관하여 알아보도록 한다.

2.1 경쟁기업이 직면하는 수요곡선

완전경쟁시장에 참여하고 있는 개별 경쟁기업의 생산비중은 아주 작으므로 한 기업이 생산을 증가시켜도 시장은 영향을 받지 않을 뿐만 아니라, 생산한 제품을 모두 판매할 수 있다.

즉, 경쟁시장에 참여하고 있는 개별기업은 <그림 4-1(b)>에서와 같이 시장전체의 수요(D)와 공급(S)에 의하여 결정된 시장가격(P_0)에 생산하는 제품을 모두 판매할 수 있으므로 (a)에서와 같이 수평인 수요곡선에 직면한다고 할 수 있다.

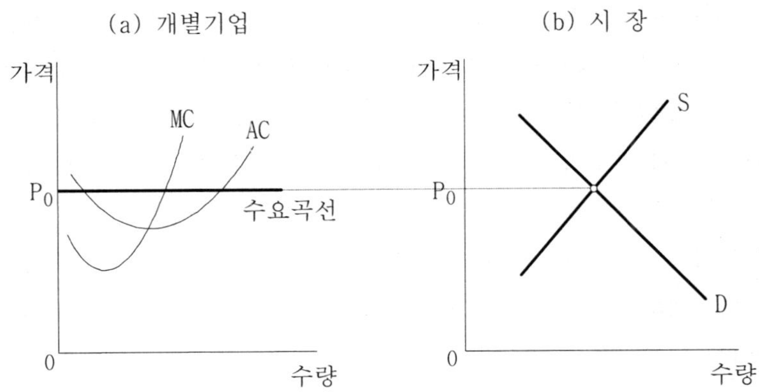

그림 4-1 기업이 직면한 수요곡선

2.2 총수입, 평균수입, 한계수입

경쟁시장에서 기업은 정해진 시장가격을 받고 판매하므로 총수입(total revenue : TR)은 판매량(Q)에 가격(P)을 곱한 값으로 다음과 같이 표시된다.

$$TR = P \cdot Q$$

표 4-1 경쟁기업의 가격 및 수입 (단위 : 원)

판매량(Q)	가격(P)	총수입(TR)	평균수입(AR)	한계수입(MR)
1	1,000	1,000	1,000	1,000
2	1,000	2,000	1,000	1,000
3	1,000	3,000	1,000	1,000
4	1,000	4,000	1,000	1,000
5	1,000	5,000	1,000	1,000

<표 4-1>에서와 같이 경쟁시장에서 가격이 1,000원으로 주어질 경우 판매량을 1단위 씩 증가시켜감에 따라 총수입은 가격만큼 씩 증가하게 된다.

평균수입(average revenue : AR)은 총수입을 판매량(생산량)으로 나눈 값이며, 각각의 단위에 대하여 같은 값을 받으므로 가격과 같은 관계가 있으며, 식으로 표시하면 식 (4-1)과 같다.

$$AR = \frac{TR}{Q} = \frac{P \cdot Q}{Q} = P \qquad (4\text{-}1)$$

위의 표에서와 같이 경쟁시장에 참여하고 있는 경쟁기업의 평균수입은 판매량에 관계없이 가격과 같은 1,000원으로 변함이 없다.

한계수입(marginal revenue : MR)은 한 단위 추가 판매함으로써 발생하는 총수입의 증분이다. <그림 4-1(a)>에서와 같이 경쟁시장에 참여하고 있는 기업은 추가 판매할 때도 같은 값을 받으므로 한계수입은 가격과 같게 된다. 한계수입에 관한 식 (4-2)는 완전경쟁장에서 (n+1)번째 제품의 한계수입이 가격과 같음을 나타낸다.

$$MR = \frac{\Delta TR}{\Delta Q} = \frac{P(n+1) - P \cdot n}{1} = P \qquad (4\text{-}2)$$

<표 4-1>은 상품을 1단위 씩 추가 판매함에 따라 총수입의 증가분이 1,000원으로 가격과 같음을 나타내고 있다. 즉 한계수입과 가격이 같다.

식 (4-1)과 (4-2)로부터 다음과 같이 완전경쟁시장에서는 가격과 평균수입과 한계수입이 같음을 알 수 있다.

$$AR = P = MR \tag{4-3}$$

2.3 경쟁기업의 단기균형

경쟁기업은 가격=평균수입=한계수입의 관계가 이루어지는 여건에서 이윤이 극대화되도록 생산을 하고자 하며, 이윤이 극대화되면 그 상태를 계속 유지하고자 한다.

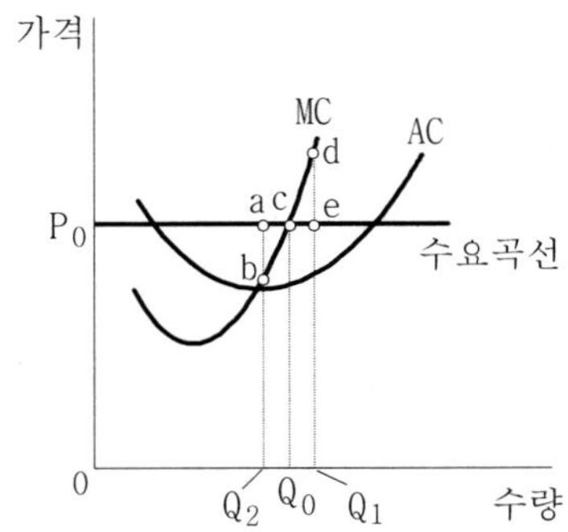

그림 4-2 경쟁기업의 생산결정

경쟁기업이 <그림 4-2>에서와 같이 Q_1을 생산하면 한계비용(MC)이 d점이고 한계수입(MR)이 e점이므로 한계비용이 한계수입보다 de만큼 크게 되어 한 단위 추가 생산함에 따라 수지가 악화된다. 따라서 기업은 생산량을 줄이게 된다.

반면에 Q_2를 생산하면 한계수입이 a점이고 한계비용이 b점이므로 한계수입이 한계비용보다 ab만큼 크게되어 생산을 증가시킴에 따라 이윤이 증가한다. 이 경우에 기업은 생산량을 증가시키게 된다.

그리고 Q_0를 생산할 때 추가 비용인 한계비용과 추가 수입인 한계수입이 같게된다.

위에서와 같이 생산량이 Q_0보다 많은 Q_1인 경우에는 생산을 감소시키고 Q_0보다 적은 Q_2인 경우에는 생산을 증가시켜 Q_0 방향으로 접근함으로써 이윤을 증가시킬 수 있으며, Q_0에서 이윤이 극대화된다. 이러한 상태를 균형이라고 하며, 식 (4-4)가 성립된다.

$$MR = MC \tag{4-4}$$

완전경쟁시장에 참여하고 있는 경쟁기업이 이윤극대화를 실현하는 균형 상태에서는 식 (4-3)과 (4-4)로부터 유도되는 식 (4-5)에서와 같은 관계가 성립된다. 즉, 경쟁기업의 이윤이 극대화되는 상태에서는 가격과 평균수입과 한계수입과 한계비용이 같다.

$$P = AR = MR = MC \tag{4-5}$$

이윤(Π)은 식 (4-6)에서와 같이 가격에서 평균비용을 뺀 평균이윤에 판매량(생산량)을 곱한 크기이다.[2)]

$$\Pi = TR - TC = (P - AC)Q \tag{4-6}$$

<그림 4-3>에서 가격이 P_0일 때, 이윤극대화 조건인 MR=MC를 충족시키는 점 a에서의 생산량 Q_0를 생산할 때, 이 기업의 초과이윤은 총수입에서 총비용을 제한 AB의 거리가 최대가 되며, 이것은 가격에서 평균비용을 뺀 값에 판매량을 곱한 (a−b)Q_0인 회색부분의 면적에 해당한다.

2) 일반적으로 경제학에서의 비용에는 생산활동을 지속하기 위하여 필요로 하는 최소한도의 이윤인 정상이윤이 포함되어 있다. 따라서 이윤은 정상이윤을 뺀 초과이윤을 의미한다.

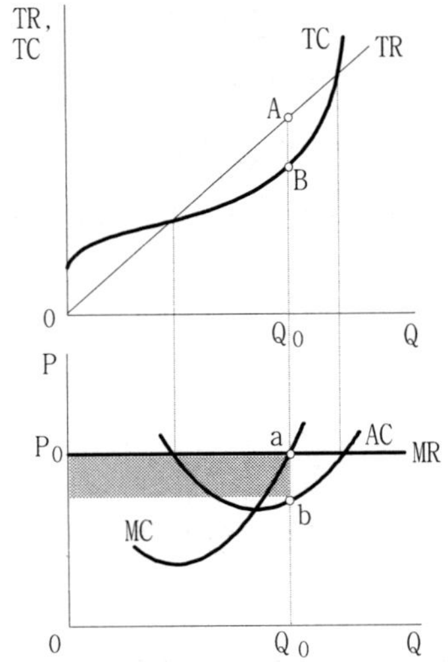

그림 4-3 경쟁기업의 단기균형과 이윤

> 시장은 교환이 이루어지는 조직이나 체계를 의미한다.
>
> 시장의 형태는 완전경쟁, 독점, 과점, 독점적 경쟁 등으로 구분되며, 구조에 따라 가격과 수급량이 다르게 결정된다.
>
> 완전경쟁시장의 특성은 다수의 구매자와 판매자가 존재하며, 재화가 동질적이고, 시장에 대한 진입과 퇴거가 자유로우며, 거래에 관한 정보가 완전하다.
>
> 완전경쟁기업은 수평인 수요곡선에 직면한다.
>
> 경쟁기업의 이윤이 극대화되는 균형상태에서는 가격과 평균수입과 한계수입과 한계비용이 같다.

2.4 경쟁기업의 단기공급곡선

완전경쟁시장에 참여하는 개별기업은 이윤을 극대화시키기 위하여 한계수입과 한계비용이 같은 부분에서 생산을 한다. <그림 4-4>에서 시장가격이 P_0로 주어지면 기업이 직면하는 수요곡선은 P_0를 지나는 수평선의 형태이며 한계수입(MR)과 같다. 균형은 MR=MC인 d점이므로 기업은 Q_0를 생산한다. 같은 방법으로 가격이 P_1일 때 균형은 e점으로 Q_1을 생산한다.

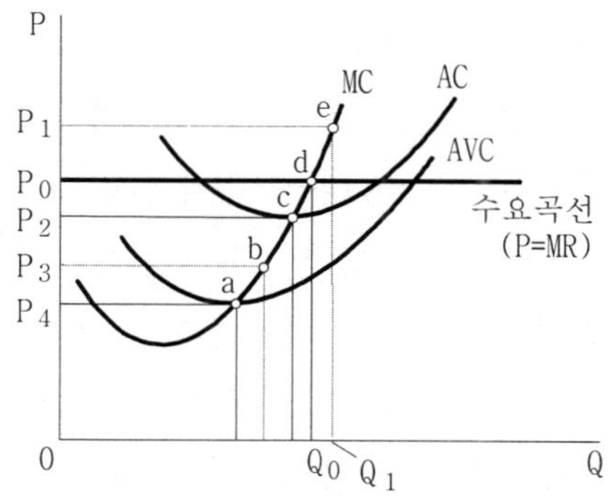

그림 4-4 경쟁기업의 단기공급곡선

이와 같이 공급은 한계비용선을 따라서 이루어짐을 알 수 있다. 가격이 P_2일 때의 균형점 c에서는 가격과 평균비용이 같으므로 식 (4-6)에서와 같이 초과이윤이 존재하지 않는다. c점보다 가격이 높으면 초과이윤이 발생하고 낮으면 손실이 발생하므로 c점을 손익분기점이라고 한다. P_3일 때 $P_3 < AC$이므로 균형상태에서 생산을 하더라도 손실이 발생한다. 그러나 이 점에서는 $AC(=AFC+AVC) > P_3 > AVC$로서 총수입이 고정비용의 일부를 상쇄시킬 수 있으므로 자본을 변화시킬 수 없는 단기에는 계속해서 생산하는 것이 유리하다.

가격이 P_4일 때의 균형점 a에서는 가격이 평균가변비용(AVC)과 같게 되어 생산을 하지 않을 때 발생하는 고정비용만큼 손실이 발생한다. 만일 가격이 P_4 이하이면 생산을 할 경우 생산을 하지 않을 때보다 손실이 더 크므로 생산을 중단하는 것이 유리하다. a보다 가격이 높으면 생산을 하는 것이, 낮으면 생산을 중단하는 것이 유리하므로 a점을 조업중단점이라고 한다.

위에서와 같이 a부터 e점까지를 잇는 공급곡선은 한계비용선의 일부이다. 즉 개별기업의 단기공급곡선은 평균가변비용의 최저점 위쪽의 한계비용선이 된다.

2.5 완전경쟁시장의 장단기공급곡선

완전경쟁시장(산업)의 단기공급곡선은 <그림 4-4>에서와 같은 개별기업의 공급곡선을 수평으로 합계한 공급곡선이다.

<그림 4-5>에서와 같이 수요가 D에서 D′으로 증가하면 단기적으로는 단기시장공급곡선 S와 D′이 만나는 b점에서 균형이 유지된다. 가격이 상승한 b에서는 초과이윤이 발생하여 새로운 기업이 시장에 진입하고 기존 기업은 생산규모를 증가시킴으로써 공급이 증가하여 산업 전체의 공급곡선은 S에서 S′으로 이동하여 c에서 균형이 이루어지며 초과이윤이 존재하지 않게 된다. 이 때의 a와 c를 잇는 선을 장기공급곡선(LS)이라고 한다. 장기공급곡선(LS)의 모양은 생산요소의 가격이 변하지 않으면 그림에서와 같이 수평이 되며, 생산의 증가와 더불어 발생하는 생산요소에 대한 수요 증가로 인하여 요소가격이 상승하면 우상향한다. 그리고 생산요소가격이 장기적으로 하락하면 정기공급곡선은 우하향하는 모양이 된다.

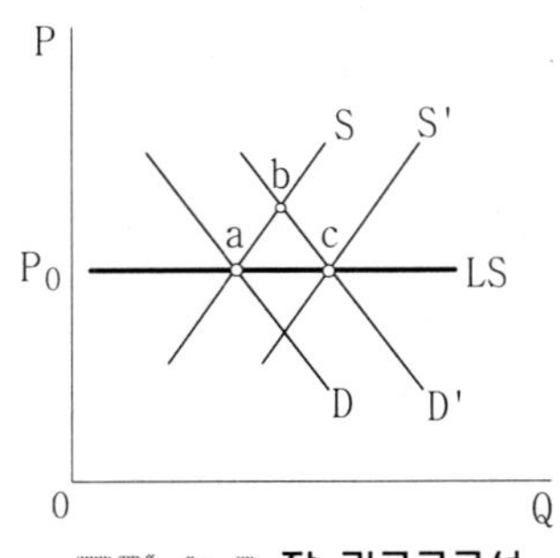

그림 4-5 장 기공급곡선

> 개별기업의 공급곡선은 평균가변비용의 최저점 위쪽의 한계비용선이며, 시장공급곡선은 개별공급곡선들의 수평합이다.
>
> 산업(시장)의 장기공급곡선은 생산요소에 대한 수요가 증가할 때, 요소가격 가격이 상승하면 우상향하고, 불변이면 수평이며, 하락하면 우하향하는 모양이 된다.

기업의 지배력이 존재하는 시장 제5장

현실은 완전경쟁시장의 조건을 충족할 수 없는 경우가 대부분이다. 많은 경우에 기업은 시장에 대한 지배력을 형성하고 있다. 완전경쟁적이지 못한 불완전경쟁시장들의 유형이 뚜렷하게 구분되는 것은 아니나 경쟁의 정도나 제품의 특성에 따라 독점, 과점, 독점적경쟁 등으로 나누어 볼 수 있다.

1. 독점시장

조선조 정조 때의 실학자인 연암 박지원이 쓴 허생전에서 허생원은 한양의 으뜸가는 부자인 변씨로부터 무담보로 1만냥을 빌려 삼남지방으로부터 올라오는 길목인 안성에서 대추, 밤, 감, 배, 석류 등과 같은 잔치와 제사에 쓰이는 과일을 매점매석하여 10만 냥을 벌었다. 독점에 의한 이윤 추구 행위라고 할 수 있다.

1.1 독점시장의 성격과 발생원인

1.1.1 독점시장의 성격

윈도우XP, 홍삼, 담배, 철도운송 등은 특정의 기업에 의해서만 생산 판매되고 있다. 이와 같이 어떤 재화나 용역을 생산하는 기업이 한개 뿐인 경우 이 기업을 독점기업이라고 하며, 재화나 용역을 공급을 하는 기업이 하나 뿐인 시장을 독점시장(monopoly market)이라고 한다. 독점기업은 다음과 같은 성격이 있다.

첫째, 우하향의 수요곡선에 직면한다. 시장에 대한 미미한 영향력으로 말미암아 완전경쟁기업이 직면하는 수요곡선은 수평이었으나, 독점기업에 대한 수요는 시장 전체의 수요에 해당하므로 우하향한다.

둘째, 공급량의 조정을 통하여 이윤이 극대화되는 가격을 설정할 수 있는 가격설정자(price maker)가 된다. 허생원은 잔치와 제사에 쓸 과일의 공급을 줄이는 수단을 통하여 높은 가격을 받았던 것이다.

셋째, 생산하는 재화의 대체성이 낮다. 독점기업에게는 밀접한 관계를 갖는 재화를 생산하는 경쟁기업이 존재할 가능성이 적으므로 독점기업이 생산하는 재화의 대체성은 낮게 된다.

이와 같은 특성으로 인하여 독점기업은 경쟁기업보다 높은 독점이윤을 얻을 수 있다.

1.1.2 독점시장의 발생원인

독점시장은 주로 다음과 같은 요인들에 의하여 형성된다.

첫째는 규모의 경제의 존재이다. 규모의 경제는 생산을 증가시킴에 따라 평균비용이 감소하는 현상을 말한다. 생산을 증가시킴에 따라 평균비용이 감소하면 경쟁력이 강화되므로 다른 기업들이 도태되게 된다. 규모의 경제에 의한 독점을 자연독점이라고 한다.

둘째는 특허나 인허가 등과 같은 제도적 요인을 들이다. 연구개발을 통한 기술혁신을 촉진하기 위하여 특허권을 주어 다른 기업이 이를 모방할 수 없도록 하며, 과당 경쟁으로 인한 산업의 부실화를 예방하기 위하여 신규기업의 시장진입을 제한함으로써 독점이 형성될 수 있다.

셋째는 원료의 독점이다. 원료를 독점한 기업이 시장에 원료를 공급하지 않고 생산을 하면 그 산업은 독점화 되게 된다.

넷째로는 정부의 산업정책을 들 수 있다. 정부가 어떤 산업을 독점하거나 특정한 산업에 속한 특정 기업을 집중적으로 육성하면 육성 대상에서 제외된 기업들은 경쟁력을 잃고 도태되므로 독점시장이 형성된다.

이 외에도 시장에 기존 기업들이 소수인 경우는 M&A 등에 의하여 시장이 독점화 될 수 있다.

1.2 독점기업의 수요곡선

독점기업이 직면하는 수요는 시장 전체의 수요에 해당하므로, 더 많이 판매하려면 가격을 낮추어 공급하여야 하며, 더 높은 가격을 받으면 수요량이 감소한다. <표 5-1>에서 수요량은 가격이 100원이면 1단위며 90원이면 2단위로 증가한다. 50원으로 가격이 하락하여 6단위가 판매될 경우 총수입은 더 이상 증가하지 않으며, 계속해서 하락하면 총수입이 오히려 감소하는 현상을 보인다. 그러나 완전경쟁시장에서처럼 가격은 평균수입과 같다.

표 5-1 독점기업의 수입 (단위 : 원)

판매량	가 격	총수입	평균수입	한계수입
0	110	0	0	0
1	100	100	100	100
2	90	180	90	80
3	80	240	80	60
4	70	280	70	40
5	60	300	60	20
6	50	300	50	0
7	40	280	40	−20

2단위를 판매하면 평균수입은 90원이고 한계수입은 80원이며, 3단위 의 경우 평

균수입은 80원이고 한계수입은 총수입의 증분(180-120)이므로 60원이다. 이와 같이 평균수입이 감소하면, 같은 판매량 수준에서 한계수입이 평균수입보다 낮다. 즉, 평균수입보다 한계수입이 낮으면 평균수입이 감소하게 된다.

위에서와 같이 수요곡선이 우하향하는 독점시장에서 가격은 평균수입과 같으나 한계수입보다 높다. 이를 수식으로 나타내면 식 (5-1)과 같다.

$$P = AR > MR \tag{5-1}$$

<그림 5-1>은 <표 5-1>의 자료를 사용한 독점기업의 수요곡선과 한계수입곡선에 관한 그림이다.

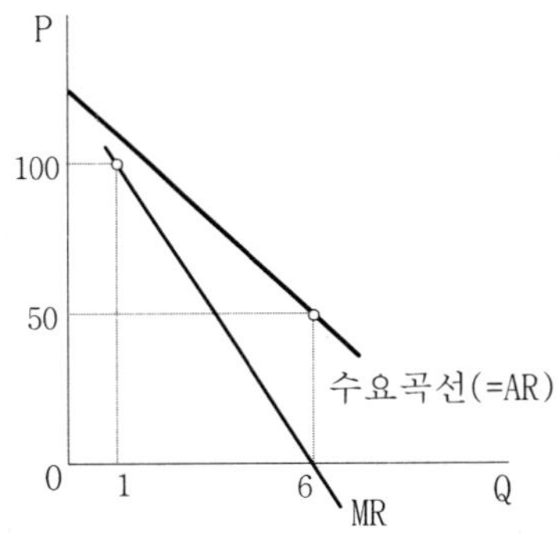

그림 5-1 독점기업의 수요곡선과 한계수입곡선

1.3 독점기업의 균형과 공급곡선

1.3.1 독점기업의 단기균형

독점기업의 이윤이 극대화되는 균형조건은 완전경쟁기업의 경우와 같이 한계수입과 한계비용이 같아지는 것이다. <그림 5-2>에서 생산량이 Q_0보다 적으면 한계수입(MR)이 한계비용(MC)보다 크므로 생산을 증가시킴으로써 이윤을 증가시킬 수 있다. 반면에 Q_0보다 많이 생산하고 있으면 한계비용이 한계수입보다 크므로 생산을 축소시킴으로써 이윤을 증대시킬 수 있다. 따라서 MR=MC가 성립하는 Q_0 만큼 생산하는 경우에 이윤이 극대화되며, 초과이윤의 크기는 (P−AC)Q이므로 $abcP_0$의 면적이다.

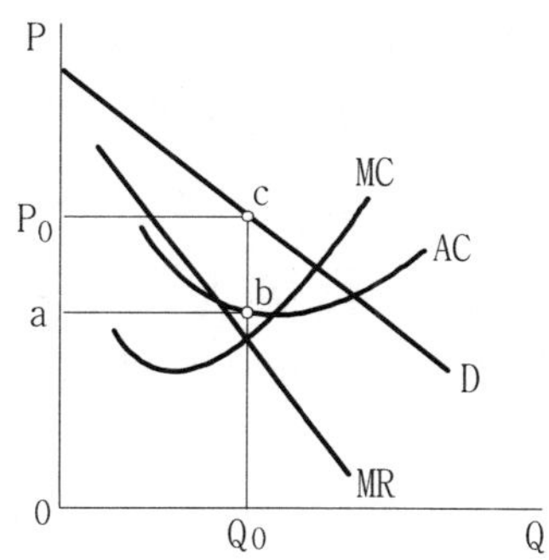

그림 5-2 독점기업의 균형

일반적으로 독점기업은 시장에 대한 지배력을 이용하여 높은 초과이윤을 달성하는 것으로 설명되나, 손실을 보는 경우도 있을 수 있다. 대체로 독점기업은 대기업으로서 대규모의 자본이 투입되어 고정비용이 크다. 이런 경우 시장규모가 작으면 수요가 부족하여 손실이 발생하게 된다.

1.3.2 독점기업의 장기균형

완전경쟁시장에서 초과이윤이 존재하면 신규기업이 진입하고, 기존기업은 자본을 확대시키는 방법으로 생산을 증대시키게 된다. 이로 말미암아 시장공급이 증가하게 되고 가격이 하락하여 장기적으로는 초과이윤이 존재하지 않게 된다.

그러나 독점시장에서는 신규기업의 진입에 의한 공급의 증가가 발생하지 않으므로, 단기균형 상태에서 초과이윤이 존재하고 자본을 변화시킴으로써 이윤을 증가시킬 수 있다면, 독점기업은 자본을 변화시켜 장기적으로 최대의 이윤을 달성할 수 있다.

장기균형상태에서 경쟁기업의 초과이윤은 없으나 독점기업의 초과이윤은 최대가 된다.

1.3.3 독점기업의 공급곡선

완전경쟁기업의 공급곡선은 평균가변비용 위쪽의 한계비용선으로서 <그림 5-3(a)>에서와 같이 개별기업에 관계없이 정해진 시장가격 P_0에 이윤을 극대화시키는 Q_0을 공급하게 되며, 이 공급량 Q_0는 단일의 가격 P_0와 대응하게 된다. 그러나 독점시장의 경우는 정해진 가격에 공급량이 다를 수 있거나, <그림 5-3(b)>에서와 같이 같은 공급량 Q_0에 서로 다른 가격 P_0와 P_1이 설정될 수 있으므로 공급곡선이 존재하지 않는다.

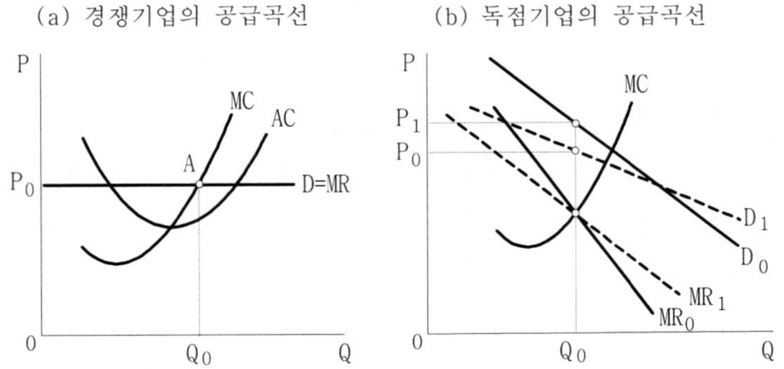

그림 5-3 기업의 공급곡선

1.3.4 독점시장과 사회후생의 변화

완전경쟁시장이 독점시장화 되면 가격은 상승하고 거래량은 감소하게 된다. <그림 5-4>는 완전경쟁시장이 독점시장화 됨으로써 가격은 P_0에서 P_1으로 상승하며, 거래량은 Q_0에서 Q_1으로 감소하게 됨을 보여준다.

그 결과 소비자잉여는 P_0bf에서 P_1cf로 P_0bcP_1만큼 감소하고, 이윤에 해당하는 생산자잉여는 P_0dcP_1만큼 증가하고 abd만큼 감소함으로써 ebP_0에서 $eacP_1$으로 변하게 되고, 소비자잉여와 생산자잉여로 구성되는 사회전체의 후생은 ebf에서 eacf로 감소하여 abc만큼 사회후생의 손실이 발생한다.

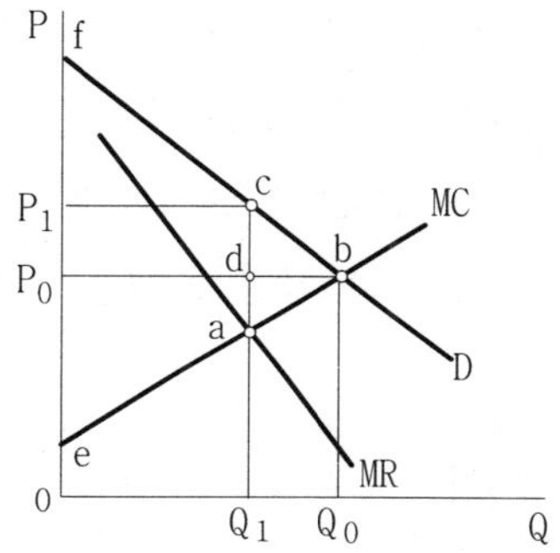

그림 5-4 독점과 사회후생의 변화

1.3.5 독점기업의 가격차별

동일한 재화를 다른 고객에게 다른 가격으로 판매하는 것이 가격차별이다. 독점기업만이 판매를 할 수 있는 지위에 있다면 동일한 제품을 다음과 같은 방법으로 판매할 수 있다.

첫째는 1차가격차별(완전가격차별)로서 단위 당 받을 수 있는 최고의 가격을 받고 판매를 한다. 즉 값을 매 단위마다 수요곡선을 따라 받는 경우로 첫 번째 단위를 소비자가 지불하고자 하는 값을 받고 판매를 한 다음 두 번째 단위를 같은 방법으로 판매를 한다. <표 5-1>에서 4개를 판매하는 경우 가격차별을 하지 않는 경우에는 4개 모두를 70원씩 받아 총수입이 280원이 되나 1차가격차별을 하는 경우에는 첫 번째를 100원, 두 번째를 90원 등의 방법으로 판매함으로써 총수입이 350원이 된다. 그리고 한계수입은 각각 100, 90, 80, 70으로 가격과 같으므로 <그림 5-1>의 수요곡선보다 아래에 있는 MR선과는 달리 수요곡선과 같게 되는 것을 알 수 있다.

둘째는 2차가격차별로서 묶음 단위로 가격을 차별하여 판매를 하는 경우이다. 예를 들면 <표 5-1>에서 처음 2개를 90원에 다음 2개를 70원에 판매한다면 총수입이 320원으로 1차가격차별의 수입 350원보다는 적으나 가격차별을 하지 않을 때의 280원보다는 많다.

셋째는 탄력성이 다른 시장에서 서로 다른 가격을 받는 경우로, 탄력성이 높은 시장에서는 낮은 가격을 탄력성이 낮은 시장에서는 높은 가격을 받는다.

이와 같이 가격차별을 함으로써 독점기업은 더 많은 판매로 더 많은 이윤을 추구할 수 있고, 사회후생도 증가하는 면이 있으나, 분배구조의 악화나 동일한 재화를 다른 가격에 판매하는 것에 대한 사회적인 문제점이 야기될 수 있다.

> 재화나 용역을 공급을 하는 기업이 하나 뿐인 시장을 독점시장이라고 한다.
> 독점기업은 공급량의 조정을 통하여 이윤이 극대화되는 가격을 설정할 수 있으며, 대체성이 낮은 재화를 생산한다.
> 독점기업이 접하는 수요는 시장전체의 수요이므로 수요곡선이 우하향하며, 한계수입곡선은 수요곡선보다 아래에 있다.
> 독점시장에서의 가격과 평균수입은 같으며, 한계수입은 이보다 낮다.
> 독점기업의 이윤극대화는 완전경쟁기업의 경우와 같이 한계수입과 한계비용이 같은 상태에서 달성된다.
> 독점시장은 경쟁시장에 비하여 가격이 높고 거래량이 적다.
> 초과이윤은 장기적으로 완전경쟁시장에는 존재하지 않으나 독점시장에서는 극대화된다.

2. 과점시장

소수의 기업에 의하여 지배되는 시장구조를 과점(oligopoly)시장이라고 한다. TV나 냉장고 등과 같은 가전제품시장은 삼성, LG, 대우 등으로 구성되는 소수의 대기업들에 의하여 지배되고 있는 과점시장이며, 휴대폰 통신시장 역시 SK텔레콤, KTF, LG텔레콤 등과 같은 소수의 기업들에 의하여 지배되고 있는 과점시장의 형태를 이루고 있다.

2.1 과점시장의 특성

과점시장은 다음과 같은 특성이 있다.

첫째, 상호의존적이다. 완전경쟁시장에서는 한 기업의 행위가 다른 기업들에게 영향을 미치지 않으므로 이윤극대화를 위하여 다른 기업들의 행동에 관계없이 독립적으로 행동한다.

그러나, 과점기업은 시장에서 차지하는 비중이 대단히 크므로, 과점기업의 행동변화는 다른 과점기업들에게 영향을 미치게됨으로써 다른 기업들도 이에 반응을 하게된다. 따라서 과점기업들은 다른 기업의 반응을 고려하여 행동하는 상호 의존적인 관계를 유지한다.

둘째, 비가격경쟁이 치열하며 가격이 경직적이다. 가격의 변동을 통한 이윤 확대를 꾀하는 가격경쟁은 경쟁관계에 있는 다른 과점기업의 가격 변동의 대응을 초래함으로써 이윤이 감소하게 될 가능성이 크다. 따라서 과점기업은 시장에 대한 지배력을 강화하기 위하여 할부기간 내지 이자율을 경쟁기업보다 유리하게 적용하거나, 무상수리 기간이나 품질 등에 관한 보증조건을 다른 기업보다 유리하게 적용하고, 편리한 A/S망을 구축하기도 한다. 그리고 광고활동 등을 통하여 제품을 차별화하거나 기업의 신뢰성을 향상시키고자 한다. 이러한 행동으로 말미암아 가격은 경직적인 성격을 띠게 된다.

셋째, 담합(collusion)을 시도할 가능성이 높다. 과점기업들 간의 경쟁은 이윤을 감소시키게 된다. 과점시장에서는 시장을 지배하고 있는 기업들이 소수이므로 이윤증대를 위한 협의가 용이하여 가격의 협정 등과 같은 공동행위를 취하고자 하는 경향을 갖게 된다.

넷째, 시장에 대한 진입장벽이 높다. 과점시장은 대체로 대규모의 자본이 소요되거나 규모의 경제가 작용하고, 원재료를 소유하는 경우가 많으며, 정부의 정책적 지원을 받는 경우가 많다. 이와 같은 현상으로 인하여 신규 기업이 과점시장에 진입하기가 쉽지 않다.

2.2 굴절수요곡선

과점기업들이 독립적으로 행동을 할 경우, 한 기업이 가격을 인상할 때 다른 기업들은 가격을 인상하지 않는다. 가격을 인상한 기업의 수요가 인상하지 않은 기업 쪽으로 이동하기 때문이다.

반면에 한 기업이 가격을 인하하면 다른 기업들도 따라서 가격을 인하한다. 가격을 따라서 인하하지 않으면 인하한 쪽으로 수요가 이동하여 인하하지 않은 기업의 수요가 감소하기 때문이다.

<그림 5-5>의 dkD는 과점기업들이 경쟁적인 관계를 유지하며 독자적으로 행동할 때의 수요곡선이다.

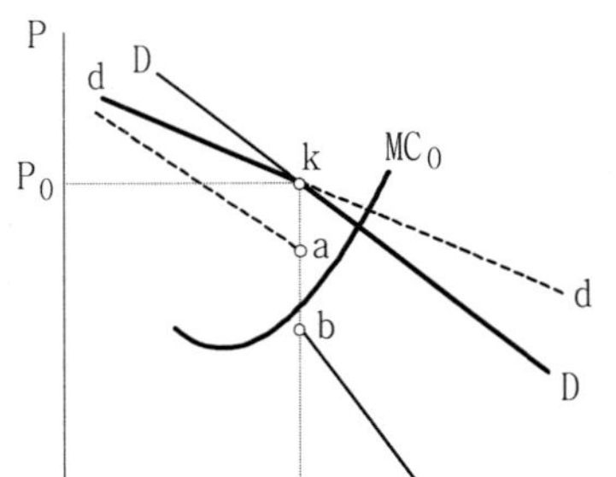

그림 5-5 굴절수요곡선

그림에서 수요곡선 dd는 다른 기업은 가격을 변화시키지 않고 한 기업만이 가격을 변화시키는 경우의 수요곡선이고, 수요곡선 DD는 모든 기업이 공동으로 가격을 변화시키는 경우이다. 균형가격이 P_0인 상태에서 어떤 과점기업이 가격을 인상할 경우, 다른 기업들이 가격을 따라 인상하지 않으므로 수요곡선은 dk가 되며, 가격을 인하할 경우에는 타 기업들도 따라서 가격을 인하하므로 수요곡선은 kD가 된다. 따라서 과점시장에서 한 과점기업에게 주어진 수요곡선은 점 k에서 굴절된 굴절수요곡선인 dkD이다.

일반적으로 생산비용이 변하면 생산량도 변하게 된다. 그러나 <그림 5-5>에서와 같이 수요가 굴절수요곡선과 같은 구조를 갖는 경우 한계비용이 MC_0에서 a까지 상승하거나 b까지 낮아질 때, 균형가격과 균형수량은 P_0와 Q_0에서 변하지 않는다. 즉 기업이 독립적으로 행동하는 과점시장에서 한계비용이 일정의 범위 내에서 변할 때, 가격과 수급량은 변하지 않는 경직성을 나타낸다.

그러나 굴절수요곡선 이론은 한 기업이 가격을 인상할 때 다른 기업들이 가격을 인상하지 않고 가격을 인하할 때 따라 인하하는 점 k를 알기가 어렵고, 현실에서는 다른 기업들이 함께 가격을 올리거나 내리는 경향이 있으며, 과점시장의 가격이 경직적이기는 하나 굴절수요곡선이론에서만큼 그렇게 경직적이지는 않다는 점이 지적된다.

2.3 담 합

담합(collusion)이란 과점기업들이 협의를 통하여 공동으로 가격이나 생산량을 결정하는 행위를 말한다. 과점기업들이 담합을 통하여 독점기업과 같이 가격과 생산량을 결정함으로써 독점이윤을 취할 수 있다. 세 개의 기업이 담합하는 경우를 나타낸 <그림 5-6>에서 담합 후의 한계비용선은 각 기업의 한계비용을 수평을 합한 MC이며, 한계수입(MR)과 한계비용(MC)이 일치하는 균형가격과 생산량은 P_0와 Q_0이다. 개별 기업은 각각 $q_1+q_2+q_3=Q_0$를 만족시키는 q_1, q_2, q_3를 생산하여 P_0의 가격을 받는다.

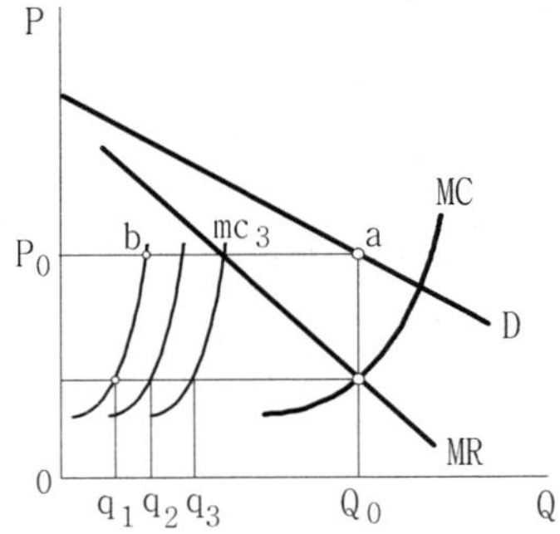

그림 5-6 담합과 가격결정

2.4 담합의 불완전성

과점기업들이 경쟁을 하면 초과이윤을 얻을 수 없으나 담합을 하면 초과이윤을 취할 수 있다. <그림 5-6>에서 담합에 참여한 과점기업들의 공급량 Q_0는 P_0의 가격에 판매되므로 담합 중인 어떤 기업에게 한계수입선은 P_0a 선이 된다.

만일 1기업이 담합을 이탈을 하여 이윤의 극대화를 추구한다면 MR=MC가 성립하는 b점에서 생산을 함으로써 담합을 할 때보다 더 많은 이윤을 취할 수 있다. 따라서 이윤의 극대화가 목표인 기업들은 생산을 할당받은 양보다 더 많이 생산하여 이윤을 증가시키고자 하는 유혹을 받게 되어 담합을 이탈할 가능성이 있다.

> 소수의 기업에 의하여 지배되는 시장구조를 과점시장이라고 한다.
>
> 과점시장은 상호의존적이며, 비가격경쟁이 치열하며, 가격이 경직적이고, 담합을 시도할 가능성이 높으며, 시장에 대한 진입장벽이 높다.
>
> 과점기업들이 독립적으로 행동할 경우, 한 기업이 가격을 인상하면, 다른 기업들은 가격을 인상하지 않으나, 가격을 인하하면 다른 기업들도 따라서 가격을 인하함으로써 수요곡선이 굴절수요곡선의 형태를 갖는다.
>
> 과점기업들은 소수이므로 협의하기가 용이하여, 이윤증대를 위하여 가격의 협정 등과 같은 공동행위를 취하고자 하는 경향을 갖는다.

3. 독점적 경쟁시장

노래방, 미용원, 컴퓨터게임방, 세탁소, 커피숍 등과 같이 많은 기업들이 경쟁적인 가운데 제품의 차별화를 통하여 시장에서 지배력을 행사하는 형태의 시장을 독점적 경쟁(monopolistic competition)시장이라고 한다.

3.1 독점적 경쟁시장의 특징

독점적 경쟁시장의 특징은 다음과 같다.

첫째, 다수의 판매자가 존재한다. 완전경쟁시장에서와 같은 수만큼의 다수는 아니지만, 기업들은 다른 기업의 행동을 고려할 필요가 없으며 공동행위를 추진할 수도 없는 상태에서 독립적으로 행동을 한다.

둘째, 차별화된 상품이 공급된다. 기업들간의 경쟁 관계 속에서 제품의 질, 구매조건의 차이, A/S, 포장 등을 차별화 함으로써 시장에 대하여 어느 정도의 지배력을 행사한다. 시장에 대한 지배력 유지로 인하여 우하향하는 수요곡선을 갖는다.

셋째, 시장에 대한 진입이 자유롭다. 완전경쟁시장시장에서와 같이 시장에 초과이윤이 존재하면 아무런 제한 없이 시장에 진입할 수 있으며, 손실이 발생하면 비용 없이 시장을 떠날 수 있다.

넷째, 비가격경쟁이 존재한다. 기업들은 경쟁을 하면서 시장에 대한 지배력을 행사하기 위하여 제품을 차별화 하는 것 외에도 제품을 부각시키기 위해 광고를 비롯한 판매촉진활동을 활발하게 전개한다.

3.2 독점적 경쟁시장의 수요곡선

독점적 경쟁기업은 경쟁적이긴 하나, 생산의 변화는 시장가격의 변화에 영향을 줄 정도이므로 생산을 증가시키면 가격이 하락하는 현상이 나타난다. 유사한 제품을 생산하는 기업이 많으므로 가격탄력성도 크다.

독점시장의 수요곡선은 대체재가 별로 없으므로 수요의 가격탄력성이 작은 반면 독점적 경쟁기업의 수요곡선의 기울기는 대체재의 존재로 인하여 탄력성이 크다. 즉, 독점기업의 수요곡선과 독점적 경쟁기업의 수요곡선을 비교하면 유사한 형태이나 독점적 경쟁기업의 수요곡선이 독점기업의 수요곡선보다 상대적으로 탄력적인 형태를 보인다. 따라서 독점적 경쟁기업의 한계수입곡선 역시 독점기업의 한계수입곡선보다 탄력적인 형태로 완만한 기울기를 갖는다.

3.3 독점적 경쟁기업의 단기균형

독점적 경쟁기업 역시 이윤을 극대화하기 위해 <그림 5-7>에서와 같이 한계수입(MR)과 한계비용(MC)이 일치하도록 Q_0만큼 생산하여 P_0의 가격을 받는다.

이때의 초과이윤은 가격(P_0)에서 평균비용(b)은 뺀 평균이윤에 판매량을 곱한 $abcP_0$의 면적이 된다.

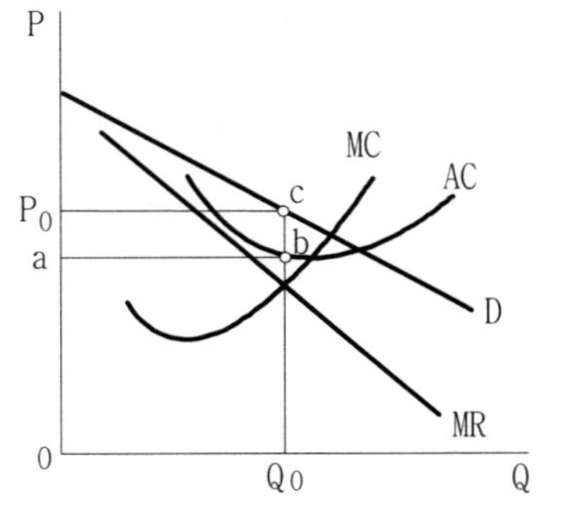

그림 5-7 독점적 경쟁기업의 단기균형

3.4 독점적 경쟁기업의 장기균형

독점적 경쟁시장에 대한 기업의 진입과 이탈이 자유로우므로 초과이윤이 존재하면 신규기업이 진입을 하며, 손실이 발생하면 경쟁시장에서와 같이 아무런 장애도 받지 않고 시장을 떠날 수 있다. 독점적 경쟁시장에서 단기적으로 <그림 5-7>에서와 같이 초과이윤이 존재하면 신규기업이 진입하게 되고 기존기업은 장기적으로 생산시설을 확장하게 된다. 신규기업이 진입함으로써 기존 기업에게 주어진 수요가 감소하여 수요곡선이 왼쪽으로 이동하고 가격은 하락하게 되는데, 그러한 현상은 초과이윤이 존재하는 한 지속되게 된다. 신규기업의 과다한 진입으로 인하여 수요곡선이 <그림 5-8>의 점 a 이하에 있거나 과다한 생산으로 가격이 P_0 이하로 내려가면 기업들은 손실을 입게 되므로 장기적으로는 이 시장을 떠나게 되어 잔존기업의 수요는 증가하게 된다. 따라서 장기적으로는 초과이윤이 존재하지 않는 점 a에서 균형을 유지하게 된다.

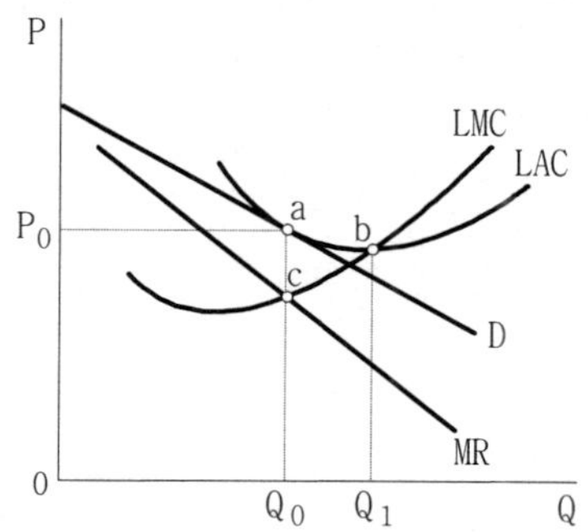

그림 5-8 독점적 경쟁기업의 장기균형

3.5 독점적 경쟁기업의 비효율성

독점적 경쟁시장에서는 기업이 장기적으로 <그림 5-8>의 점 a에서 Q_0 수준의 생산활동을 지속하게 되므로 효율적인 생산량 Q_1과 비교할 때, (Q_1-Q_0)만큼 생산할 수 있는 유휴생산설비를 보유하며, (Q_1-Q_0)의 생산에 필요한 자원이 다른 생산부문에 투입됨으로써 다른 부문의 과잉생산을 초래하는 등의 자원낭비가 있게 된다.

그러나 기업들의 제품 차별화를 통한 경쟁은 제품의 다양화를 유발하고, 제품의 다양화는 소비자의 선택의 폭을 넓혀줌으로써 욕구충족을 증대시켜주는 긍정적인 역할도 한다.

기업들이 경쟁적인 관계 속에서 제품의 차별화를 통하여 시장에 대한 지배력을 행사하는 형태의 시장을 독점적 경쟁시장이라고 한다.

독점적 경쟁시장은 다수의 판매자가 존재하며, 상품이 이질적이며, 시장에 대한 진입과 퇴거가 자유로우며, 비가격경쟁이 적극적인 특성들을 갖는다.

수요곡선은 독점시장과 유사하나 탄력적인 형태로 나타나는 것이 일반적이다.

독점적 경쟁기업의 초과이윤은 단기적으로는 존재할 수 있으나 장기적으로는 없다.

독점적 경쟁기업은 유휴생산설비를 보유함으로써 자원의 낭비를 초래하나, 제품의 다양화를 통하여 소비자의 욕구충족을 증대시켜주기도 한다.

제 6 장 노동시장론

1. 노동시장론

기업이 제품을 생산하기 위해서는 여러가지 생산요소를 결합시켜야 한다. 생산물을 시장에 공급한다는 것은 따라서 이미 생산물의 생산을 위한 생산요소들을 구입하여 생산과정에 투입하는 행동이 전제되어 있다. 생산요소 중 자본을 제외하면 그 나머지는 노동이다. 여기서는 노동의 수요와 공급을 중심으로 하여 임금이 결정되는 방식과 그리고 얼마 만큼의 노동이 필요한지를 알아본다.

1.1 노동에 대한 수요 - 파생수요

생산요소는 자본과 노동 그리고 토지 등으로 구성된다. 기업이 특정한 제품을 생산하기 위해서는 먼저 자본재를 구입하고 토지를 임대해야 한다. 그리고 노동력을 고용해 생산활동을 시작한다. 이 때 고용해야 할 노동자가 몇 명인가는 생산설비가 어느 정도 규모로 가동되어야 하는지, 그리고 설비가 가동되는 데 필요로 하는 인력이 어느 정도인가에 따라 결정된다.

보통 한 제품이 잘 팔리면, 그 제품을 구성하는 원자재에 대한 수요가 늘어난다. 또 그 제품을 생산하는 기계와 설비의 규모도 커져야 한다. 이와 함께 기계와 설비를 작동시켜 생산과정을 담당할 수 있는 노동력도 많아져야 한다. 반대로 만일 그 제품이 잘 팔리지 않게 되면 그 제품에 대한 생산은 축소되거나 중단된다. 그러면 그 제품을 구성하는 원자재에 대한 수요는 물론이고 기계나 설비에 대한 투자도 줄어들게 된다. 이것은 결국 그 제품생산을 위해 고용된 노동자의 수를 축소시키는 요인이 된다.

이처럼 생산요소에 대한 수요와 공급은 그 요소들을 기초로 생산해 낸 제품들이 잘 팔리는가 하는 점에 의해 2차적으로 결정된다. 따라서 생산요소의 수급 상태를 분석하는 요소시장은 파생적인 수급상태를 연구하는 분야이다.

만약 더 큰 규모로 생산이 재개되고, 더 많은 상품이 팔릴 수만 있다면 자본가는 생산의 규모를 기꺼이 확대시키려 할 것이다. 생산의 확대는 생산요소에 대한 수요를 증대시키고, 이와 함께 고용되어야 할 인력도 더 많게 한다. 즉 노동에 대한 수요가 증대하는 것이다. 이처럼 노동에 대한 수요는 그 제품의 수급상황에 따라 결정된다. 이 때 시장에서 제품이 잘 팔리고 있다는 점 때문에 생산요소－이 경우 노동－의 수요가 증대하는 현상을 '파생수요'(derived demand)라고 한다.

1.2 임금과 고용량의 결정

여기서는 먼저 생산요소 시장과 생산물 시장 모두가 완전경쟁적이라고 가정한다. 이렇게 가정하는 것은 먼저 생산요소에 대한 수요자와 공급자가 다수이고, 생산물에 대해서도 다수의 구매자와 판매자가 있다는 것을 의미한다. 이 경우에는 생산요소 시장에서 결정되는 요소가격이나 생산물 시장에서 결정되는 제품가격이 모두 주어지는 것으로 나타나며, 누구도 임의로 가격을 조정할 수 없다는 것을 의미한다.

둘째로, 모든 생산요소와 생산물이 항상 동일한 것이어야 한다. 즉 요소와 제품의 질적인 차별성이 없다는 것이다.

셋째로, 생산요소 시장이나 생산물시장 모두에서 수요자와 공급자는 자유롭게 진입하고 퇴출할 수 있어야 한다.

넷째로, 두 시장 모두에서 가격에 대해 완전한 정보가 있어야 한다.

이상과 같은 가정 하에서 노동에 대한 수요와 공급은 어떻게 움직이며, 이것이 임금과 고용량을 어떻게 결정하는지 알아보자.

기업이 이윤을 극대화한다는 것은 생산요소의 수량을 최적화시킨다는 것을 말한다. 먼저 노동이라는 생산요소는 가계가 공급한다. 따라서 기업은 노동에 대한 수요자가 된다.

기업이 이윤을 극대화할 수 있는 조건은 제품의 시장가격과 제품을 생산할 때의 한계비용이 같아지는 것이다. 즉,

$$P = MC \tag{6-1}$$

생산할 때 노동만이 있다고 하자. 이 때 한계비용(MC)은 임금(w)을 노동의 한계생산물(MP_L)로 나눈 것과 같아야 한다. 즉,

$$MC = \frac{w}{MP_L} \tag{6-2}$$

(6-1)과 (6-2)에 의해,

$$P = MC = \frac{w}{MP_L} \tag{6-3}$$

(6-3)식으로부터,

$$MPL \cdot P = w \tag{6-4}$$

(6-3)식의 좌변은 요소의 한계생산물과 가격을 곱한 값으로, 노동의 한계생산물가치(VMP_L : Value of Marginal Product of Labor)라고 한다. 따라서 (6-3)식은 다음

과 같이 쓸 수 있다.

$$VMPL = w \quad (6\text{-}5)$$

(6-5)식의 의미는 노동의 한계생산물 가치가 임금과 같아야 한다는 것이다. 즉 기업이 노동을 한 단위 더 고용할 때 얻을 수 있는 추가적인 수입은 추가적인 비용인 임금과 같아져야 한다는 한계원리를 보여준다.

경쟁시장에서 가격(P)은 일정하다. 따라서 VMP_L을 그림으로 나타낼 때 가격(P)은 아무런 역할도 하지 않으므로 MP_L의 곡선 형태를 그대로 드러낸다.

<그림 6-1>과 같이 임금을 세로축에, 고용량을 가로축에 놓고 노동의 한계생산물 가치 곡선(VMP_L)을 그리면 거꾸로 된 U자형으로 나타난다.

만일 임금이 w_0라면 고용량은 N_0'과 N_0 두 군데서 결정된다. N_0'과 N_0의 고용수준에서 $VMP_L = w_0$이다. 그러나 N_0' 수준에서 노동의 공급을 증가시키면 VMP_L이 w_0보다 커진다. 이렇게 되면 기업가는 N_0' 수준보다 많은 노동자를 고용하려 할 것이다. 따라서 N_0' 수준은 이윤을 극대화시키기에는 부족한 고용수준임이 판명된다.

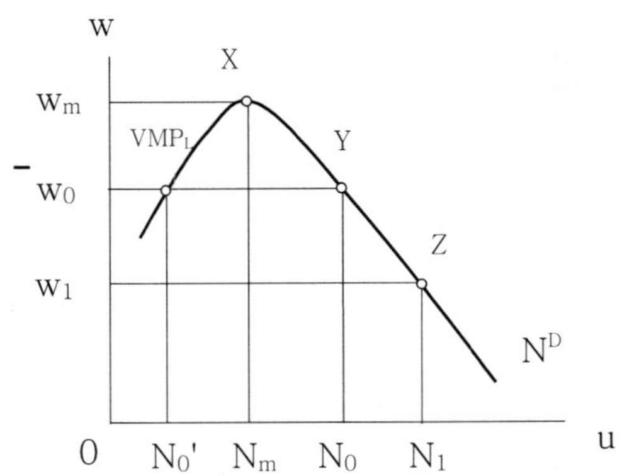

그림 6-1 노동의 한계생산물 가치 곡선과 노동수요 곡선

한편 고용량이 N_m에 이를 때까지 노동의 한계생산물은 증가한다. 즉 이 구간까지 기업가는 고용을 늘리는 것이 이윤을 증대시키는 좋은 방법이 된다. 따라서 임금수준이 w_0일 경우 고용량은 N_0에서 결정된다. 만약 임금이 w_1으로 하락한다면 고용량은 N_1에서 결정된다. 그리고 임금이 w_m일 때 고용량은 N_m이다. 만일 임금이 w_m을 넘어서면 기업은 더 이상 고용할 수 없다. 즉 고용량은 0이다.

이로부터 우리는 기업의 노동수요곡선이 XYZ점들을 잇는 선으로 표현됨을 알 수 있다. 즉 가변요소가 노동 뿐일 때 경쟁기업의 노동수요곡선은 우하향하는 한계생산물가치(VMP_L) 곡선이다.

1.3 노동수요의 결정 요인들

노동에 대한 수요는 몇 가지 요인에 의해 결정된다.

첫째, 노동에 대한 수요는 그 노동을 사용해 생산된 제품의 가격이 높을수록 크다.

둘째, 노동에 대한 수요는 임금이 낮을수록 크다. 이는 우하향하는 노동수요 곡선으로 표시된다.

셋째, 노동의 한계생산물(MP_L)이 높아질수록 노동에 대한 수요는 커진다.

노동의 한계생산물(MP_L)이 변화되는 것은 주로 생산기술에 의해서인데, 기술진보가 있는 경우 그 분야에서 노동에 대한 수요는 증대한다.

1.4 노동의 공급

노동을 공급하는 것은 주로 가계이다. 가계의 구성원은 노동의 공급을 통해 임금을 얻는다. 임금을 얻어야 근로자는 소비할 수 있다. 또 근로자는 여가도 즐겨야 한다. 그런데 여가를 너무 많이 즐기면 임금이 줄어 소비를 마음대로 할 수 없게 된다. 따라서 노동자는 하루 중 몇 시간 일을 하고 여가는 몇 시간이나 즐겨야 만족을 극대화시킬 수 있는가 하는 문제에 직면하게 된다.

일을 해서 얻을 수 있는 소득(M)과 여가(L)는 둘 다 정상재이다. 따라서 소득과 여가라는 두 재화로 이루어진 소비자의 선택이 문제로 된다. 소비자의 효용을 극대화시키는 조건은 다음과 같이 쓸 수 있다.

$$\frac{MU_M}{P_M} = \frac{MU_L}{P_L} \qquad (6\text{-}6)$$

이 때 M은 소득, L은 여가이다.

그림을 통해 노동의 공급곡선을 도출해 보자.

우선 <그림 6-2>의 A점은 현재 근로자가 (6-6)식의 균형조건을 만족시키는 여가와 소득수준을 나타내고 있다고 하자.

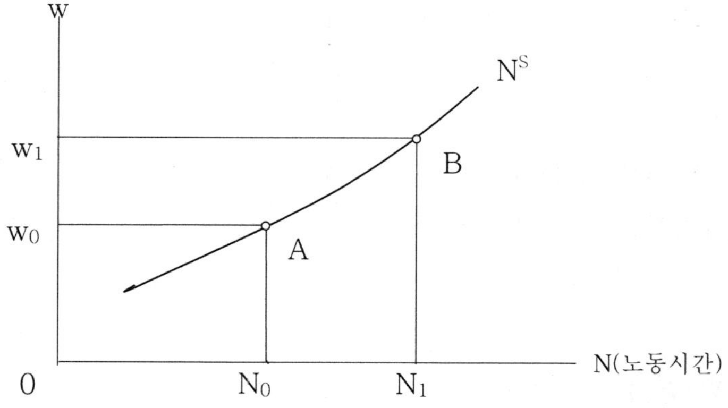

그림 6-2 노동의 공급곡선

이 때 임금이 상승했다고 하자. 그러면 종래의 여가와 소득수준에서는 여가의 가격(PL)이 인상된 것을 의미하므로 $\frac{MU_M}{P_M} = \frac{MU_L}{P_L}$ 이 될 것이다. 이는 여가가 비싸진 것을 의미한다. 따라서 근로자는 비싸진 여가의 수요를 줄이려 할 것이다.

즉 여가를 줄이려 할 것이다. 여가를 줄인다는 것은 노동시간을 늘린다는 것을 의미한다. 따라서 그림에서보는 것처럼 임금이 w_1으로 오르면 근로자의 노동시간은 N_1으로 늘리게 되어 경제는 B점에서 균형을 이루게 된다. 이 때 A점과 B점을 연결한 선이 노동공급곡선이다.

1.5 임금과 고용량의 결정

이제 노동의 수요곡선과 공급곡선 이용하여 노동의 균형가격인 임금과 균형고용량을 알아보자. 노동의 수요곡선과 공급곡선을 결합하면 다음의 <그림 6-3>과 같이 되고, 여기서 임금(w_e)과 고용량(Q_e)이 결정된다.

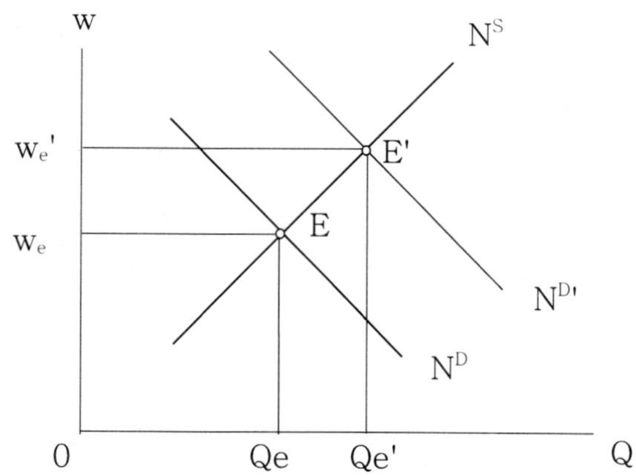

그림 6-3 노동시장의 균형

<그림 6-3>에서 보는 것처럼 노동의 수요곡선(N^D)과 공급곡선(N^S)가 E점에서 만나 균형을 이루고 있다. 이로부터 균형임금 w_e와 균형고용량 Q_e가 결정되고 있다.

여기서 노동에 대한 수요가 늘어난다고 하자. 그러면 노동수요곡선(N^D)이 우상방으로 이동하여 $N^{D\prime}$에 이르게 되고 E′에서 새로운 균형이 이루어진다. 이 때 임금은

w_e'로 상승하고 고용량도 Q_e'로 증대한다.

이번에는 노동의 공급이 늘어난다고 하자. 종래의 균형상태에서 노동의 공급이 늘어나면 노동공급곡선(N^S)이 우하방으로 이동한다. 그 결과 임금이 하락하고 고용량은 증대한다. 노동공급의 결과에 대해서는 각자가 그래프를 그려 확인할 수 있을 것이다.

이와 같은 노동의 수요와 공급의 변화는 여러 요인들에 의해 유발된다. 기술의 변화, 경기의 변동, 시장상황의 변화 등이 노동시장의 균형을 변화시키는 주된 요인들이라 할 수 있다.

환경과 경제의 관계 제7장

1. 환경오염의 시작과 특성

1.1 환경문제는 어디서 시작되었는가?

원시농경사회에서는 환경은 문제가 되지 않았다. 그러면 오늘날 왜 환경문제가 국가적 이슈로 등장하고 있는가? 환경문제를 유발시키는 주체는 인간이다. 인간은 자신이 살아가는데 필요한 상품을 생산하는 과정에서나 생산된 제품을 소비하는 과정에서 오염을 발생시키고 이는 자연환경을 파괴하여 인간의 비용부담을 증가시키는 원인이 된다. 따라서 경제과 환경은 불가분의 관계가 있음을 알 수 있다. 일반적으로 경제가 발전하면 환경오염의 정도가 심각해지고 경제가 저 발단된 지역에서는 환경문제가 그리 심각하지 않음을 볼 수 있다.

결국 환경오염은 한 나라의 경제가 산업화를 추진하면서부터 발생되었다고 볼 수 있다. 산업화에 의하여 국가적으로나 지역적으로 인구의 특정지역 집중현상이 일어나고 산업시설이 양적으로 확대되면서 이에 필요한 토지자원을 확보하기 위하여 자연경관을 훼손하게 되고 주택밀집과 자동차 증가로 대기공해가 발생하고 폐기물의 발생량이 늘어남은 물론 악취가 발생하는 등 다양한 형태의 환경오염 문제가 야기되고 있다. 특히 자연환경이 훼손되면서 식량과 에너지와 같은 자원부족 문제가 나타나고 있어 전 인류가 함께 고민해야 할 공동의 과제로 등장하고 있다.

환경오염은 일반적으로 발생 형태별로 대기오염, 수질오염, 토양오염, 소음, 진동 등이 있으며, 발생장소 기준으로 국지적 오염, 지역적 오염, 지구적 오염 등으로 구분된다. 또한 경제부문별로 보면 소비자들 자신이 구입한 제품을 소비하는 과정에서 발생하는 소비공해와 기업이 제품을 생산하는 생산활동의 결과 발생하는 산업공해, 그리고 국가간 무역 즉 국제무역 부분에서 발생하는 환경문제로 구분할 수 있다.

20세기 이전 인간은 풍족한 자연환경을 토대로 하여 생산과 소비활동을 했기 때문에 환경문제는 발생하지 않았었다. 그러나 20세기 이후 산업화가 빠른 속도로 전개되면서 도시화, 공업화가 촉진되었고 이는 인구의 도시집중을 야기시켰을 뿐만 아니라 산업시설이 도시지역에 입지함으로써 자연환경이 오염되고 파괴되기 시작하면서 환경문제가 특정국가의 문제가 아니라 인류전체의 문제가 되기 시작했다.

> 환경오염은 한 나라의 경제가 산업화를 추진하면서부터 발생했으며, 이는 발생형태별로 대기오염, 수질오염, 토양오염, 소음, 진동 등이 있으며, 발생장소 기준으로 국지적 오염, 지역적 오염, 지구적 오염 등으로, 경제부문별로 소비자들 자신이 구입한 제품을 소비하는 과정에서 발생하는 소비공해와 기업이 제품을 생산하는 생산활동의 결과 발생하는 산업공해, 그리고 국가간 무역 즉 국제무역 부분에서 발생하는 환경문제로 구분된다.

우리나라의 경우 경제개발 5개년계획이 시작된 이전에는 환경오염이 문제가 되지 않았다. 그러나 그 후 정부의 경제정책이 고도성장을 목표로 추진되었기 때문에 경제의 양적 성장은 물론 질적으로도 크게 향상되었다. 그런 과정에서 환경오염 문제가 발생하게 되었고 대량으로 발생하는 폐기물이 환경용량을 초과할 정도로 환경계에 배출되면서 다양한 문제가 발생하고 있다. 그러나 앞으로도 이러한 현상은 계속될 것으로 예상되나 이를 적정수준으로 방지할 수 있는 정책수단이 마련되지 못하고 있어 환경오염 문제는 심각하며, 도시인구의 팽창에 따른 문제, 부존자원의 고갈에 의한 문제, 지방자치제도가 시행되면서 일어나고 있는 무분별한 지역개발행위, 공해상품의 생산에 의한 문제 그리고 기타 환경오염을 유발시키는 경제행위로 인하여 경제와 환경사이의 균형이 상실될 수도 있을 것이다. 따라서 환경오염은 소비 및 생산과 관련된 경제활동과 불가분의 관계를 갖고 있다.

1.2 환경문제는 왜 발생하는가?

환경오염이 왜 발생하는가에 대한 질문은 간단하다. 그러나 이에 대한 대답은 환경오염 특성에서 볼 수 있듯이 일단 오염이 발생하면 그 형태가 매우 다양할 뿐만 아니라 광범위하게 영향을 주게 됨으로 사회적, 정치적, 경제적으로 많은 문제를 야기하게 된다. 환경오염의 원인은 경제발전에 있다. 한 국가의 경제가 발전하면서 대기오염, 수질오염, 토양오염 등의 공해가 발생하게 된다. 환경경제학자들 중의 일부는 GNP 규모가 1% 증가하면 0.6%의 환경오염이 수반된다고 주장하고 있다. 이 주장이 옳고 그름이 중요한 것이 아니라 그만큼 경제성장에 의해 환경이 오염될 수 밖에 없음을 경고하고 있다는 의미가 더 중요할 것이다.

환경오염의 발생은 경제학적 측면에서 보면 2가지 면에서 찾을 수 있다. 하나는 전세계적으로 존재하는 각종 자원의 량이 희소하다는 것이고, 다른 하나는 생산활동과 소비활동의 결과가 환경에 부정적 영향을 주는데에서 출발한다. 여기서는 후자 즉 외부성을 중심으로 환경오염 문제를 설명하고자 한다.

특정상품에 대한 가격과 수급량은 시장수요곡선과 시장공급곡선이 일치하는 수준에서 결정되는데, 이것은 제품의 소비와 생산활동과 관련되어 발생되는 혜택과 손실이 모두 이들 시장곡선에 반영됨을 전제로 한다. 이는 특정상품을 소비하는 과정에서나 기업이 제품을 생산하는 과정에서 외부의 영향(즉 外部性)이 없다는 것을 의미한다. 그러나 현실적으로 거의 모든 상품이 그 손익을 시장곡선에 반영시키지 못하고 있다. 따라서 외부성이 존재하게 되는데 이는 생산과 소비활동과정에서 발생하는 비용과 편익이 거래 당사자 외에 제3자에게 영향을 미칠 때 발생한다. 제3자에게 긍정적인 영향을 미치는 것을 외부경제라 하고 손해를 끼치게 되는 경우를 외부불경제라 한다. 외부경제가 발생하는 경우는 문제가 없다. 왜냐하면 비용을 들이지 않고 편익을 얻을 수 있기 때문이다. 문제는 외부불경제이다.

예를 들어 외부불경제를 설명해 보자. 영동지역에 입지하고 있는 시멘트공장은 시멘트를 생산하기 위하여 석회석과 같은 원료를 공장으로 이동하는 과정에서나 완제품을 만드는 과정에서 먼지(TSP)가 발생되어 주변지역의 대기를 오염시키면 대기가 혼탁해 지역주민들의 생활환경을 악화시키거나 인근지역에서 재배되고 있는 농작물이 제대로 성장하지 못하여 수확량이 감소하는 피해를 입게 된다.

그러면 외부불경제가 왜 공해현상을 가져오는가를 보자. 시멘트공장과 지역주민과의 예에서 볼 때, 시멘트 생산활동과 전혀 관계가 없는 제3자인 지역주민들에게 아무 보상도 하지 않으면서 피해를 준다는 것은 시멘트공장이 시멘트생산을 위하여 자신이 부담하지 않는 비용을 추가로 발생시킨다는 것을 의미한다. 이런 비용을 사회적 비용(social cost) 또는 넘치는 비용(spill- over cost)라 한다. 이는 시멘트공장이 시멘트를 생산하기 위하여 직접 투입하는 비용인 사적 비용(private cost)과 구별된다. 환경오염에 의해 부담해야 하는 비용인 사회적 비용이 시장실패를 야기시키는 원인이 된다. <그림 7-1>을 이용하여 설명하고자 한다.

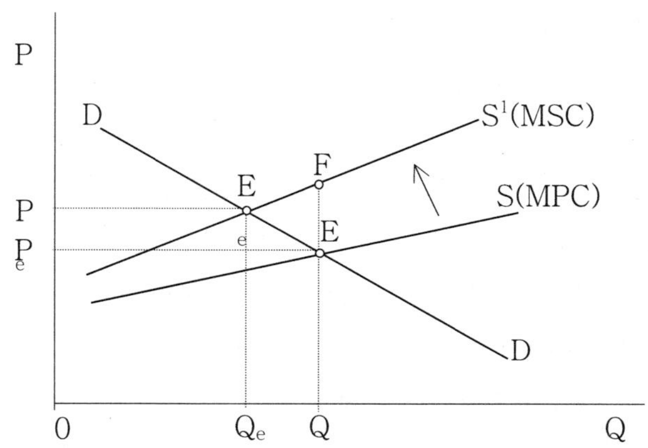

그림 7-1 외부불경제와 시장실패

경제활동에 의해 외부불경제가 존재하지 않으면 사회적 비용이 존재하지 않고 그러면 수요곡선과 사적한계비용곡선이 일치하는 점(E)에서 시장균형이 달성된다. 이 때 상품의 균형가격은 OP가 되고 균형수급량은 OQ가 된다.

그러나 외부불경제가 존재하여 사회적 비용이 발생한다면 시장균형은 변화하게 된다. 사회적 비용은 공급여건을 변화시켜 공급곡선을 S에서 S^1로 우상향 이동시킨다. 따라서 균형은 E에서 E_e로 이동하고 균형수급량도 OQ_e가 된다. 사회적 비용을 고려하지 않은 경우의 균형수급량(OQ)이 사회적 비용을 고려했을 때의 최적생산량 OQ_e보다 커서 자원이 이 상품을 생산하는데 과도하게 배분되어 자원배분의 왜곡현상이 발생하게 된다. 그림에서 삼각형 EE_eF만큼의 사회적 비용이 발생하게 되는데, 이것이 시멘트공장이 생산활동을 하면서 발생시키는 공해를 해결하는데 필요한 부담액이라 할 수 있다.

외부성 - 환경오염의 발생은 경제학적 측면에서 보면 전세계적으로 존재하는 각종 자원의 량이 희소하다는 것이고, 다른 하나는 생산활동과 소비활동의 결과가 환경에 부정적 영향을 주는 즉 외부성이 존재하기 때문이다.

1.3 환경문제의 특성은 무엇인가?

"환경문제"란 무엇인가? 이는 환경을 경제적 측면에서 볼 때 자원의 희소성과 외부성과 관련된다고 지적했다. 환경을 무한대로 공급받을 수 있으면 문제가 없으나 그 공급량이 제한적일 수밖에 없어 자원공급 기능으로서 한계가 있으며, 외부성은 생산과 소비과정에서 이용한 결과 나타나는 현상으로 인간에게 부담으로 작용하게 된다. 이와 같이 환경의 희소성과 외부성으로부터 발생하는 제반현상을 환경문제라 할 수 있다.

환경문제의 특성을 한마디로 표현하기는 어렵다. 이는 인간이 경제활동을 하는 한 영원히 발생할 수밖에 없고 이를 개선시키기 위한 인간의 노력이 지속될 수밖에 없는 특성을 갖고 있기 때문이다. 먼저, 환경오염의 다양성(多樣性)이다. 환경오염의 출발점은 생산과 소비활동이다. 이 과정에서 다양한 형태의 오염이 발생하게 된다. 예를 들면 삼척시에 입지하고 있는 시멘트공장의 경우 시멘트를 생산하는 과정에서 먼지, 소음과 진동공해가 발생하고 완제품이 생산되는 과정에서 폐기물이 발생하여 이들이 대기, 토양 및 수질을 오염시키게 된다. 소비측면에서도 유사한 오염이 발생한다. 중앙시장에서 배추를 구입한 소비자가 이를 이용하여 식사를 준비하고 이를 소비하는 과정에서 각종 쓰레기와 폐기물이 발생하여 대기와 수질을 오염시키는 물질을 배출하게 된다. 따라서 환경문제는 경제활동의 특정부분에서만 발생하는 것이 아니라 경제활동의 전반에 걸쳐서 발생하므로 이를 해결해야 하는 대상도 그만큼 광범위할 수밖에 없다.

둘째, 환경오염이 미치는 지역이 광범위한 특성 즉 오염지역의 광역성(廣域性)이다. 생산과 소비과정에서 발생한 오염물질은 대기와 수질의 이동과정을 따라서 광범위하게 확산되는 특성이 있다. 최근 경제수준이 급격히 발전하고 있는 중국에서 발생한 오염물질이 황사와 함께 동남아시아 일부지역까지 영향을 미치는 경우나 원시자연림이 무분별하게 벌채되면서 대기와 자연환경에 영향을 주게 되어 세계 전체적으로 기온이 상승하는 엘리노현상이 발생하는 문제나 세계 곳곳에서 홍수가 발생하는 것도 환경파괴의 영향이라 할 수 있다. 몇 년전 낙동강 상류의 한 기업이 생산과정에서 발생한 폐롤을 낙동강으로 정화하지 않고 방류하여 낙동강 원수를 상수원으로 이용하는 영남지역 주민들이 큰 고통을 받은 적이 있다. 이처럼 환경오염은 피해자가 특정인에게 국한되는 것이 아니라 지역사회 전체 또는 국가전체가 영향을 받을 수 있는 특성을 갖고 있어 그 영향권이 특정인이나 특정지역에 제한되는 것보다는 대부분 광범위하게 나타나므로 환경문제는 전 인류의 공통관심사가 되고 있으며, 오염이 발생하면 가해자와 피해자간 충돌이 발생하여 환경문제는 국제적 문제로 부각되고 있다.

셋째, 환경오염의 발생시점과 피해시점이 다른 즉 원인과 결과의 시차성(時差性)이 존재한다. 일반적으로 경제행위로 인하여 야기되는 문제는 발생시점과 결과가 거의 동시적이고 피해자와 가해자가 명백하여 손실을 입힌 자와 손해를 본 피해자간의 피상보상이 쉽게 결정된다. 그러나 환경오염은 피해를 유발시킨 시점과 그 영향이 나타나는 시점이 상이하고 가해자가 누구인지 확인하기 위해서는 많은 비용과 시간이 필요한 특성이 있다. 따라서 원인과 결과 사이의 인과관계를 확인하는데 많은 어려움이 있으며, 일단 피해가 발생하면 개인차원에서 치유할 수 있는 경우는 거의 없기 때문에 상당한 사회적 비용을 유발시키게 된다. 그러므로 환경문제는 발생한 후 이를 규제하는 시스템보다는 발생하기전 오염물질을 배출하지 않도록 규제하는 방법이 바람직하다.

마지막으로, 환경문제는 부분적이고 개별적으로 발생하는 것이 아니라 여러 가지 요인들이 상호작용하여 발생함으로서 오염의 상승작용을 일으켜 문제를 더욱 악화시키게 된다. 만약 오염요인간에 상호 작용이 없으면 오염의 피해를 상당히 감소시킬 수 있으나 상승작용이 존재하는 것이 일반적이기 때문에 피해는 누적적으로 발생하는 것이 일반적이다. 따라서 환경오염 문제를 해결하기 위해서는 단편적이고 부분적이며 지엽적인 방법이 아니라 오염을 적정수준으로 해결할 수 있는 전체적이면서 종합적인 해결책이 모색되어야 한다.

> 환경의 희소성과 외부성으로부터 발생하는 제반현상을 환경문제라 한다.
>
> 환경오염은 오염의 다양성(多樣性), 오염지역의 광역성(廣域性), 원인과 결과의 시차성(時差性)의 존재 그리고 오염요인들간 상호작용으로 오염의 상승작용을 일으키는 특성이 있다.

2. 경제와 환경의 조화

2.1 환경과 경제는 어떤 관계인가?

환경은 인간이 생산과 소비활동을 하는데 필요한 다양한 기능을 제공한다. 그러나 현재까지 인간은 환경을 그리 중요하게 취급하지 않았다. 그러나 환경은 기본적으로 인간이 상품을 생산하는데 필요한 생산요소로서의 자연자원을 공급해 주며, 상품을 생산하는 과정에서 발생하는 생산폐기물을 어느 정도 정화시키는 역할을 한다. 전 세계에 수많은 소비자들이 자신이 필요한 상품을 구입하여 소비하는 과정에서 발생하는 음식물쓰레기, 생활폐수 등 여러 가지 소비폐기물을 흡수하고 정화하는 역할도 하며 호수, 강, 바다, 산 등과 같이 인간이 휴식을 즐길 수 있도록 옥외위락 환경을 제공하는 기능은 물론 쾌적하게 삶을 영위할 수 있게 하는 등 인간에게 필요한 서비스를 제공하는 기능을 수행하게 되는데 이들의 관계는 그림과 같다.

환경이 무한정으로 인간에게 혜택을 제공할 수 있다면 문제가 되지 않는다. 그러나 인간은 제한적으로 존재하는 자연환경을 경합적으로 이용할 수밖에 없고 이를 서로 다른 용도로 활용하게 됨으로써 특정 부분의 용도에 이용되는 환경량이 억제될 수 있다. 환경은 특정 개인을 위하여 존재하는 것이 아니므로 사회적으로 유용성을 갖도록 사용하여야 하고 이는 결국 자원배분의 문제로 귀착된다.

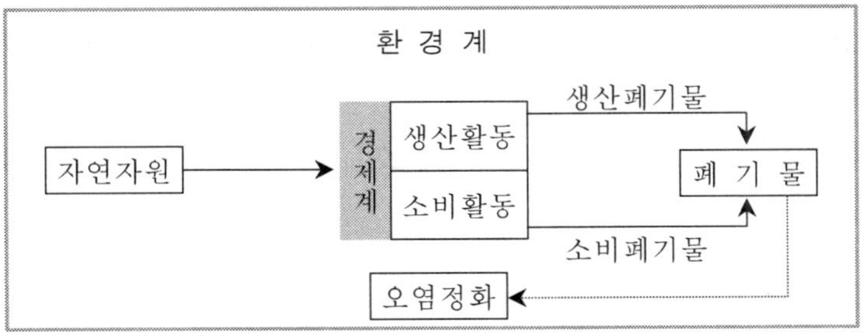

환경은 생산요소로서의 자연자원을 공급해 주며, 생산폐기물과 소비폐기물을 흡수하고 정화하는 역할을 하며, 인간이 휴식을 즐길 수 있도록 옥외위락 환경을 제공하는 기능과 쾌적하게 삶을 영위할 수 있게 하는 등 인간에게 필요한 서비스를 제공하는 기능을 수행한다.

인간생활에 가장 필수적인 공기, 물과 같은 자연자원을 그동안 아무런 대가를 지불하지 않고 무한정으로 사용하여 "자유재"로 인식하여 왔다. 그러나 1970년대 이후 급격한 도시화가 일어나고 산업화가 촉진됨에 따라 환경을 훼손하고 파괴시켰다. 그러므로써 이들이 더 이상 자유재가 아니라 희소한 재화 즉 경제재로 인식하여 이를 효율적이고 공평하게 이용할 수 있는 방법을 강구하게 되었다.

자원이 한정되어 있음에도 불구하고 사용에 대한 대가를 지불하지 않는다면 무분별하게 사용할 것이고 그러면 자원의 효율적 배분은 기대할 수 없게 될 것이다. 앞으로도 계속하여 환경을 자유재로 이용하는 것이 제도적으로 보장된다면 환경은 심각하게 훼손되고 그 질은 떨어지게 될 것이다. 그러면 상품을 생산하는 기업측면에서나 상품을 소비하는 소비자 입장에서나 사적 비용과 사회적 비용간 괴리가 심화됨으로써 사회적으로 바람직한 수준보다 과다한 오염 집약적 경제활동이 이루어지게 될 것이고 자원이 이 부분에 적정수준 이상으로 이용됨으로써 자원배분의 왜곡현상이 심화될 것이다. 따라서 환경문제를 해결하기 위해서는 사적 비용과 사회적 비용이 괴리되지 않게 시장기구를 보완하여야 한다.

> 환경을 자유재로 이용하는 것이 제도적으로 보장된다면 환경은 심각하게 훼손되고 그 질이 떨어져 생산과 소비의 사적 비용과 사회적 비용간 괴리가 심화됨으로써 사회적으로 바람직한 수준보다 과다한 오염 집약적 경제활동이 이루어지게 된다.

2.2 경제개발과 환경은 어떤 관계인가?

자연환경을 이용하는 과정에서 환경오염의 발생여부에 따라 사적 비용과 사회적 비용간의 괴리가 존재하게 되고 이것이 공해발생의 출발점이 된다. 환경오염은 경제개발 수준이 낮았던 과거에는 우리 모두의 관심대상이 아니었다. 그러나 인간이 좀더 풍요로운 삶을 위해 경제개발을 시작하면서부터 차츰 그 중요성이 높아졌고 최근에는 과도한 자연환경을 이용함으로써 환경이 파괴되고 생활환경까지 심각한 영향을 받는 수준에 이르고 있다.

경제개발이란 자연을 활용하여 인간의 삶을 향상시키기 보다는 자연을 인공적 재화나 서비스로 변화시키는 과정으로 이는 물적 성장과 변화를 의미하므로 필연적으로 환경변화를 수반하게 된다. 일반적으로 성장은 경제적 생산성을 증대시키는 과정을 의미하며, 변화는 시장기구에 의하지 않는 소위 비시장성 재화나 서비스를 시장성 재화나 서비스로 변화시키는 과정을 의미한다. 이런 과정에서 환경오염을 유발시키는 자와 피해를 보는 자간에 갈등이 발생하고 이는 사회적 비용을 증가시키게 된다.

> 경제개발이란 자연을 활용하여 인간의 삶을 향상시키기보다는 자연을 인공적 재화나 서비스로 변화시키는 과정으로 이는 물적 성장과 변화를 의미하므로 필연적으로 환경변화를 수반하게 된다.

경제개발이 시작되면서부터 인간에게 쾌적한 공간을 제공하던 자연은 점차 그 기능이 축소되고 인간의 가공에 의해 만들어진 재화로 대체되면서 여러 가지 복잡한 문제가 발생되고 있다. 물론 인간의 삶이 어렵고 힘든 시기에는 자연적 재화를 인공적 재화로 대체되는 것이 인간의 기본욕구를 충족시킬 수 있다는 측면에서 의미가 있었으나 일정수준을 넘어선 단계에서는 오히려 보다 많은 비용과 불만이 생기게 되고 대체의 의미를 상실하게 된다. 최근 경제개발은 매우 어렵게 추진되는 상황에 이르게 되었다. 정부가 경제개발을 추진하는 과정에서 발생할 수 있는 환경문제를 요약하면 다음과 같다.

첫째, 각국이 경제개발을 추진한 결과 국민의 소득이 증가하고 삶의 질이 많이 향상되었다. 그러나 인간의 삶에 필요한 생태환경이 변화되거나 훼손되면서 인간이 다시 자연환경을 보존 내지 회복시켜야 할 상황에 직면하면서 보다 큰 사회적 비용을 지불하도록 요구받고 있다.

둘째, 자연환경이 훼손되거나 변화되면서 인간의 정신적 성장이나 사고에 문제가 발생하면서 국가적으로 볼 때 건전사회의 건설을 위해 이를 회복시키기 위해서는 엄청난 비용 부담을 할 수밖에 없는 상황에 직면하게 되었다. 인간의 물질적 풍요를 해결하기 위해 추진된 경제개발은 다른 측면에서 생태환경의 파괴라는 새로운 문제를 야기시킴으로써 어느 한쪽의 문제해결은 또 다른 문제를 유발시킨다는 관계를 보이게 되었다.

셋째, 환경이 파괴되면서 동·식물의 생태환경을 통해 형성되는 먹이연쇄를 혼란시키거나 파괴시킴으로써 인간의 생활에 필요한 자원기반을 붕괴시키게 된다. 그러므로 인간이 물질적 풍요를 위한 새로운 개발을 위해서는 그 비용이 증가될 수밖에 없거나 아무리 많은 비용 부담이 가능하다고 하더라도 자원을 획득할 수 없는 어려움에 직면하게 된다.

이상과 같이 경제개발은 다양한 형태로 자연환경을 훼손시키거나 변화시킴으로써 인간은 "개발과 보존" 중에서 물질적 풍요와 정신적 풍요를 선택해야 하는 상황에 놓이게 되었다. 각종 개발을 위해서는 필연적으로 토지, 산림자원, 수자원, 수산자원, 지하자원, 농업자원 등 거의 모든 자원이 필요하고 정도의 차이는 있으나 활용되며, 그 결과 공기가 오염되고, 수질과 토양이 오염되어 생활과 농업생산에 문제가 발생하며 소음과 매연이 발생하여 인간 삶의 질적 수준이 떨어지게 된다. 그러나 한편에서는 인간의 생존을 위해서는 생태환경을 보호하고 유지해야 할 필요성이 있기 때문에 개발과 환경은 조화를 이루기가 매우 힘든 관계를 갖고 있다. 먹이연쇄

> 경제개발로 인해 파괴된 자연환경을 보존하거나 회복시키기 위해서는 보다 큰 사회적 비용을 지불하도록 요구받고 있으며, 인간의 정신적 성장이나 사고에 문제가 발생하고, 생태환경을 통해 형성되는 먹이연쇄를 혼란시키거나 파괴시킴으로써 인간의 생활에 필요한 자원기반이 붕괴된다.

2.3 환경과 경제의 조화는 가능한가?

경제개발이 환경에 부정적인 영향만 주는가? 이는 단정적으로 표현하기 매우 어려운 문제이다. 어느 국가에서나 지역에서도 100% 자연 그대로 자연환경을 유지시

키고 보존시킬 수는 없다. 지구상에서 미개발지역으로 남아있는 곳에서도 자연환경이 훼손되고 있음을 볼 수 있다. 그렇다면 환경과 경제의 관계는 조화를 이룰 수 있는 관계인가 그렇지 못한 관계인가? 이에 대한 견해는 엇갈리고 있다. 여기서 이들 관계에 대한 견해를 간략하게 살펴보자.

먼저 경제개발로 인한 성장이 자연환경을 변화시키고 파괴시켜 조화를 이룰 수 없다는 견해이다. 이는 경제성장과 환경보전을 역의관계(trade-off)로 본다는 것으로 경제개발로 인하여 물질적 성장 즉 경제성장은 달성할 수 있으나 양질의 환경을 제공받을 수 없다는 논리이다. 다시 말해 인간이 보다 쾌적하고 질 좋은 환경을 향유하기 위해서는 낮은 수준의 경제성장을 감수하여야 하며, 높은 수준의 경제성장을 추구하기 위해서는 낮은 수준의 환경질을 누릴 수밖에 없다는 것이다. <그림 7-2>를 통하여 보면, 경제성장률이 r_a로 상대적 높은 수준의 성장을 추구하면 환경의 질적 수준은 E_a가 되며, 반대로 경제성장률이 r_b로 낮은 수준이면 환경의 질은 E_b가 되어 E_a보다 상대적으로 높은 수준의 환경을 제공받게 된다는 것이다. 이 견해를 대표하는 것이 1970년 로마클럽(Rome Club)의 보고서이다. 클럽에 가입한 70여 명의 과학자들은 현재와 같이 경제성장이 계속된다면 자원의 고갈과 환경오염으로 인하여 100년 이내에 성장이 불가능한 상황에 빠질 것이라고 주장했다.

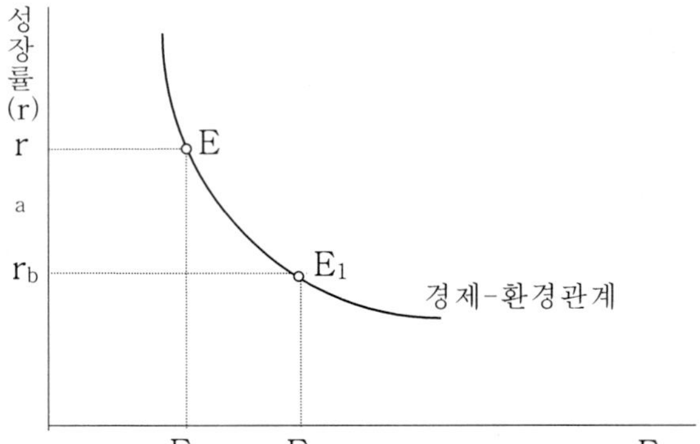

그림 7-2 경제성장과 환경보전과의 역의관계

한편 울맨(Ulman)은 GNP(gross national products)가 증가하면 이는 국민총공해(GNP : gross national pollution)를 증가시키게 되므로 환경보전을 위해서는 경제성장을 중지시켜야 한다고 주장하였다. 그러나 이들 주장은 너무 극단적인 예라 할 수 있다. 현대적 관점에서 경제성장은 불가피하다. 어떻게 하면 이들 역의 관계를 최소화시키느냐가 문제의 핵심이라 할 수 있다. <그림 7-3>은 간척사업중에서 가장 사회적으로 물의를 일의킨 경기도 시화호간척사업의 갯벌 피해 사례를 보여주는 한 예로 환경과 경제는 조화를 이루기가 어렵다는 것을 보여주는 예라 할 수 있다.

그림 7-3 경기도 시화호 환경 피해

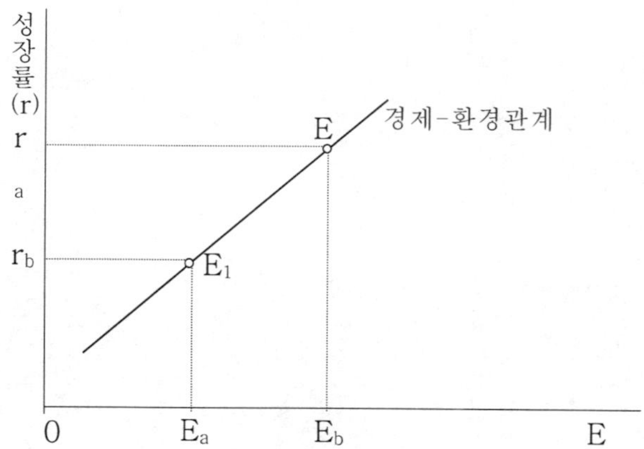

그림 7-4 경제성장과 환경보전의 보완관계

이번에는 반대로 경제성장이 환경에 일정 부분 긍정적인 기능을 한다는 즉 <그림 7-4>에서 볼 수 있듯이 경제-환경곡선이 우상향하여 이들 간에는 보완관계가 있다는 견해이다. 이는 물질적 성장을 추구하면서 양질의 환경을 제공받을 수 있는 것이 가능하다는 것이다. 경제규모에 맞게 환경의 질을 유지하기 위하여 필요한 비용을 투자하면 지속 가능한 개발을 달성할 수 있다는 것이다.

예를 들면 우리나라의 경우 식수용 가공생수를 제외하고는 물을 소비하기 위하여 비용을 지불하지 않은 것이 보통이다. 이처럼 물이나 공기, 자연자원을 잘 보전하고 가꾸어 이를 생산에 필요한 생산요소로 활용하면 상품의 부가가치를 높일 수 있는 효과를 발생시켜 경제성장을 촉진시킬 수 있다는 것이다.

이들간의 보완적 관계의 한 예를 외국의 사례를 통해 보면, <그림 7-5>는 미국 남부지역의 대표적 관광지역인 플로리다주 와쿨러카운티의 와쿨러스프링이다. 이곳은 스프링을 관광지로 개발하여 연간 수십만명의 관광객을 유치하고 있으나 스프링은 전혀 오염되지 않은 상태를 유지하고 있어 그림에서 볼 수 있듯이 보트를 타고 관광하는 도중 수많은 악어나 고기를 직접 볼 수 있다.

그림 7-5 미국 플로리다주 와쿨러 스프링

경제성장과 환경보전과의 관계에 대한 견해는 이들간에는 역의관계(trade- off)로 경제개발로 인하여 물질적 성장 즉 경제성장은 달성할 수 있으나 양질의 환경을 제공받을 수 없다는 견해이며, 또다른 입장에서는 이들간에는 보완관계가 있다는 견해로 물질적 성장을 추구하면서 양질의 환경을 제공받을 수 있는 것이 가능하다는 것이다.

3. 우리나라 환경오염 실태와 규제

3.1 환경오염에는 어떤 것이 있는가?

환경오염은 오염매체에 의해 대기오염, 수질오염, 해양오염, 토양오염, 폐기물오염으로 분류되며, 오염현상의 지역적 특성에 따라 국지적 오염(Local pollution), 지역적 오염(Regional pollution), 지구적 오염(Global pollution)으로 구분될 수 있다. 그리고 오염원의 특성에 따라 점오염원(point source), 비점오염원(non-point source), 이동오염원(mobile source)으로 구분된다. 여기서는 오염매체에 의한 분류를 중심으로 설명하고자 한다.

첫째, 인간이 가장 피부로 느낄 수 있는 오염 중의 하나가 대기오염이다. 우리나라는 대기환경보전법에서 대기오염을 정의하고 있는데, 대기오염이란 우리가 마시는 공기를 마음대로 호흡하기가 어렵고, 건강에 위협을 주고 있는 상태를 의미한다. 또한 대기오염물질이라 함은 매연, 먼지, 가스 및 악취발생물 등으로 인해 사람의 건강상 또는 재산상 해를 미치거나 동·식물의 생육환경 등 자연환경에 악영향을 미치는 물질로 가스상 물질과 입자상 물질로 나누며, 가스상 물질은 연소, 합성, 분해과정에서 발생하거나 물리적 성질에 의해서 발생되는 기체상의 물질로서 이산화탄소, 일산화탄소, 황산화물, 질소산화물 및 오존, 암모니아 등 총 16개 항목으로 분류되며, 입자상 물질은 물질의 파쇄, 선별, 퇴적, 이적 기타 기계적 처리 또는 연소, 합성, 분해과정에서 발생되는 고체상 또는 액체상의 미세한 물질로 이를 분진이라 한다.

둘째, 수질오염으로 이는 물이 천연적으로 갖고 있는 물리적, 화학적, 생물학적 또는 세균학적 특성이 상호연관된 자연적, 인위적 요인에 의하여 분화됨으로써 물을 이용하는 과정에 지장을 초래하거나 환경변화를 야기해 수중생물에 영향을 주는 상태로 변하는 것이다. 이는 협의로 주로 사람이나 동물의 배설물에 의하여 병원성 미생물 또는 기생충 등이 인체에 수인성 감염증을 일으키거나 공중보건상 위해를 일으키는 등 수질이 악화되는 것을 의미한다. 광의로 자연적, 인위적으로 수중에 부패성 물질, 유독성 물질 및 부유물질 등의 이물질이 혼입됨으로써 생활용수, 농업용수, 공업용수 등의 목적에 맞게 사용할 수 없는 상태를 말한다. 일반적으로 수질오염이란 물의 자연정화능력을 초과하는 오염물질이 천연의 자연수역에 인위적으로 배출되어 물이 이용목적에 적합하지 않게 된 상태를 의미하며, 오염원은 생활과정에서 발생하는 생활하수, 생산과정에서 발생하는 산업폐수 및 농업과 가축사육과정에서 발생하는 농·축산폐수로 구분된다.

셋째, 해양오염이다. 이는 일상생활에서 발생하는 오수·분뇨, 산업활동의 결과 발생하는 산업폐수, 영농활동에 사용된 비료·농약 등의 각종 화학물질과 축산폐수, 대규모 간척 등 지역개발사업에서 발생하는 부유토사 등의 오염물질이 하천과 강을 통하여 해양으로 유입되는 육상에서 발생한 원인과 선박·해양시설에서 발생하는 오·폐수, 해저자원개발, 해난사고에 의한 기름유출 등으로 인해 해상에서 발생한 원인, 그리고 방사성 물질과 산성비 등과 같이 대기로부터의 오염물질이 해양으로 유입되면서 발생한다. 이 중 육상기인 오염물질이 해양오염의 약 80%를 차지하고 있으며 한강, 낙동강, 금강 영산강 등 주요 수계를 통하여 유입되고 있다.

넷째, 토양오염이다. 토양은 암석이 물, 바람, 공기, 생물 등의 작용에 의하여 형성되며, 그 조성은 소석, 모래, 점토 등의 무기질과 동·식물에서 유래된 유기질로 구성된다. 토양은 흡착작용, 미생물에 의한 분해작용 등에 의하여 각종 오염물질을 분해하여 정화하는 기능을 갖고 있다. 그러나 중금속과 같이 분해되지 않는 오염물질이나 PCB와 같이 난분해성의 물질로 오염된 경우에는 자정작용에 의한 정화가 불가능하며 이는 토양을 심각하게 오염시키게 된다.

토양오염의 원인은 영농활동에 사용되는 농약, 생활하수, 산업폐수 그리고 핵실험 등에 의한 방사성 물질 등으로 분류할 수 있다.

다섯째, 폐기물오염이다. 폐기물이란 경제적 가치가 없어 버리는 물건의 총칭으로 생산을 위한 산업활동이나 일상생활을 영위하는 과정에서 배출되는 효용가치가 낮은 물질을 의미한다. 우리나라의 경우 폐기물관리법에 의하면 쓰레기, 소각재, 오니, 폐유, 폐알칼리, 동물의 사체 등으로서 사람의 생활이나 산업활동에 필요하지 아니하게 된 물질을 의미한다.

> 환경오염은 오염매체에 의해 대기오염, 수질오염, 해양오염, 토양오염, 폐기물오염으로, 오염현상의 지역적 특성에 따라 국지적 오염, 지역적 오염, 지구적 오염으로 그리고 오염원의 특성에 따라 점오염원, 비점오염원, 이동오염으로 구분된다.

3.2 우리나라의 환경오염 실태는 어떠한가?

3.2.1 우리나라의 환경기준

우리나라의 경우 소비나 생산의 경제활동 과정에서 발생하는 오염피해는 다양하게 나타나고 있다. 그로 인하여 국민의 삶의 질적 수준이 떨어지고 이는 노동생산성을 약화시키는 요인으로 작용할 수 있을 뿐만 아니라 자연생태계를 변화시키거나 파괴시켜 심각한 문제를 야기시키기도 한다. 따라서 정부는 오염을 방지하기 위하여 다양한 정책을 추진하고 있다. 여기서 일상생활에 가장 밀접한 영향을 주게 되는 대기오염과 수질오염에 대한 환경기준을 보면 <표 7-1~2>는 정부가 대기오염을 방지하기 위하여 설정한 아황산가스, 일산화탄소, 이산화질소, 먼지 그리고 오존에 대한 환경기준이다.

표 7-1 SO2, CO, NO2 기준

항 목	기 준		
	구 분	2000.12.31.까지	2001.1.1.부터
아황산가스(SO2) Sulfur Dioxide	· 연간평균치 · 24시간평균치 · 1시간평균치	0.03ppm이하 0.14ppm이하 0.25ppm이하	0.02ppm이하 0.05ppm이하 0.15ppm이하
일산화탄소(CO) Carbon Monoxide	· 8시간평균치 · 1시간평균치	9ppm이하 25ppm이하	9ppm이하 25ppm이하
이산화질소(NO2) Nitrogen Dioxide	· 연간평균치 · 24시간평균치 · 1시간평균치	0.05ppm이하 0.08ppm이하 0.15ppm이하	0.05ppm이하 0.08ppm이하 0.15ppm이하

자료 : 환경부, 2001.

표 7-2 먼지와 오존에 대한 환경기준

먼지	총먼지 (TSP)	· 연간평균치 · 24시간평균치	150$\mu g/m^3$이하 300$\mu g/m^3$이하	삭 제
	미세먼지 (PM10)	· 연간평균치 · 24시간평균치	80$\mu g/m^3$이하 150$\mu g/m^3$이하	70$\mu g/m^3$이하 150$\mu g/m^3$이하
오 존(O3) (Ozone)		· 8시간평균치 · 1시간평균치	0.06ppm이하 0.1ppm이하	0.06ppm이하 0.1ppm이하

자료 : 환경부, 2001.

수질에서 생활용수는 상수원수 1급, 2급 및 3급수로 구분되며 상수원수 1급은 여과 등에 의한 간이정수처리후 사용할 수 있는 용수이며, 상수원수 2급은 침전여과 등에 의한 일반적 정수처리후 사용할 수 있고, 상수원수 3급은 전처리 등을 거친 고도의 정수처리후 사용할 수 있는데, 이들에 대한 정수처리 기준은 <표 7-3>과 같다.

표 7-3 하천의 수질환경(생활환경부문)기준

등급	이용목적별 적용대상	기준				
		수소이온농도 (pH)	생물화학적산소요구량 (BOD)(㎎/ℓ)	부유물질량 (SS)(㎎/ℓ)	용존산소량 (DO)(㎎/ℓ)	대장균군수 (MPN/100㎖)
I	상수원수1급 자연환경보전	6.5~8.5	1이하	25이하	7.5이상	50이하
II	상수원수2급 수산용수1급 수 영 용 수	6.5~8.5	3이하	25이하	5이상	1,000이하
III	상수원수3급 수산용수2급 공업용수1급	6.5~8.5	6이하	25이하	5이상	5,000이하
IV	공업용수2급 농 업 용 수	6.0~8.5	8이하	100이하	2이상	–
V	공업용수3급 생활환경보전	6.0~8.5	10이하	쓰레기 등이 떠 있지 아니할 것	2이상	–

자료 : 환경부, 2001.

3.2.2 우리나라 환경오염 수준

대기오염 문제

환경공해 중에서 가장 심각한 것이 대기오염이라 할 수 있다. 우리나라에서 문제가 되고 있는 대기오염물질은 아황산가스(SO2), 일산화탄소(CO), 질소산화물(NO2), 탄화수소(HC) 그리고 먼지(TSP)이다. 이 중에서 우리 생활에 가장 큰 영향을 주는 것이 아황산가스이다. 서울, 부산, 대구, 광주 등 주요 도시의 아황산가스에 의한 공해 정도를 보면 <그림 7-6>과 같다. 전반적으로 90년대 초에 비하여 공해가 많이 줄어들고 있으나 아직도 대기공해는 우리 생활에 부정적인 영향을 주고 있다. 대기공해 중에서 가장 문제가 되는 아황산가스와 먼지는 주로 공장이나 발전소에서 발생하며 일산화탄소는 가정용 난방에 의한 비중이 높으며 질소산화물과 탄화수소는 차량에 의해 주로 발생하고 있는 것으로 나타나고 있다.

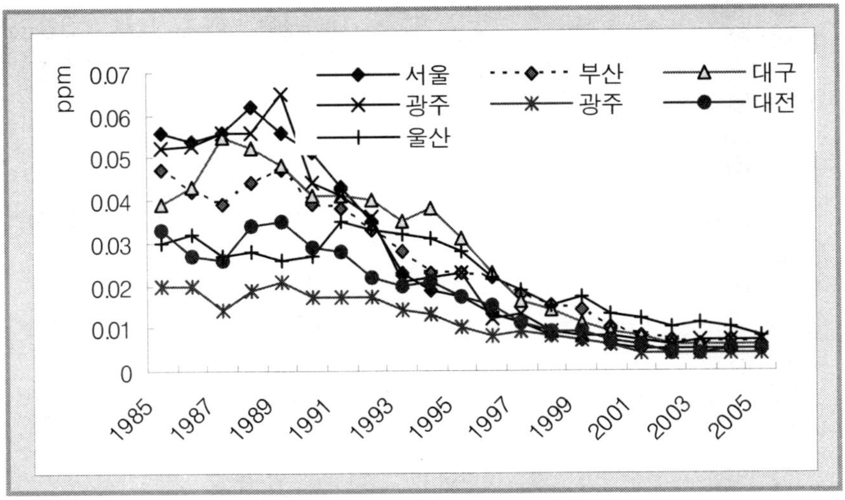

그림 7-6 주요 도시별 아황산가스(SO2)

자동차에 의한 대기공해 현황을 보면 국민의 소득수준이 증가하면서 자동차 수가 증가하고 이는 도시지역 대기오염의 주요 배출원으로 자리잡게 되었다. 2003년 전국의 대기오염물질 배출량은 335만톤이었는데 이 중 자동차배출가스가 약 42%를 차지했으며, 특히 서울을 비롯한 일부 대도시의 경우 자동차배출가스가 차지하는 대기오염 비중은 80%를 넘어서는 등 전국 주요도시의 자동차공해 비중이 점점 높아지고 있다.

수질오염 문제

그동안 추진되어온 성장위주의 경제정책으로 인하여 많은 공장이 생겨나고 인구의 도시집중 현상이 심화되면서 하천은 생활하수, 분뇨 및 생활쓰레기와 제품생산 과정에서 발생하는 공장폐수가 증가되면서 오염이 심화되고 있으며 일부 하천은 생태계가 파괴되는 상황에 직면하고 있다. <그림 7-7>에서 볼 수 있듯이 우리나라의 연간 수자원총량은 1,267억톤으로 추정되고 이 중 45%인 570억톤은 증발 및 침투로 손실되고 31%인 396억 톤이 홍수로 바다로 유실되어 301억톤만 이용되고 있는 실정이다. 따라서 수질오염이 발생하면 우리가 활용할 수 있는 수자원량은 줄어들어 심각한 물 부족문제가 발생할 수 있다.

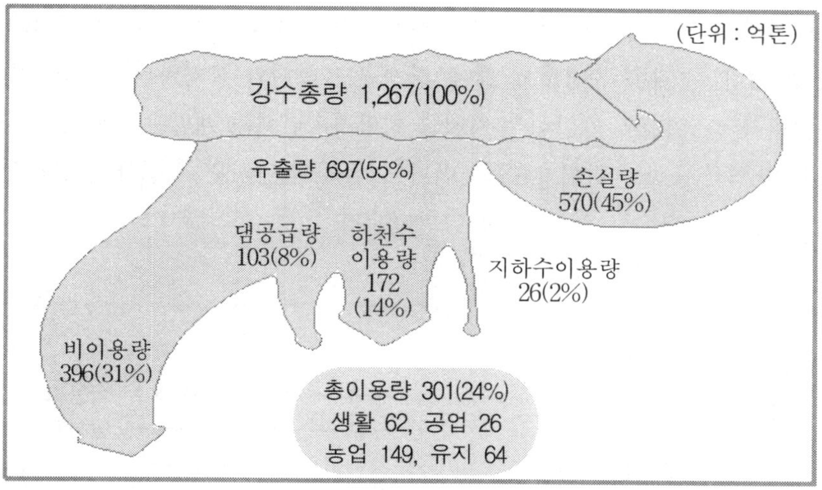

그림 7-7 우리나라 수자원 이용실태

하천을 오염시키는 주요인은 가정에서 발생하는 생활하수, 분뇨와 공장에서 배출되는 산업폐수가 매우 높은 비중을 차지하고 있다. 한편 영농활동을 하는 과정에서 화학비료와 농약의 사용량이 크게 늘어나고 있으며, 독극물의 사용량도 증가하고 있는 실정이다.

수질오염의 정도는 물속에 용해된 수소와 산소이온의 농도나 납 등 중금속의 용해정도로 측정된다. 우리나라의 경우 1988년을 기점으로 개선되던 4대강 본류의 수질오염도는 1994년부터 다시 악화되었고 1997년에는 1996년에 비해 약간 회복되는 경향을 보였으나 영산강의 일부지점은 Ⅳ급수 수질에 머물고 있으며, 전체적으로 보면 수질이 상당히 개선되고 있다. <그림 7-8>은 한강, 낙동강, 금강 그리고 영산강의 평균 수질오염 정도를 나타내고 있는데, 산업화와 도시화의 정도가 큰 서울이나 대구 부산 등 대도시를 인접한 하천의 수질이 상대적으로 오염이 심한 것으로 나타나고 있으며 생물학적 요구량인 BOD가 상대적으로 높아 수질이 나쁜 것으로 나타나고 있다. 최근에는 영산강의 수질이 타 하천보다 수질이 나쁜 것으로 파악되고 있다. 그러나 정부의 지속적인 노력으로 점차 하천수질이 개선되고 있다.

주요연안의 오염실태를 보면, 연안수질은 1991년 이후 계속해서 Ⅱ등급(COD기준 2mg/ℓ 이하) 수질을 유지하고 있다. 경제규모 확대와 교역량의 증가에 따른 해상물동량의 급증, 연안역 개발이 증가하고 지방자치단체의 개발수요의 급증 등으로 인해 해양오염물질 배출량이 계속 늘어나는 점을 감안하면 오염물질 관리정책이 비교적 실효성을 거두고 있는 것으로 판단된다.

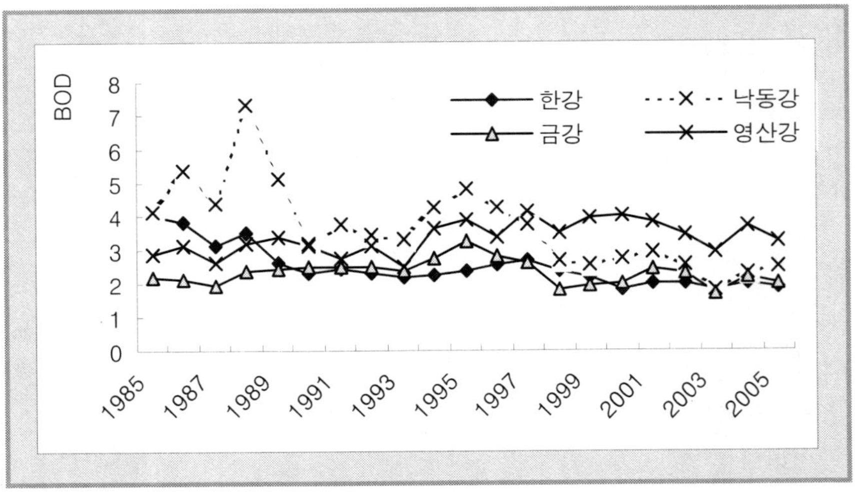

그림 7-8 주요하천 수질오염 정도

연안의 평균 수질은 제주도 연안이 가장 양호한데 이는 해류의 흐름이 원활하여 오염물질의 정체가 일어나지 않고 제주도의 인구분포와 산업구조상 다른 해역과 비교할 때 기본적으로 오염부하량이 많지 않기 때문으로 판단된다. 이에 비해 동해 연안은 평균오염도가 높은 것으로 나타나고 있는데 동해안 전체 해역의 오염이 심하다기 보다 청초호 등 특정 해역의 오염도가 매우 높기 때문으로 보인다. 한편 근해의 오염도(COD 기준)는 비교적 낮은 수치를 보이고 있다. 이는 연안으로부터 유입되는 오염물질이 해양 내에서 이동 확산되는 과정에서 자체정화기능에 의해 지속적으로 정화될 뿐만 아니라 연안해역에 비해 해수유통이 원활하기 때문이다. 1991년 이후 우리나라 근해의 오염도는 COD기준으로 1등급 내외의 수질을 유지하고 있으며, 해역별로는 서해가 한강, 황하, 양자강을 통한 막대한 양의 토사유입으로 인해 전반적으로 COD가 높은 수치를 나타내고 있으며 부유물질과 주요 영양염류의 하나인 총질소량은 전반적으로 동해남부 해역이 높은 수치를 보이고 있다.

그리고 최근 심각한 문제로 대두 되고 있는 적조(赤潮 : red tide)는 수계환경에서 발견되는 자연현상의 하나로, 수계환경 내의 동·식물플랑크톤의 과다번식으로 인한 해수색깔의 변화에 따른 명칭인데, 최근 5년간 적조발생 상황을 보면 남해안 대부분 연안에서 거의 매년 적조가 발생되고 있어 환경기초시설의 확충, 어장정화 및 오염퇴적물의 준설 등이 시급한 과제로 대두되고 있다. 다행히 1996년 이후부터는 민간의 적극 대처와 황토살포 등을 통한 조직적 방제활동에 힘입어 적조발생에 따른 피해를 최소화할 수 있었다.

폐기물에 의한 공해문제

폐기물은 1993년을 기점으로 다시 점진적으로 증가하는 추세에 있다. 생활폐기물은 1990년대 들어 점차 감소하여 일정수준을 보이는 반면, 사업장폐기물(사업장 일반폐기물과 지정폐기물)은 매년 10% 이상의 높은 증가율을 보이면서 1993년을 기점으로 사업장폐기물이 생활폐기물보다 많이 발생하고 있다. 1인당 생활쓰레기 발생량은 1994년에 1일 1.3kg이었으나 1995년 1월부터 시행한 쓰레기종량제와 감량정책 등으로 2000년에는 1일 0.98kg으로 감소되어 영국의 0.96kg, 독일의 0.99kg과 유사한 수준을 보이고 있다.

대기오염물질은 아황산가스(SO2), 일산화탄소(CO), 질소산화물(NO2), 탄화수소(HC) 그리고 먼지(TSP)이며 우리 생활에 가장 큰 영향을 주는 것이 아황산가스이다.
수질오염의 정도는 물속에 용해된 수소와 산소이온의 농도나 납 등 중금속의 용해정도로 측정된다.
생활폐기물은 점차 감소하여 일정수준을 보이는 반면, 사업장폐기물은 매년 10% 이상의 높은 증가율을 보이면서 1993년을 기점으로 사업장폐기물이 생활폐기물보다 많이 발생하고 있다.

3.2.3 우리나라 환경정책의 전개과정

제3공화국

군사 쿠데타를 통해 정권을 장악한 군사정권은 경제성장을 제1목표로 하여 정권의 정통성을 확보하려고 노력하였다. 따라서 경제성장을 최우선 목표로 했기 때문에 환경정책은 공해방지를 위한 공해법의 제정이 전부였다고 할 수 있다. 1963년 공해방지법을 제정한 정부는 1969년에 비로소 시행령 및 시행규칙을 마련할만큼 소극적이면서 형식적인 법률이었다고 볼 수 있다. 따라서 제3공화국의 환경정책은 상징적인 의미만 지녔다.

제4공화국

1972년 10월 유신으로 재집권에 성공한 공화당 정권은 그 정당성을 국가안보와 중화학공업의 육성을 우선 국가목표로 설정하였다. 따라서 환경보호는 도외시되었다. 제4공화국 역시 3공화국과 마찬가지로 경제의 지속적인 성장 및 확충이라는 경제정책으로 인하여 환경정책은 상징적인 의미만 가져 소극적이고 형식적인 정책으로 존재하였다. 그러나 과거의 소극적이고 사후규제적인 환경정책을 탈피하여 오염물질의 절대배출량을 감소시키고 사전에 환경을 보전, 이용, 관리하는 적극적이고 종합적인 환경보전대책을 수립할 필요가 있다는 필요성이 강조되면서 1977년

환경보전법을 제정, 공포하게 되었다.

그 후 급속한 경제성장에 따른 역작용으로 환경문제가 대두되자 1980년에 환경청을 신설하여 환경관련 업무를 담당토록 하였다.

제5공화국

1980년 9월에 출범한 제5공화국도 역대 정권과 마찬가지로 국가목표의 제1순위를 경제성장으로 설정했기 때문에 환경정책은 여전히 국가 우선정책에 들지 못하였다. 그러나 1988년 서울올림픽의 성공적 개최를 위하여 대도시의 연료전환, 무연휘발유의 사용 등 여러 가지 환경정책을 실시하였다.

제5공화국 헌법 "제33조"에서 "모든 국민은 깨끗한 환경에서 생활할 권리를 가지며, 국가와 국민은 환경보전을 위하여 노력하여야 한다"라로 규정함으로써 국민의 기본권으로서의 환경권을 신설하였다. 또한 제5차 경제개발5개년계획에서 환경부문을 신설하여 경제성장과 환경보전의 조화라는 정책목표를 설정함으로써 환경보전에 대한 정부의 의지를 보였다.

1980년 7월에 지방환경측정관리사무소을 설치하고 1984년 2월 환경오염 중앙지도 점검반 그리고 1986년 10월 6개 지방환경청을 신설하여 권역별 환경관리기반을 마련하게 되었다. 한편 1986년 10월 국립환경연구소를 국립환경연구원으로 승격시키고, 1987년 3월 환경오염방지사업단을 설립한 후 다시 이를 환경관리공단으로 명칭을 변경하여 환경에 관심이 어느 정권 보다도 강화게 나타났다.

제6공화국

제6공화국은 사회복지를 지향·수용하면서 경제발전과 대립관계에 있던 환경보전의 문제를 중요시하면서 그 존재의 타당성을 인정받게 되었다. 따라서 제6공화국 정부는 환경정책기본법과 환경관련법을 제정하였으며, 환경청의 위상제고를 위하여 환경처로 조직을 확대하였으며 현재의 환경부로 승격하게 되었다. 그러나 1990년 후반기부터 국내경제가 악화되면서 정부는 다시 경제성장 위주로 정책방향을 전환시킴으로써 환경정책은 표류할 수밖에 없었다.

문민정부

1996년 8월 해양수산부가 신설되어 환경부의 해양보전과와 국립환경연구원의 해양환경과가 해양수산부로 이관되었다. 1998년 문민정부가 출범하면서 환경부의 인력이 36명 감축되었으며, 2개 조직이 폐지되고 지방청의 조직 일부도 축소되었다.

정부는 환경부를 포함하여 중앙부처의 모든 조직을 개편하여 작은 정부를 실현하고자 하였다. 그러나 이런 정부의 노력과는 달리 실제적으로 공공부문의 구조개혁은 타부문에 비하여 상대적으로 미약하다는 비판을 받았다.

환경부는 2000년 10월 국토의 난개발로 인한 자연훼손을 방지하고 환경친화적인 국토개발정책을 효율적으로 추진하기 위하여 환경정책국에 국토환경보전과를 신설하여 환경정책을 보다 효율적으로 수행토록 하였다.

3.2.4 우리나라 환경규제정책

우리나라가 현재 시행하고 있는 환경정책의 수단은 맑고 깨끗한 환경질을 유지하여 국민의 후생극대화를 달성하기 위해서 소비나 생산활동에서 불가피하게 발생되는 오염물질을 적정오염수준으로 유지하도록 하는 정책수단을 추진하고 있다. 적정오염수준이란 환경용량을 보전·확대하여 미래 세대의 능력을 손상시키지 않는 수준을 의미하는데 이는 환경오염에 따른 사회적 비용과 사회적 편익이 일치하는 수준을 말한다.

이러한 적정오염수준을 유지하기 위하여 현재 시행 중인 방법으로는 먼저 지시 및 통제방식의 직접규제로 이는 배출업소 인·허가, 지도·점검, 각종 수질·대기·소음·진동, 토양보전 및 유독물 관리 등이 있으며 둘째, 시장기구를 통한 경제적 유인제도로 이는 환경개선부담금, 배출부과금, 폐기물예치금·부담금, 수질개선부담금 등이 있다.

환경개선부담금

이 제도는 오염원인자부담원칙에 따라 실제로 오염을 배출한 자에게 오염처리를 위한 비용을 부담토록 하여 오염을 감소시키는 제도로 환경투자재원의 합리적 조달을 목적으로 하고 있다. 법적 근거로 환경개선비용부담법을 1991년 12월에 제정 시행 중에 있다. 부과대상은 생산·소비과정에서 오염물질의 다량배출로 인하여 환경을 오염시키는 직접적 요인이 되는 시설물과 자동차 등으로 수질부문과 대기부문으로 구분하여 징수하고 있는데, 부담금 부과·징수 실적을 보면, 첫 해인 1993년에 386억원을 징수하였고, 부과대상시설이 대폭 증가된 1995년에는 1,132억원을 징수하였으며, 1999년에는 2,976억원이 징수되었다. 그러나 이 제도는 첫째, 정보비용(대상시설물 18만개) 때문에 개별오염원의 오염배출량과 연계되지 못하였으며 둘째, 경제적 유인기능이 거의 없었고 셋째, 수질개선부담금은 하수도 사용료와 동일하며 이중부담 문제가 야기되는 등 몇가지 문제점을 갖고 있다.

배출부과금제도

이는 배출허용기준을 초과하여 오염물질을 배출하는 사업자에 대하여 초과 배출한 오염물질의 처리에 소요되는 비용을 부담토록 하여 사업자에 대하여 배출허용기준의 준수를 확보할 목적으로 1983년 9월부터 시행하었다. 1992년에는 기본부과금제를 도입하여 1995년 말까지 사업장 규모에 따라 정액부과를 하였고 이는 기본부과금과 기준초과 배출오염물질의 처리비용에 상당하는 처리부과금으로 구성되었다.

우리나라의 배출부과금제도에 있어서 부과대상 오염물질 및 적용대상은 대기분야에는 황산화물, 암모니아, 황화수소 등 10종, 수질분야에는 생물화학적 산소요구량(BOD) 또는 COD, SS, 카드뮴 및 그 화합물 등에 따른 17종이며, 기본부과금 부과대상은 대기의 경우 먼지와 황산화물이며, 수질은 BOD 또는 COD, SS 2종이다. 대기분야의 악취가 배출부과금 부과대상오염물질에 포함된 것은 우리나라에서만 볼 수 있는 특징이다. 부과실적은 1992년 약 103억원, 1993년 약 128억원, 1994년 약 161억원이며 1995년에는 약 157억원이었으나 1999년에는 5,279건에 287억원을 부과하였다.

수질개선부담금

이는 공공의 지하수를 보호하고, 생활용수의 수질개선에 기여하기 위하여 먹는 샘물제조업자, 수입판매업자로부터 먹는 샘물 판매가액의 20%를 부담토록하는 제도로서 1995년 5월 1일 먹는 물관리법의 시행으로 신설되었다. 부담금은 10%에 상당하는 금액을 시·도의 징수비용으로 사용하고, 잔여금액의 50%에 상당하는 금액은 당해 먹는 샘물을 제조하기 위하여 개발된 취수정이 위치한 시·군 또는 자치구의 세입이 되도록 하였으며 나머지 50%는 환경부에서 관리·집행하였다. 1995년의 부과실적을 보면 총 472백만톤 판매에 약 116억원을 부과하였으나 1999년에는 1,148백만톤 판매에 201억원을 부과하였다.

폐기물예치금부담금제도

폐기물예치금제도(자원의 절약과 재활용촉진에 관한 법률)는 다량으로 발생하는 제품·용기 중 사용한 후 회수·재활용이 용이한 제품의 생산·수입업자에게 폐기물 회수·처리비용을 예치하게 하고, 적정하게 회수·처리한 경우에는 회수·처리실적에 따라 예치비용을 반환해 줌으로써 폐기물의 재활용을 촉진하는 제도이다. 현재 폐기물예치금은 종이팩 등 6개 품목 12종을 대상으로 단위당 예치비용을 부과하고 있으며 회수·재활용 정도에 따라 예치요율을 차등화 하고 있다. 예치금제도의 기본 목표는 재활용 활성화이므로 그 정도에 따라 예치요율을 차등 부과함으로써 폐기물 감량과 재활용활성화를 유도하고 있다. 예를 들어 뚜껑부착형 금속캔(2원/개)과 뚜껑분리형 금속캔(5원/개)에 차등 예치요율을 적용하여 상당한 성과를 거두고 있다. 1999년에 부과된 예치금은 총 293억원으로서 267억원이 납부되었고 이 가운데 반환액은 128억원으로 43.6%의 반환율을 보이고 있다. 업종별 반환실적을 보면 금속캔, 유리병, PET병, 전지, 타이어가 50% 이상이며, 종이팩, 윤활유, 가전제품의 반환율이 낮은 수준에 머무르고 있다.

한편 폐기물부담금제도(자원의 절약과 재활용촉진에 관한 법률)는 제품에 유해물질을 함유하고 있거나 회수·재활용이 곤란한 제품·재료·용기에 당해 폐기물의 처리비용에 상당하는 비용을 해당제품의 생산·수입업자에 부과하여 제품의 가격에 환경비용을 내재화시킴으로써 환경비용을 합리적으로 배분하고 제품의 환경친화성을 제고하기위해 도입되었다. 폐기물부담금 부과대상 및 요율은 살충제·유독물 용기, 화장품 용기 등 12개 품목 32종이고 껌, 합성수지를 제외한 모든 품목은 종량세적인 성격을 가지고 있다. 1999년 폐기물부담금은 경기감소에 따라 1998년도의 453억원에 비해 435억원으로 감소되었다.

환경을 보다 더 좋은 상태로 보전하고 관리하기 위하여 최근 새로운 환경정책수단들이 논의 되고 있다. 지금까지의 환경관리는 직접규제에 경제적 유인제도를 보완적으로 활용하여 왔다. 그러나 지속가능한 개발의 이념, 국제환경협력의 중요성이 증대되어 감에따라 국내외 환경문제를 효율적으로 해결하기 위해 시장 메카니즘을 이용한 새로운 환경세의 도입이나 배출권거래제도와 경제주체들의 자율적 협약에 의한 환경관리수단의 도입 타당성이 적극적으로 논의되고 있다.

새로운 환경세

환경세는 피구세(Pigouvian tax)의 개념으로 외부불경제를 유발하는 경제행위에 대해 이를 내재화하는 조세를 부과하는 제도로 효율적인 환경정책을 수행하기 위한 정책 중의 하나이다. 환경세는 오염매체들간의 상호연계 관계를 고려할 수 있으며 전국적으로 확대되어 있는 비점오염원 관리에 효율적이고 또 환경과 경제를 동시에 고려할 수 있다는 장점을 지니고 있다. 환경세의 도입은 환경질, 고용, 투자 등 생산요소의 수요나 공급, 소득재분배, 국제경쟁력 등에 변화를 가져와 국민후생에 영향을 미치게 된다. 결국 이 제도는 외부불경제를 유발하는 재화에 적정조세를 부과하고, 외부경제를 유발하는 재화에는 적정보조금을 지급함으로써 효율적인 자원배분을 이루고자 하는 환경정책수단으로 탄소세나 유황세가 여기에 해당된다.

일반적으로 환경세 분류는 산업·축산폐수나 대기오염물질을 배출하는 행위에 부과되는 배출부과금, 환경을 파괴하는 생산 및 소비행위에 부과하는 각종 부과금, 중간투입재나 최종소비재에 부과되는 제품부담금, 재활용 목적으로 부과하여 적절히 처리되면 반환하는 예치금, 환경오염방지시설 설치를 장려할 목적으로 지급되는 보조금 및 조세지출이나 생산비용을 밑도는 시장가격과의 차액 감소 등으로 구분된다.

신축적 환경관리수단

이는 국내 환경문제보다는 지구 기후변화 관련 온실가스 문제를 접근하는 방법으로 최근 활발히 논의되고 있는 환경정책수단이다. 여기에는 배출권거래제도, 공동이행제도, 청정개발체제가 포함되는데 기후변화문제를 접근하는데 가장 비용 효율적이다. 이들 수단들은 국제적 사용에 대해서 완전한 합의가 이루어진 것은 없으나 교토의정서(Kyoto Protocol)에서 구체적인 범위를 규율하고 있다.

첫째, 배출거래권(ETS : Emission Trading System)제도는 의정서 17조에 규정되어 있는데 온실가스 배출한도가 부여된 국가간 실제배출량과 할당배출량의 차이에 해당하는 배출권을 자유롭게 거래할 수 있는 제도이다. 둘째, 공동이행제도(JI : Joint Implemen- tation)는 의정서 6조에 규정되어 있어 온실가스 배출의무를 가진 국가 혹은 그 국적을 가진 사업주체들이 공동으로 배출감축사업에 참여하고 그 부가적인 배출감축 성과를 참가 당사자간 합의에 따라 분할하여 자국의 배출감축 의무할당량을 상쇄하는데 쓸 수 있도록 하는 제도이며, 마지막으로 청정개발체제(CDM : Clean Development Mechanism)는 의정서 12조에 규정되어 있는데 온실가스 배출의무를 가진 국가 혹은 그 국적을 가진 사업주체들이 그렇지 아니한 국가 혹은 그 국적을 가진 사업주체와 합의하여 공동으로 배출감축사업에 참여하고 배출감축의무를 가진 참가당사자가 인증된 배출감축성과를 자국 배출감축 의무할당량의 일부로 상쇄하는데 쓸 수 있는 제도이다.

배출권거래제도는 환경세와 더불어 가장 대표적인 경제적 유인제도인데 미국에서는 온실가스 문제 외에 SOx, NOx 등에 적용하여 상당한 성공을 거두고 있다. 이 제도는 배출총량을 설정함에 있어 환경에 대한 효과가 직접적이므로 환경의 질을 직접 조정할 수 있고 배출원의 자율적인 관리방법의 선택, 기술개발에 대한 유인효과, 오염방지를 위한 사회적 비용의 감소 등 여러 장점을 가지고 있다. 그리고 공동이행제도나 청정생산체제는 국가간 혹은 기업간 배출감소행위를 공동 협력으로 이행하는 효율적인 배출저감수단이다.

자율환경관리제도

이 제도는 정부, 기업, 민간부문이 바람직한 환경목표를 달성하기 위해 자율적인 협정을 통해 환경목표를 설정하고 환경개선을 도모하는 정책수단이다. 이는 기업체의 자율적인 환경관리를 유도하기 위해 사업자가 오염물질 배출시설을 가동할 때 그 시설에서 배출되는 오염물질을 자율적으로 자가 측정하여 환경오염의 요인을 사전에 억제 예방하도록 하고, 또 기업체로 하여금 저공해 제품의 개발 및 생산을 촉진하며 소비자가 이러한 상품을 선택·사용하여 환경보전에 자율적으로 참여할 수 있도록 유도함으로써 기업의 자율성과 창의성을 활용하여 최소비용으로 환경보전을 추구하고자 하는 자율적 환경관리방식이다. 또한 이 제도는 정부와 사업단체간에는 협약을 통해 사업체단체별로 오염물질의 감축목표를 설정하고, 개별기업은 구체적인 환경개선계획을 자율적으로 수립·추진토록 유도하는 제도이다.

자율적 환경관리에서는 원료투입단계에서 제품의 폐기단계에 이르는 전 과정에서의 오염물질 저감 및 환경오염 사전예방체계의 구축이 가능하다. 즉 환경행정체계의 단순화와 규제시스템의 개선으로 행정비용 절감과 행정의 효율성 및 신뢰성을 제고할 수 있고, 환경친화적인 기술개발 촉진 및 환경친화적 생산체계 구축으로 환경산업의 경쟁력을 제고할 수 있으며, 기업의 자율적 참여를 활성화시켜 정부·기업간 생산적 협력관계를 구축할 수 있다.

자율환경관리는 각국의 주어진 경제적·기술적 여건하에서 비용효율적인 환경개선방법으로 사용되고 있는데 주요대상은 주로 산업 및 상업부문이다. 최근 미국, 일본, 독일 등에서 온실가스 감축과 관련된 자율협정프로그램이 많이 사용되고 있다.

우리나라는 환경규제수단으로 직접규제와 경제적 유인제도를 동시에 시행하고 있다. 직접규제는 배출업소 인·허가, 지도·점검, 각종 수질·대기·소음진동 토양보전 및 유독물 관리 등이며 경제적 유인제도는 환경개선부담금, 배출부과금, 폐기물예치금·부담금, 수질개선부담금 등이 있다.

4. 지구환경문제와 국제환경협약

4.1 지구상에는 어떤 환경문제가 있는가?

4.1.1 지구온난화(Global warming) 문제

자동차나 가정 및 산업용 시설에 의해 발생한 가스의 양이 대기중에 증가함으로써 지구표면 및 대기의 평균기온이 상승하는 현상을 지구온난화라 한다. 가스는 여러 요인에 의해 계속 증가하는 경향을 보이고 있는데 지구온도의 상승 정도는 지난 100년간 0.3~0.6℃ 상승하였으며 앞으로 2100년까지 2~2.5℃ 상승이 예상된다. 지구온난화가 일어나면 해수면이 상승하게 된다. 현재 상태가 유지된다는 가정하에 2030년까지 20cm, 2100년까지 65cm 상승할 것으로 예상된다(1992년 리우회의의 "기후변화협약").

4.1.2 열대림 감소문제

매년 농경지가 개척되고 목재를 생산하기 위하여 열대우림이 남벌되는 것을 말한다. 스위스의 4배 면적이 파괴되고 20세기말까지 최소한 225백만ha 이상이 사라질 것으로 예상하고 있다. 열대림이 감소하면 서식지 상실로 인한 생물다양성의 감소와 지구의 자정능력이 감소하게 될 것이다(1992년 리우회의의 "산림원칙 성명").

4.1.3 산성비 문제

비정상적으로 높은 수준의 산성을 띠는 안개·이슬, 눈 또는 비를 말하며, 대기중으로 배출된 황산화물(SOX)이나 질소산화물(NOX)이 대기중의 수분과 결합하여 황산과 질산을 형성하여 지표면으로 침강하는 현상을 말한다.

1960년대 스웨덴에서 처음 발견된 후, 산성비로 인해 죽어 가는 호수나 강이 거의 세계적으로 보고 되고 있으며 캐나다의 14,000개 호수, 스웨덴의 20,000개 호수, 유럽산림의 15%, 영국의 경우 거의 65%가 영향을 받고 있다. 유럽산림 토양의 경우 산성도가 50년 전에 비해 5~10배 증가하였다.

산성비가 내리면 호수·강·연못의 PH가 낮아져 수중생태계가 위협받으며 토양의 중금속·영양분을 분해시켜 식물의 성장이 억제될 수 있다(소피아의정서). 산성비에 대한 대표적 국제적 논쟁을 보면, 1970년대 이후 캐나다 동부와 미국 동북부 지역의 산성비 문제로 미국과 캐나다는 SO2 등 오염물질 배출시설이 미국 동북부 지역을 중심으로 밀집되어 있으며, 피해의 방향도 미국 내는 물론 캐나다에 내리는 산성비의 50%가 미국에서 발생한 것으로 추정하고 있으며 미국에 내리는 산성비의 15%도 캐나다로부터 발생된 것으로 추정하고 있다. 특히 캐나다는 지질학상 산성비에 대한 토양 생태계가 취약하고, 캐나다 경제가 산림에 대한 의존도가 높은 사정 등으로 미국에 대해 강경한 입장이다. 미국과 캐나다의 산성비 논쟁은 아직도 산성비의 인과관계, 대책방향 등에 대하여 뚜렷한 결론을 내리지 못한 상태이며, 미국의 대기정화법에서 SO2 배출량을 제한한 규정이 1995년 이후에 효력이 발생됨에 따라 앞으로 미국의 SO2 배출량이 대폭 감축될 것으로 예상된다.

4.1.4 생물다양성(Biodiversity)의 감소

이는 생명체의 유전적·분류학적·생태학적 다양성을 의미하는데, 열림우림의 감소, 남획, 외래종의 유입 등으로 인해 야생 동·식물의 다양성이 감소하여 생태계의 안정성이 위협받게 된다는 것이다. 전체 생물다양성의 1/4이 향후 20~30년 내에 심각한 멸종위기에 직면할 것으로 전망하고 있다. 예를 들면 미생물은 농작물과 산림이 사용하는 질소를 교정하는데 그 화폐적 가치는 연 500억불에 달하는 것으로 추정하고 있으며, 에쿠아도르 독개구리 등에서 추출한 화학물질은 모르핀 보다 200배 강한 진통효과가 있는 것으로 발표되었다("CITES협약"과, "생물다양성협약").

4.1.5 오존층 파괴문제

CFCs, Halon 등 오존층 파괴물질의 배출로 성층권 오존층이 감소하는 현상을 말하는데, 남극상공 15~20km 지역의 전체 오존층이 30~40% 감소하여 오존구멍이 발생하였다. 또 중·고위도 대기권 상층부의 오존층이 5~10% 감소하였고 지난 12년간의 평균 오존층 감소량은 3%에 이른다.

성층권 오존의 1% 감소는 지표면에 도달하는 자외선량을 2% 증가시키며 자외선 노출은 면역체계를 약화시키고, 백내장·피부암을 증가시키며 식물 등의 광합성작용에 피해를 주고 온실효과를 증대시키게 된다(몬트리올 의정서).

4.1.6 유해폐기물의 국가간 이동문제

유해폐기물의 수출입은 주로 선진공업국에서 개도국으로 이루어지고, 해양투기 등으로 인해 환경에 악영향이 미치게 된다. 현재 700만종 이상의 화학물질이 알려져 있으며, 매년 수천종이 새로 발견되고 있다. 상용되고 있는 80,000종 중 다수가 잠재적 위해성을 가지고 있다. 선진국의 경우 국내의 강력한 통제로 인해 높은 수송비용에도 불구하고 산업폐기물을 개도국에서 처리하려는 경향이 나타나고 있다("바젤협약", "런던덤핑협약").

4.1.7 해양오염 문제

육상에서의 소비나 각종 산업활동에 의하여 발생한 오염물질의 해양유입과 선박의 운행·사고, 해저유전개발 등에 의해 해양오염이 현재 심각한 수준에 이르고 있다. 세계적으로 25억의 인구가 해안선으로부터 60마일 이내의 지역에 거주하고 있어 그 영향이 광범위하다고 할 수 있다(워싱턴 실천계획, "해양오염방지협약" 등).

4.1.8 지구의 사막화와 토양악화 문제

세계인구가 계속 증가하고 산림이 남벌되며 각종 경제활동으로 인해 환경오염이 발생하면서 세계면적의 1/3을 차지하는 건조지역의 토지생산력이 저하되고 있으며 사막화가 진행되고 있다.

> 지구상에 문제가 되고 있는 환경문제로는 지구온난화, 열대림의 감소, 산성비, 오존층의 파괴, 유해폐기물의 국가간 이동, 생물다양성의 감소, 해양오염, 지구의 사막화와 토양악화 등이다.

6백만 ha의 농경지가 매년 사막화되고 있으며 토지생산력 저하로 21백만ha의 토지에서 영농활동의 결과가 비경제적으로 변화하고 있다. 1972년이래 5천억톤의 지표토양이 유실되었으며, 1945년 이후 식물이 존재하는 지구지표의 11%에 달하는 토양이 악화되고 있다(1977년 "사막화방지 행동계획"수립, "사막화방지협약" 1994년 채택).

4.2 국제환경 협약

국제환경협약은 협의로 환경문제와 관련되어 있는 다자간의 협약(convention)을 지칭하지만, 흔히 환경문제와 관련된 사항을 다루는 양자간의 조약(treaty), 협정(agreement), 의정서(protocol) 등을 포괄하는 광의로 사용되고 있다. 국제적으로 채택된 환경협약은 약 150여 개에 달하고 있는데, 여기서는 우리 나라와 직접관련이 있는 협약들을 중심으로 그 내용을 알아보고자 한다.

4.2.1 몬트리올 의정서

몬트리올 의정서는 오존층을 보호할 목적으로 1985년에 제정된 비엔나협약의 구체적인 의무사항을 규정한 것으로 1987년 9월에 채택되어 1989년 1월에 발효되었으며 회원국이 98개국이며 우리나라는 1992년 5월에 가입하였다. 이 협약은 오존층 파괴물질의 생산 및 소비 등 구체적인 규제의 기준을 제시하고 있다. 규제대상 물질로는 CFC 15종, 할론 3종, 4염화탄소 및 메틸클로로포름 등 총 20종의 물질인데, 이 중 CFC 물질은 냉동기의 냉매, 전기·전자산업에서의 세척제, 발포제 등으로 사용되고 있으며, 할론은 살충제, 도료, 의약품 등의 원료로 사용되고 있다. 대상 물질에 대한 규제는 CFC와 할론 및 4염화탄소의 경우 2000년부터, 메틸클로로포름은 2005년부터 사용금지를 목표로 생산 및 소비를 단계적으로 1986년 사용량의 일정수준 이하로 제한하는 내용으로 되어 있다. 또한 당장 사용을 규제하지는 않지만 HCFC계 과도물질 34종에 대해서도 생산 및 소비를 자발적으로 억제할 것을 권고하고 있다. 한편 유보기간 중 규제대상 물질에 대한 생산과 소비의 실질적인 감축을 가져올 수 있도록 가입국과 비가입국 간의 대상물질의 교역을 규제하고 있다.

4.2.2 생물다양성협약

생물다양성협약은 동·식물 및 천연자원 보존협약을 줄인 말로 1992년 6월 리우회의에서 채택되어 우리나라를 포함해 163개국이 이 협약에 서명하였으며, 1993년 12월 30일 30개국이 비준절차를 마침으로써 그 효력이 발생되었다. 이 협약은 법적 구속력을 갖는다. 이 협약은 인구증가, 각종 개발행위, 열대림의 파괴, 동·식물 남획 등으로부터 자연서식처와 생물자원의 보호를 목적으로 한다. 지금까지는 생물다양성에 대한 경제적 의미를 두지 않았으나 유전공학의 발달로 유전자에 대한 가치가 부여됨에 따라 생물다양성 자체를 자원으로 간주하게 되었다. 이 협약에 서명한 국가들은 자국의 영토 내에 존재하는 모든 식물 및 야생생물의 목록을 만들고 다른 나라의 유전적 자원을 이용하는 국가들은 그 자원을 제공한 나라와 연구를 공유해야 할 뿐 아니라 결과에 따르는 이익과 기술도 나누어 가져야 한다는 것이 핵심 내용이다.

4.2.3 바젤협약

이 협약은 유해폐기물의 국가간 이동을 규제하는 협약으로 1989년 3월에 채택되어 1992년 5월에 발효되었으며, 35개국이 회원국인데, 이 협약에 의하면 가입국이 자국영토 내의 폐기물 발생을 최소화하고 가능한 한 자국의 영토 내에 충분한 처리시설을 확보해야 하며, 유해폐기물의 국가간 이동은 인간의 건강과 환경에 위험을 초래하지 않는 경우에만 허용한다는 것이다.

4.2.4 기후변화협약

기후변화협약은 1988년 11월 유엔환경계획(UNEP)과 세계기상기구(WMO)의 주도로 설립된 "기후변화에 관한 정부간 패널(IPCC)"에 의하여 화석연료의 사용으로 인한 기후변화 문제가 공식적으로 제기된 이후 수차례의 정부간 협상회의를 거쳐 1992년 6월 리우회의에서 채택되었으며 우리나라를 비롯하여 157개국이 서명하고 16개국이 비준하였다. 이 협약도 50개국이 비준하면 효력이 발효되며 법적 구속력을 갖는다. 주로 지구온난화의 주범으로 일컬어지고 있는 이산화탄소, 메탄, 일산화질소, 오존, 프레온 등 온실가스의 배출을 축소하자는 것이 핵심이다. 이 협약의 주요내용으로는 각국이 지구온난화를 일으키는 가스의 배출을 안정시키고 개도국들이 지구온난화를 야기하는 가스의 배출을 최소화하는데에 필요한 기술·자금을 선진국으로부터 이전 받을 수 있도록 장치를 마련한다는 것 등이다. 구체적으로 선진국은 2000년까지 이산화탄소 배출량을 1990년 수준으로 동결하는 것이 바람직하다고 권유하고 있으며, 온실가스를 과다하게 배출하는 산업의 제품에 대한 무역규제, 기존의 온실가스 흡수를 위하여 매년 1천 2백만 헥타의 산림을 조성한다는 등이 주요 내용이다.

4.2.5 멸종위기종의 국제교역협약

멸종위기종의 국제교역협약(CITES : Convention on International Trade in Endangered Species)은 "야생 동·식물군 중 멸종위기에 처한 종의 국제교역에 관한 협약"을 줄인 것으로 1973년 3월에 채택되어 1975년 7월에 발효되었다. 회원국이 122개국이며 우리나라는 1993년 7월에 가입하였으며 10월부터 발효되었다. 이 협약의 규제대상 동·식물은 멸종위기의 정도에 따라 부속서 Ⅰ, Ⅱ, Ⅲ의 세 가지로 분류되어 있다. Ⅰ은 멸종위기에 처해있고 무역에 의하여 영향을 받고 있거나 받을 가능성이 큰 종(호랑이, 코뿔소, 침팬지, 코끼리, 바다거북, 크낙새 등)을 대상으로 하고 있으며, Ⅱ에는 현재 반드시 위기에 처해 있지는 않지만 교역이 엄격히 규제되지 않으면 위기에 처할 가능성이 높은 종(중국천산갑, 홍학 등)으로 분류되고, Ⅲ에는 가입국의 불법이용을 방지할 목적으로 규제대상을 정하고 교역의 규제에 타 가맹국의 협조가 필요한 종을 대상으로 하고 있다. 이러한 3유형의 대상에 따라 수출국과 수입국의 의무가 각각 규정되어 있는데, Ⅰ에 해당하는 종은 상업목적의 국제거래를 금지하고 학술연구 목적의 거래는 수출입국 쌍방 정부의 승인서가 필요하며, Ⅱ에 해당하는 종은 상업목적의 국제거래가 가능하지만 수출국의 승인서가 필요하다.

4.2.6 동북아 환경협력회의

동북아 환경협력회의(NEAC : Northeast Asian Conference on Environ- mental Cooperation)는 1988년부터 1991년까지 개최된 한·일 환경과학 심포지엄이 확대·발전된 것으로 한국·중국·일본·몽골·러시아의 환경당국자가 참여한 가운데 역내 국가의 환경상태 및 환경정책과 관련된 지역현안 문제에 대한 의견교환을 위한 심포지움 형식의 회의로 1992년 제1차 회의가 일본 니이가타에서 개최된이래 매년 한차례씩 개최하고 있다.

2000년 7월 몽골 울란바트르에서 개최된 제9차 회의에서는 수질오염, 생태계 보전, 산림보호 방안 및 전문가 네트워크 구축방안 등에 대해 논의하고, 동북아 환경협력의 성과평가, 향후 협력전망 등에 대해 의견을 교환하였으며, 2001년 10월 인천에서 개최된 제10차 회의에서는 생물다양성 보존, 산성비, 해양오염, 유해화학물질, 청정기술 및 청정생산, 지구환경현안 등 역내 관심사항에 대한 참가국가의 정책을 소개하고 정보를 교환함으로써 상호이해의 폭을 확대하고 지역환경협력의 계기를 마련하는데 기여하였다.

국민소득과 복지 제8장

1. 국민소득의 기초개념

1.1 국민소득의 개념

1.1.1 국내총생산(GDP : gross domestic product)

개 념

국내총생산이란 일정기간 동안에 국내에서 생산된 최종생산물의 시장가치를 말한다. 과거에는 일반적으로 국민총생산(GNP) 개념을 많이 사용하였으나 최근에는 개방경제체제가 강화되면서 국민총생산 개념보다 국내총생산 개념을 중시하고 있다. 이러한 개념을 좀더 세분하면 다음과 같이 자세히 설명할 수 있다.

GDP는 유량(流量 : flow)의 개념으로 보통 1년을 단위로 한다. 국내총생산은 반드시 3개월, 혹은 6개월, 혹은 1년 등으로 일정기간을 전제로 사용하는 개념이다. 그러나 국부와 같은 것은 일정시점(貯量 : stock)의 개념으로 사용된다.

국내총생산은 속지개념(屬地槪念)으로 그 나라의 국경내에서 생산된 재화와 용역을 의미한다. 이것은 국민총생산이 그 나라 국민에 의해서 생산된 것과 대비된다.

국내총생산은 생산물이 생산된 시점을 기준으로 계산된다. 즉 판매나 소비되는 시점과는 상관없이 오직 생산된 연도에 포함된다. 예를 들면 2005년 12월 31일에 생산된 자동차가 2006년 1월 10일에 판매되어도 2005년 국내총생산에 포함된다.

국내총생산은 기업간에 거래되는 중간생산물은 제외되고 최종 생산물만 포함된다.

국내총생산은 시장에서 거래된 가치를 기준으로 산출된다. 즉 시장에서 소비자에게 판매되는 가격을 기준으로 계산되며 다음과 같이 수식으로 표현할 수 있다.

$$\text{총생산물} - \text{중간생산물}$$

$$GDP = C+I+G+(X-M)$$

(C : 소비, I : 투자, G : 정부지출, X : 수출, M : 수입)

1인당 GDP는 GDP를 총인구수로 나눈 것으로 국민의 후생(생활)수준을 측정하는 지표로 흔히 사용된다. 참고로 2004년 OECD국가의 1인당 GDP를 국가별로 나타내면 1위가 노르웨이(54,383달러), 2위 스위스(49,385달러), 3위 덴마크(44,619달러), 4위 미국(39,724달러)이었으며 일본은 39,724달러, 한국은 14,144달러를 기록하였으며, 가장 낮은 나라는 터키로 4,182달러를 기록하였다.

$$\text{1인당 } GDP = \frac{GDP}{\text{총인구수}}$$

GDP계산에 포함되지 않는 것

일반적으로 GDP수준으로 국민의 후생수준을 나타내기도 하지만 GDP가 여러 가지 모순점을 가지고 있기 때문에 정확하게 후생수준을 측정할 수 없다. 그 이유는 여러 가지가 있으나 다음과 같은 것들은 국내총생산에 포함되지 않기 때문이다.

- 가정주부의 가사활동 : 가정주부의 가사활동은 일상생활에서 중요한 활동임에도 불구하고 시장에서 거래된 가격으로 환산하기가 곤란하기 때문에 일반적으로 국내총생산에 포함시키지 않는다. 2005년 연구결과에 의하면 4인가정의 경

우 가정주부의 가사활동에 대한 대가가 약 105만원정도 된다는 연구결과도 발표되는 점을 볼 때 가정주부의 가사활동은 GDP에 포함되어야 한다.

- 공해수준, 여가수준 : GDP는 소득통계이기 때문에 공해나 여가수준을 반영할 수 없다는 비판이 있다. 예를 들어 주 5일 근무해서 생산한 소득(연봉 4,000만원)과 6일 근무해서 생산한 소득(4,000만원)을 비교해 보자. 이것을 후생면에서 보면 5일 근무한 사람의 후생수준이 훨씬 높다. 그러나 GDP로 계산하면 동일하다.

- 중고품의 매매 : GDP에는 당해 생산한 새로운 제품만이 포함되고 전년도에 생산된 제품이 중고품으로 매매될 때는 포함되지 않는다. 따라서 중고차 시장이 활성화되어 중고차가 많이 매매되어도 실제로 GDP에는 변화가 없다.

- 암거래 및 품질변화 : GDP에는 지하경제나 투기, 밀수 도박 등도 포함되지 않는다. 이와같은 암거래는 단순히 세금을 포탈하기위한 목적으로 이루어지기도 하고, 마약이나 호랑이 뼈와 같이 거래자체가 불법인 경우도 있다. 암시장에서 이루어지는 거래는 국세청에 보고를 하지 않기 때문에 국내총생산에 포함되지 않는다. 무론 친구나 가족간 신용거래에 따른 이자수입의 경우 역시 국민총생산에 포함되지 않는다.

  그리고 GDP는 재화의 질적변화를 고려하지 못하고 있다는 점에서도 비판을 받고 있다. 국내총생산의 합계는 생산물의 양과 가격을 기준으로 하기 때문에 생산물의 품질을 명확하게 반영하기 힘들다. 예를들어 PC는 매년 눈부신 기술향상으로 기능이 보완되는 한편, 가격은 꾸준하게 내려가고 있다. 국내총생산에 포함되는 많은 재화나 서비스는 마찬가지 문제를 안고 있다.

- 국민총생산(GNP : gross national product) : 일정기간 동안에 그 나라 국민에 의해서 생산된 최종생산물의 시장가치를 말한다. 속인개념(屬人槪念)으로 대한민국 국적을 가진 사람이 해외에서 생산한 소득도 GNP에 포함된다. 그러나 국내에 거주하는 외국인 노동자가 생산한 소득은 포함되지 않는다.

표 8-1 한국의 주요 거시경제 지표

	2000	2001	2002	2003	2004
국내총생산(조원)	578.7	622.1	684.2	724.1	778.4
국민총생산(조원)	576.2	621.0	685.1	725.4	779.5
1인당 GDP(달러)	10,888	10,178	11,485	12,707	14,144
총저축률(%)	35.7	31.7	31.3	32.8	34.9
국내 총투자율(%)	31.1	29.4	29.1	30.1	30.3

자료 : 한국은행, 『조사통계월보』, 2005년 4월호.

1.1.2 기타 국민소득 개념

국민순생산(NNP : net national product)

국민순생산(NNP)란 한 나라에서 생산한 최종생산물에서 감가상각비를 공제한 금액으로 GDP－감가상각비로 산출된다. 이것은 그 나라 국민들이 순수하게 생산한 소득을 나타낸 것이다.

국민소득(NI : national income)

국민소득(NI)이란 좁은 의미의 국민소득 개념으로 생산활동에 참여한 생산요소의 제공자에게 그 대가로 지불된 것으로써 임금, 이자, 지대, 이윤의 합계이다.

$$\text{NI}=\text{NNP}-\text{간접세}+\text{보조금}$$

개인소득(PI : personal income)

개인소득(PI)은 개인에게 직접 귀속되는 소득으로 다음과 같이 구성된다.

$$\text{PI}=\text{NI}-\text{법인세}-\text{법인보유이윤}+\text{이전지출}-\text{사회보장부담금}$$

가처분 소득(DI : disposable income)

가처분 소득(DI)은 개인이나 가계가 직접 처분할 수 있는 소득으로 저축과 소비로 구성된다.

$$DI = PI - \text{개인 소득세}$$
$$= \text{저축}(S) + \text{소비}(C)$$

1.2 국민소득에 관련된 여러 가지 지표

1.2.1 실제 GDP와 잠재적 GDP

- 실제(actual) GDP : 실제 GDP란 한 나라에서 실제적으로 달성한 GDP수준을 말한다. 이것은 사후적 개념으로 사용된다.
- 잠재적(potential) GDP : 잠재적 GDP란 완전고용 상태에서 달성할 수 있는 GDP수준을 으로 그 나라가 달성할 수 있는 최대의 생산을 말한다. 실제 GDP와 잠재적 GDP의 관계는 경기가 과열되면 잠재적 GDP가 크고, 경기가 위축되면 실제 GDP가 크다.

1.2.2 명목 GDP와 실질 GDP

- 명목(경상가격) GDP : 당해 년도의 최종생산물에 당해 년도의 시장가격을 곱하여 산출된 GDP를 말한다.
- 실질(불변가격) GDP : 당해 년도의 최종생산물에 기준 년도의 시장가격을 곱하여 산출된 GDP를 말한다. 명목 GDP를 실질 GDP로 환원할 때 사용되는 GDP 환가지수[1)](GDP deflator)를 사용한다.

$$\text{실질 GDP} = \frac{\text{명목}GDP}{GDPdeflator} \times 100$$

1) 이것은 물가지수의 일종으로 실제로 계산한 것이 아니라 소비자 물가지수와 생산자 물가지수를 합성하여 사후적으로 추계한 것이다.

1.2.3 새로운 후생지표

경제후생지표(MEW : Measure of Economic Welfare)

경제후생지표(MEW)란 GNP개념의 한계를 보완하고 진정한 의미에서 경제적 후생을 측정하기 위해서 토빈(J. Tobin)과 노드하우스(W. Nordhaus)가 GNP에 가정주부의 가사활동과 여가의 가치를 더하고, 공해비용을 제거하여 만든 지표이다. 실제로 GNP의 증가율과 MEW의 증가율을 비교하면 최근에는 MEW의 증가율이 둔화되고 있다는 연구도 있다.

순경제후생(NEW : Net Economic Welfare)

순경제후생(NEW)란 MEW의 개념이 발표된 이후 사뮤엘슨은 이를 수정·보완하여 새로운 NEW지표를 주장하였다. NEW는 GNP와는 달리 투자재는 전부 제외되고, 투자재로 부터 발생하는 실제소비가 가능한 서비스만이 포함된다.

사회지표(SI : Social Indicators)

사회지표(SI)란 GNP와 NEW에 비해서 국민복지의 결정요인을 더욱 포괄적이고 체계적으로 나타낸 것으로 소득, 고용, 인구, 보건, 주택 등을 포함하여 복지지표를 설정하고 있다. 우리나라에서도 통계청에서 매년 사회지표를 작성하여 발표하고 있다.

1.3 국민소득 순환과정과 삼면등가의 법칙

1.3.1 국민소득 순환과정

정부부문이 존재하지 않는 단순한 모형에서 보면 기업은 생산요소를 고용하여 재화나 용역을 생산한다. 이것을 생산국민소득이라 하며, 이 때 기업이 생산요소의 비용으로 지불되는 임금, 지대, 이자, 이윤은 가계의 수입으로 분배된다. 가계는 분배받은 소득으로 일부는 노동의 재생산을 위하여 소비지출하고 나머지는 저축을 하게 된다. 저축된 금액은 기업으로 대출되어 기업이 투자를 하게 된다. 이 소비와 투자를 합하여 지출국민소득이라 한다. 이와 같이 국민소득은 생산국민소득, 분배국민소득, 지출국민소득으로 순환을 하게 된다. 이를 그림으로 나타내면 <그림 8-1>과 같다. 이 순환과정에서는 주입과 누출이 발생한다.

여기에서 주입(注入 : injection)이란 국민소득 순환과정에서 국민소득의 크기를 증가시키는 것으로 구매력이 순환과정으로 유입되는 것이다. 주로 투자, 정부지출, 수출이 주입이라고 한다.

그리고 누출(漏出 : leakage)이란 국민소득 순환과정에서 국민소득의 크기를 감소시키는 것으로써 구매력이 순환과정에서 빠져나가는 것이다. 케인즈 경제학에서는 저축, 조세, 수입이 누출이 된다.

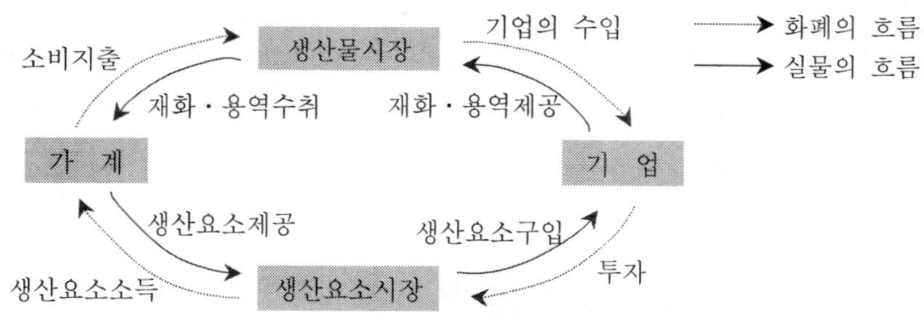

그림 8-1 국민소득순환과정

1.3.2 국민소득 삼면등가의 법칙

국민소득 삼면등가의 법칙이란 일정기간 동안에 생산된 상품은 국내총생산, 국내총소득(분배국민소득), 국내총지출의 소득순환과정을 따라 순환하므로 국민소득의 크기는 3국면 어디에서 측정해도 동일하다. 3면등가의 법칙은 다음과 같이 구성되어 있다.

국내총생산(GDP)＝총생산액－중간생산물

국내총소득(GDI)＝임금＋지대＋이자＋이윤+순간접세+감가상각

국내총지출(GDE)＝소비(C)＋투자(I)＋정부지출(G)＋수출(X)－수입(M)

따라서 국내총생산＝국내총소득(분배국민소득)＝국내총지출이 일치하는 상태를 3면등가의 법칙이라 하는데, 이것은 많은 한계가 있다.

2. 국민소득 결정이론

거시경제학의 가장 중요한 관심사는 국민소득이 어떤 요인에 의하여 어떤 수준에서 결정되며, 그에 따른 물가수준과 고용수준, 경제성장, 환율 등이 어떻게 결정되는가에 있다. 이 단원에서는 국민소득 결정에 관한 이론은 크게 고전파와 케인즈의 이론으로 나누어서 설명하고 있다.

2.1 고전학파의 국민소득 결정이론

2.1.1 고전학파의 경제관

고전학파는 중상주의적인 경제관을 비판하면서 국부(國富)의 크기를 결정하는 것은 금이나 화폐가 아니라 생산요소나 기술수준 등과 같은 실물적 요인이라고 보고 있다. 화폐나 金은 생산물과 생산요소의 교환을 편리하게 해주는 매개수단에 불과하며 실물경제에는 아무런 영향을 주지 않는다. 즉 한 나라의 소득수준은 그 나라의 자본량, 노동량, 기술수준 등에 의해서 결정된다는 것이다.

또한 고전학파는 정부가 경제에 대해서 간섭하면 경제주체들의 창의성을 저해하여 효율성이 떨어지기 때문에 인위적인 간섭과 규제를 없애고, 시장기구에 맡기면

보이지 않는 손에 의해서 자율적으로 조정된다. 따라서 정부의 역할은 작을수록 우수한 정부라는 것으로, 즉 자유방임이 이상적인 경제상태를 실현시킬 수 있다고 본다. 이러한 사상은 통화주의와 새고전파로 이어지고 있다.

2.2.2 고전학파이론의 기본가정

세이(J. B. Say)의 법칙을 전제로 한다. 즉 세이의 법칙은 "공급은 스스로 수요를 창조한다(Supply creates its own demand)"는 것으로 어떤 생산물이 생산되면 그 생산물의 가치만큼 소득이 창출되고, 이 소득이 수요로 나타나서 일반적인 과잉생산 없이 모두 수요된다는 것이다. 세이는 수요보다는 공급을 강조함으로써 소비가 풍부하고 공급이 부족한 경제상황을 전제로 하고 이론을 전개시켰다.

모든 생산물과 생산요소의 가격, 물가, 이자율 등은 신축적이다.

노동에 대한 수급은 실질임금의 함수이며, 노동시장은 완전경쟁시장이다.

노동시장에서 노동에 대한 수요·공급은 항상 균형상태를 이루며, 이때 결정되는 고용량은 완전고용수준이다.

▶ 세이의 법칙

공급이 수요를 창출해낸다는 법칙으로서 제창자인 프랑스의 경제학자 J.B.Say의 이름에서 기원한다. 판로설이라고도 하며 고전학파의 경제학에서 공통적으로 전제가 되어온 견해이다. 즉, 생산은 이에 참가한 생산요소에 대해서 이와 같은 소득을 가져오게 하며, 또 소비나 기타 다른 방도를 통하여 그 생산물의 수요가 되기 때문에 공급은 바로 그것에 대한 수요를 낳는 결과를 초래, 경제전반에 걸쳐서 과잉생산은 있을 수 없다는 학설이다.

이같은 명제는 D.리카도등 고전학파 경제학자에 의해 받아들여졌지만, 후일 K.마르크스와 J.M.케인스로부터는 투자는 반드시 저축과 일치하지는 않는다는 등 비판을 받았다.

2.1.3 국민소득 결정이론

고전학파는 노동의 수요와 공급에 의해서 균형임금 수준과 고용량이 결정되면, 그 고용량 수준에 대응하여 국민총생산량이 결정되는데, 이것이 바로 균형국민소득 수준에 해당된다.

고전학파의 국민소득 결정이론에서 총생산량은 자본, 노동, 기술수준 등 공급측 요인에 의해서 결정되고, 수요측은 아무런 영향을 미치지 못하는 것이다. 또 총생산량 결정에 있어서 화폐부문은 전혀 영향을 미치지 않으며, 실물변수만으로 분석이 가능하다. 이와 같이 고전파에서는 실물부문과 화폐부문을 분리해서 경제를 분석하고 있다. 이것을 고전학파의 이분법이라 한다.

결론적으로 말하면 고전파의 국민소득 결정이론은 노동시장에서 자율적으로 고용수준이 결정되고, 이것이 생산함수와 결합되어 총공급을 결정하며, 총공급에 의해서 국민소득이 결정된다는 것이다. 따라서 국민소득의 증대를 위해서는 생산능력을 향상시켜야 한다. 이러한 이론은 수요가 풍부하고, 자본이 부족하여 공급이 부족한 후진국 경제에 적합한 이론으로 알려져 있다.

▶ 고전학파의 2분법

고전학파 경제학자들은 통화량의 변화는 실질국민소득, 고용량, 실질임금, 실질이자율 등 실질변수에 영향을 줄 수 없다는 것으로 화폐의 중립성을 강조한 것이다. 통화량이 증가하면 물가가 상승하여 명목소득은 증가하기 때문에 화폐는 단지 실질변수와 명목변수를 구별해 주는 베일에 불과하다.

▶ 중상주의(重商主義 : mercantilism)

중상주의는 15~18C 중엽까지 유럽을 지배한 경제사상으로서 금(金)이나 화폐가 국부(國富)이며, 이것을 획득하기 위해서 상품수출을 증가시키고 수입을 억제해야 한다는 것이다. 강력한 수출증가와 수입억제 정책을 실시하기 위해서는 정부가 경제에 깊이 관여하는 것이 바람직하다고 주장한다. 중상주의에 의하면 국부는 생산과정에서 창출되는 것이 아니고 유통과정에서 창출된다고 하여 상업, 특히 무역을 중시하였다.

2.2 케인즈의 국민소득 결정이론

2.2.1 케인즈 이론의 등장과 특징

케인즈 이론의 등장배경

고전학파 이론은 세이(J. B. Say)의 법칙에 근거를 두고 있기 때문에 생산물이 판매되지 않아 기업이 휴업하고 실업이 발생하는 사태는 논리상 있을 수 없다. 즉 고전학파에 의하면 총공급의 크기가 총수요의 크기를 결정하기 때문에 항상 완전고용이 달성된다.

그러나 1930년대 세계 대공황으로 인하여 대량실업과 유휴설비를 가져와 고전학파 이론으로는 효과적인 실업대책을 제시하지 못했다. 이 때 케인즈는 세이의 법칙을 비판하고 총수요의 크기가 총공급을 결정한다는 유효수요(有效需要原理 : principle of effective demand)를 주장하였다. 당시 대량실업은 총수요 부족 때문이라고 보고, 이를 해소하기 위해서는 투자와 소비, 정부지출의 증가를 통한 총수요를 증가시키는 적극적인 정책의 필요성을 주장하였다.

케인즈는 시장기구가 매우 불안정하기 때문에 정부가 개입하여 시장의 불안정성을 보완하여야 한다고 주장한다. 우리나라도 외환위기 이후 구조조정으로 심각한 실업문제가 제기 되자 케인즈적인 실업구제 정책을 추진한 적이 있다. 즉 대규모의 공공사업을 추진하여 실업자를 구제하는 등 소비를 장려하는 정책을 추진하였다.

특 징

세이의 판로법칙을 부정하고 총수요가 국민경제의 생산량과 고용량을 결정한다.

고전파의 보이지 않는 손(invisible hand)에 의한 경제문제 해결에는 한계가 있다는 것을 지적하고, 정부에 의한 경제 개입의 필요성을 강조한다. 즉, 큰 정부를 주장하여 정부의 역할을 강조하고 있다.

임금, 물가, 이자율 등을 신축적인 변수라고 주장한 고전학파와는 달리 하방경직적(下方硬直的)이라고 보고 있다. 케인즈는 노동시장에서 노동의 공급에 화폐환상(貨幣幻想 : money illusion)[2)]이 존재하며, 완전고용의 달성은 특수한 경우이며, 불완전고용이 일반적이다라고 주장한다.

2.2.2 총수요

총수요(總需要 : aggregate demand)란 일정기간 동안에 가계, 기업, 정부, 외국이 최종생산물에 대한 수요를 나타낸 것이다. 총수요는 케인즈에 의하면 가계의 소비지출(C)과 기업의 투자지출(I), 정부의 정부지출(G), 해외의 순수출(X-M)로 구성되어 있다. 여기에서 이들의 내용을 살펴보면 다음과 같다.

소비함수

소비는 인간이 자신의 욕망을 충족시키는 동시에 스스로를 재생산하는 가장 기본적인 경제활동으로 국민소득중에서 비중이 가장 크며, 노동의 재생산을 위해서 필요한 것이기 때문에 경기의 변화에 따라서 크게 변하지 않는 안정적인 경제변수로 볼 수 있다. 그리고 소비는 소득수준, 부(富)의 보유량, 기호, 이자율 등 여러 가지 요인에 의해서 좌우되지만 가장 중요한 변수는 소득이기 때문에 $C = C(Y)$로 나타낼 수 있다. 즉 소비는 소득의 크기에 의해서 결정되고, 소득의 증가함수가 된다.

평균소비성향(APC : average propensity to consume)

소비의 크기를 소득의 크기로 나눈 값으로 사람들이 평균적으로 소득의 몇 %를 소비하는가를 나타낸 것이다. 그리고 저축은 총수요를 구성하는 항목은 아니며, 케인즈는 소비함수와 마찬가지로 소득의 증가함수로 볼 수 있다. 즉 S=S(Y)이다.

평균저축성향(APS : average propensity to save)은 저축을 소득으로 나눈 값으로 소득 중에서 몇 %를 저축할 것인가를 나타낸 것이다.

---

2) 근로자들은 물가가 상승하여 실질임금이 하락하는 데에는 별로 관심이 없고, 명목임금의 변화에 대해서만 관심을 가진다는 것이다.

$$APC=\frac{C}{Y},\ APS=\frac{S}{Y}$$

여기에서 평균저축성향과 평균소비성향을 합계한 값은 1이 되고 다음과 같이 계산된다.

소득(Y)=소비(C)+저축(S)에서 양변을 Y로 나누면

$$1=\frac{C}{Y}+\frac{S}{Y}(1=APC+APS)$$

- 한계소비성향(MPC : marginal propensity to consume) : 이것은 소비의 변화량을 소득의 변화량으로 나눈 것으로 사람들이 평균적으로 소득증가량의 몇 %를 소비하는가를 나타낸 것이다. 그리고 한계저축성향(MPS : marginal propensity to save)은 저축의 증가량을 소득의 증가량으로 나눈 것을 한계저축성향이라 한다.

$$MPC=\frac{\Delta C}{\Delta Y},\ MPS=\frac{\Delta S}{\Delta Y}$$

여기에서 한계소비성향(MPC)+한계저축성향(MPS)=1이 된다.

케인즈에 의하면 소비는 현재소득의 증가함수이지만 소득이 증가한 만큼 소비가 증가하지 않는다. 즉 한계소비성향은 영(0)보다 크고 1보다 작다. 따라서 소비함수는 $C=A+bY$(A : 기초소비, b : MPC)가 된다.

그리고 저축함수를 도출하면 Y=C+S에서

S=Y−C

S=Y−(A+bY)

S=−A+(1−b)Y, (1−b=MPS)가 된다.

이 소비함수와 저축함수를 <그림 8-2>로 표시하면 다음과 같다.

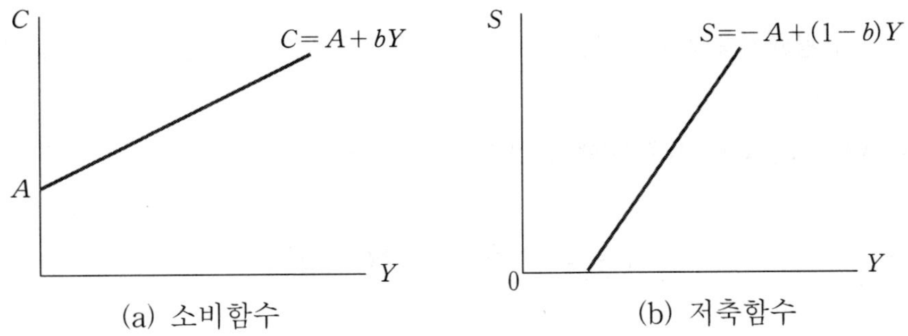

그림 8-2 소비함수

투자함수

투자란 일정기간 동안에 자본재의 증가 또는 유지를 위하여 자본을 사용하는 것으로(I=ΔK) 경제변동을 일으키는 중요한 요인이 된다(자본 : stock, 투자 : flow). 이러한 투자는 여러 가지 종류가 있으며, 주로 이자율에 영향을 많이 받는다.

투자의 종류

생산규모에 따라서 재투자와 신투자로 나눈다. 여기에서 재투자(갱신, 대체투자)란 기업이 감가상각비 만큼 투자하는 것으로 생산규모는 단순재생산의 형태가 된다. 그리고 신투자(新投資)는 감가상각비 이상의 투자가 있는 것으로 생산규모는 확대재생산이 된다. 재투자와 신투자를 합하여 총투자라 한다.

소득의 변화에 따라서는 독립투자와 유발투자가 있다. 여기에서 독립투자란 소득수준에 관계없이 일정한 투자를 말하는데 주로 케인즈는 독립투자를 전제로 이론을 전개하였다. 유발투자는 소득수준이나 이자율에 따라서 변하는 투자로 고전학파와 신고전학파 학자들이 주로 사용하는 개념이다.

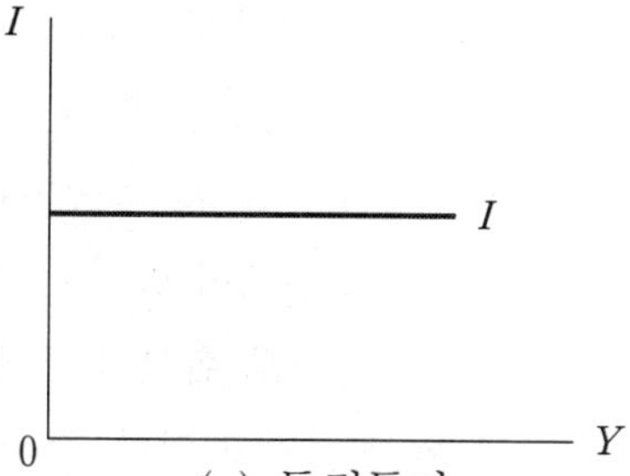

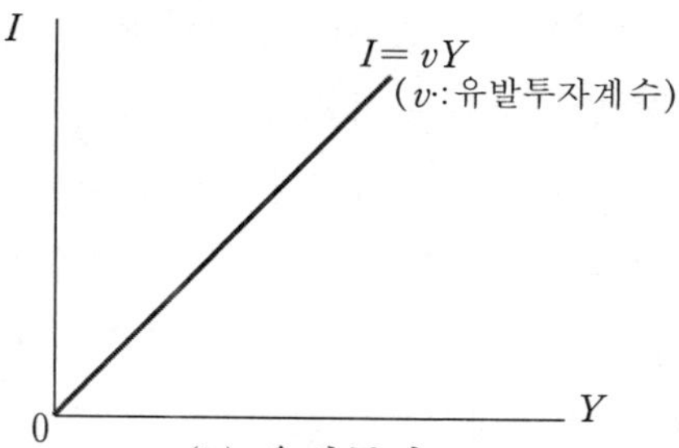

그림 8-3 독립투자와 유발투자

투자의 효과

일반적으로 투자를 하면 소득이 증가하는 현상이 발생한다. 이러한 투자의 효과를 세분하면 다음과 같다.

- **소득창출 효과** : 케인즈가 주장한 것으로 투자의 증감이 승수효과를 통하여 국민소득수준의 크기에 영향을 미치는 효과이다.
- **생산능력 증대효과** : 도마가 주장한 것으로 투자는 자본의 증가나 유지를 위해서 사용되므로 실물자본의 양이 증가하면 국민경제의 생산능력을 증가시킨다.
- **고용증대 효과** : 투자의 증가는 생산설비의 증가와 국민소득 수준을 증가시켜 고용을 증가시키는 효과가 있다. 여기에서 도마(E. D. Domar)는 투자의 소득증대 효과와 생산능력 증대효과를 합쳐서 투자의 이중성(投資의 二重性)이라 한다.

투자의 결정이론

- **고전학파의 현재가치법** : 피셔(I. Fisher)가 주장한 것으로 투자에 의해서 발생하는 기대수익의 현재가치(PV : Present Value)와 자본재의 구입가격을 비교하여 투자를 결정하는 방법이다.

$$PV=\frac{R_1}{(1+i)}+\frac{R_2}{(1+i)^2}=\cdots\frac{R_n}{(1+i)^n}$$

PV : 기대수익의 현재가치 R : 기대수익 i : 이자율 n : 기대연수이 식에서 계산된 기대수익의 현재가치(PV)가 자본재의 구입가격(C_p)보다 크면 이윤이 발생하여 투자를 할 것이고, 작으면 기업은 투자를 하지 않을 것이다. 이와 같이 자본재의 구입가격과 기대수익의 현재가치를 비교하여 투자를 결정하는 것이 투자의 현재가치법이다. 여기서 기대수익의 현재가치란 투자로 인해서 발생한 것으로 기대되는 미래 총수익의 흐름을 이자율로 할인해서 현재가치로 환산한 금액을 말한다. 이 기대수익의 현재가치는 이자율에 의해서 크게 영향을 받고 있다. 즉 이자율이 상승하면 현재가치는 낮고, 이자율이 낮으면 현재가치는 높게 된다.

$PV = C_p$: 투자의 결정
$PV > C_p$: 투자의 증가
$PV < C_p$: 투자의 감소

- 케인즈의 내부수익율법(IRR : Internal Rate of Return method) : 이것은 투자의 한계효율(MEI : marginal efficiency of investment)과 이자율에 의해서 투자가 결정된다는 것이다. 여기서 투자의 한계효율이란 투자로 인하여 발생할 것으로 예상되는 기대수익의 현재가치와 투자비용을 일치시키는 할인율을 말한다.

$$I_c = \frac{R_1}{(1+m)} + \frac{R_2}{(1+m)^2} + \cdots + \frac{R_n}{(1+m)^n}$$

이 식에서 Ic : 투자비용, R : 기대수익, m : 투자의 한계효율을 나타낸다.

따라서 투자의 한계효율이 이자율보다 크면 이윤이 발생하여 투자가 이루어지고, 그 반대이면 투자가 이루어지지 않는다.

$i > m$ 이면 $PV < I_c$이 되어 투자감소
$i < m$ 이면 $PV > I_c$이 되어 투자증가
$i = m$ 이면 $PV < I_c$이 되어 투자결정

가속도 원리

가속도 원리는 물리학에서 사용하던 원리를 경제학에 도입한 것으로 고전적 가속도 원리와 근대적 가속도 원리가 있다.

여기에서 고전적 가속도 원리는 아프타리옹(A. Aftalion)이 주장한 것으로 소비의 약간의 변동이 투자수준의 많은 변동을 야기시키는 것이다. 이를 수식으로 나타내면 다음과 같다.

$$I_t=\beta(C_t-C_t-1)=\beta\Delta C_t$$

It : t기의 유발투자, ΔCt : t기의 소비지출의 증가분, β : 가속도 계수를 의미한다.

그리고 근대적 가속도원리는 사뮤엘슨(P. A. Samuelson)이 주장한 것으로 소득의 변동이 소비의 변동을 통하여 유발투자의 변동을 야기시키는 것을 말한다. 위의 식에서 t기의 소비는 t-1기의 소득에 의해서 결정되기 때문에

$$C_t=\alpha Y_t-1 \qquad (\alpha : \text{한계소비성향})$$

$C_t-1=\alpha Y_t-2$ 따라서 $I_t=\beta(\alpha Y_t-1-\alpha Y_t-2)=\alpha\cdot\beta(Y_t-1-Y_t-2)$가 된다.

이상과 같이 가속도원리에 의한 투자결정 이론은 소득이나 소비의 약간의 변화가 투자의 많은 변화를 야기시키는 것으로 유휴설비가 존재하지 않는다는 가정에서 설명이 가능하다.

- q이론 : 토빈(J. Tobin)에 의하면 투자는 주식시장에서 기업에 대한 평가를 하고 난 후에 그 평가에 의해서 투자가 결정된다는 것이다. 즉 기업이 보유하고 있는 실물자본의 대체비용에 그 기업 발행 총주식의 시장가액의 비율에 의해서 결정된다. 이때 실물자산의 대체비용은 그 기업이 현재 보유하고 있는 실물자본과 똑같은 새로운 실물자본을 설치하는 데 소요되는 비용이다.

$$q=\frac{\text{기업의 총발행 주식의 시장가치}}{\text{기업의 실물자본 대체비용}}$$

q=1 : 투자의 결정

q>1 : 투자의 증가

q<1 : 투자의 감소

2.2.3 총공급

총공급이란 재화와 서비스의 총생산으로서 이는 모두 생산에 참여한 요소소득의 대가로 배분되므로 국민총생산과 일치한다. 케인즈의 유효수요원리에 의하면 총공급 곡선은 원점을 지나면서 기울기가 1인(45°) 우상향하는 직선으로 나타난다. 그 방정식은 Y=C+S곡선이 된다. 총공급 곡선이 이렇게 생긴 이유는 저축곡선과 소비곡선을 합계한 두 곡선의 접선의 기울기(즉 MPC+MPS=1)는 1이 되기 때문이다.

2.2.4 단순화된 균형국민 소득의 결정과 특징

국민소득 결정

단순화된 모형(가계와 기업만으로 된 경제상태)을 가정하면 총수요는 소비와 투자로 되어 있다(C+I). 케인즈는 이를 구매력을 가진 수요라는 점에서 유효수요(有效需要 : effective demand)라고 하였다.

한편 생산국민소득은 분배되어 소비와 저축으로 처분된다(Y=C+S). 이것은 일정기간 동안에 국민들이 생산한 재화나 용역의 순가치액과 동등하기 때문에 총공급이라 한다. 따라서 C+I는 총수요를, C+S는 총공급을 나타낸다.

<그림 8-4>(a)에서 C+I는 총수요 곡선으로 右上向하며, 45°선의 C+S는 총공급 곡선을 나타낸 것이다.

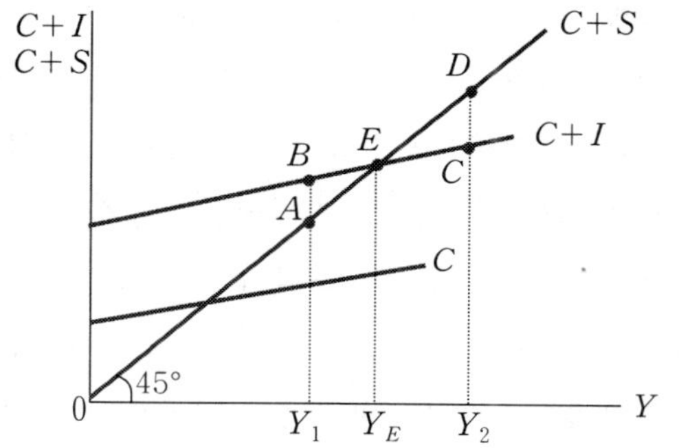

(a) 총수요·총공급에 의한 균형국민소득 결정

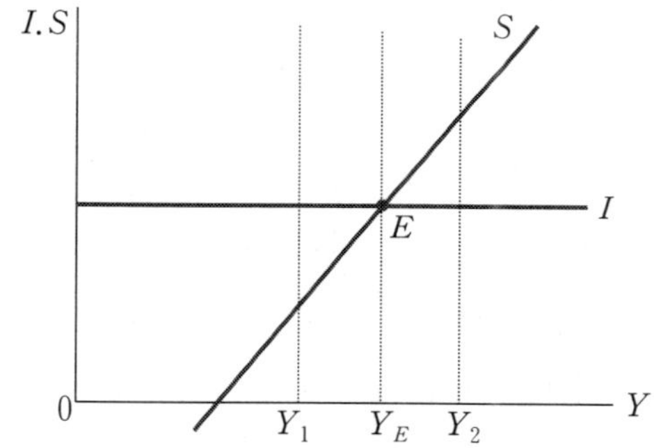

(b) 투자·저축에 의한 균형국민소득 결정

그림 8-4 균형국민소득 결정

이때 Y_1의 국민소득하에서는 총수요가 총공급을 초과하기 때문에 재고가 감소하고 기업이 생산을 증가시켜 소득수준이 증가한다(C+I>C+S : 소득의 증가).

Y_2의 소득수준에서는 총수요가 총공급에 부족하기 때문에 재고가 증가하여 기업은 생산을 감소시켜 소득수준이 감소한다(C+I<C+S : 소득의 감소). 이러한 과정을 거쳐서 총수요와 총공급이 일치하는 E점에서 균형국민소득(Y_E)이 결정된다. 현실에서 측정되는 실제국민소득은 균형국민소득과 반드시 일치하는 것은 아니다. 그러나 일반적으로 균형에 수렴하는 경향이 있기 때문에 충분한 조정기간이 주어진다면 양자는 일치하게 된다.

이것을 저축과 투자에 의한 균형국민소득의 결정원리에서 설명하면 다음과 같다. <그림 8-4>(b)에서 소득수준이 Y_1일 때 저축(S)이 투자(I)보다 작아서 (S<I) 재고가 감소하고 국민소득은 증가한다. 반대로 소득수준이 Y_2에서는 저축(S)이 투자(I)보다 커서(S>I) 재고가 증가하여 국민소득수준은 감소한다. 따라서 의도된 저축(S)과 의도된 투자(I)가 일치할 때, 즉 Y_E에서 균형국민소득이 결정된다.

실제로 여러 나라의 경우를 보면 저축과 투자가 일치하지 않는 경우가 대부분이다. 저축이 투자를 초과하는 나라는 대체로 선진국으로 초과하는 저축을 외국에 차관의 형태로 제공하고, 저축이 부족한 나라는 후진국으로 차관을 도입하여 부족한 저축을 보충하여 투자를 하고 있다.

특 징

국민소득 창출방정식 : 케인즈의 유효수요 결정원리에 의하면 총공급량은 45°의 기울기를 가지면서 일정하게 존재하고 있다. 이 때 국민소득의 크기를 증가시키기 위해서는 총수요의 크기를 증가시켜야 한다. 즉 소비나 투자, 정부지출, 수출을 증가시켜야 국민소득이 증가한다. 따라서 국민소득 창출방정식은 $Y=C+I$가 된다.

- **불완전고용하의 균형** : 케인즈 경제학의 혁명적인 부분은 불완전고용하에서도 균형국민소득이 달성될 수 있다는 것이다. 고전학파 경제학은 세이법칙에 입각하고 있기 때문에 항상 완전고용이 달성되고 있다. 그러나 현실에는 실업이 존재하고 있는 것이 일반적이었다.

케인즈이론의 혁명적인 부분을 <그림 8-5>에서 설명하면 다음과 같다. Y_F는 완전고용이 달성되었을 때 소득수준이다. 그런데 현실적으로는 총수요(C+I)와 총공급(C+S)이 일치하는 균형국민소득은 Y_0에 지나지 않는다. 따라서 Y_0Y_F의 소득을 가져올 수 있는 노동량이 실업상태에 있다.

이와 같이 케인즈 경제학은 실업상태에서도 균형국민소득이 결정될 수 있다. 즉 불완전 고용하의 균형을 논증함으로써 완전고용에서만 균형이 달성된다는 고전학파 경제학과는 완전히 다른 케인즈 혁명(keynesian revolution)을 일으키게 되었다.

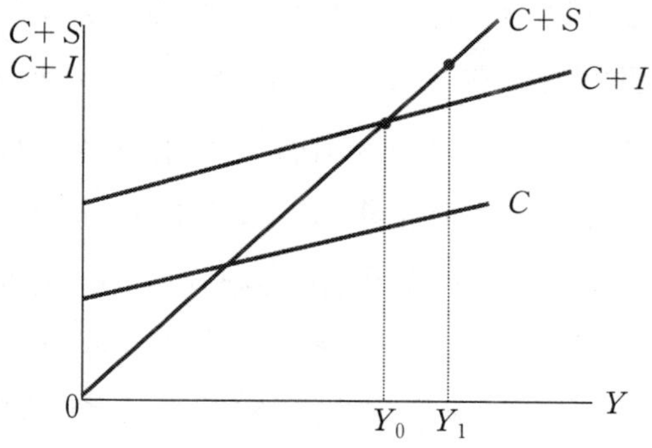

그림 8-5 불완전고용하의 균형

- 인플레이션 갭과 디플레이션 갭 : 케인즈에 의하면 국민소득의 크기는 총수요의 크기에 의해서 결정된다. 그러나 국민소득의 증가에는 그 한도가 있다. <그림 8-6>에서 완전고용국민소득을 Y_F라 할 때 총수요는 AD_0이다. 만일 총수요곡선이 AD_1으로 되면 균형국민소득은 Y_1이 된다. 균형국민소득 Y_1은 완전고용국민소득보다 크기 때문에 Y_F에서 Y_1까지는 물가상승에 따른 명목소득의 증가에 지나지 않는다. 따라서 EA를 인플레이션 갭이라 한다.

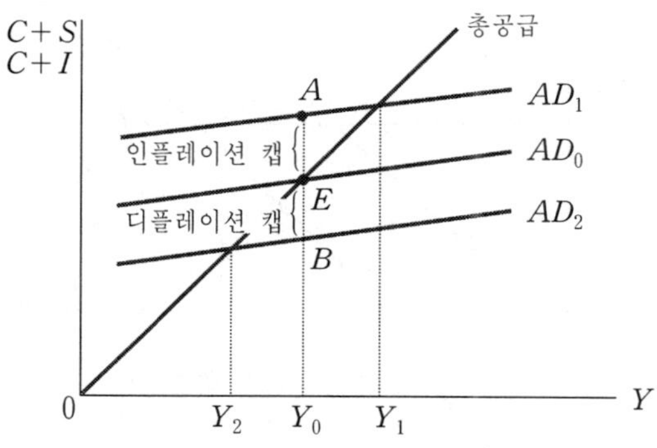

그림 8-6 인플레이션 갭, 디플레이션 갭

반대로 총수요곡선이 AD_1에 있을 때 완전고용을 달성하기 위해서는 총수요가

EB만큼 부족하다. 이를 디플레이션 갭이라 한다. 이때는 실업을 없애고 완전고용에 달성하기 위해서는 EB만큼 유효수요를 증가시켜 주어야 한다.

- 절약의 역설 : 개인이 저축을 증가시키면 개인적으로는 미덕(美德)이 될 수 있다. 그러나 사회전체로 보면 누출이 되어 총수요가 감소하고, 국민소득이 감소한다. 이를 절약(節約)의 역설(逆說 : paradox of thrift)이라 한다. 이를 설명하면 다음과 같다. 독립투자가 존재할 때 저축과 투자에 의한 국민소득결정 모형에서 균형국민소득은 <그림 8-7>과 같이 Y_0에 있다. 이 때 저축을 ΔS만큼 증가시키면 국민소득은 Y_1으로 감소한다. 이와 같이 저축을 증가시키면 국민소득이 감소하는 것을 절약의 역설이라 한다.
  절약의 역설은 투자기회가 부족하여 투자가 잘 되지 않는 선진국에서 일어난다. 그러나 투자재원이 부족한 후진국에서는 저축은 개인적으로나 사회적으로 미덕이 된다. 실제로 우리나라도 과거에는 저축률을 높이기 위한 정책을 광범위하게 추진하였으나 최근에는 저축보다는 소비에 치중하는 정책을 추진하는 경향이 있다.

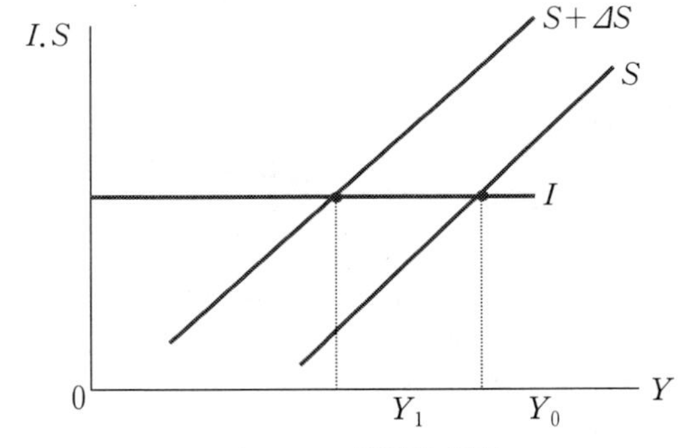

그림 8-7 절약의 역설

2.3 고전학파와 케인즈의 비교

고전학파 이론은 세이의 법칙을 전제로 하기 때문에 항상 완전고용의 달성이 가능하며, 총공급이 총수요를 창출한다고 보아서 공급이 수요를 따르지 못하는 경제(주로 후진국)에 적합하다. 그러나 케인즈 이론은 총수요가 총공급을 결정하기 때문에 생산설비와 공급능력은 많은데 유효수요가 부족한 경제(주로 선진국)에 적합한 모형이다.

고전학파 이론은 공급능력을 배양시키는데 비중을 두면서 공급능력은 저축증대를 통해서 투자를 증대시키는데 역점을 두고 있다. 즉 저축이 미덕이다. 그러나 케인즈 이론은 유효수요의 증가를 통해서 국민소득을 증가시킬 수 있기 때문에 소비, 투자, 정부지출, 수출 등 총수요 증대에 역점을 두고 있다. 즉 소비가 미덕이다.

고전학파 이론은 정부의 최소한의 경제개입을 주장하는 작은 정부를 선호하는데 비하여, 케인즈 이론은 정부의 적극적인 경제개입을 주장하는 큰 정부를 선호한다.

▶ 20세기를 이끈 경제학자 : 케인즈

케인즈의 경제관은 한 마디로 불안정한 시장경제를 정부개입에 의해 보완함으로써 자본주의를 강화할 수 있다는 것으로 요약된다. 그에 따르면 19세기 말까지 자본주의는 고소득층의 높은 저축률이 높은 투자로 전환되어 지속적으로 성장해 왔으나, 20세기에 들어와서는 저축이 증대되어도 반드시 투자가 늘어나는 것은 아니었다. 따라서 케인즈는 퇴장수용의 존재에서 자본주의의 경제적 惡(evil)을 찾았고, 퇴장을 즐기는 지주계급을 안락사(安樂死 : euthanasia of the rentier)시켜야 한다고 생각하게 되었다.

한편 현대 자본주의 제도에서 퇴장의 존재는 증권시장에서 가장 잘 나타난다. 케인즈는 증권시장에 대한 투자활동을 투기(speculation)와 기업(enterprise)으로 구분하였다. 기업을 장기적 수익성의 기준에서 저축을 투자로 전환시켜 주는 기능을 하는 활동이라고 규정하였다. 반면 투기는 시장의 심리를 예측하여 단기적 자본이득을 노리는 활동으로 투자와 전혀 관련없는 퇴장활동이라고 지적하였다.

따라서 케인즈는 증권시장이 투기화하고 카지노화 되는 위험을 경계한다. 그가 최대이윤이 있는 곳으로 신규투자를 유인하는 사회적 기능을 하는 하나의 제도로서 월 스트리트의 성공은 자유방임적 자본주의의 승리하고 주장할 수 없다고 역설한 것은 이 같은 맥락에서이다. 결국 케인즈는 '중앙기구를 통한 통화신용의 의도적 관리' 뿐만 아니라 투자에 있어서도 '사적 판단과 사적 이익'의 손에 맡겨서는 안 된다며 정부개입을 촉구하였다.

<문우식 : 서울대 국제지역원교수>

3. 소득분배와 사회복지

3.1. 소득분배이론

3.1.1 기초개념

한 나라의 경제활동은 생산 → 분배 → 소비 → 생산의 과정을 거치면서 순환적으로 이루어진다. 이 때 국민전체가 참가하여 생산한 생산물은 누구에게 얼마만큼 분배되는 것이 정당하고 현실적으로 그러한 분배상태가 어떠한 가를 판단하는 것이 분배문제이다. 일반적으로 경제학에서 말하는 분배란 생산요소의 제공자에게 소득이 형성되어 가는 과정으로, 가계의 입장에서는 수입이고, 기업의 입장에서는 비용이다. 생산요소에 대한 분배는 주로 임금, 지대, 이자, 이윤의 형태가 이루어진다.

3.1.2 소득의 형태

◉ 근로소득과 재산소득

근로소득은 노동의 제공에 대한 대가로 지급되는 임금을 말하고, 재산소득은 지대, 이자와 같이 토지나 자본에 의해서 발생하는 소득을 말한다. 그리고 혼합소득은 근로소득과 재산소득을 합한 것이다. 즉 농민의 수입이나 변호사의 수입은 일종의 혼합소득으로 볼 수 있다.

◉ 본원적 소득과 파생적 소득

본원적 소득(本源的 所得)이란 생산요소 소득으로 직접 생산활동에 의해서 발생한 임금, 이자, 지대, 이윤을 말한다. 그리고 파생적 소득(派生的 所得)은 이전소득으로 본원적 소득에서 파생된 것으로 연금, 증여, 공채이자 등을 말한다.

계약소득과 잔고소득

계약소득(契約所得)이란 생산요소의 수요자와 공급자 사이에서 사전 계약에 의해서 성립된 소득으로 임금, 이자, 지대가 속한다. 그리고 잔고소득(殘高所得)은 기업의 총수입에서 총비용을 공제한 후 나머지, 즉 이윤을 말한다.

3.1.3 기능별 소득분배이론

기능별 분배이론은 사람들이 얻은 소득의 유형을 생산과정에서 생산요소가 기여한 기능에 따라 분류한 것이다. 생산에 참가한 사람들은 토지, 노동, 자본, 경영을 제공하고 그 대가로 지대, 임금, 이자, 이윤을 제공받는다. 기능별 분배이론은 구체적으로 정당한 분배 몫이 얼마인지를 계산하는 것이 불가능하여 실용적인 방법으로 보기에는 한계가 있다. 또 사회가 발전하면서 생산요소의 정확한 구분이 어려워 많은 문제점이 있다. 즉 의사, 변호사, 농민의 경우에는 노동, 자본, 경영의 영역으로 구분하기가 어려워 생산요소간의 경계가 모호해져 일반적으로 사용하는데 문제점이 있어서 많이 사용하지 않는다. 이 이론은 리카도(D. Ricardo)에 의해서 제기되어 마르크스와 신고전파에 의해서 발전되었다.

3.1.4 계층별 소득분배이론

의 의

계층별 소득분배이론은 소득의 원천이나 형태를 따지지 않고 오로지 소득의 크기만으로 분류한다. 이것은 주로 고소득층과 저소득층간의 소득격차가 발생하는 원인을 밝히는 것으로 상이한 소득계층 사이에 소득이 얼마나 불균등하게 분배되어 있는가를 보여 준다.

소득불평등의 원인

능력이론(能力理論 : ability theory)은 빈부의 격차가 개인의 능력에 의해서 결정된다는 이론이며, 상속이론(相續理論 : inheritance theory)이란 상속되는 재산(물질, 육체, 교육환경 등)의 크기에 의해서 소득분배상태를 설명하는 것이다.

우연성의 이론(stochastic theory)은 소득격차가 체계적인 요인보다도 개인의 운수(運數)와 같은 우연적인 요인에 의해서 결정된다는 것이며, 개인선택 이론(個人選擇의 理論 : individual choice theory)은 각 개별경제주체가 선택하는 경제적 합리성에 의해서 결정된다는 것이다. 즉 노동과 여가의 선택, 안정성과 위험성 등이 빈부의 격차를 발생시킨다는 것이다.

기타 사회제도나 국가의 경제정책 등에 의해서 소득불평등이 발생하는 수도 있다.

소득불평등도의 측정

영국의 경제학자 바우어(P. T. Bauer)와 프레스트(A. R. Prest)에 의하면 불평등(inequality)이란 두가지 의미가 있다고 한다. 하나는 단순히 소득이나 부(富)의 차이가 있다는 객관적 사실을 의미하고, 다른 하나는 소득이나 부(富)의 차이가 있음과 더불어 그것이 공평하지 않다는 어떤 윤리적 판단이 가미된 것이다. 이러한 불평등을 측정하는 지표로는 여러 가지가 있으나 자주 사용하는 것을 소개하면 다음과 같다.

로렌츠 곡선 : 로렌츠(M. O. Lorenz) 곡선은 계층별 소득분포 자료에서 인구의 누적비율과 소득의 누적비율 사이에 존재하는 관계를 나타낸 것이다.

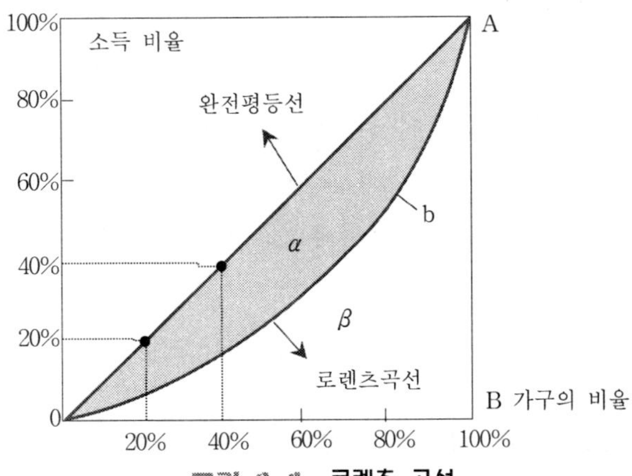

그림 8-8 로렌츠 곡선

<그림 8-8>에서 횡축에는 저소득자로부터 인구의 누적백분율을 잡고, 종축에는 소득액의 백분율을 표시한다. 이 때 대각선 OA는 완전평등선을 의미하고, b는 로렌츠 곡선, 빗금친 면적은 불평등 면적을 나타낸다. 이 빗금친 면적이 작을수록, 즉, 로렌츠곡선이 대각선에 가까울수록 분배는 평등하다.

로렌츠 곡선은 소득분배 상태를 그림으로 명료하게 표현할 수는 있지만 간단한 숫자로 표현하지 못한다는 단점이 있다. 이 같은 단점을 극복하기 위해서 고안해 낸 것이 지니(Gini)의 집중계수이다. 이 집중계수는 $\frac{\alpha}{\alpha+\beta}$로 측정되며, 그 범위는 0에서 1사이인데 0이면 완전평등을 의미하고, 1이면 완전불평등을 나타낸다. 따라서 지니의 집중계수가 작을수록 소득분배상태가 평등하다. 일반적으로 지니계수의 값이 0.5이상이면 고불균등분배(高不均等分配), 0.4이하이면 고균등분배(高均等分配)를 나타낸다. 이 방법은 전체계층의 소득분배 상태를 하나의 숫자로 나타내므로 특정 소득계층의 소득분배 상태를 나타내지 못한다는 한계가 있다.

10분위 분배율은 한 나라의 전체 가계를 소득수준에 따라 저소득에서 고소득수준으로 배열하여 최하위 40% 계층의 소득점유율과 최상위 20% 계층의 소득점유율을 비교하여 측정한 것이다.

$$10\text{분위분배율} = \frac{\text{하위 40\% 소득계층의 소득 점유율}}{\text{상위 20\% 소득계층의 소득 점유율}}$$

이 분배율의 값이 클수록 분배상태는 평등하며, 일반적으로 0.45이상이면 고균등분배(高均等分配)이고, 0.35이하이면 불균등분배(不均等分配)를 나타낸다. 일반적으로 0~2사이에 존재하며, 0일 때 완전불평등, 2일 때 완전평등을 의미한다. 이것은 측정하기가 간단하고 각 계층의 소득분배 상태를 쉽게 비교할 수 있어서 널리 사용되고 있다.

우리나라는 전반적으로 볼 때 지니의 계수나 10분위 분배율로 보아서 분배상태가 대체로 양호한 편에 속하고 있으나, 실제로 소득분배 상태는 그렇지 않는 것이 문제이다. 특히 외환위기 이후에는 빈부의 격차가 심화되는 상태에서 빈자(貧者)와 부자(富者)의 격차가 양극화하는 현상을 보이고 있다.[3)]

우리나라에서 자영업자를 제외한 근로자 중에서 1억원 이상 고액 연봉자가 해마다 급증해 2000년에는 2만 1,000에 이른 반면 봉급생활자 중 세금을 한푼도 안 내는 과세미달자도 대폭늘어 봉급생활자의 소득이 양극화하는 현상이 뚜렷해지고 있다.[4)]

쿠즈네츠의 U자 가설

경제가 발전함에 따라서 소득분배 상태가 개선되지 악화되는지에 대해서 여러 가지 의견이 있다. 그러나 쿠즈네츠(S. Kuznets)의 실증분석에 의하면 전통적인 후진국이 경제발전을 시작하면 초기단계부터 소득불평등이 심화되다가 중기단계에서 가장 심화되고, 후기단계에 와서는 점차 개선된다는 것이다. 즉, 경제발전 과정과 소득분배간의 관계를 나타낸 것이 쿠즈네츠의 U字假說이라고 한다.

우리나라에서도 경제개발 초기에는 국민들의 관심이 경제성장에 쏠려 분배에 대해서는 관심을 가지지 못하였다. 그러나 시간이 지나면서 분배에 대한 관심이 높아지고 불평등에 대한 참을성도 한계에 직면하여 최근에는 여러 가지 사회보장제도를 요구하고 있다. 이러한 현상을 허쉬먼(A. O. Hirschman)은 터널효과(tunnel effect)[5)]라 한다.

---

3) 한국의 지니계수를 보면 1985년 0.35, 1996년 0.30, 2004년 0.31로 고균등분배 현상을 나타내고 있으며, 10분위율도 1985년 0.44, 1996년 0.56, 2004년 0.52로 대체로 균등한 분배상태를 나타내고 있다.

4) 1억원 이상 고액 연봉자는 1997년에 7,000명, 1998년에 8,000명, 1999년 15,000명이었다. 국세청에 따르면 소득세율 40%(8,000만원 이상 소득)에 해당하는 계층은 전체 근로자의 0.4%로 세금은 봉급생활자 전체가 낸 세금의 15.4%가 되고, 세율 30%(4,000만원－8,000만원)에 해당되는 근로자 계층은 전체의 1.5%(9만명)로 세금은 14.7%가 된다. 그리고 세율 20%(1,000만원－4,000만원)의 봉급생활자는 29.8%로 세금액은 전체의 56.2%가 된다. 세율 10%(1,000만원 이하)에 해당하는 근로자는 대부분으로 세금액은 전체의 13.7%가 된다. 그리고 면세점 이하의 근로자는 517만명(1999년은 387만명)으로 급증하였다.

5) 터널효과란 차선이 둘로 되어 있는 일방통행의 터널안에서 차가 막혀 장사진을 이루고 있는 상황을 생각해 보자. 이 때 오랜 시간을 기다린 뒤 드디어 한 차선의 차들이 앞으로 움

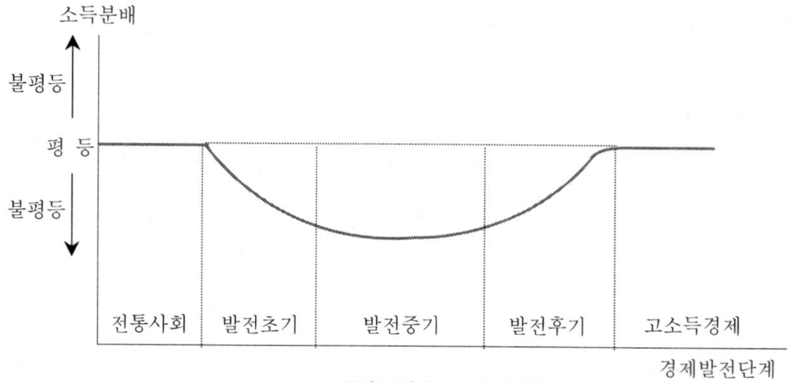

그림 8-9 쿠츠네츠의 U字假說

경제성장과 소득분배

경제성장과 소득분배는 일반적으로 정의할 수 없다. 경제성장 과정에서 소득분배의 악화가 필요악인 견해와 절대악인 견해로 나누어진다.

경제성장 과정에서 필요악(必要惡)으로 보는 견해 : 경제성장 초기에 소득분배가 불평등하게 되는 현상은 불가피하다는 것으로 루이스(W. A. Lewis)와 같은 학자를 들 수 있다. 루이스는 후진국의 경우 노동소득은 대부분 소비되지만, 자본소득은 저축되기 때문에 경제성장에 필요한 자본을 축적하기 위해서는 자본소득을 장려해야 한다는 견해를 제시하였다. 이러한 과정에서 소득의 불균등 분배는 불가피하다는 견해를 제시하고 있다.

경제성장 과정에서 절대악(絶對惡)으로 보는 견해 : 미르달(G. Myrdal)은 경제발전을 사회안정측면에서 파악하여 소득분배의 불균등은 사회불안으로 연결되어 경

직이기 시작하면 그 옆의 차선에서 기다리던 사람들은 이제 자기들 차선도 막힌 것이 풀린다고 기대하여 즐거워 할 것이다. 그러나 시간이 지나도 이쪽 차선의 막힘은 풀리지 않고 옆의 차들만 앞으로 나간다면 사람들의 참을성은 사라지고 기대가 오히려 불만으로 바뀔 것이라는 것이다. 이를 경제발전과 소득분배 사이에 적용해 보면 경제발전의 초기에 많은 사람들은 다른 사람들이 부유해지는 것을 보고 자기도 머지않아 돈을 벌수 있으리라는 기대를 가지고 다른 사람들의 부의 축적을 참을 수 있다. 그러나 시간이 지나도 여전히 자신은 가난을 면치 못한다면 사람들의 참을성은 분노로 바뀐다는 것이다.

제발전을 저해하기 때문에 절대악이라고 한다.

소득재분배 정책

자본주의 사회는 시장원리에 의한 소득분배 몫이 결정되기 때문에 결과적으로 불균등한 소득분배 상태가 나타날 수밖에 없다. 개인적으로도 그러한 결과를 받아들일 수밖에 없고, 그러한 결과를 낳은 원인을 근본적으로 타파할 수도 없다. 그러나 국가적으로는 불균등한 소득분배 상태가 나타나는 이유를 찾아서 그 원인을 수술해야 하고, 불균등한 분배상태를 시정해야 한다. 불균등한 상태가 심한 사회에서는 질병이나 범죄 등 여러 가지 사회문제가 대두될 수밖에 없어서 국가가 책임지고 소득분배 문제를 시정하여야 한다.

소득재분배 정책(income redistribution policy)은 이와 같은 불균등한 분배를 낳는 원인과 결과 그 자체를 수정하여 소득이 보다 균등하게 분배되도록 유도하는 정책을 말한다. 소득의 불균등이 나타나는 이유로는 주로 교육수준의 차이나 고용기회에 불평등이 주어지기 때문이다. 이러한 불균등을 해소하기 위해서 자본주의 사회에서는 조세제도를 이용하는 경우가 많다. 즉, 누진세 제도(progressive tax system)나 상속세, 증여세를 강화하는 방법을 많이 사용하고 있다.

3.2 사회보장제도

3.2.1 의 의

어떤 사회든지 정도의 차이는 있지만 장애인, 노약자, 병약자. 무의탁 노인, 청소년 등은 기본적으로 필요한 의식주 조차도 해결하기 어려운 계층이 있다. 이러한 사람들에게는 학업이나 취업의 기회가 아무리 공평하다고 하더라도 저소득 계층의 굴레에서 벗어나기는 어렵다. 흔히 이러한 사람들을 우리는 절대적 빈곤층이라고 하고 이들에게 의식주 문제를 국가에서 해결해 주고 있다.

이처럼 개인적 노력을 통해서 의식주 문제를 해결하기 어려운 절대적 빈곤층이나 실업으로 인해 더 이상 소득을 얻지 못하는 사람들에 대한 의식주, 교육, 의료 등 여러측면에서 주어지는 사회적 보살핌이 사회복지이다. 그리고 사회복지 문제를 해결하는 제도적인 장치를 사회보장제도이다.

사회보장이라는 용어는 1942년 국제노동기구(ILO : International Labor Organization)에 의해서 처음으로 사용되었다.

사회보장은 사회구성원이 직면하는 일정한 위험에 대해서 사회가 적절한 조직을 통해서 부여하는 보장이라고 정의되어 있다. 국제노동기구에 의하면 사회보장은 전체국민을 대상으로 최저생활이 보장되어야 하고, 모든 위험과 사고에 대하여 보호받고, 공공의 기관을 통하여 보호나 보장이 이루어져야 하는 것을 구성요소로 하고 있다.

즉 사회보장제도는 국민생활에 직면하는 불의의 위험이나 소득 중단이 발생하더라도 정상적인 생활을 유지할 수 있도록 그 생활을 보장하는 수단을 국가가 책임지고 수행하는 제도를 말한다.

우리나라의 사회보장기본법에 의하면 사회보장이란 질병, 장애, 노령, 실업, 사망 등 각종 사회적 위험으로부터 모든 국민을 보호하고 빈곤을 해소하며, 국민생활의 질을 향상시키기 위하여 제공되는 사회보험, 공공부조, 사회복지 서비스 및 관련 복지제도를 말한다.

3.2.2 사회보장제도의 종류

사회보험

사회보험이란 국민에게 발생하는 사회적 위험을 보험방식에 의하여 대처함으로써 국민건강과 소득을 보장하는 제도를 의미한다. 구체적으로 사회보험은 전체 국민을 대상으로 질병, 사망, 노령, 실업 기타 신체장애 등으로 인하여 활동능력의 상실과 소득의 감소가 발생하였을 때 보험방식에 의하여 그것을 보장하는 제도이다. 즉 사회보험은 국가가 사회정책을 수행하기 위해서 보험의 원리와 방식을 도입하여 만든 사회경제제도이다. 이처럼 사회보험은 운영과 방법론에서 보험기술과 보험원리를 따르고 있다는 점에서 공공부조와는 차이가 있다.

사회보험에서 다루는 보험사고로는 업무상의 재해, 질병, 분만, 장애. 사망. 유족, 노령 및 실업 등이 있으며, 이러한 보험사고는 몇가지 부문으로 나누어 진다. 즉 업무상의 재해에 대해서는 산업재해 보상보험(1964 실시), 질병과 부상에 대해서는 건강보험(1977 실시), 사망, 노령에 대해서는 연금보험(1988 실시), 실업에 대해서는 고용보험제도(1995 실시)가 있고, 이를 4대 보험이라고 한다. 한편 국가적으로 실시하는 사회보험은 개인적 필요와 능력에 따라 가입하는 사보험(私保險)과는 여러가지 측면에서 구별된다.

공공부조

공공부조(公共扶助)라 함은 국가 및 지방자치단체의 책임하에서 생활유지 능력이 없거나 생활이 어려운 국민의 최저생활을 보장하고 자립을 지원하는 제도를 의미한다. 공공부조는 가난한 사람에 대한 생활보호 기능에서 그 의의를 찾아 볼 수 있는데, 종래에는 공적부조라고 하였으나 최근에는 공공부조라는 용어로 변경되었다(1995년 12월 30일 제정).

사회복지 서비스

사회복지 서비스란 국가나 지방자치단체 및 민간부문의 도움을 필요로 하는 모든 국민에게 상담, 재활, 직업소개 및 지도, 사회복지시설의 이용 등을 제공하여 정상적인 생활이 가능하도록 지원하는 제도를 말한다. 이것은 종래의 사회보장 체계에서 일반적으로 사회복지로 불리던 것을 사회복지 서비스로 변경하였다. 사회복지 서비스와 관련해서는 모자, 장애인, 아동, 노인복지법, 모자보건법, 사회복지사업법 등이 적용되고 있다. 사회복지 서비스는 정상적인 일반 생활수준에서 탈락된 상태의 사회복지 서비스 대상자를 개별적 또는 집단적으로 보호 또는 처치함으로써 정상적인 일반 생활수준을 최소한도로 회복·보전하도록 도와주는 것이다.

무상교육제도

절대적 빈곤이 발생하는 원인중의 하나는 교육을 받을 수 있는 기회를 갖지 못해서 발생한 다. 한창 지식을 습득해야 할 청소년기에 경제적으로 어려움이 있으면 교육을 받기가 힘든다. 또 새로운 기술의 도입으로 인하여 정리해고 된 노동자들도 새로운 기술환경에 적응할 수 있는 직업교육을 받지 못하면 일자리를 찾을 수 없다. 이러한 사람들을 위해서 정부는 의무교육을 실시하거나 무상의 교육프로그램을 개발하여 교육받을 수 있는 기회를 제공하여야 한다. 이렇게 함으로써 교육으로 인한 빈부의 격차를 어느 정도 완화시킬 수 있다.

건강보험제도

인간은 살아가면서 의료혜택을 받을 필요가 있다. 그 때마다 의료비용을 자기가 전액 부담해야 한다면 경제적 부담 때문에 필요한 시기에 적절한 의료서비스를 받기 어렵다. 이러한 어려움을 해결하기 위해서 건강보험제도를 실시하고 있다. 건강보험제도는 평소 건강할 때 일정한 보험료를 납부하고 필요할 때 보험금으로 처리함으로써 의료비 부담을 줄이는 제도이다. 우리나라는 2000년 7월부터 국민건강보험법에 근거하여 국민의료보험과 직장의료보험이 통합되어 전 국민을 대상으로 하는 의료보험제도인 건강보험이 실시되고 있다.

건강보험이라는 명칭이 종전에는 의료보험이라고 불리다가 건강보험으로 불리는 이유는 기존의 의료보험은 주로 질병의 치료에 보험혜택이 주어진 반면, 건강보험은 질병의 치료는 물론 질병의 예방, 재활, 건강증진까지 보험혜택을 확대한다는 의지가 반영되어 있다.

이 제도는 생활유지능력이 있는 사람들을 대상으로 본인의 의사에 관계없이 가입과 보험금 납부가 법률에 의해 강제적으로 적용되는 제도이다. 강제적으로 적용하지 않을 경우에 질병의 위험이 큰 사람만 보험에 가입하는 역선택(逆選擇 : adverse selection)이 발생하여 보험재정의 파탄으로 원활한 건강보험 운영이 불가능하게 되기 때문이다.

이와 대조적으로 생활유지 능력이 없거나 어려운 사람들에게는 의료보호법을 제정하여 의료보호제도를 실시하고 있다.

연금제도

건강하고 생산활동에 종사할 수 있는 사람을 스스로 자신은 물론 가족의 생계비를 조달함으로써 생활을 할 수 있다. 그러나 질병, 노령 등으로 일을 할 수 없는 사람은 소득이 없기 때문에 생활하기가 어렵다. 이처럼 사고, 질병, 노령 등으로 소득이 없을 때를 대비하기 위하여 소득의 일부를 연금보험료로 납부하여 두었다가 소득이 없을 때 연금으로 생활할 수 있도록 하는 제도가 연금제도(pension system)이다.

우리나라는 1988년 상시근로자 10인 이상인 직장부터 처음으로 국민연금제도를 실시한 후 1992년 5인 이상 사업장까지 확대하였고, 1995년 농어민, 1999년 4월에는 도시지역 주민까지 실시하여 전국민이 연금에 가입할 수 있는 계기를 마련하였다. 기업체에서는 종전의 퇴직 일시금제도를 2005년 12월부터 기업연금제도로 점진적으로 변경하여 사용하도록 유도하고 있다.

우리나라의 연금제도는 소득활동을 할 때 보험료를 납부하다가 일정한 연령이나 갑작스런 사고나 질병 등으로 사망, 또는 장애를 입어 소득활동이 중단된 경우 본인이나 유족에게 일정금액을 연금으로 지급함으로써 기본생활을 유지할 수 있도록 정부가 운영하는 소득보장제도이다.

국민 기초생활 보장제도

우리나라에서는 생활보호법에 근거하여 실업이나 고령으로 인하여 생계를 유지하기 어려운 극빈계층을 대상으로 생활보호제도를 시행하고 있었다. 그러나 그동안 생활보호 대상자에게 지원되던 생활급여가 최저생계비에 미치지 못하는 수준이 되어 이를 보완하기 위하여 국민 기초생활 보장제를 도입하게 되었다. 이것은 전국민이 최저생계비를 획득할 수 있는 생활급여를 확대하여 기본적인 사회안정망을 구축하기 위한 제도이다. 국민 기초생활 보장제는 1999년 8월에 국민 기초생활 보장법이 제정됨으로써 법적 근거를 마련한 후 2000년 10월부터 실시되고 있다. 이 제도에 의하면 가족 전체의 소득을 합한 것이 최저생계비에 미치지 못하는 가구가 보호대상이 되며, 생계급여와 교육, 의료, 주거, 자활, 장제, 해산급여 등 7가지 종류의 급여 중에서 국가가 해당가구를 선정하여 제공한다.

우리나라에서 정부가 책정한 최저생계비는 1인 가구는 약 32만원, 2인 가구는 54만원, 3인 가구는 74만원, 4인 가구는 93만원, 5인 가구는 102만원이다. 실례로 4인 가구인 가족구성원들이 월 73만원을 근로소득으로 벌었다면 이 소득은 최저생계비에 미치지 못하기 때문에 정부에서 20만원을 생계비나 주거비 등의 명목으로 지원한다.

이러한 제도는 국민들의 근로의욕을 떨어뜨리는 부작용이 있기 때문에 신중을 기해서 실시하고, 정부의 재정상태도 함께 고려해서 실시하여야 한다.

▶ 고령화사회(aging society)

유엔의 규정에 따른 분류로 '고령화사회'란 65세 이상 노령인구가 전체 인구에서 7%를 차지하는 사회를 말한다. 한편 노인인구의 비율이 14%를 넘으면 '고령사회', 20% 이상이면 '초고령사회(super aged society)'라고 규정되고 있다. 고령화 요인은 출생률 및 사망률의 저하에 있으며 평균수명이 긴 나라가 선진국이고 평화롭고 안정된 사회를 상징하는 의미에서 장수는 인간의 소망이기도 하지만, 반면 고령에 따르는 질병 · 빈곤 · 고독 · 무직업 등에 대응하는 사회경제적 대책이 고령화사회의 당면과제이다. 지난 1973년 우리나라 사람의 평균 수명은 63.1세에 불과했으나 그로부터 30여년이 지난 2000년 현재 평균수명은 75.9세로 12.8세 연자외었다. 평균수명의 연장에 따라 우리나라도 지난 2001년부터 고령화사회로 진입했으며, 이런 추세로 나간다면 오는 2022년에는 노령인구 14.4%를 기록 본격 고령사회에 접어들 전망이다.

<한국경제신문, 2005>

제9장 화폐와 금융

1. 기초개념

1.1 화폐의 정의와 기능

1.1.1 화폐의 정의

우리 생활은 돈과 밀접한 관련을 맺으면서 이루어진다. 돈 때문에 행복한 생활을 하기도 하고 또 돈 때문에 여러 가지 문제가 발생하여 인생을 망치는 경우도 많이 있다. 돈이 있을 때 그렇게도 많던 친구가 돈이 없으니 간데 없이 사라지는 등 돈의 효험은 대단히 크다고 볼 수 있다. 이처럼 특히 자본주의 사회에서 돈은 아주 중요한 수단으로 간주되어 오고 있으며, 국민경제에서도 큰 역할을 하고 있다. 이처럼 중요한 돈을 경제학에서는 화폐라고 하는데 화폐란 상품을 매매하고, 채권·채무관계를 청산하는 등 거래에서 일반적으로 통용되는 지불수단을 말한다. 이러한 화폐에 대해서 고전학파와 케인즈의 견해가 대별된다.

먼저 고전학파 경제학자들은 화폐의 교환수단을 강조하여 화폐는 실물경제를 덮고 있는 단순한 베일(veil)에 지나지 않는다는 것이다. 즉 화폐는 실물경제의 윤활유로써 소극적인 역할을 한다는 것이다. 고전학파 경제학자들은 화폐를 인간의 육체에서 흐르는 피의 역할과 같이 우리 육체를 움직이는데 필요한 윤활유로서 역할을 한다고 보고 있다. 즉 피는 육체의 활동을 도와주는 역할을 할 뿐 육체의 크기를 증가시킬 수 없다고 보고 있다.

그러나 케인즈에 의하면 화폐는 가치저장 기능으로서 실물경제를 덮고 있는 단순한 베일이 아니라, 실물경제에 적극적으로 영향을 주어 물가의 변동과 산출량에 큰 영향을 준다는 것이다. 즉 화폐는 실물경제의 크기에 영향을 주고 있다는 것이다. 즉 피의 양이 많을수록 육체의 크기가 커질 수 있다는 것이다.

1.1.2 화폐의 기능

본질적 기능

- **교환수단(medium of exchange)** : 화폐는 상품의 거래를 중개시켜 주는 역할을 한다는 것으로 고전파에서 강조한 것이다. 화폐가 없었다면 필요한 물건과 물건을 맞바꾸어야 하는데 바꿀 사람을 만날 때까지 기다려야 하는 쌍방의 욕구가 일치되어야 하는 불편이 있다. 그러나 화폐가 있기 때문에 생산한 물건을 팔 때 화폐로 바꾸고, 바꾼 화폐를 가지고 필요한 물건을 사면된다.
- **가치척도** : 재화의 교환비율을 나타내 주는 것으로, 화폐가 있으면 물건값을 하나의 통화단위로 나타낼 수 있으므로 모든 물건의 가치를 쉽게 비교할 수 있다.

파생적 기능

- **가치의 저장수단** : 케인즈가 중시한 것으로 화폐는 자산의 가치를 유지하는 수단이 된다. 즉 화폐를 가지고 있으면 어제나 필요한 물건을 살 수 있다. 따라서 화폐를 다른 물건을 살 때까지 보유하고 있는 것은 나중에 필요할 지도 모르는 물건을 살 수 있는 힘을 저장하는 것과 같다. 그러나 이러한 기능이 제대로 수행되기 위해서는 화폐의 가치가 안정되어야 한다.
- **지불수단** : 판매자와 구매자가 분리되어 있고, 시차(時差)가 존재하는 경우에 사후적 지불로 사용되는 것이다. 즉 외상값을 지불하던지 세금을 납부하는 것을 의미한다.

1.1.3 화폐의 발달과정

물품(상품)화폐

물물교환의 불편을 없애기 위해서 누구나 즐겨이 받아들일 수 있는 물건을 화폐로 사용하는 것이다(담배, 소금, 곡물, 布, 가죽, 금, 은).

금속화폐

칭량화폐(칭량화폐) : 귀금속의 순도와 무게를 거래할 때마다 직접 측정하여 사용하던 화폐이다.

주조화폐(coin) : 일정한 량의 금속을 소재로 하여 금속편(金屬片)에 양과 질을 보증하는 각인을 찍어 사용하는 화폐로서 오늘날의 동전과 같다.

그레샴의 법칙(Gresham's Law)

악화(惡貨)는 양화(良貨)를 구축한다는 것이다. 이것은 소재가치가 다르고 명목가치가 같은 2가지 종류의 화폐가 통용되면, 소재가치가 높은 화폐는 유통계에서 사라지고 소재가치가 낮은 화폐만 유통계에 남게 되는 현상을 말한다. 즉 금으로 만든 금화(金貨) 500원권 화폐와 은으로 만든 은화(銀貨) 500원권 화폐를 동시에 유통시키면 소재가치가 높은 금화는 개인 주머니 속으로 들어가서 화폐로서 역할을 하지 못하고, 시중에 유통되는 화폐는 소재가치가 떨어지는 은화만이 유통된다는 것을 말한다.

지폐와 신용화폐(수표나 어음)

경제가 발전함에 따라서 그 규모가 커지고, 화폐소지에 대한 불편이 가중되어 소재가치가 없는 지폐나 신용화폐가 등장하였다. 오늘날에는 지폐나 수표 등이 가장 큰 비중을 차지하고 있다.

전자화폐

앞으로의 경제규모의 확대와 전자·통신수단의 발달로 인하여 지폐나 수표보다

한 단계 앞선 전자화폐의 발달이 예상된다. 국내 전자화폐 개발현황과 시장구도를 살펴보면 다음과 같다.

전자화폐에 대한 논의와 개발사업은 1990년대 중반부터 추진되어 왔으나 본격적으로 논의되기 시작한 것은 1999년 이후 일이다. 국내 전자화폐 개발은 IC카드형 전자화폐와 네트워크형 전자화폐로 양분되어 발전하고 있다. 마스터카드 계열의 몬덱스, 비자카드계열의 V캐시, 금융단 공동의 K캐시, 삼성－LG－국민카드 컨소시엄의 A캐시, 부산은행의 마이비(Mybi) 등 5대 전자화폐가 IC카드형 전자화폐 시장을 주도하고 있다. 네트워크형은 e코인, N캐시, 사이버패스 등 20여개의 업체가 시장선점에 나서고 있다.

IC카드형은 신용카드와 같은 플라스틱 카드에 결제 프로토콜이 내장된 IC칩이 부착되어 있어 화폐가치를 저장해 두었다가 사용하는 방식이다. 휴대가 간편해서 공중전화나 교통카드, 편의점, 관공서의 민원서류 발급기 등 신용카드나 네트워크형으로 결제가 곤란한 곳에서 편리하게 사용할 수 있다는 장점이 있다. 그러나 단말기 보급이나 결제인프라 확충 등 초기투자비용이 엄청나게 든다는 것이 문제점으로 지적되고 있다.

네트워크형 전자화폐는 컴퓨터 등 전자매체에 전자지불 솔루션을 설치한 후 화폐가치를 저장 또는 이체하여 결제하는 방식이다. 최근 들어 휴대폰이나 무선을 이용한 모빌형이나 CD롬에 내장된 인증정보를 자동으로 확인하는 CD형 등 다양한 형태로 발전하는 경향을 보이고 있다. 특히 인터넷상의 디지털 상품판매가 계속 늘어나면서 이를 대상으로 하는 소액결제용 인터넷 선불카드가 수없이 등장하고 있는데, 이들은 대체로 은행, 편의점, 서점 등에서 구입한 후 인터넷 사이트에 접속하여 상품을 구매하고 카드의 은박부분을 긁어 나타나는 고유번호를 입력하면 자동으로 결제되는 방식이다.

그러나 머지않아 IC카드와 네트워크형은 하나로 통합되어 오프라인과 온라인 결제에 겸용할 수 있도록 발전할 것이라는 견해가 학계나 업계의 공통된 전망이다.

1.1.4 통화지표

개 념

통화지표란 시중에 유통되고 있는 화폐의 양을 통화량이라 하고, 통화량을 측정하는 기준이 되는 지표를 말한다. 즉 위에서 화폐는 지불수단으로 정의하였으나 어떤 기능까지를 화폐로 볼 것인가 하는 것이 문제가 되고 있다. 통화지표에는 크게 M_1, M_2, MCT, M_3가 있다.

통화지표의 종류

- **통화량(M_1)** : 일반적으로 교환수단이나 지불수단으로 사용되고 있는 금융자산을 말한다. 여기에는 민간이 보유하고 있는 현금과 수표를 발행하거나 바로 현금으로 바꾸어 거래에 이용할 수 있는 요구불 예금을 합한 것이다. 여기에서 요구불예금(demand deposit)이란 고객이 요구할 때 은행이 즉시 지불해 주어야 하는 보통예금, 당좌예금, 별단예금을 말한다.

통화량(M_1)＝현금통화(민간보유현금)＋요구불예금(예금통화)

- **총통화(M_2)** : 총통화는 화폐의 가치저장 기능을 중시하여 통화량을 측정한 것으로 통화량에서 저축성예금(savings deposit)과 거주자의 외화예금을 합계해서 나타낸 것이다. 이것은 금융정책에서 중요한 의미로 사용되고 있다.

총통화(M_2) = 통화량(M_1) + 저축성예금 + 외화예금
= 통화량(M_1) + 준통화(準通貨)

M_2A = M_2 − 장기 저축성예금(2년 이상)

M_2B = M_2A + 양도성 예금증서 + 유동성이 높은 비통화 금융기관의 금융상품

여기에서 준통화(quasi-money)는 정기예금이나 거주자의 외화예금과 같이 일정한 이자를 포기하면 현금화 할 수 있는 자산으로 저축성예금과 외화예금을 말한다.

그리고 M_2A는 M_2에서 유동성이 매우 낮은 장기저축성 예금을 제외한 단기 유동성 통화지표이다(즉 $M_2A = M_2 -$ 장기저축성예금). 또한 M_2B는 M_2A에 양도성 예금증서(CD : Certificate of Deposit)와 유동성이 높은 비통화 금융기관의 금융상품을 포함한 것을 말한다.

$$MCT = M_2 + CD(\text{양도성 예금증서}) + \text{금전신탁}$$

- **총유동성(M_3)** : 투자신탁회사, 종합금융회사와 같은 비통화금융기관의 급속한 성장에 따라 이들 금융기관이 공급하는 저축수단과 채권 등을 화폐의 범주에 넣어서 측정하는 것이다.

총유동성(M_3)＝총통화(M_2)＋비통화금융기관의 예수금＋금융채권
발행액＋상업어음 매출액＋양도성 예금증서 발행액
＋환매채매도액＋표지어음매출액

우리나라에서는 중심통화지표로 M_3를 사용하고 있으며, M_1과 M_2A를 통화정책의 수립과 집행의 보조지표로 사용하고 있다.

중심통화 지표의 조건으로는 통화관리 당국이 조정·통제할 수 있으며, 실물경제(물가, 경제성장)와 밀접한 관계가 있어야 한다. 그리고 통화관리 당국이 통화지표의 변화를 신속하게 파악할 수 있어야 한다.

표 9-1 주요 통화지표 (단위 : 10억원)

	화폐발행액	본원통화	통화(M_1)	총통화(M_2)	총유동성(M_3)
1985	3,569.5	4,319.0	7,557.8	28,565.2	55,450.0
1990	8,228.1	13,811.2	44,131.7	145,603.7	198,123.8
1995	17,323.8	29,305.4	101,665.9	370,600.4	527,027.0
2000	21,424.9	28,238.1	196,714.5	707,698.9	911,641.8
2004	24,882.3	38,791.8	320,399.5	945,109.0	1,286,162.8

자료 : 한국은행, 『조사통계월보』, 2005년 5월호. 금액은 기간말 잔액기준임.

▶ 금융상품의 종류

① 양도성 예금증서(CD : Certificate of Deposit) : 은행에서 자금조달 수단의 하나로 일종의 단기(91-270일 정도) 정기예금 증서를 말한다. 무기명으로 되어 있으며, 타인에게 양도가 가능하여 유동성이 높은 상품으로 중도에 해약이 되지 않는다.

② 금전신탁 : 은행이 고객의 예금을 받아 운용한 뒤 일정기간 후에 운용실적에 따라서 원금과 수익을 고객에게 지급하는 것을 말한다.

③ 환매조건부 채권(RP : Repurchase) : 금융기관이 고객에게 채권을 판매한 후 나중에 일정한 수익을 가산하여 고객으로부터 다시 사들이는 채권을 말한다.

④ 금융채권 발행 : 금융기관이 자금을 조달하기 위해서 발행하는 채권으로 중소기업금융채 권(기업은행), 주택채권(주택은행), 상업금융채권(산업은행)이 있다.

⑤ 상업어음 : 기업이 상거래에 따른 대금결제를 위해서 발행하는 어음으로 진성어음(real bill)이라고 한다. 그리고 융통어음은 기업이 자금조달을 위해서 발행하는 어음이다.

⑥ 표지어음 : 주로 은행이나 종합금융회사에서 발행하는 것으로 기업이 발행한 어음을 사들인 금융기관이 이 어음을 근거로 별도의 자체어음을 발행해 일반투자자에 파는 어음을 말한다.

2. 화폐의 공급

2.1 화폐공급제도의 역사적 고찰

2.1.1 금본위제도

금본위제도(金本位制度)란 금을 본위로 하는 화폐제도로써 국가가 보유한 금의 일정량과 연결하여 화폐를 발행하는 제도를 의미한다.

이 제도의 장점은 국제통화가치의 안정을 유지할 수 있고, 화폐발행의 남용을 억제하여 물가안정을 도모함과 아울러 환율의 안정과 국제수지의 자동적 균형을 유지할 수 있다. 그리고 단점은 대외균형을 위해서 국내균형이 희생된다. 즉 국내경기에 대응하여 통화량을 조절할 수 없다. 또 금 태환(兌換)을 위한 금 보유에 사회적 비용이 많이 든다.

2.1.2 관리통화제도

한 나라 통화의 수량을 金보유량의 제약으로부터 벗어나서 화폐관리 당국이 자국의 경제사정에 적합하게 화폐수량을 조절하는 화폐발행제도이다. 이 제도의 특징은 완전고용과 물가안정을 위해서 인위적으로 통화량의 조절이 가능하지만, 화폐발행의 남용에 따른 인플레이션의 위험도 있다. 이 제도는 케인즈 경제학이 대두된 이후 채택되어 사용하여 오다가, 오늘날에는 거의 모든 국가에서 사용하고 있다.

2.2 중앙은행의 화폐공급

2.2.1 중앙은행의 기능

발권은행(發券銀行)

중앙은행은 은행권을 발행하는 독점기관으로 거의 대부분의 나라에서 중앙은행이 이 역할을 담당하고 있다.

정부의 은행

중앙은행은 정부를 대상으로 하여 자금을 공급하거나 조달한다. 정부는 정부자금을 중앙은행에 예치하고 필요한 경우에 인출하여 사용한다 (국고금 관리). 그리고 정부는 국채를 발행하여 중앙은행에 인수시키고 자금을 차입할 수 있다.

은행의 은행

중앙은행은 일반은행을 대상으로 여러 가지 금융활동을 한다. 일반은행은 중앙은행에 예금을 하기도 하고, 또 지불준비금이 부족할 때는 중앙은행으로부터 차입을 하기도 한다. 일반은행이 중앙은행으로부터 차입은 주로 상업어음을 재할인 받음으로써 이루어진다.

금융정책 결정기관

중앙은행은 통화가치의 안정과 국민경제의 발전을 위한 금융정책을 결정하는 최고 의사결정기구로 현금 통화량을 조정하거나 금융정책의 수단으로 통화량을 규제한다.

외국환 관리은행

중앙은행은 국제수지의 불균형을 조정하고, 환율을 안정시키기 위해서 외환관리 업무를 수행한다.

2.2.2 중앙은행의 화폐공급 : 본원통화

개 념

통화는 현금통화와 예금통화로 구분되는데, 지폐나 동전 같은 현금통화는 화폐발행 권한이 있는 중앙은행에서 발행한다. 중앙은행은 발행된 현금을 금융기관에 대출해 주거나 금융기관이 보유하고 있는 외환을 매입하거나 정부가 중앙은행에 한 예금을 돌려주는 등의 방법으로 현금통화를 공급한다. 이처럼 중앙은행에서 공급한 통화를 본원통화(RB, reserve bae)라 한다. 본원통화란 중앙은행의 통화성 부채를 나타낸 것으로 예금은행의 신용창조의 토대가 된다. 즉 중앙은행의 창구를 통해서 시중에 나온 현금을 의미한다.

본원통화의 구성

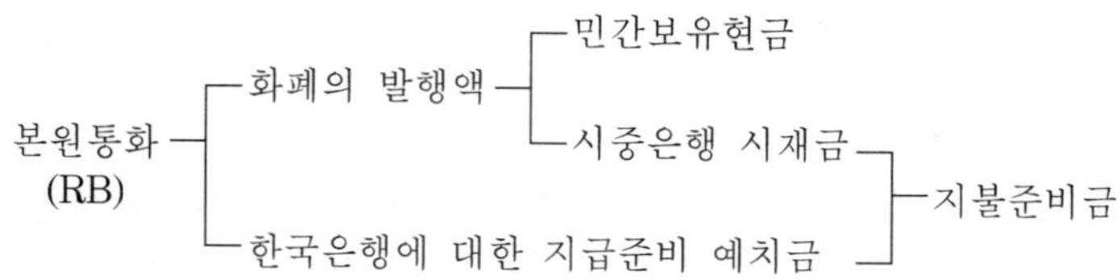

본원통화의 증감요인

본원통화의 증감요인은 여러 가지가 있는데 실례를 들면 다음과 같다.

첫째, 정부에 대한 중앙은행의 여신을 통하여 통화량을 증가시킬 수 있다. 중앙은행은 정부가 필요한 자금을 공급해 주는 역할을 해준다.

둘째, 중앙은행의 자산증가를 통해서 본원통화량을 증가시킬 수 있다. 중앙은행은 민간부문에 대해서 부동산을 취득하는 행위나 기타 자산을 취득하면서 본원통화의 공급을 증가시킨다.

셋째, 민간은행에 대한 중앙은행의 대출을 통하여 본원통화량을 증가시킬 수 있다. 중앙은행은 민간은행이 자금이 부족할 때 자금을 융자하거나 재할인율을 인하하여 통화량을 증가시킨다.

넷째, 유가증권의 매입이나 외화자산의 증가를 통하여 통화량을 증가시킨다. 중앙은행은 통화안정증권이나 채권 등의 매입을 통하여 본원통화를 증가시킨다. 그리고 외화자산을 매입하여 통화량을 증가시킨다.

그리고 정부예금의 증가, 중앙은행 대출의 회수, 유가증권 매각, 외국기관의 예금증가 등의 요인이 있으면 본원통화는 감소한다.

2.3 일반은행의 화폐공급

2.3.1 일반은행의 역할

일반은행은 이윤극대화를 추구하는 사기업이다. 그러나 일반은행이 보통의 다른 기업과 다른점은 자기자본비율이 아주 낮다는 점과 예금화폐를 창조한다는 점이다. 자금이 필요한 사람과 여유가 있는 사람이 직접 거래하는 불편을 은행이 중개하여 이들을 서로 연결시켜주는 역할을 한다. 이러한 역할을 통하여 자금의 수요자와 공급자를 중개해주는 역할을 통하여 시간과 비용을 줄일 수 있다.

자금의 수요자와 공급자가 직접 거래하게 되면 자금의 규모나 거래조건이 곤란하여 거래가 성립될 가능성이 어렵다. 이러한 문제점을 은행이 해결해 줄 수 있다.

은행에서 돈을 빌리는 사람의 신용상태를 정확하게 평가할 수 있기 때문에 개인이 직접돈을 빌려주는 경우보다 안전하게 돈을 받을 수 있다.

일반은행은 자금결제를 원활하게 해준다. 즉 멀리 떨어져 있는 개인이나 기업에게 이루어진 거래에 따라 지급하거나 받아야 할 자금을 대신하여 결제하여 준다. 은행의 이러한 서비스는 현금을 직접 옮기지 않고 온라인 입출금이나 계좌이체 등을 통하여 돈을 안전하게 거래할 수 있도록 한다.

일반은행은 소액예금을 통하여 목돈마련을 해주며, 전세자금이나 주택자금 등을 제공하기도 하고, 각종 공과금 수납을 맡아서 하는 기능을 하기도 한다.

2.3.2 일반은행의 신용창조 : 파생통화의 창출

시중은행은 은행권을 발행할 수는 없지만 예금통화를 창조함으로써 통화량을 증감시킬 수 있다. 그 과정을 보면 다음과 같다. 현금통화 중 일부는 시중에 현금으로 남고, 나머지는 은행으로 예금된다. 은행은 예금 중 일정비율을 예금자가 찾아갈 것을 대비하여 지불준비금으로 한국은행에 예치하거나 현금으로 가지고 있고, 나머지는 대출 등의 형태로 일반인에게 공급한다. 이렇게 일반인에게 공급된 통화 중 일부는 다시 은행에 예금으로 들어오면 이 중 일부는 은행이 지불준비금으로 사용하고 지불준비금을 제외한 나머지를 대출한다. 이러한 과정을 되풀이하여 일반은행이 예금통화를 새롭게 만들어 내는 현상을 신용창조라 한다. 여기서 신용창조(信用創造)란 은행이 본원적 예금을 기초로 하여 대출을 통해서 예금통화를 창출하는 것이다. 본원적 예금(primary deposits)이란 자기집에 있던 현금을 은행에 예치한 경우를 말하고 본원적 예금을 바탕으로 새롭게 창출된 예금을 파생적 예금(derivative deposits)이라고 한다. 이것은 은행은 예금의 연속성과 체류성을 전제로 하고, 은행조직 밖으로 현금누출이 없고, 시중은행은 요구불예금만 가지며, 또 초과지불준비금은 존재하지 않는다는 가정하에서 신용창조 과정을 보면 다음과 같다.

본원적예금이 100만원이고 법적지불준비금이 20%라면 최초의 A은행은 80만원을 창조하고 다음의 B은행은 64만원(법적지준금, 16만원)의 파생적예금을 창조하게 될 것이다. 따라서 은행 전체로는 400만원 파생적 예금을 창조하게 된다. 이를 수식으로 나타내면 다음과 같다.

신용창조액 = 본원적예금 · (1 / 법적지불준비율)

2.3.3 은행의 자기자본 비율

우리가 사업을 할 때 모든 사업자금을 자기의 돈으로 사업을 하면 자기자본비율은 100%가 된다. 그러나 모든 자금을 빌려서하는 경우 자기자본비율은 0%가 된다. 이와 같이 자기자본비율이 낮으면 이자부담이 높기 때문에 안정적으로 사업을 하기 불가능하다. 이와 마찬가지로 은행도 자기자본비율이 낮으면 도산할 우려가 많아서 규제를 하고 있는 경우가 일반적이다.

은행의 자기자본(BIS : Bank for International Settlement)비율이란 은행의 자기자본 비율로 국제결제 은행은 1988년 은행의 건전성 유지를 위해서 위험성이 높은 대출액의 8%까지 자기자본을 확보해야 한다는 것을 말한다.

금융기관은 자기자본 비율(BIS)을 높이기 위해서 증자를 통하여 자기자본을 확충하거나 위험성이 높은 대출을 줄여야 한다. 우리나라에서도 BIS비율이 낮은 금융기관을 퇴출시키는 등 여러 가지 조치를 취하는 등 대책을 추진하고 있다.

국내은행의 2000년말 BIS비율을 보면 다음과 같다. 한빛은행(10.1%), 조흥은행(9.6%), 서울은행(10.0%), 외환은행(9.0%), 국민은행(11.2%), 주택은행(10.8%), 신한은행(12.1%), 하나은행(10.5%), 한미은행(8.8%), 평화은행(10.7%), 기업은행(10.8%), 대구은행(11.7%), 부산은행(10.5%)이다.

그리고 신BIS(국제결제은행) 자기자본 규제협약은 기존협약을 대체해 2004년부터 시행된 자산건전성 규제기준을 말한다. 금융환경의 급격한 변화로 기존 BIS비율로는 금융기관의 적정성을 평가하는 데 한계가 드러남에 따라 BIS바젤은행 감독위원회가 새로운 협약을 제시하고 있다.

$$\text{자기자본 비율(BIS)} = \frac{\text{자기자본}}{\text{위험성이 높은 대출액}} \times 100$$

3. 화폐수요이론

3.1 화폐수요이론의 의의

화폐수요는 일정시점(저량개념)에서 개인들이 보유하고 있는 화폐의 양에 대해서 고찰하는 것으로 고전학파와 케인즈의 견해로 대별된다. 고전학파이론으로는 화폐수량설과 신화폐수량설로 이어지며 화폐수요가 안정적으로 본다. 케인즈학파 이론으로는 유동성 선호설과 재고이론(W. J. Baumol), 자산선택이론(Tobin)으로 이어지며 화폐수요가 불안정하다고 본다. 여기에서는 이들에 대한 개괄적인 내용을 살펴보기로 한다.

3.2 화폐수요에 대한 학설

3.2.1 고전학파의 화폐수요이론 : 화폐수량설

고전학파의 화폐수량설은 물가는 통화량의 크기에 의해서 결정된다는 기본명제로부터 시작하여 화폐수요이론을 설명하고 있다.

교환방정식(equation of exchange) : **피셔**(I. Fisher)

피셔(I. Fisher)가 제시한 교환방정식은 일정기간 동안의 총지출액(MV)과 총거래액(PT)이 일치한다는 것에서 MV=PT로 표시된다. 여기서 M은 통화량이고, V는 화폐의 거래유통속도, P는 물가수준, T는 어떤 기간동안 실질거래량을 나타내고 있다.

이 식을 T는 중간생산물과 최종생산물을 포함하는 총 거래량이다. 그리고 일정기간 동안에 V와 T가 일정하다면 물가(P)는 통화량(M)의 크기에 정비례한다고 볼 수 있다.

중간생산물을 제외한 최종생산물만을 고려하여 교환방정식을 정리하면 MV=PY가 된다. 여기서 Y는 실질국민소득이고, V는 화폐의 소득유통속도이다. V는 일정기간 동안에 최종생산물 거래에 사용된 화폐 각 단위의 평균회전수를 의미한다.

T와 Y는 고전학파 학자들은 완전고용을 전제로 하기 때문에 단기에는 대체로 일정하다고 보고 있다. 따라서 통화량과 물가는 정비례한다는 것이다.

이 식을 화폐수요이론에 적용하면 $M_d = \frac{1}{V}PY$로 나타낼 수 있다. 따라서

피셔의 교환방정식은 화폐를 교환의 매개수단으로 보고 있으며, 화폐에 대한 수요는 총거래량(T)이나 명목국민소득(PY)이 증가함에 따라서 비례적으로 증가한다.

> ▶ 유통속도(velocity of money)의 의미
>
> 화폐의 거래유통속도(V)는 일정기간 동안에 화폐 1단위가 상품거래를 위해서 평균적으로 몇 번씩 사용되었는가 하는 횟수를 나타낸 것이다. 이 유통속도는 소득의 지출 방법이나 일반적인 화폐사용의 관습에 의존하기 때문에 천재지변이나 전쟁 등 큰 혼란이 일어나지 않는 한 일정하다고 볼 수 있다. 일반적으로 유통속도는 이자율이 상승하거나, 금융기술의 혁신이 있거나, 지불수단의 효율성이 있거나, 급여의 빈도수가 많을수록 빨라진다.

● 현금잔고방정식(cash balance equation) : 마샬(A. Marshall)

마샬에 따르면 소득의 수입시점과 지출시점이 완전히 일치하지 않기 때문에 그 時差를 조절하기 위해서 화폐를 보유한다는 것이다. 이 이론은 화폐의 저장기능을 전제로 하고 있다.

마샬에 의하면 명목국민소득수준(PY)에 대하여 사람들이 보유하고자 하는 화폐의 비율을 k라고 하면 화폐수요함수는 다음과 같다.

$$M_d = kPY$$

여기서 k는 마샬의 k라 하고, 이 식을 현금잔고방정식 또는 캠브리지방정식이라고 한다. k는 명목소득 중에서 현금의 형태로 보유하고자 하는 비율이라고 볼 수 있으며, 이것은 거래관습을 포함한 사회관습에 의해서 결정된다. 사회관습은 전쟁이나 천재지변이 없는 한 일정하기 때문에 k의 값은 일정하다고 볼 수 있다. 이 식에서 화폐수요는 소득(Y)과 물가(P)에정비례한다.

이 식을 변화시키면 $\frac{M_d}{P} = kY$로 되어, 실질화폐수요 $(\frac{M_d}{P})$는 실질소득(Y)의 크기에 의해서 결정된다. 여기서 k는 교환방정식의 유통속도의 역수(1/V)과 같다고 볼 수 있다 $(k=\frac{1}{V})$.

이 이론의 특징은 경제주체의 현금보유 동기와 화폐수요의 결정 요인을 제시하고 있다. 즉 Md=kPY에서 소득의 증가와 물가(P)의 상승에 의해서 화폐수요를 증가시키고, 또 마샬 k에 의해서도 화폐의 수요는 증가한다.

3.2.2 케인즈의 화폐수요이론 : 유동성선호설

의 의

케인즈의 화폐수요이론을 유동성선호설이라고 한다. 여기서 유동성(流動性 : liquidity)이란 자산을 현재상태에서 가치를 인하시키지 않고 현금과 교환될 수 있는 용이성을 나타낸 것이다. 화폐는 유동성이 가장 큰 자산이므로 화폐를 선호한다는 것은 곧 유동성선호를 의미하는 것이 된다. 케인즈는 개인이 화폐를 수요하는 동기를 거래적 동기, 예비적 동기, 투기적 동기로 보고 있다.

화폐수요의 동기

- 거래적(去來的) 동기 : 거래적 동기란 가계와 기업이 일상의 거래를 위해서 어느 정도 화폐를 보유하는 것을 거래적 동기의 화폐수요라 한다. 일반적으로 소득이 증가하면 거래적 동기의 화폐수요는 증가하기 때문에 거래적 동기의 화폐수요는 소득의 증가함수이다.
- 예비적(豫備的) 동기(precautionary motive) : 가계나 기업이 미래에 돌발적으로 일어날지도 모를 사태에 대비하기 위해서 화폐를 보유하는 것이다. 예비적 동기의 화폐수요도 소득이 증가하면 더 많은 화폐를 보유하기 때문에 소득의 증가함수이다.

  따라서 거래적 동기와 예비적 동기는 소득의 함수이기 때문에 화폐수량설과 대동소이하며, 화폐의 기능을 본질적으로 거래의 수단(교환수단)으로 보고 있다.
- 투기적(投機的) 동기(speculative motive) : 투기적 동기의 화폐수요란 경제주체가 보다 유리한 투자기회를 갖기 위해서 화폐를 보유한다는 것이다. 케인즈는 이자율이 높으면(채권가격이 낮으면) 채권을 매입하기 때문에 투기적 동기의 화폐수요는 감소하고, 이자율이 낮으면(채권가격이 높으면) 채권을 매각하여 화폐를 보유하기 때문에 투기적 동기의 화폐수요는 증가한다고 보고 있다. 따라서 투기적 동기의 화폐수요는 이자율의 감소함수가 된다.

이상과 같이 유동성선호설에 의하면 화폐의 수요는 거래적, 예비적, 투기적 동기에 의한 화폐수요로 되어 있다. 거래적, 예비적 동기의 화폐수요는 소득의 증가함수이고, 투기적 동기의 화폐수요는 이자율의 감소함수이므로 총화폐수요(M_d)는 소득(Y)과 이자율(i)의 함수이다.

즉, $M_d = L(Y, i)$이 된다. 따라서 소득이 증가하면 화폐수요는 증가하고, 이자율이 상승하면 화폐수요는 감소한다.

▶ 헤지펀드의 유용성

헤지펀드는 주어진 투자위험(리스크)에 비해 높은 수익률을 고객에게 제공하는게 주목적이다. 고객들도 리스크를 수용하는 대신 더 나은 수익률을 바라기 때문에 헤지펀드는 계속 늘어날 것이다.

노벨경제학상 수상자인 마이런 숄즈박사는 헤지펀드의 순기능을 강조하였다. 모든 헤지펀드가 다 나쁜 것은 아니다. 투기성격이 강한 기회주위적(opportunistic)인 헤지펀드도 일부 있지만 상대가치(relative value)에 따라 투자하는 헤지펀드가 더 많다. 예를 들어 자산가치가 모두 떨어졌을 때 전통적인 금융기관은 이를 매수하지 않는다. 이 때 헤지펀드가 매수에 나서 시장에 유동성을 제공할 수 있다.

한국이 IMF체제로 전락한 것이 헤지펀드의 탓이라는 주장도 있다. 이것은 한국정부의 잘못된 경제정책을 일부 헤지펀드가 이용했을 뿐 헤지펀드가 근본원인을 제공한 것은 아니다.

한국경제가 도약하기 위해서는 구조조정을 계속 진행해야 한다. 침대 밑에 뭔가 위험한 것을 숨겨놓고 그 위에서 편하게 잠잘 수는 없는 것이다. 미국도 1920-30년대(대공황)에 금융기관과 기업의 상당수가 망한 뒤 철저한 구조조종을 한 결과 다시 번영할 수 있었다.

숄즈박사는 97년 「옵션가격 결정모형」을 발표해 피셔 블랙교수와 함께 노벨경제학상을 받았으며, 현재 헤지펀드인 「오크힐플래티넘파트너스」 사장이며, 스탠퍼드대학 경영대학원 석좌교수이기도 하다.

3.2.3 신화폐수량설 : 프리드먼(M. Friedman)

의 의

고전파의 화폐수량설은 화폐의 유통속도가 일정하다는 가정에서 소득과 물가의 결정에 관한 이론을 화폐의 수요측면에서 파악하였다. 이에 대하여 프리드만(M. Friedman)은 유통속도가 일정하다는 가정을 포기하고, 화폐에 대한 수요도 다른 재화나 자산과 마찬가지로 취급하여 여러 가지 요인에 의해서 화폐의 수요가 결정된다고 보고 있다.

화폐수요함수의 구성요소

프리드먼(M. Friedman)은 사람들이 화폐를 보유할 때 명목화폐량이 아니라 실질화폐량을 수요한다고 생각해서 화폐수요함수를 다음과 같이 구성한다.

$$\frac{M_d}{P} = f(Y_p,\ r_e,\ r_m,\ r_b,\ \pi) \qquad (9\text{-}1)$$

여기서 Y_p : 실질소득(항상소득), r_e : 주식의 예상수익률, r_m : 화폐의 예상수익률, r_b : 채권의 예상수익률, π : 예상물가 상승률을 나타낸다. 이러한 것들은 모두 실질화폐 수요에 영향을 주기 때문에 화폐보유성향을 k라고 하면 $k=k(r_m, r_e, r_b, \pi)$로 표시된다.

이상에서와 같이 신화폐수량설은 실질화폐수요를 이자율과 실질소득의 함수로 보는 점에서는 케인즈의 화폐수요와 유사하다. 그러나 r_b, r_e,, r_m, π가 k에 미치는 영향이 아주 적기 때문에 이자율의 영향을 중시하는 케인즈의 화폐수요함수와는 다르다. 따라서 프리드만의 신화폐수량설은 실질화폐수요를 실질소득의 함수로 보는 고전파의 화폐수량설과 비슷하다.

▶ 20세기를 이끈 경제학자 : 프리드먼(M. Friedman)

케네디의 연설문을 읽고는 '그것 참 옳은 말인데 왜 시비를 걸까 하고 반문하기 십상이다.' 프리드먼에 따르면 케네디의 말은 전·후반부 모두 틀린 것이다. '나라가 나를 위해 해 줄 수 있는 것이 무엇인가를 묻지 말라'는 것은 국가란 전지전능한 존재라서 국민이 원하는 것은 무엇이든지 다 해 줄 수 있다는 착각에 바탕을 둔 것이므로 틀렸다는 얘기다. '내가 나라를 위해 할 수 있는 일이 무엇인가를 생각하라'는 것은 국민을 국가를 위해 봉사할 시녀의 위치로 격하시킨 것으로 보고 있다는 점에서 옳지 않다.

참된 자유인이 물어야 할 것은 그와 그의 동료들이 각자의 의무를 다하는 가운데 개인적 자유가 최대한 보장되는 자유사회를 건설함에 있어 정부를 어떻게 활용할 것인가라는 물음이라고 프리드먼은 주장한다. 또 국민이 세운 정부가 오히려 개개인의 자유를 짓밟는 억압적인 존재로 변모되지 않게 하려면 어떻게 해야 할 것인가를 질문하라고 덧붙인다.

프리드먼은 20세기 경제학자가 배출한 가장 위대한 자유주의자이다. 평생에 걸친 개인적 자유에 바탕을 둔 자유민주사회의 건설을 위해 학문적 정열을 불태운 경제학자이다. 그에겐 '흔들림없는 자유주의자,' '자유경쟁체제의 굳건나 옹호자,' '통화주의의 대부,' '작은 정부론의 기수,' '반케인즈학파의 창시자' 등 다양한 이름이 따라 다닌다.

1912년 뉴욕시에서 출생하여 뉴저지의 러커스(Rutgers) 대학을 다녔다. 시카고(Cicargo)대학에서 석사학위를 얻은 후 컬럼비아(Columbia) 대학에서 박사학위를 받았다. 1935년부터 10년간 재무부, 국립자원위원회, 전국경제연구원에서 근무하였다. 1946년에 시카고 대학으로 자리를 옮겨 약 30년을 재직하면서 자유주의 시장경제를 근간으로 하는 시카고학파의 대부가 되었다. 1977년에는 떠오르는 샛별인 루카스(Lucas)에게 자리를 물려주기 위해서 시카고 대학을 떠나 스탠퍼드(Stanford)대학의 후버연구소(Hoover Institute)로 자리를 옮겨 오늘에 이르고 있다. 1976년에 노벨경제학상을 수상하였으며, 우리나라에도 여러 차례 다녀갔다. 프리드먼의 자유주의 경제사상은 1960년대까지만 해도 광야에서 외치는 외로운 소리에 불과했으나 1970년대 초부터 점차 많은 수의 추종자를 얻기 시작하였다. 1990년대에 이르러선 서구 경제학자의 다수를 자유주의자로 변신시키는데 성공할 만큼 큰 영향력을 갖게 되었다. 1980년대 이후 세계 각 국에 걸쳐 일어난 국가권력으로부터 해방과 시장으로의 회귀를 목표로 하는 자유주의 경제혁명에 있어 가장 중요한 철학적 기반을 제공한 것도 그의 사상이다.

<매일경제신문>

3.2.4 자산선택이론 : 토빈(J. Tobin)

토빈(J. Tobin)은 화폐를 금융자산의 하나로 보고 자산 보유자는 자산 중에 얼마를 화폐형태로 보유할 것인가 하는 것은 그 자산이 갖는 수익성과 안정성을 고려해서 결정된다. 즉 개별투자자는 富를 위험성과 수익성을 고려해서 채권과 화폐로 분산해서 소유한다.

자산선택(portfolio selection)의 관점에서 볼 때 투기적 동기의 화폐수요는 이자율과 반비례관계에 있다. 즉 이자율이 상승하면 화폐수요는 감소하고, 이자율이 하락하면 화폐수요는 증가한다.

3.2.5 재고이론에 의한 화폐수요이론 : 보몰(W. J. Baumol)

재고이론은 화폐를 일종의 재고로 간주하여, 개인은 화폐보유의 편익과 그로 인한 기회비용(즉, 이자수입의 상실)을 서로 비교함으로써 화폐보유의 적정수준을 결정한다는 것이다. 이때 거래적 동기의 화폐수요는 소득뿐만 아니라 화폐보유로 인한 기회비용(이자율)에 의해서 결정된다는 것이다. 즉 보몰은 거래적 동기의 화폐수요를 소득과 이자율의 함수로 보고 있다.

4. 금리이론

4.1 이자율 결정이론

4.1.1 실물적 이자율 결정이론 : 고전학파

고전학파의 이자율 결정은 실물자본의 수요와 공급의 크기에 의해서 결정된다. 여기에서 실물자본의 수요는 기업에 의해서 이루어지는 기업의 투자수요를 말한다. 기업의 투자는 이자율이 상승하면 감소하기 때문에 실물자본의 수요곡선은 <그림 9-1>과 같이 이자율의 감소함수가 된다.

$$I = I(i)$$

실물자본의 공급은 가계의 저축을 통해서 결정된다. 가계의 저축은 이자율이 상승함에 따라서 증가하기 때문에 저축은 이자율의 증가함수가 된다.

$$S=S(i)$$

따라서 이자율은 실물자본의 수요인 투자(I)와 실물자본의 공급인 저축(S)이 일치하는 E점에서 결정된다(I=S). 이것이 고전파의 저축(S)과 투자(I)에 의한 이자율 결정이론이다.

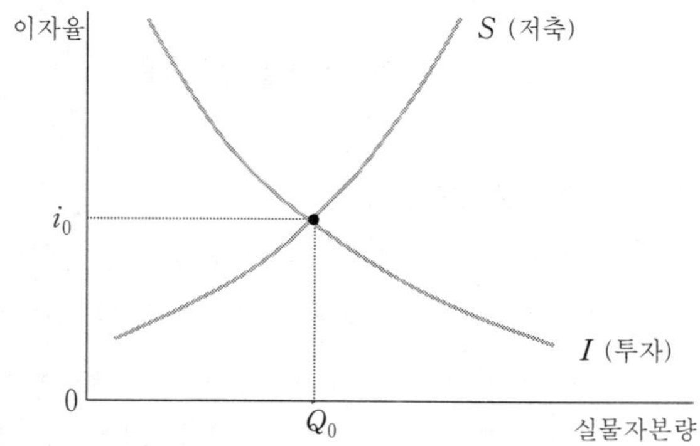

그림 9-1 고전학파의 이자율 결정이론

4.1.2 케인즈의 이자율 결정이론

케인즈에 의하면 이자율은 화폐에 대한 수요와 공급이 일치하는 수준에서 결정된다. 화폐의 수요는 거래적, 예비적, 투기적 동기로 구성되어 있으며, 소득과 이자율의 함수이다 $M_d=L(Y, i)$. 즉 화폐의 수요는 소득의 증가함수이고, 이자율의 감소함수이다.

그리고 화폐의 공급은 정책당국에 의해서 이자율에 관계없이 일정하게 공급된다고 보고 있기 때문에 화폐의 공급곡선은 이자율 축에 평행한 수직선이 된다($M_s=M_0$)

따라서 이자율은 화폐의 수요곡선(M_d)과 화폐의 공급곡선(M_s)이 교차하는 E점 <그림 9-2>에서 이자율이 i_0로 결정된다.

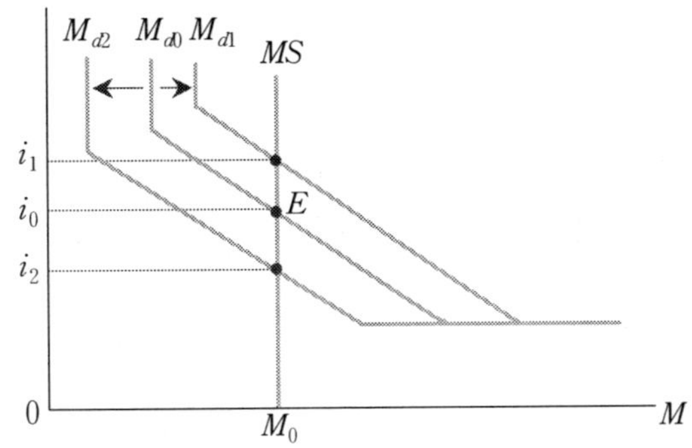

그림 9-2 케인즈의 이자율 결정이론

4.1.3 대부자금설에 의한 이자율 결정이론

이자율은 금융시장에서 이루어지는 대부자금의 수요와 공급이 일치하는 수준에서 결정된다. 여기서 대부자금의 공급은 가계와 저축과 은행의 화폐공급 등에 의해서 결정되고, 대부자금의 수요는 기업의 투자, 소비, 정부지축 수요에 의해서 결정된다.

그러므로 대부자금의 공급은 이자율의 증가함수이며, 대부자금의 수요는 이자율의 감소함수가 된다. 따라서 이자율은 <그림 9-3>의 E_0에서 i_0의 균형이자율이 결정된다.

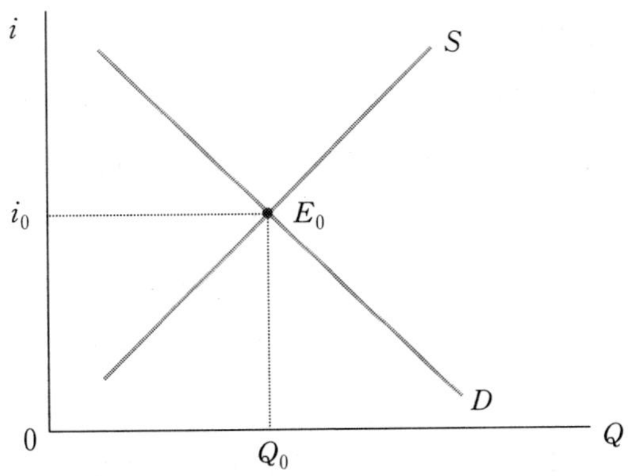

그림 9-3 대부자금설에 의한 이자율결정

▶ 이자없는 예금

우리나라에도 이자없는 예금이 등장하였다. 한빛은행 등 시중은행들은 평균 잔액이 일정금액 이하일 때 이자를 지급하지 않는 무이자 통장제도를 시행하고 있다. 은행들의 이같은 움직임은 소액예금자의 경우 은행의 수익에는 도움에 되지 않으면서 통장발급, 거래자료보관, 입출금관리 등 관리비만 지출된다는 발상에서 나온 것으로 기업의 이윤추구라는 관점에서 보면 당연한 논리라고 말할 수 있다.

그러나 무이자 통장제도는 수익성을 추구하는 시도라면 몰라도 신용거래를 추구하는 은행의 입장에서 공익성과 공공성을 완전히 무시한 처사라는 비난은 면할 수 없을 것으로 보인다.

인류 역사상 은행의 시초는 고대 바빌로니아 시대로 거슬러 올라간다. 그러나 오늘날과 같은 본격적인 자금의 중계업무는 유럽대륙에서 전쟁을 패해 영국으로 건너간 금 세공업자들에 의해서 시작되었다. 초기의 은행업무는 귀금속을 보관해 주는 보관역할이 주류를 이루었다. 그 후 자금의 중계업무 등 영역이 확대되었다. 은행이 중계업무를 수행하는한 고객의 예금을 받아 기업에게 대출하여 이자를 추구하는 집단이라면 당연히 소액예금이라고 하더라도 이자를 지급하여야 당연하다.

그동안 은행은 공적자금의 투입이나 여러 가지 정부의 도움으로 정상화되었다는 점을 상기하면서 스스로의 부실을 자구노력은 게을리 하고 고객에게 전가시키는 무책임한 행동을 해서는 국민에게 신뢰를 얻지 못하게 될 것이다.

5. 금융과 금융정책

5.1 금융과 금융시장

5.1.1 금융의 개념

금융이란 자금의 융통에 대한 정의이며, 자금에 대한 수요와 공급에 의해서 자금의 융통이 이루어지는 추상적인 기구를 금융시장이라 한다. 금융에는 직접금융(direct finance)과 간접금융(indirect finance)이 있다. 전자는 기업이 주식이나 사채를 발행하여 자금을 조달하는 것이고, 후자는 기업이 금융기관을 통하여 예금자의 예금을 대부를 통하여 자금을 조달하는 것이다.

> ▶ 금융이 강한 나라가 세계를 지배한다
>
> 지금 경제의 중심은 금융이다. 이 시대의 경제성장과 산업성장은 금융의 성장정도에 따라 결정되고 있다. 미국이 여러 가지 문제를 안고 있어도 여전히 세계강국의 경쟁력을 자랑하며 세계경제를 지배하고 있는 것은 금융이 강하기 때문이다. 과거 산업성장으로 선진국대열에 일찌감치 진입한 일본이 새로운 성장 모멘텀을 찾지 못하고 10년이 넘는 장기불황속에 자꾸만 뒤쳐져온 것도 금융이 약하기 때문이다. 금융은 또한 지식산업의 표본이요, 정보(IT)투자의 보고이다. 금융은 수많은 혁신기법이 실험되는 장이며, 금융부문이 막대한 IT투자는 정보기술산업의 성장을 이끄는 중요한 원천이다.
>
> < 금융강국 코리아, 2005 >

5.1.2 금융시장의 형태

금융시장은 기업, 가계, 정부, 금융기관등 경제주체들이 금융상품을 거래하여 필요한 자금을 조달하고 여유자금을 운용하는 조직화된 장소를 말한다. 여기서 금융상품이란 현재 또는 미래의 현금흐름에 대한 법률적 청구권을 나타내는 화폐증서를 의미하며 기업어음, 채권, 주식 등과 같은 기초자산 뿐만아니라 선물, 옵션, 스왑등 파생금융상품이 포함된다. 조직화된 장소란 증권거래소나 선물거래소와 같이 일정한 거래규칙과 구체적인 형태를 가진 거래소시장은 물론 주로 비상장증권 등이 거래되는 장외시장등 모든시장을 포함한다.

● 단기금융시장(화폐시장)

상환기간이 대체로 1년 이하인 단기자금이 거래되는 시장으로써 콜(call)시장과

할인(discount)시장이 있다.

콜시장은 최단기 금융시장으로 금융기관 상호간의 일시 유휴자금이 거래되는 시장이다. 여기에서 콜론(call loan)은 콜 자금을 공급하는 입장에서 본 금융기관의 여신을 말하고, 콜머니(call money)란 콜 자금을 수요하는 입장에서 본 금융기관의 수신을 의미한다. 그리고 이 때 결정되는 금리를 콜레이트(call rate)라 한다.

할인시장은 채권이나 상업어음을 만기일 전에 일정한 이자율로 할인하고 매매하는 것을 말한다. 중소기업이 자금이 부족하여 사채시장에서 할인하는 경우가 많다.

우리나라의 단기 금융시장으로는 콜, 기업어음, 양도성예금증서, 환매조건부채권, 표지어음, 통화안정증권 시장이 있다.

장기금융시장(자본시장)

장기금융시장이란 상환기간이 1년 이상인 자금이 거래되는 시장으로써 장기대부시장과 증권시장이 있다. 전자는 기업의 설비자금과 같이 장기신용은행(기업은행, 한국산업은행)에 의해서 공급된다. 후자는 증권의 발행이나 유통을 통해서 자금이 거래되는 시장을 말하며 채권시장, 주식시장, 파생 상품시장 등을 들 수 있다.

5.2 금융기관

5.2.1 금융기관이란

금융기관이란 자금의 수요와 공급을 원활하게 중개하는 기관으로써 통화금융기관과 비통화금융기관으로 구분된다. 전자는 화폐를 발행하는 중앙은행을 비롯하여 예금통화를 창출하는 예금은행으로 구성되고, 후자는 통화성예금을 취급하지 않는 모든 금융기관을 말한다.

5.2.2 금융기관의 개요

<우리나라의 금융기관>

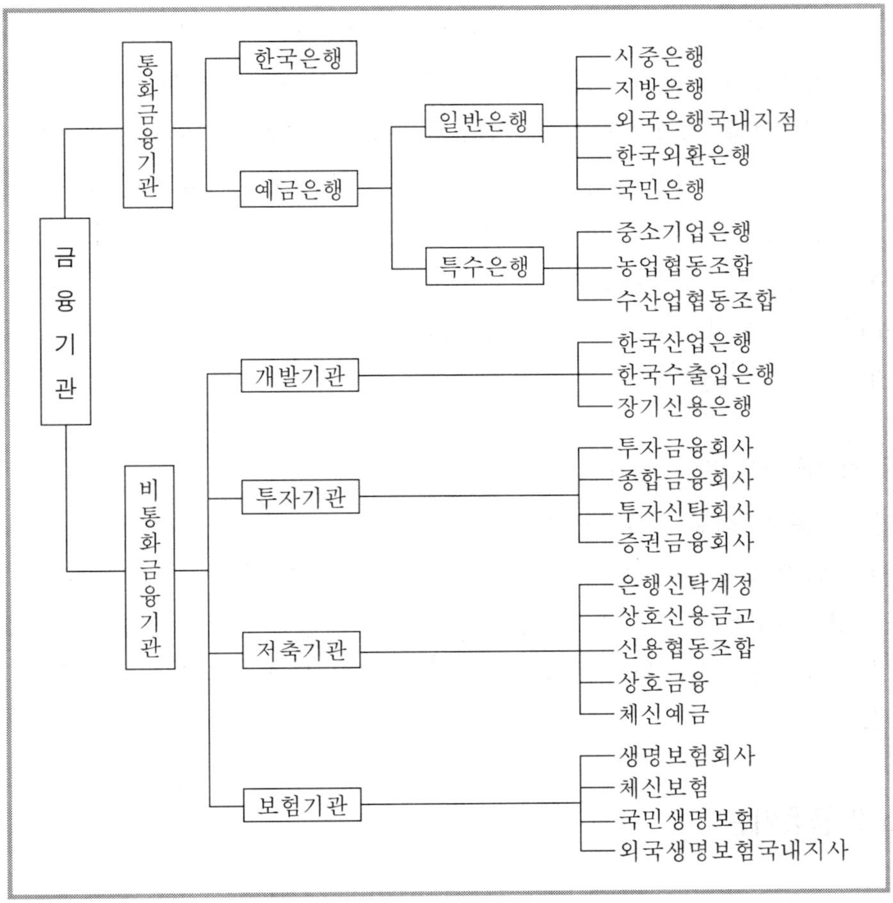

5.3 금융정책

5.3.1 의 의

금융정책이란 중앙은행이 통화량(通貨量)이나 이자율(利子率)의 조작을 통하여 경제의 안정과 발전을 위하여 행하는 일련의 활동을 말한다. 금융정책은 외환시세의 안정과 물가안정, 완전고용, 국제수지 균형, 경제성장을 위해서 사용된다. 통화는 우리 몸에 있는 피와 같아서 원활한 경제활동을 하기 위한 필수불가결한 것으로 매우 중요한 경제변수인 만큼 세밀한 관리가 필요하다.

5.3.2 금융정책의 지표

통화량

통화량은 국민경제에 큰 영향을 미치는 요소이기 때문에 통화량의 적절한 공급은 경제안정과 성장에 중요하다. 특히 통화론자들은 통화량의 증감이 국민소득과 물가에 영향을 주기 때문에 금융정책의 지표로 삼아야 한다고 한다.

利子率

이자율은 투자의 결정요인에 중요한 변수인 동시에 국민소득의 크기와 물가, 자금이동에 큰 영향을 미치기 때문에 금융정책의 지표로 삼아야 한다(케인즈학파 견해). 금융연관비율

▶ 금융연관비율(金融聯關比率)

금융연관비율(financial inter-relations ratio)이란 한 나라의 금융구조의 고도화나 금융축적의 정도를 나타내는 지표를 말한다.

$$금융연관비율 = \frac{금융자산의\ 총액}{실물자산의\ 총액}$$

5.3.3 금융정책의 수단

금융정책의 수단은 크게 양적 금융정책(量的金融 政策)과 질적 금융정책(質的金融 政策)으로 나눌 수 있다. 전자는 금융정책의 효과가 경제의 전반에 걸쳐서 영향을 미치고, 후자는 금융정책의 효과가 경제의 특정부문에 한해서 영향을 미치는 것이다.

양적 금융정책(간접적 정책수단)

- **지불준비율 정책** : 이 정책은 중앙은행이 일반은행의 법정 지불준비율을 인상·인하함으로써 통화량을 조절하는 정책이다. 지불준비율을 인상하면 통화량은 감소하고, 인하하면 통화량은 증가한다. 이 정책의 주목적은 금융기관의 신용을 확보하여 예금자를 보호하는데 있다. 이 정책은 본원통화에 영향을 미칠 수 없다.
- **공개시장조작 정책** : 이 정책은 중앙은행이 증권시장에서 유가증권이나 국공채를 매입 또는 매각하여 통화량을 조절하는 정책이다. 중앙은행이 국채를 매입하면 현금통화가 증가하여 통화량이 증가하고, 매각하면 통화량은 감소한다. 그동안 우리나라는 이 정책을 적극적으로 활용하지 않았으나 최근 들어 통화안정증권을 비롯한 통화조절용 채권을 많이 발행하는 등 보다 적극적인 관리방식을 취하고 있다.
- **재할인율 정책** : 이 정책은 시중은행이 중앙은행으로부터 대출을 받을 때 부과되는 이자율로 재할인율을 인상하면 통화량은 감소하고, 인하하면 통화량은 증가한다. 이 정책이 효과를 거두기 위해서는 기업의 자기금융비율이 낮아야 하며, 또 시중은행의 자금력이 낮아서 중앙은행에 자금의 의존도가 커야 한다.

질적 금융정책(직접적 규제정책)

질적조절 정책은 자금의 유통방향을 직접적으로 지시 통제하는 것으로 각종 창구규제, 대출한도제, 소비자신용 규제, 수출지원 금융, 농어촌지원 금융 등을 들 수 있다. 여기에서 대출한도제는 중앙은행이 금융기관별 또는 자금종류별로 공급한도를 정해두고 이 범위내에서만 시중에 돈이 풀려나가도록 은행대출을 직접 통제하는 제도이다.

우리나라는 1980년대 초반까지는 주로 직접적 규제정책을 많이 사용하였으나, 최근에는 금리자유화 및 금융시장의 개방 등 경제환경의 변화로 인하여 간접적인 수단을 많이 사용하여 통화량을 조절하고 있다.

▶ 팬티스타킹식 정책발상

러시아 언론인들이 국제통화기금(IMF) 등 서방 국제경제기구의 경제전문가들을 원망하면서 팬티스타킹식의 경제정책이 러시아 경제를 망쳤다는 것이다. 팬티스타킹은 대체로 1가지 사이즈 밖에 없다. 우리나라에서는 프리사이즈(free size)라고 부르나 미국에서는 'one size fit all'이라는 표현을 쓴다. 이것은 파는 가게에서 1종류의 사이즈만 가지고 모든 사람에게 팔고 있다는 것이다.

IMF와 같은 국제기구도 1가지 종류의 정책만을 가지고 모든 국가에 강요하고 있다. 그 나라의 역사, 사회, 인종, 환경을 무시한 채 「금융·재정긴축」, 「고금리」, 「무역과 외환의 자유화」, 「공기업의 민영화」, 「가격자유화」 등을 내용으로 하는 정책 패키지만을 강권하고 있다.

우리나라에서도 이러한 정책패키지에 따라서 정책을 수행해 온 대표적인 국가이다. 고금리 정책과 국제결제은행(BIS)의 자기자본 비율에 따라 일률적으로 금융개혁을 추진 한 점은 많은 문제점이 있었다. 그동안 관치금융(官治金融) 체질하에서 위험관리 능력에 익숙하지 못한 은행들에게 선진국의 잣대를 들이대니 큰 부작용으로 인한 금융경색 현상이 있었다.

또 기업의 재무구조 개선에 관한 내용도 기업이 자기자본 비율을 확충하고 부채를 줄이는 것은 우리 경제의 체질개선을 위해서 당연한 일이지만 모든 대기업들에게 단기적이고, 획일적으로 부채를 200% 내로 줄이라는 것은 팬티스타킹식의 정책 발상이라고 볼 수 밖에 없다. 이렇게 되니 대기업들은 투자나 고용계획을 소극적으로 밖에 할 수 없는 상황에 처해 있고, 장기적인 경기전망은 불투명하게 되었다. 이에 따라 기업들은 활황증시를 이용하여 대규모의 유상증자를 하여 주식의 공급과잉으로 주식시장이 침체하게 되었다.

<한국경제신문 : 1999/5/19>

제10장 증권시장

1. 주식시장의 구조와 특징

1.1 기초개념

1.1.1 주식의 개념

주식(株式 : stock, share)은 주식회사가 회사설립 자금을 조달하거나 사업확장을 위해서 발행하는 유가증권이다. 이 유가증권을 사서 보유하고 있는 개인이나 단체를 주주라고 한다. 그리고 주주가 낸 사업자금으로 운영하는 회사를 주식회사라 하며 개인기업과 구별해서 법인이라고 한다. 주식회사는 법으로 엄격한 규제를 받게된다. 즉 1년에 1번씩 주주총회를 열어서 1년간 영업실적을 주주들에게 보고하고 경영진의 승인을 얻어야 한다.

주식은 모두 액면가가 5,000원이다. 최근에는 액면 분할하여 100원이나 500원으로 표시하는 경우도 있으나, 이것은 5,000원짜리 주식을 나누는데 불과하다. 주식회사의 주주는 보유한 주식금액 만큼 권한과 책임을 가지고 회사경영에 참가한다. 회사가 이익을 내면 보유주식 금액에 비례하여 배당이윤을 분배받는다. 그러나 회사가 손실을 내거나 빚을 지면 주식지분만큼의 책임을 갖는 유한책임이다.

이러한 주식의 매매가 이루어지는 시장을 주식시장이라고 하고, 주식시장은 투자자에게 주식을 매각하여 자금을 조달하는 발행시장과 발행된 주식이 거래되는 유통시장으로 구분된다.

1.1.2 주식과 채권의 관계

주식은 지폐나 사채(社債), 공채(公債), 또는 국채(國債)와는 구별된다. 지폐는 유동성이 높아서 모든 거래에 사용될 수 있다. 그러나 주식은 거래에 그렇게 사용될 수 없다. 물론 주식을 팔아서 현금으로 바꾸어 사용할 수는 있지만 주식으로 물건을 살수는 없다. 대신 화폐를 소유하고 있으면 이자나 이윤배당도 없다. 주식을 소유하고 있으면 이윤을 배당받을 가능성이 있다.

사채나 공채와 같은 금융자산과의 차이점은 주식은 고정된 이자를 받는 것이 아니라 유동적인 이윤배당을 받는데 있다. 즉 사채나 공채의 경우에는 액면가와 동시에 이자율과 만기일이 적혀 있어 그것을 일정기간 보유하고 있으면 확실한 이자수입이 보장되는데 비해 주식의 경우에는 불확실한 이윤을 배당 받는다. 그러나 주식은 불확실하기는 하나 높은 이윤배당을 받을 수도 있고, 액면가 보다 높은 가격에 팔아서 자산이득(capital gain)을 얻을 수 있다.

1.2 주식시장

주식회사제도를 근간으로 하는 자본주의 체제 아래에서 증권시장의 일차적 기능은 증권발행을 통한 자본조달의 기능을 원활히 수행하는데에 있다. 주식시장은 크게 발행시장과 유통시장으로 구분된다. 발행시장은 새로운 증권이 발행되어 발행주체가 장기적인 자본을 조달하는 시장이며 유통시장은 이미 발행된 유가증권을 수단으로 투자자들 사이에서 상호간에 거래가 이루어지는 시장을 의미한다.

1.2.1 발행시장

발행시장은 신규로 발행된 주식이 투자자에게 최초로 매출되는 시장을 말한다. 그러나 통상 발행시장은 유상증자(有償增資)나 신규공개 기업의 주식매각 등에 한

정하여 그 의미를 축소하여 사용하고 있다. 주식회사가 설립 자본금을 조달하거나 자본금을 증액할 때 주식을 발행한다. 발행시장에서 자본금을 증액하는 경우 금전의 출자를 받아 자본금을 증가시키는 유상증자(有償增資)라 하고, 금전의 출자를 받지 않고 행하는 것을 무상증자(無償增資)라 한다. 그리고 주주에게 주식을 무상으로 배분하는 주식배당 및 전환사채의 주식전환 등이 있다.

1.2.2 유통시장(1) : 거래소시장

의 의

유통시장은 이미 발행된 주식이 매매되는 시장이다. 유통시장에서 성립되는 거래는 투자자 상호간의 거래이기 때문에 기업의 자금조달과는 직접적인 관련은 없다. 그러나 유통시장이 발달되어 있지 못하면 주식의 시장성이 없어 발행시장이 위축된다. 또 발행시장을 통한 기업의 자금조달은 유통시장의 수급에 영향을 미치게 되므로 두 시장은 상호 의존관계에 있다. 증권거래소 시장은 유가증권의 매매가 원활히 이루어질 수 있도록 매매주문, 수탁, 체결, 결제 등의 업무가 고도로 정형화되어 있다. 증권거래소 시장에서 거래는 증권거래소 회원만이 할 수 있으며, 우리나라에서는 영업허가를 받은 증권회사만 증권거래소 회원이 될 수 있다.

상장제도

증권거래소 시장에 주식, 채권, 뮤추얼펀드 등과 같은 유가증권이 매매될 수 있도록 등록하는 것을 상장이라고 한다. 상장을 원하는 회사는 증권거래소 상장규정에 따라 심사를 받은 후 적합하다고 인정할 때 상장할 수 있다.

매매거래제도

주식의 거래시간은 토요일과 일요일, 공휴일을 제외하고 대체로 개장되며, 시간은 오전 9시에서 오후 3시 사이에 거래되는 것이 원칙이다. 매매거래의 단위를 보면 호가[1] 단위[2]는 주식가격에 따라 5원(5,000원 미만 종목), 1,000원(500,000원 이상 종목)이고, 매매수량 단위는 10주이다. 결제시기는 매매계약을 체결한 날로부터 기산하여 3일째 되는 날이다.

증권거래소는 투자자별로 호가를 접수하여 매매를 체결하는 개별경쟁 매매방식을 채택하고 있다. 이 때 매매 계약은 몇 가지 원칙이 있는데 계약체결은 가격우선, 시간우선, 수량우선의 원칙이 적용된다. 즉 매수주문의 경우 고가의 호가가 매도주문의 경우에는 저가의 호가가 우선하는 가격우선의 원칙을 적용한다. 그리고 가격이 같은 경우 시간우선 원칙이 적용되고, 호가의 가격과 시간이 같을 경우 수량우선 원칙이 적용된다.

주식가격은 주식시장에서 매매가 이루어지기 시작하면 매시간 달라지는 데 하루에 일정한 범위내에서 가격변동을 허용하는 가격제한폭 제도가 운영되고 있다. 이 제도를 실시하는 이유는 주가의 급등락으로 인하여 일반 투자자가 과도한 손해를 보는 것을 방지하기 위해서 이다. 현재 가격제한폭은 전일종가의 15% 상승이면 상한가라 하고, 15% 하락하면 하한가라 한다. 그리고 주가가 하루 중에 일정수준 이상으로 급락하는 경우에는 매매를 일시적으로 중단함으로써 시장의 안정을 도모하는 매매거래 중단제도(circuit breaker)를 1998년 12월에 도입하였다. 이 제도는 종합주가 지수가 전일보다 10%이상 하락하여 1분 이상 지속될 경우 발동할 수 있다. 우리나라는 2000년 4월 18일 처음으로 30분간 매매가 중단된 적이 있다.

주식거래에 있어서 수수료는 증권사에 따라서 다르나 대체로 0.3−0.5% 정도이며, 인터넷이나 홈트레이딩으로 하는 경우는 0.1−0.2% 정도가 일반적이다. 그리고 증권거래세는 주식을 매도하였을 때만 부과되며, 0.3−0.5% 정도이다.

---

1) 시장에서 매매거래를 하기 위해서 매수자와 매도자가 각각 주문하는 가격을 말한다.

2) 호가단위를 세분하면 5,000원−10,000미만은 10원 단위, 10,000원−50,000원 미만은 50원 단위, 50,000원−100,000원 미만은 100원 단위, 100,000원−500,000원 미만은 500원 단위로 되어 있다.

1.2.3 유통시장(2) : 코스닥과 제3시장

코스닥 시장

코스닥 시장(협회중개시장 : The Korea Securities Dealers Association Automated Quotation)은 한국증권협회가 운영하는 유통시장으로 거래소는 없고, 네트워크 시스템(Network system)에 의해서 거래가 이루어지는 시장이다. 실제로 한국증권협회는 등록업무만 담당하고 있으며, 매매중개, 체결 등은 협회중개시장의 시장운영 전담회사로 설립된 코스닥증권(주)이 담당하고 있다.

코스닥 시장은 1987년 3월 증권관리위원회가 주식장외 거래에 관한 규정이 제정되면서 제도적 기반이 마련되었으며, 1996년 7월 공식적으로 출범하였다. 코스닥 시장은 증권거래소 상장요건에 미달하는 유망 중소기업, 벤처기업 등이 자본시장에서 자금조달 기회와 발행주식에 대하여 환금성을 부여함으로써 안정적인 영업기반을 제공한다.

한편 투자자에게는 성장가능성이 높은 비상장 유망기업 주식에 투자할 수 있는 기회를 제공하여 고위험(high risk), 고수익(high return)의 투자수단을 제공한다.

등록 및 매매제도를 보면 비상장 법인이 발행한 주식을 증권회사가 신청하면 한국증권협회는 적격여부를 심사한 뒤 코스닥 시장에서 거래대상물로 승인한다. 이러한 절차를 등록제도라 한다. 협회중개시장에 등록하려면 설립 후 경과연수, 자본금, 부채비율, 자산총계, 주식분산요건 등과 같은 한국증권업협회가 요구하는 일정한 조건에 맞아야 한다. 매매시간은 오전 9시에서 오후 3시에 거래되고, 매매수량의 최소단위는 1주이며 개별경쟁 매매방식에 의해서 매매가 이루어진다. 하루에 변할 수 있는 주가의 폭은 전일종가의 상하 12%로 제한하고 잇다. 코스닥 시장은 장내시장에 비해서 아직 시장규모가 협소하고, 시장참여자가 적어 환금성 및 유동성이 떨어지고, 주가 변동이 큰 만큼 투자종목의 선택이나 매매 거래시 더욱 세심한 주의가 필요하다.

제3시장

제3시장이란 장외에서 거래되는 종목 중 일정한 요건을 갖춘 종목을 사고 팔 수 있도록 만든 제도화한 공간이다. 즉 일반투자자나 발행기업의 환금성을 높이고, 자금조달에 도움을 주기 위해서 마련된 시장이다. 제3시장은 증권사들이 인터넷 공간을 통해서 고객 사이에 매매를 주선하게 된다. 증권사가 매매당사자 사이에서 복덕방과 같은 구실을 하는 것이다. 이 시장은 상·하한가 없기 때문에 그만큼 위험성이 높다. 그리고 이 시장에서 거래되는 단위는 1주이고, 매매방식은 원칙적으로 가격과 수량이 일치할 때 거래가 성립된다.

1.3 주식시장의 특징

1.3.1 주식가격과 이자율

주식은 2가지 측면에서 자산가치를 높일 수 있다. 하나는 회계연도말에 지급되는 이윤배당이고, 또 하나는 주식가격 상승에 따르는 이득이다. 주식의 액면가격은 5,000원이지만 시장에서 거래되는 가격은 몇 만원, 몇 십만원이 될 수 있고, 몇 백원이 될 수도 있다. 자본재의 경우와 마찬가지로 주식가격도 그 주식으로부터 예상되는 배당소득에 의해서 결정된다. 삼성전자의 주식가격은 40만원 정도로 호가하는 것은 삼성전자가 수익성이 높아서 많은 배당이 있다고 예상하기 때문이다. 액면가 이하로 가격이 내려간 주식은 그 주식을 발행한 회사가 이윤배당을 할 수 없으리라고 예상하기 때문이다.

주식가격은 이자율과 밀접한 관련을 갖는다. 즉 이자율이 높으면 주식가격은 떨어지고 이자율이 낮으면 주식가격은 높아진다. 중앙은행에서 이자율을 내린다고 발표를 하면 시중의 돈은 증권시장으로 몰리고, 반대로 이자율을 올린다고 하면 주식가격이 폭락하는 사태를 우리는 자주 볼 수 있다.

1.3.2 주가의 속성

주가는 경기에 선행하며, 비례관계를 가진다. 그리고 경제성장률이 증가하면 주가는 상승한다.

경상수지가 흑자가 되면 주가는 상승하고 물가의 안정은 주가를 상승시킨다. 따라서 원자재 가격이 상승하면 주가는 하락한다.

완만한 통화량의 증가는 주가상승요인이 된다. 그리고 환율과 주가의 관계는 아직 뚜렷한 상관성이 포착되지 않고 있다.

기업실적이 좋아지면 주가가 올라가고, 산업내부의 경쟁강도가 심해지면 주가는 하락한다.

2. 채권시장과 파생금융시장

2.1 채권시장

2.1.1 채권시장의 의의

채권시장(bond market)이란 채권이 발행되고, 매매되며 거래가 이루어지는 곳을 말한다. 대부분의 채권거래는 증권사를 통해서 이루어지기 때문에 증권회사가 채권시장의 중추라고 해도 과언이 아니다. 채권시장은 새로운 채권의 발행과 응모가 행해지는 발행시장과 이미 발행된 채권의 매매가 이루어지는 유통시장으로 나눌 수 있고, 유통시장은 다시 증권거래소시장과 장외시장으로 구분된다.

2.1.2 채권의 종류

채권(bond)은 발행기관이 외부자금을 조달하기 위하여 발행하는 유가증권으로 채무를 증권화한 것이다. 채권의 내용이나 형식이 다양하지만 일반적으로 발행주체, 상환기간, 주식과의 관련성, 또는 이자의 지급방법 및 형태 등을 기준으로 분류한다.

발행주체

- **국공채** : 국공채(國公債)는 민간에 대하여 공적인 기관 내지 정부가 발행하는 채권을 말한다. 그 중 정부가 발행하는 것을 국채라 하고, 지방정부가 발행하는 것은 지방채라고 한다.
- **회사채** : 회사채(會社債)는 일반 사업법인인 주식회사가 발행하는 채권으로 기업의 주요한 자금조달 수단으로 이용된다. 회사채는 정부 등이 원리금의 지급을 보증하고 있는 국공채와는 달리 담보와 보증의 유무에 따라 구분된다.

상환기간

채권의 원금 상환기간에 따라서는 장단기로 구분한다. 채권의 원금상환 기간에 의한 장·단기 구분은 명확하지 않고 나라마다 다르다. 우리나라에서는 대체로 상환기간이 1년 미만인 채권을 단기라 하고, 1-5년인 채권을 중기, 5년 이상 채권을 장기채라고 구분하고 있다.

이자지급 형태나 지급방법에 따른 분류

채권은 이자지급 방법에 따라 이표채(coupon bond)와 등록채(registered bond)로 나눌 수 있다. 이표채는 채권에 첨부되어 있는 이표(coupon)를 이자지급처에 제시하고 이자를 지급받는 채권이다. 일반적으로 이표는 채권의 하단부에 있으며 이자지급일에 이를 절취하여 제출하면 이자를 지급받게 된다.

주식과의 관련성에 따른 분류

증권시장과 제도가 발달함에 따라 주식과 채권의 장점을 살려 주식의 성격을 부여하는 채권의 발행이 점차 성행하고 있다. 이러한 것을 설명하면 다음과 같다.

- 전환사채(CB : convertible bond) : 전환사채는 일정기간 내에 일정한 조건으로 발행회사의 주식으로 전환할 수 있는 권리가 부여된 사채를 말한다. 전환사채는 확정 이자부채권으로서의 안전성과 주식가격 상승에 따른 이익을 기대할

수 있다는 점이 특색이다.

- **신주인수권부 사채(BW : bond with warrant)** : 신주인수권부사채는 채권자에게 발행회사의 신주를 일정한 조건으로 매수할 수 있는 권리를 부여한 채권이다. 신주 인수권은 발행회사에 대하여 사채발행시 미리 정한 일정기간내에 일정수의 신주를 일정한 가격으로 발행하여 줄 것을 청구하는 권리를 말하며, 주식에 대한 일정한 선택권이라고 할 수 있다.
- **확정금리부 채권(fixed coupon rate bond)** : 채권의 액면가액에 대하여 일정한 확정이자가 지급되는 회사채를 말하며, 최초의 일정기간에는 확정이자율로 이자를 지급하되 이후에는 금융기관의 정기예금 금리에 연동시켜 이자를 지급하는 형태를 변동금리부 채권(floating rate note)이라고 한다.

2.1.3 발행시장과 유통시장

채권 발행시장

채권 발행시장은 발행주체가 금융 중개기관을 통하여 채권을 발행하여 투자자에게 채권증서를 제공하고 자금을 조달하는 1차적 시장을 말한다. 채권의 발행시장은 채권발행에 의해 자금을 조달하는 발행자, 채권투자에 의해 자금을 운용하는 투자자 및 발행자와 투자자 사이에서 채권의 발행업무를 원활히 수행하는 발행기관으로 구성되어 있다.

발행기관은 채권의 발행에 필요한 제반 업무를 담당하며, 채권발행에 따른 위험부담 및 판매기능까지 발행자를 대신하여 행하는 전문기관으로 간사회사, 인수기관, 청약기관 등이 있다.

간사회사란 발행업무를 총괄하는 기관으로서 채권발행 규모가 방대할 경우에는 간사회사들 끼리 간사단을 구성하여 공동으로 간사업무를 수행하기도 한다. 인수기관은 발행되는 채권을 간사회사와 협의하여 인수하는 핵심적인 기관으로서 인수한 채권을 일반투자자에게 직접매도하기도 하고, 매도 전문기관인 청약기관에 일부를 분매하는 도매기능을 하기도 한다.

그리고 청약기관이란 발행되는 유가증권을 최종수요자인 일반투자자에게 직접 파는 판매기관이다.

채권 유통시장

채권 유통시장은 이미 발행된 채권이 만기상환 이전에 투자자들간에 매매되는 2차 시장으로 발행시장의 존재를 전제로 한다. 발행시장은 발행자와 투자자 사이에 거래가 수직적으로 이루어지는 시장인 반면, 유통시장은 채권의 발행자와 상관없이 투자자들 사이에서 수평적으로 거래가 이루어지는 시장이다. 유통시장이 원활하게 기능을 하여야 발행시장에서 보다 원활한 기채(起債)가 일어날 수 있다.

채권거래는 거래소 시장에서만 이루어지는 것은 아니며, 그 밖의 장소에서도 이루어지는데 이를 총칭하여 장외시장이라 한다. 장외시장은 증권회사 창구에서 투자자와 증권회사간에 이루어지는 장외매매와 증권회사가 개입되지 않고 매매 당사자간에 개별적으로 거래가 이루어지는 직접 매매의 두 가지 형태로 나눌 수 있다. 이 때 증권회사 창구에서 장외거래가 대부분을 차지하고 있다.

2.2 파생금융시장

2.2.1 의 의

파생금융상품(financial derivatives) 이란 환율, 금리, 주가 등의 변동으로 통화, 채권, 주식 등 기초금융자산 및 부채의 가치가 달라지는데 따른 위험을 회피하기 위하여 고안된 금융상품이다. 파생금융상품은 자금의 차입과 대출, 주식이나 외환의 매매 등 전통적인 금융상품의 거래에서 변형되고 발전된 상품이다. 파생금융상품의 거래는 리스크를 회피하려는 투자자들뿐만 아니라 이러한 리스크를 부담하고 이익을 얻으려는 투기자들 사이에서 이루어지는 금융계약을 통하여 이루어진다.

2.2.2 파생금융상품의 분류

파생금융상품은 계약형태, 기초자산의 종류, 시장형태에 따라서 다음과 같이 구분된다.

첫째, 계약형태를 기준으로 파생금융상품을 분류하면 선도 및 선물, 스왑, 옵션 등으로 나눌 수 있다. 선도와 선물간의 차이점은 전자가 장외거래 상품인데 반해서 후자는 조직화된 금융선물거래소에서 거래되는 상품이라는 점이다.

둘째, 기초자산을 기준으로 파생상품을 분류하면 통화, 채권, 주식 등을 기초자산으로 하는 파생금융상품이 있다. 통화를 기초자산으로 하는 파생금융상품으로는 이종통화간의 매매 및 교환과 관련된 통화선도, 통화선물, 통화스왑, 그리고 통화옵션 등이 있다. 채권을 기초자산으로 하는 파생금융상품으로는 고정금리부 자산과 변동금리부 자산간의 매매 및 교환과 관련된 금리선도, 금리선물, 그리고 금리스왑 등이 있다. 주식을 금융자산으로 하는 파생금융상품은 주식옵션, 주식스왑, 주가지수 선물 및 주가지수 옵션 등이 있다.

셋째, 파생금융상품을 거래되는 시장형태별로 분류하면 거래소 파생금융상품과 장외파생금융상품이 있다. 거래소 파생금융상품은 거래소에 상장된 파생금융상품으로서 선물 및 옵션과 같이 인도일 및 거래단위가 표준화되어 있는 금융상품을 말한다. 거래소 파생금융상품은 계약이 표준화되어 있어 거래비용이 저렴하다는 특성과 더불어 거래단위가 소량이라는 특성을 갖고 있어 투자자의 시장참여가 용이하다. 장외 파생금융상품은 거래소 밖에서 당사자간의 필요에 따라서 거래되는 파생금융상품으로서 거래조건은 상호 합의하여 재량으로 정할 수 있으며, 주도 선도환, 스왑, 그리고 옵션의 일부가 이에 해당된다.

대표적인 파생상품인 선물, 옵션(option), 스왑(swap) 등이 있는데 이들을 설명하면 다음과 같다.

2.2.3 파생금융상품의 종류

◉ 선물시장(先物市場)

선물시장(futures market)이란 어떤 특정 물건을 앞으로 몇 달 후에 정해진 가격에 매매하겠다는 계약을 하는 시장을 말한다. 선물거래가 처음으로 이루어진 것은 농산물이나 석유, 또는 원면 등과 같은 원자재들에 관한 것이었다. 즉 몇 달 후에 추수될 배추나 농산물의 거래계약을 미리 약속해 두는 것이 선물시장의 역할이다. 이것은 농민들이 안심하고 농산물을 경작할 수 있게 하며, 또 수요자들도 안심하고 농산물을 공급받을 수 있도록 하는 역할을 해서 농산물 가격을 안정시키는 일을 하였다. 이런 선물시장이 없는 경우에는 농산물 공급이 너무 많아서 가격이 폭락하는 경우가 발생하기도 하고, 어떤 때는 가격이 너무 폭등하기도 한다. 그러나 선물시장이 있으면 농작물을 경작하기 전에 선물시장에서 가격이 조정되고 그 가격을 유지할 만큼의 공급만 이루어지므로 추수도 하지 못하고 농산물을 썩히는 일을 막아준다.

최근에는 금융시장에서도 선물거래가 이루어져서 3개월 후, 6개월 후에 정해진 가격에 주식을 사겠다는 계약이 선물시장에서 이루어지고 있다. 주식을 정해진 가격에 사려는 사람들은 앞으로 주식가격이 너무 오를 것이라고 생각하고, 미리 확실하게 예측되는 가격보다 낮은 가격에 사두려는 것이다. 반면에 파는 사람들은 앞으로 주식가격이 그렇게 높지 않을 것이라고 예측하고 정해진 가격에 팔면 확실한 이익을 얻을 수 있기 때문이다. 예를 들면 삼성전자 주식이 현재 30만원이고 앞으로 6개월 후에 40만원으로 오를 것이라고 예측한다고 하자. 어떤 사람이 현재 주당 30만원에 100주를 샀다고 하자. 만약 누가 6개월 후에 100주의 주식을 주당 35만원에 사겠다고 하면 주당 5만원씩 이익이 있기 때문에 파는 것도 가능하다. 만약 파는 사람이 6개월 후에 40만원이상 오른다는 자신이 있으면 팔지 않아도 된다. 이러한 선물거래는 주식뿐만 아니라, 채권, 외환 등 각종 채권들도 거래된다.

오늘날은 금융상품이나 농산물 및 원자재의 선물거래가 날로 증가하는 이유는 급변하는 국제경제 환경에서 금융상품과 기타 실물들의 가격변동이 심하여 예측하기가 어려워서 그런 자산가치에 따르는 위험성을 제거하고자 하는데 있다.

농산물에 관한 선물시장 중 세계적으로 유명한 것은 미국의 시카고 선물시장이다. 우리나라는 아직 농산물에 관한 선물시장은 개설되지 않고 있으나 금융선물거래는 1996년 5월에 주가지수 선물시장이 개설되면서 시작되었다. 주가지수 선물시장이란 주가지수의 예상에 관한 선물을 의미하는데, 1999년 4월 부산에 한국선물거래소(KOFEX)를 개장하면서 외환, 금리, 금 등에 대한 선물거래로 확장되어 본격적인 선물거래 시대로 진입하게 되었다. 그리고 2005년 1월 한국증권선물거래소로 통합되었다.

옵 션

옵션(option)이란 소유자에게 미리 정한 가격으로 약정일까지 특정자산(상품이나 유가증권)을 사거나 팔 수 있는 권리가 부여된 계약을 의미한다. 옵션은 당사자들이 매매의무를 지는 선물과는 대조적이다. 즉 옵션은 소유자에게 어떤 행동을 부여할 수 있는 권리만을 부여하지 그 권리가 반드시 행사될 필요는 없다. 옵션계약은 1970년대 이후 환율과 금리의 변동이 심해지면서 생겨난 여러 가지 리스크의 회피수단 중의 하나로 리스크가 계약체결시 지불한 금액에 한정된다는 점이 특징이다.

옵션은 특정한 기초자산을 미리 정해진 가격으로 사거나 팔 수 있는 권리를 부여함으로써 소유자에게 보험적 기능을 제공하는 금융계약이다. 옵션매입자가 지급하는 매입비용, 즉 옵션프리미엄은 일종의 보험료 성격을 갖는다. 옵션매입자는 자기에게 유리할 경우에는 그 권리를 행사하거나 불리한 경우에는 그 권리행사를 포기할 수 있으며 옵션매도자는 매입자가 권리를 행사하면 반드시 이에 응해야 할 의무를 지게된다.

옵션계약은 행사선택권의 종류에 따라 콜옵션(call option)과 풋옵션(put option)으로 나눌 수 있다. 전자는 옵션매입자에게 특정한 기초자산을 약정된 가격으로 만기일, 또는 그 이전에 매입할 수 있는 권리를 부여하는 계약이다. 후자는 옵션매입자에게 특정한 기초자산을 약정가격으로 만기일, 또는 그 이전에 매도할 수 있는 권리를 부여하는 계약이다.

스 왑

스왑(swap)은 통화나 금리 등의 거래조건을 서로 맞바꾸는 계약이다. 스왑은 목적에 따라 다양한 형태로 발전되어 왔다. 스왑의 종류에는 두 채무자가 각자의 금리 지급조건을 교환하는 금리스왑과 서로 다른 통화의 원리금 상환을 교환하는 통화스왑, 그리고 이들 금리 및 통화스왑을 여러 형태로 결합한 혼합스왑 등이 있다.

금리스왑(interest rate swap)의 가장 일반적인 형태는 기본금리 스왑으로 금리변동에 따른 위험을 회피하거나 차입비용을 절감하기 위해 변동금리부채를 고정금리부채로 전환하거나 또는 그 반대로 전환하는 형식을 취한다. 통화스왑(currency swap)은 만기일 이전에 특정통화표시 부채를 다른 통화표시 부채로 전환하여 보유하다가 만기일에 사전 합의한 환율에 따라 당초의 통화로 다시 교환하는 계약을 말한다.

3. 재테크 경제학

3.1 자산선택 이론

3.1.1 자산 3분법

개 념

자산 3분법이란 자산을 예금, 부동산, 주식에 투자하여 투자에서 발생하는 위험을 분산시키고 안정성·수익성·환금성을 균형있게 자산관리를 하는 것을 의미한다. 이러한 관리는 투자자의 성향이나 경기상태에 따라 다양하게 나타나고 있으나 자산의 성향에 따라서도 크게 좌우된다.

투자자산의 비교

투자 자산인 예금, 주식, 부동산에 대한 안정성과 수익성, 환금성을 비교하면 다음

표와 같다. 즉 부동산은 안전성과 수익성은 대체로 높지만 환금성(換金性)이 약한 것이 단점이고 주식은 수익성과 환금성은 높지만 안전성이 결여된 자산이다. 예금은 안전성과 환금성, 유동성은 높지만 수익성이 결여되어 자산마다 장단점이 있다. 이러한 특징 때문에 어느 자산에 투자할 것인가 하는 것은 투자자의 성향에 따라서 크게 좌우된다.

표 10-1 투자자산의 안전성-수익성-환금성 비교

구 분	부동산	주 식	예 금
안 전 성	O	X	O
수 익 성	O	O	X
환 금 성	X	O	O

자산선택에 영향을 미치는 요인

투자자의 소득수준 : 투자자의 소득수준이 자산선택에 어떤 영향을 주는가를 분석하는 것으로, 미국에서는 소득이 높을수록 유가증권에 대한 투자가 높고, 낮을수록 주택의 필요성 때문에 부동산이 점하는 비중이 큰 경향이 있다. 우리나라는 아직 공식적으로 소득수준과 특정자산 소유상태를 밝힌 자료는 없지만 고소득층일수록 다양한 자산을 가지고 있다는 견해가 지배적이다.

투자물건의 가격수준 : 투자에서 투자대상 물건의 가격수준에 따라서 자산선택에 영향을 준다. 소득수준이 낮은 상태에서는 주로 예금이나 주식에 투자하고, 소득이 어느정도 축적되면 부동산을 소유하는 것이 일반적이다. 그것은 부동산은 주로 규모가 커서 가격규모가 크기 때문이다.

대체투자 시장의 상태 : 자산선택에는 대체투자의 시장형태에 따라서 영향을 크게 받고 있다. 일반적으로 주식시장이 활성화되어 있으면 시중의 자금은 주식시장으로 이동하기 때문에 부동산 시장이 위축되어 있는 것이 대체적이다.

3.1.2 포트폴리오(자산구성) 이론

의 의

포트폴리오(Portfolio)란 분산투자를 하는 경우로 투자자가 부동산이나 주식 등 여러 가지 자산중에 선택을 할 때 분산해서 투자하는 것을 말한다. 즉 부동산을 매입할 때 위험부담을 가능한 회피하는 방법으로 한 가지의 부동산에 투자하지 않고, 여러 종목의 부동산에 분산해서 투자하는 것을 뜻한다. 부동산 포트폴리오에서는 동등한 수익이면 분산이 작은 것을 선호하고, 동등한 분산이면 수익이 많은 것을 선호한다.

이것은 자산이 하나에 집중되어 있는 경우 발생할 수 있는 불확실성을 제거하기 위해서 위험 및 수익이 저마다 다른 여러 개의 자산을 보유함으로써 분산된 자산으로부터 안정된 결합편익을 획득하도록 하는 자산관리의 방법이다.

포트폴리오 관리

부동산이나 주식 등의 투자에서는 투자에 따른 위험, 수익률, 환금성 등을 고려하여야 하며 단순히 여러 개의 자산을 배합한다고 해서 좋은 결과를 얻을 수 있는 것은 아니다. 투자대안이 갖고 있는 위험과 수익을 분석해서 미래의 불확실한 위험, 불필요한 위험을 미리 분석하고 최선의 결과를 얻을 수 있는 포트폴리오를 선택하여야 한다.

3.2 부동산 투자

3.2.1 부동산 투자의 특징

부동산의 개별성(즉, 異質性)

부동산의 이질성이란 부동산은 서로 다른 질을 가지고 있다는 것이다. 즉 토지의 질은 서로 상이하다는 것을 의미한다. 이것으로 인하여 각종 프리미엄이 붙게 되고, 대체불가능으로 인하여 토지시장의 규모를 극히 제한하여 지역시장을 형성한다.

공급의 한정성

토지는 자연의 산물로서 물리적인 양을 인위적으로 증가시킬 수 없다. 이러한 토지의 부증적(不增的)이 성격에 따라서 토지 부족문제가 발생하고 이로 인하여 지가가 상승하는 결과를 가져와 사회적인 문제를 야기시킬 수 있다.

투자의 안전성

부동산 투자의 안전성이란 투자를 통하여 취득한 자산을 장래에 처분하여 원금을 안전하게 회수할 수 있다. 특히 국토면적이 인구에 비해서 좁은 우리나라의 경우에는 장기적으로 보면 부동산가격은 상승할 수밖에 없다. 따라서 부동산에 투자하는 경우 투자자금을 안전하게 회수할 수 있다.

투자소득의 발생

부동산 투자를 통하여 자본소득(지가상승)과 임대소득을 얻을 수 있다. 즉 부동산을 소유하는 경우에는 부동산 가격의 상승을 노리는 경우와 그 부동산을 임대하여 얻을 수 있는 수익을 증가시킬 수도 있다.

토지의 영속성

토지는 전쟁, 지진 등 사회적 혼란속에서도 사라지지 않고 영속성이 있기 때문에 기본적으로 감가상각(減價償却)이 배제된다. 그리고 그 유용성은 영구적이고, 투자활동을 할 때 장기적인 배려를 필요케 한다.

용도의 다양성

토지는 다른 생산요소에 비해서 개별성에 따라 용도가 다양하기 때문에 하나의 토지에 대하여 경합, 전환, 병존이라는 형태로 나타난다. 이로 인하여 토지는 가장 효용가치가 높은 부문에 이용되어 높은 수익을 낼 수 있다.

3.2.2 부동산 투자에서 고려해야할 사항

투자의 안전성(원금의 위험부담)

부동산 투자의 안전성이란 투자한 원금을 회수할 수 있는 것을 말한다. 부동산에 투자하는 경우에 법률적, 경제적, 기술적으로 투자의 원금을 안전하게 회수할 수 있는지를 검토하여야 한다. 일반적으로 각종 투자에는 원금의 회수가 불가능한 경우가 많아서 원금회수에 따른 위험부담을 철저하게 분석하여야 한다.

환금성(환금의 위험부담)

부동산은 예금이나 주식 등 다른 투자 대상에 비해서 환금성이 떨어진다. 부동산에 대한 투자를 할 때는 환금화가 곤란한 경우가 많으므로 투자의 환금성을 고려하여 투자해야 한다. 환금화가 곤란하거나 환금화 하는 과정에서 손실이 발생하는 경우를 환금의 위험부담이라고 한다.

자산가치의 증대수익성(경제가치의 위험부담)

투자활동에는 자산가치가 증대하는 투자 대상을 선택해야 한다. 즉 인플레이션이나 디플레이션에 대한 위험에서 벗어날 수 있어야 한다. 그러나 가끔 자산디플레이션 현상이 발생하여 투자한 가치에도 미치지 못하는 경우에 발생한 위험을 경제가치의 위험부담이라고 한다. 이러한 부동산 투자에서 고려해야할 안전성(투자의 안전성)과 환금성(투자의 환금성), 수익성(자산가치의 증대)을 투자활동의 3대 위험부담이라고 한다.

산출의 확실성과 조세

산출의 확실성이란 자산이 정기적으로 수익을 산출하거나 자산가치가 증가하여 투자자에게 만족을 가져다 주는 것을 말한다. 부동산 투자는 이러한 점을 고려해야 하고 또 투자 대상 자산이 투자활동에서 조세상의 감면이나 낮은 세부담이 있는 경우에 그만큼 투자재로서 유리한 대상이 된다. 부동산 투자에서도 이러한 세제상의 여러 가지 문제를 고려하여 투자를 결정하여야 한다.

3.2.3 부동산 투자의 위험과 수익률

부동산 투자의 위험

부동산 투자의 위험이란 미래의 불확실성 때문에 투자로부터 기대되는 현금흐름의 정확한 예측이 어렵다는 것을 의미한다. 부동산 투자의 위험의 종류로는 다음과 같은 것들이 있다.

- 사업상 위험 : 사업상의 위험이란 부동산 투자사업 자체에서 파생되는 수익성에 관한 위험으로 시장위험, 운영위험, 위치적 위험이 있다.
  여기에서 시장위험은 부동산의 수요와 공급의 변동에 따른 시장상황에서 유래되는 위험을 말하고, 운영위험은 사무실 관리, 근로자의 파업, 영업비의 변동 등 특정한 투자 부동산에서 발생하는 위험을 말한다. 그리고 위치적 위험은 부동산 위치의 부동성으로 발생하는 위험을 말한다.
- 금융적 위험 : 부동산 투자의 경우 투자재원의 일부로 부채를 사용하여 지렛대효과(leverage effect)[3]를 누릴 수 있으나, 부채가 많아지면 원금과 이자에 대한 채무 불이행의 가능성이 높아 파산할 위험도가 커지게 되는 것을 말한다.
- 법적 위험 : 부동산에 관한 의사결정은 법적 환경에 영향을 받기 때문에 법적 환경의 변화는 부동산 투자에 대한 위험을 변화시킨다. 예를 들면 공법적 규제, 토지이용규제, 세제의 변화 등을 의미한다.

---

3) 레버리지 효과란 부동산 투자는 소수의 대출금을 이용하여 많은 수익을 얻은 것으로 지렛대효과라고 한다.

- 체계적 위험(피할 수 없는 위험) : 체계적 위험이란 시장의 힘에 의해서 야기되는 것으로 모든 부동산에 영향을 주는 위험이다. 이것은 부동산 투자자가 아무리 노력을 해도 피할 수 없는 위험으로 일반적인 경제상태나 흐름을 의미한다. 예를 들면 경기변동, 인플레이션의 악화, 이자율의 변동을 들 수 있다.
- 비체계적 위험(피할 수 있는 위험) : 비체계적인 위험이란 개별적인 부동산의 특성으로부터 야기되는 것으로, 투자대상을 다양화하여 분산투자를 함으로서 피할 수 있는 위험이다. 부동산시장은 국지화 되어 있어 다양한 부동산 포트폴리오를 선택할 때 불필요한 비체계적 위험을 제거하여야 안정된 투자수익을 확보할 수 있다.

부동산 투자의 수익률

수익률이란 투하된 자본에 대한 산출의 비율로(수익률 = $\frac{\text{순수익}}{\text{투자자본}}$) 기대수익률, 요구수익률, 실현수익률 등이 있다. 수익률의 종류로는 다음과 같은 것을 들 수 있다.

- 기대수익률(사전적 수익률, 예상수익률 : expected rate of return) : 기대수익률이란 투자대상에서 투자로부터 기대되는 예상수익률이다.
- 실현수익률(실제수익률, 사후수익률 : realized rate of return) : 실현수익률은 투자가 이루어지고 난 후에 현실적으로 달성된 수익률을 의미한다.
- 요구수익률(필수수익률, 기회비용 : required rate of return) : 요구수익률이란 투자에 대한 위험이 주어져 있을 때 투자자가 대상 부동산에 자금을 투자하기 위해 충족되어야 할 최소한의 수익을 의미한다. 요구수익률에는 시간에 대한 비용과 위험에 대한 비용이 들어 있는 일종의 기회비용을 말한다.

  기대수익률과 요구수익률의 관계를 보면, 일반적으로 투자의 결정은 기대수익률과 요구수익률을 비교하여 이루어지는데 투자에 대한 위험이 크면 투자자는 그만큼 더 많은 대가를 요구한다. 기대수익률이 요구수익률보다 크다는 것은 부동산에 대한 수요는 늘어나게 되고 대상부동산의 가치는 상승하게 되어 투자자는 투자를 늘릴 것이다.

3.2.4 위험에 대한 투자자의 태도

위험에 대한 태도

- 위험회피형(risk averse) : 위험 회피형이란 위험을 회피하는 행동으로 위험을 부담하는 대신에 이에 대한 보상을 얻고자 하는 형을 의미한다.
- 위험중립형(risk neutral) : 위험중립형은 위험의 크기에 관계없이 기대수익률에 따라 행동하는 형을 말한다.
- 위험선호형(risk loving) : 위험선호형이란 높은 수익률을 얻기 위해서 큰 위험을 기꺼이 감수하는 형을 말한다.

위험과 수익의 관계

일반적으로 위험과 수익의 관계는 비례관계가 있다. 즉 부담하는 위험이 크면 클수록 요구수익률도 커지는 경향이 있는데 이러한 관계를 위험과 수익의 상쇄관계라 한다. 따라서 장래에 기대되는 수익이 주어져 있을 때 투자에 대한 위험성이 높을수록 부동산 가치는 하락한다.

3.3 재테크 방법과 사례

일반적으로 거품경제시대에는 주식이나 부동산에 투자하여 벼락부자가 되는 경우가 허다하였다. 그러나 경제가 안정기에 접어드는 자본주의의 후기에는 이러한 현상은 잘 나타나지 않는 게 일반적이다. 우리나라도 외환위기 이후 사회가 안정되고 경기가 침체하면서 시중이자율이 낮아지자 안정적인 재테크 수단으로 추천할 만한 자산을 찾기가 어려워지고 있다. 그러나 이러한 와중에도 재테크에 성공하여 큰 부를 축적한 사람들이 등장하고 있다. 이러한 사람들의 특징을 살펴보면 분명한 원칙이 존재한다는 것을 알 수 있다.

3.3.1 재테크 방법

돈버는 사람들의 습관

- 재테크의 목적이 분명하다.

재테크의 목적은 대체로 ⓐ 목돈마련, ⓑ 내집마련, ⓒ 노후대비, ⓓ 목돈 굴리기 등 재테크에 성공한 사람들은 목돈을 마련하는 단계에서는 위험을 회피하는 안정적인 전략을 구사하지만 목돈을 굴릴 때는 어느 정도 위험을 감수하고 수익성과 유동성에 집중한다.

- 금리흐름에 민감하다.

재테크에 성공한 사람과 실패한 사람의 차이는 금리흐름에 따라서 다르다. 금리의 흐름을 예의주시하면서 투자하는 사람은 대체로 성공적인 재테크를 하는데 비해서 금리에 무딘 사람은 실패하는 경우가 대부분이다. 실제로 성공한 사람들은 0.1%의 금리변화에도 민감한 반응을 보이는 반면, 재테크 낙제생들은 10%의 금리에도 변동이 없다.

- 경제정보를 찾아 다닌다.

재테크에 성공한 사람들은 경제학의 기본이론은 물로 경제와 관련된 텔레비전, 라디오, 신문, 잡지, 인터넷 사이트 등 모든 자료를 면밀하게 관찰하는 태도를 가지고 살아있는 경제정보를 얻는다. 이러한 활동을 통하여 현실적인 정보를 상당히 중시하여 투자를 한다.

- 계란을 한 바구니에 담지 않는다.

앞에서 분산투자를 설명하였듯이 자산을 금융자산과 실물자산에 분산해서 투자하는 경우가 많다. 금융자산 중에서도 여러 종목에 분산해서 투자하여 위험성을 회피하고, 수익성을 증가시키는 전략을 구사한다. 주로 재테크에 성공한 사람들은 분산투자에서 성공한 사람으로 평가된다.

• 돌다리도 두드린다.

본격적인 투자에 앞서 소액으로 미리 재테크 연습을 한다. 처음부터 거액으로 투자하는 무모한 행동은 실패할 가능성이 많다. 그러나 연습을 통해서 투자의 확신을 갖게 되면 지체없이 실행에 옮기는 과단성이 필요하다. 그래서 학생시절 때 소액으로 주식투자에 대한 연습을 하는 자세는 경제공부를 할 겸 재테크 공부에도 큰 도움이 되어 사회에 나가서 남들보다 빨리 재테크에 성공할 수 있다.

금융상품에 관련된 세율

금융상품에는 다양한 세금이 붙어 있는데 이러한 세금을 절약하는 것도 하나의 재테크 수단이 될 수 있다. 금융상품의 종류에 따라서 세율을 보면 다음 <표10-2>과 같다.

표 10-2 금융상품에 부과되는 세율

구 분	세 율	계 산 방 법
비과세 상품	0%	
저율과세 상품	1.5%	농어촌 특별세만 부과(15%−0)×10
세금우대 상품	10.5%	이자소득세(10%)+농어촌 특별세(0.5%)=10.5%
일반상품	16.5%	이자소득세(15%)+주민세(이자소득의 10%=1.5%)

신용카드 사용하는 방법

• 선결제 제도를 이용한다.

선결제 제도란 카드 금액을 결제일전에 미리 지불하는 것이다. 수수료 부담이 높은 카드를 사용하였을 때 여유 돈이 생기면 미리 카드대금을 지불하는 것이 바람직하다. 현재 카드 수수료는 시중이자율보다 높은 것이 일반적이기 때문에 여유자금이 생기면 즉시 선결제 하는 것이 이자부담을 줄일 수 있다.

- 카드 1-2개를 집중 사용한다.

카드를 여러 개 사용하면 연회비나 이용실적이 분산되어 많은 혜택을 받기가 어렵다. 그러나 1-2개의 카드를 집중적으로 사용하면 연회비의 절약은 물론 우대고객에게 주어지는 각종 혜택을 누릴 수 있다. 요즈음은 카드 이용실적이 고객의 신용과 연결되는 것인 만큼 연체없이 꾸준히 사용할 경우 많은 혜택이 주어진다.

- 적재 적소에 맞게 사용한다.

백화점이나 대형할인점에 쇼핑할 경우 그 업소가 카드사와 제휴하여 발행한 카드를 사용하거나 무이자 할부가 가능한 카드를 사용하는 것이 현명하다. 할인쿠폰이나 가격할인, 무료주차 등 덤으로 주어지는 혜택을 누리도록 하는 것이 바람직하다.

- 카드사의 수수료율과 연체이율을 비교한 뒤 사용한다.

카드는 필수품처럼 사용하면서도 그때마다 발생하는 수수료율과 연체이율이 카드회사마다 차이가 있다. 이것을 잘 비교하여 기간이나 수수료율을 따져보는 자세가 필요하다. 현금서비스의 경우 카드사에 따라서 최저0.36-1% 정도의 수수료율이 차이가 난다.

- 카드사용은 연말에 소득공제에 대상이 된다.

연봉의 15% 넘는 금액을 카드로 사용하였을 때 사용한 금액의 20%까지 세금공제 혜택을 받을 수 있다. 공제한도는 최고 500만원까지로 되어 있기 때문에 가능한 카드로 사용하는 것이 경제적인 재테크 방법이다.

좋은 보험상품 선택하는 요령

보험은 미래를 대비하는 자세로서 중요한 상품이다. 좋은 보험을 선택하는 요령은 다음과 같다.

- 30대 후반부터는 건강·사망보험에 가입해야 한다.

보험은 자신에게 꼭 필요한 상품만을 보유하는 것이 바람직하다. 무엇보다도 자신의 연령에 걸맞는 상품에 가입해야 한다. 통상 30대 초반까지는 재해, 상해 보험을 위주로 가입하고, 30대 후반부터는 건강과 일반사망에 대한 보장에도 관심을 가져야 한다.

- 텔레 마케팅을 이용하면 보험료가 절감된다.

같은 보험이라도 설계사를 통해서 가입하는 것보다 텔레마케팅을 이용하면 보험료가 절감된다. 그리고 한번 가입한 보험은 가능하면 해약을 하지 않는 것이 바람직하다. 보험을 중도에 해약하면 원금에 손실이 있는 만큼 가입할 때 신중을 기해서 하고 한번 가입된 보험은 해약을 하지 않아야 한다.

- 보험기간·납입기간은 길수록 좋다.

보장받을 수 있는 '보험기간'과 보험료를 내는 '납입기간'은 길수록 좋다. 특히 건강보험의 경우가 그러하다. 보험기간이 너무 짧으면 종료 후 다시 보험에 가입하려면 보험료가 높아질 뿐만 아니라 건강상의 이유로 가입자체가 거절되는 경우가 많다.

대출금 관리요령

- 여유자금이 생기면 대출부터 갚아라.

금융기관의 주요 수입 중 하나는 예금이자와 대출이자간의 차이, 즉 예대마진이다. 다시 말해서 대출금리보다 이자가 비싼 예금은 없다. 따라서 여유자금이 생기면 투자를 생각하기 전에 무조건 현재 갖고 있는 고금리 부채를 상환하는데 사용하여야 한다.

- 기존 대출은 저금리 신규대출로 갚아라.

요즈음 같이 신규대출 금리가 낮을 때는 기존대출을 신규대출로 갈아타는 지혜가 필요하다. 이 때 대출을 갈아타기 할 때 타이밍이 중요한 만큼 잘 고려해야 한다.

• 대출세일에 현혹되지 말라.

세일기간 중에 백화점에 들렀다가 필요하지 않는 물건을 싸게 살수 있다는 생각에 충동구매하는 경우도 있다. 최근 금리가 낮아지고, 대출이 쉬워지자 급전이 필요하지도 않는데 '묻지마'식으로 대출이 성행하고 있다. 이런 대출은 절대로 삼가야 한다. 특히 대출을 받아서 주식에 투자하는 무모한 행동은 반드시 금기시 해야 한다. 대출을 받아서 주식에 투자하는 사람을 거의 실패했다는 것이 자명하다.

• 대출조건을 유리하게 만드는 법을 익혀야 한다.

금융기관들은 신용평점 시스템을 이용해서 본인 및 가족의 거래실적을 관리하고 있다. 이 자료는 대출금리 및 한도액을 정할 때 판단의 근거자료로 활용된다. 급여이체, 공과금 자동납부 등 가능한 온 가족의 금융거래를 한 금융기관에 집중할 경우 높은 평점을 얻어 대출받을 때 유리한 조건을 확보할 수 있다.

• 인터넷대출, 금리우대 혜택이 더 많다.

통상적으로 대출을 받을 경우에는 은행을 방문하여 대출하는 경우가 일반적이다. 그러나 인터넷 대출을 신청하면 창구대출보다 0.5-1%가량의 금리가 낮은 경우가 대부분이다.

3.3.2 재테크 사례

사람은 라이프 사이클에 따라서 재테크의 원칙이 다르다. 신입사원과 신혼부부, 장년층이 서로 재테크 원칙이 상이하게 나타난다. 여기에서 좀더 세분하여 신혼부부와 신입사원의 재테크 원칙을 설명하면 다음과 같다.

신혼부부의 재테크 5원칙

• 부채 및 재산내역을 서로 공개하라.

난생처음 내 능력으로 집을 마련하는 재테크에 성공하려면 부부가 서로의 부채내역과 재산 내역을 솔직하게 공개하여야 한다. 그런 후에 미래의 재무계획에 대해 논의하고 계획을 세울 수 있다.

• 재테크 목표를 구체적으로 세워라.

신혼부부의 경우 재테크 방법으로 목돈마련과 내집 마련, 노후생활 대비 등 여러 가지를 들 수 있는데 이들을 효율적으로 달성하기 위해서는 맞벌이 부부는 소득의 50% 이상, 맞벌이가 아닌 경우는 30%이상 저축하여야 한다.

• 신용카드를 효과적으로 사용하라.

신용카드도 잘만 이용하면 편리할 뿐만 아니라 경제적 이익까지 가져다 준다. 연말정산이나 각종 우대혜택, 복권추첨 등 많은 인센티브가 있다.

• 연말정산 때 소득공제를 최대한 이용하라.

연말정산 때 소득공제에서 많은 혜택을 받을 수 있도록 여러 가지 조치를 취해야 한다. 의료비 영수증, 주택관련 예금, 교육비 등 여러 가지 공제제도를 충분히 이용하여야 한다.

신입사원의 재테크

사회의 첫발을 내딛은 취업초년생은 아직 재테크에 대한 감각이 무디기 때문에 무리하게 욕심을 내서 주식이나 부동산에 뛰어 들면 곤란하다. 차근차근 재테크를 하는 자세가 중요하다.

• 결혼 자금은 근로자 우대저축으로 해결하라.

신입사원 시기에는 결혼자금에 신경을 써야할 시기이다. 결혼자금 마련에는 근로자 우대저축과 근로자 우대신탁이 최고이다. 이것은 이자소득세가 완전히 면제되는 비과세 상품이다. 연간 총급여 3,000만원이하이면 가입할 수 있다. 그리고 가입금액은 월 1만원에서 50만원이하로 자유롭게 불입할 수 있다. 3년 만기까지는 확정이자를 지급하고, 그 후 2년 동안은 일반정기예금이자를 지급하는데 2002년 말까지 한시적으로 시행하고 있다.

• 주택마련에는 주택청약 상품이 필수이다.

또 하나의 신입사원이 반드시 가입하여야 할 저축으로는 주택청약과 관련된 상품이다. 과거에는 무주택 세대주에게만 가입자격이 주어졌지만 현재는 만 20세 이상 성인이면 누구나 가입할 수 있다. 취급은행은 전 금융기관이기 때문에 자신에게 맞는 은행을 선택하여 가입하는 것이 바람직하다. 주택에 관련되는 예금은 주택청약예금, 주택청약부금, 주택청약저축 등 세가지가 있는데 청약저축은 매월 2만원-10만원까지 5천원 단위로, 청약부금은 매월 5만원에서 50만원까지 1만원단위로 자유롭게 납입 할 수 있다. 그리고 청약예금은 200만원이상 1,500만원까지 목돈을 예치하는 경우도 있다. 대부분 신입사원은 청약저축이나 청약부금에 가입하는 것이 유리하다. 청약저축에 가입하면 전용면적 85m2 이하의 국민주택이나 임대주택에 대한 분양자격이 주어지고 연말 정산 때 소득공제혜택도 주어진다.

• 노후생활 대비는 연금저축으로 대비하라.

의료보험이나 국민연금 등 사회보장제도가 마련되어 있지만 풍요로운 노후를 즐기려면 본인 스스로가 젊었을 때 차근차근 준비를 해 두어야 한다. 연금저축은 20세 이상이면 누구나 가입할 수 있으며, 월 1만원이상 100만원까지 자유롭게 저축할 수 있다. 10년 이상 적립하여야 하며, 만 55세 이후부터 최소 5년 이상 1년 단위로 연금을 지급 받는다. 그리고 연말에 세금공제혜택도 있으나 중간에 해지할 경우 기타 소득으로 분류되어 과세된다.

• 보너스는 무조건 저축하라.

보너스는 봉급생활자가 목돈을 만질 수 있는 유일한 수단이다. 보너스를 받는 즉시 자유적립식 적금에 넣어야 한다. 처음에 목돈을 만들기가 힘들지 일단 모아서 늘려 가는 것은 어렵지 않다는 것을 실감할 것이다.

• 주거래 은행과 집중적으로 거래하라.

대부분 은행은 거래실적을 기준으로 단골고객을 정해 그들을 특별히 관리한다. 그러기 때문에 여러 은행과 거래하는 것은 어리석은 일이다. 안전성, 편리성, 고개서비스 등을 기준으로 마음에 맞는 1-2개를 선택한 뒤 예·적금은 물론 공과금 자동이체, 신용카드, 전자금융 등 모든 금융거래를 집중시킨다. 단골고객이 되면 수수료를 면제받거나 할인 받을 수 있다.

<신입사원이 가입해야 할 금융상품>

상 품	가 입 대 상	가 입 금 액	가입기간	특 징
근 로 자 우대저축	연간 급여 3000만원 이하인 근로자 1인 1통장	월 1만－50만원	3년－5년	비과세 높은 금리
주택청약 예 금	20세이상 1인 1통장	200만원 －1,500만원	1년 이상	아파트 청약 우선권 부여
주택청약 부 금	20세이상 1인 1통장	월 5만원－50만원	3－5년	아파트 청약 우선권 부여
연금저축	20세 이상	월1만원－100만원 분기당 300마원		

경제성장의 토대 재정 제11장

1. 재정의 개념과 기능

1.1 무엇을 재정이라 하며, 그 특성은 무엇인가?

삼척시에서 딸기농사를 짓고 있는 농민이나 서울에서 컴퓨터를 생산하는 기업을 경영하는 기업인이나 동해시에서 소주방을 운영하는 상인이나 그들이 필요로 하는 생산물을 생산하기 위해서는 반드시 필요한 것이 있다. 우리는 이를 생산요소라 한다. 과거에는 노동, 자본, 토지라는 전통적 생산요소가 매우 중요시되었으나 전자·통신기술이 발달한 현대는 이들 생산요소외에 기술수준과 같은 새로운 요소가 중요시되면서 생산에 따른 이윤획득구조에 다양한 변화가 일어나고 있다. 돈이 없으면 개인이나 기업은 그들이 필요로 하는 생산물을 생산할 수 없다. 따라서 생산에 필요한 량만큼의 돈(화폐)이 있어야 하고, 이를 조달하기 위해서 다양한 방법이 모색되고 있다.

이와 같이 소비의 주체인 개인이나 생산의 주체인 기업이 그들 각자가 필요로 하는 재화와 용역을 주고받는 시스템이 필요하게 된다. 이처럼 개인과 기업을 중심으로 경제시스템이 이루어지는 경제를 민간경제 또는 사경제라 한다. 민간경제의 목적은 시장에서 필요한 물건을 구입하여 소비하는 개별소비자 입장에서 효용(만족)을 극대화시키는 것이다. 예를 들면 어떤 사람이 소주방에서 소주를 마실 때 총효용이 가장 큰 시점까지만 소주를 마시고 효용이 감소하는 단계에서는 소주를 마시지 말아라 지출에 따른 효용을 극대화시킬 수 있으며, 생산자의 입장에서 볼 때 제품생산에 투입되는 비용과 완성된 제품을 팔아서 얻는 수익을 비교할 때 이들간의 차이가 가장 큰 시점에서 생산을 결정하여야 생산자의 이윤을 극대화시킬 수 있다. 만약 그렇지 못하면 생산에 따른 이윤은 감소하거나 손실이 발생할 수 있게 된다. 이처럼 소주를 마시는 소비자나 소주를 생산하는 생산자는 다른 소비자나 다른 생산자를 고려하지 않고 자신의 경제행위를 하면 된다. 이와 같은 경제시스템은 재정과는 거리가 멀다.

재정은 위에서 설명한 개별경제의 입장에서 경제활동을 하는 것이 아니라 이를테면 150만 강원도민의 총효용을 극대화시키거나, 우리나라 전 국민이 얻은 개별효용을 합계한 전 국민의 총효용(이를 후생이라 하며 소비자효용과 생산자효용을 합한 개념이다.)을 극대화할 수 있게 하는 소위 공공의 욕구를 충족시키기 위하여 필요한 수단을 조달하고 관리하고 사용하는 모든 경제활동을 말한다. 따라서 재정은 국가나 지방자치단체 활동의 물적 토대를 이루는 것이다. 강원 동해안을 남북으로 관통하고 있는 7번 국도는 동해안에 거주하는 주민이나 기업들은 물론이고 이 지역을 찾는 관광객을 포함하여 7번 국도를 이용하는 모든 사람들의 효용을 증가시키기 위하여 정부가 제공하는 재정활동의 결과이다.

> 재정은 공공의 욕구를 충족시키기 위하여 필요한 수단을 조달·관리·사용하는 모든 경제활동을 말한다. 따라서 재정은 국가나 지방자치단체 활동의 물적 토대를 이루는 것이다.

이처럼 정부가 제공하는 제품에는 사용자의 대가지불이 요구되지 않는 것이 대부분이다. 사용자로부터 특정 반대급부를 요구하지 않고 주민이나 국민들의 소득이나 생활환경을 개선하여 효용을 증대시키기 위하여 정부는 재정지출을 하게 된다. 따라서 재정은 개별효용이나 이윤을 추구하는 민간경제와는 여러 가지 면에서 차이가 있다. 재정의 특성을 간략하게 요약하면 다음과 같다.

첫째, 재정활동의 주체는 국가나 공공단체이다. 이들이 중심이 되어 국민전체의 후생을 극대화시키기 위하여 경제활동을 한다. 그러나 민간경제는 앞에서 설명했듯이 "개인"중심의 경제활동으로 개별소비자의 효용극대화나 개별생산자의 이윤극대화가 목적이다.

둘째, 비용산정의 문제로, 재정은 국가가 일년 동안 필요로 하는 비용을 먼저 결정한 다음 그 재원을 조세나 기타 방법에 의해 조달하는 량출세입원칙(量出歲入原則)을 사용한다. 이에 반해 민간경제는 먼저 수익을 결정한 다음 그 범위 내에서 비용을 결정하는 량입세출원칙(量入歲出原則)을 사용하는 것이 일반적이다.

셋째, 정부(중앙정부, 지방정부)나 공공단체의 경제활동은 소비자나 기업같은 개별 경제주체의 이익을 중요시하는 것이 아니라 일정지역의 주민들이나 국민전체의 이익을 추구하는 공익성(公益性)과 재정활동에 필요한 재원을 조달하고 조달된 재원을 지출하는 과정에서 강제성(强制性)을 갖는 특성이 있다. 만약 정부가 필요한 재원을 조달하기 위하여 조세를 부과할 때 강제성을 갖지 않는다면 어느 누가 자발적으로 조세를 납부하겠는가? 따라서 정부활동의 근원이 되는 재원을 확보하기 위해서는 강제성이 수반될 수밖에 없을 것이다. 그러나 민간경제는 개인의 이익과 효용을 추구하는 것이 목적이기 때문에 임의성(任意性)의 원칙이 적용되게 된다.

넷째, 재정활동은 반드시 체계적인 계획하에 운용되는 특성을 갖고 있다. 만약 그렇지 못하게 운용된다면 국가는 상당한 위기상황에 직면할 수 있을 것이다. 따라서 재정은 계획성이 전제되어야 하며, 일년동안의 지출과 이를 충당할 수 있는 수입이 일치하여야 하는 수지균형(收支均衡)의 원칙이 적용된다. 수입이 지출보다 크다면 이는 국민들이 얻을 수 있는 효용을 빼앗은 결과가 되고 반대 현상이 나타나면 정부가 채무를 갖게 되어 재정운영이 어렵게 되기 때문이다. 그러나 민간경제는 반드시 영여(剩餘)가 있어야 하는 소위 잉여의 원칙이 적용된다. 만약 컴퓨터회사를 경영하는 기업인이 컴퓨터 판매에 따른 이윤이 확보되지 않는다면 스스로 회사 문을 닫게 될 것이다.

▶ 재정의 특성
재정활동의 주체는 국가나 공공단체이다.
재정은 량출세입원칙(量出歲入原則)을 사용한다.
재정은 공익성(公益性)과 강제성(强制性)을 갖는다.
재정활동은 반드시 체계적인 계획 하에 운용된다.

1.2 재정은 어떠한 기능을 수행하는가?

사회구조가 변화를 거듭하면서 재정의 기능도 많은 변화를 겪으면서 오늘에 이르고 있다. 농경사회에서 산업사회로 산업사회에서 정보사회로 변화하면서 재정은 과거에 비교할 수 없을 만큼 다양한 기능을 수행하도록 요구받았고 앞으로도 더 많은 다양하고 복잡한 기능이 추가될 것으로 예상된다. 여기서는 재정의 기능중에서 재정지출에 의해 제한된 자원을 효율적으로 배분하는 기능, 재정지출에 따른 소득재분배기능, 경제안정화기능, 환경보전기능 등 몇 가지를 소개하고자 한다. 그러나 재정의 기능은 이외에도 재정지출을 어떻게 하는 가에 따라 지역개발의 격차가 발생함으로 지역간 균형개발을 유도하는 기능, 총체적 의미에서 국민들의 삶의 질적 수준을 개선하는 기능 등 다양한 기능이 있다.

첫째, 재정활동은 한정된 자원을 효율적으로 배분하는 기능을 수행한다. 이를 재정의 자원배분기능이라 한다. 이는 시장기구에 의해서 발생되는 자원의 비효율적 배분을 조정하는 기능을 의미한다. 만약 시장기구에 의하여 자원이 효율적으로 배분된다면 재정의 이 기능은 의미가 없게 된다. 그러나 현실적으로 시장에 존재하는 자원이 효율적으로 배분되는 것은 거의 불가능하기 때문에 정부가 개입하여 자원의 효율적 배분을 유도하게 된다. 예를 들면 피자를 얼마만큼 생산할 것인가? 고속도로를 어떻게 건설해야 하는가? 등 특정 재화를 얼마나 생산할 것인가의 문제? 또한 소주, 피자, 컴퓨터와 같은 민간재와 고속도로, 항만, 공항, 철도, 상수도 등과 같은 공공재의 생산을 어느 정도 비율로 생산하는 것이 효율적인가? 등의 문제는 시장기구에 의해 조정이 불가능하기 때문에 정부가 추진하는 각종 정책에 영향을 받게 된다.

예를 들면, 정부가 세입측면에서 귀금속, 고급가구, 고급승용차 등과 같은 사치품에 대해 높은 세율을 적용하면 이들 사치품의 가격이 인상되고 판매가격이 상승하고 이는 사치품에 대한 수요를 감소시켜 생산의 감소로 이어진다. 반대로 서민생활과 밀접한 관계가 있는 식료품, 잡화 등과 같은 생활필수품에 대해 세율을 인하하게 되면 이들 필수품의 가격이 하락하고 그렇게 됨으로써 소비가 증가하게 되고 그러면 이를 생산하는 기업은 생산을 증가시키게 된다. 따라서 사치품 생산에 사용되던 자원이 생활필수품 생산에 추가로 투입됨으로써 자원이 필수품 생산에 전용(轉用)됨으로써 자원배분의 효율성이 증가하게 된다.

한편 세출측면에서 자원배분의 조정기능을 보면, 정부가 고속도로 건설을 확대하기로 결정했다면 다른 부문에서 고속도로 건설부분으로 자원이 전용됨으로써 자원배분에 영향을 주게되어 사회 전체적으로 볼 때 자원배분의 효율성이 높아지게 된다.

결국 시장이 불완전경쟁(독점기업)의 형태이고, 외부불경제(external diseconomics)나 공공재가 존재하는 경우는 정도의 차이는 있으나 일반적으로 자원이 비효율적으로 배분된다. 공공재의 경우는 수혜자와 비용부담자가 일치하면 자원은 효율적으로 배분되나 현실적으로 일치하는 경우는 거의 없다고 볼 수 있다. 이와 같은 경우 정부는 자원배분을 최적상태로 접근시키기 위해 "재정"을 사용하게 된다.

둘째, 정부가 경제활동의 결과로 얻어진 소득이나 부의 분배를 조정하는 역할을 하게 되는데 이를 재정의 소득재분배기능(所得再分配機能)이라 한다. 정부가 소득분배에 간여하지 않으면 계층간, 지역간, 학력간 소득격차는 더욱더 확대되어 부의 분배가 왜곡되어 다양한 사회적 문제가 발생될 수 있다. 이렇게 소득격차가 발생하는 이유는 여러 가지가 있다.

순수시장경제하에서는 인적자원·농업자원·어업자원·산림자원 등 개인이 소유하고 있는 자원량과 자원에 대한 시장평가(자원의 한계생산력이라 한다.)의 차이, 유산·상속, 자원의 질적 수준(개인이 업무를 처리하는 능력의 차이, 얼마만큼의 교육기회가 있었는가 등)에 따라 개인 각자가 얻게 되는 소득수준은 차이가 나게된다.

이러한 개인간의 소득격차가 큰 것은 사회전체측면에서 바람직하지 못하다. 따라서 이처럼 바람직하지 못한 소득분배 상태는 시장기구에 의하여 시정되기는 거의 불가능하기 때문에 정부가 "재정"이란 수단을 이용하여 시장에 개입하고 이를 시정하게 된다. 그러나 정부가 시장에 개입하는 것이 반드시 좋은 것은 아니다.

정부가 소득분배 상태를 조정하기 위하여 시장에 개입할 때 "가장 바람직한 분배", "가장 공평한 소득분배" 문제에 봉착하게 된다. 경제적 측면에서만 최대의 효과를 얻을 수가 없는 것이 일반적이다. 바람직한 소득분배 상태를 얻기 위해서는 경제적 측면에서 $MRT_{XY} = MRS_{XY}$, $MRTS^{X}_{K,L} = MRTS^{Y}_{K,L}$, $MRS^{갑}_{XY} = MRS^{을}_{XY}$의 3가지 조건이 충족되어야 자원이 가장 바람직한 상태로 배분되게 된다. 이를 자원의 최적배분상태라 한다. 그러나 이는 현실적으로 불가능하기 때문에 경제적, 사회적, 윤리적 기준에 입각한 정치적 과정을 통하여 결정되어야 한다. 물론 이 과정을 통해서도 가장 바람직한 상태를 유도하기는 쉽지 않다.

1990년 이후 우리나라의 소득불평등 정도를 지니계수를 통해 보면 <그림 11-1>에서 볼 수 있듯이 90년대 초반에는 지니계수가 감소하여 소득불평등도가 개선되는 경향을 보였으나 90년대 중반부터 다시 소득격차가 점진적으로 악화되었고 IMF이후 소득격차는 확대되는 경향을 보이고 있어 정부의 소득재분배 정책이 한층 중요한 시점을 맞고 있다.

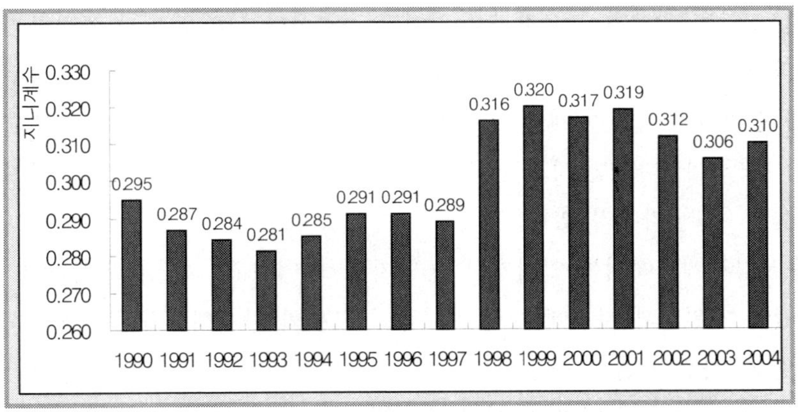

그림 11-1 연도별 소득불평등도(지니계수)

<그림 11-1>은 우리나라의 연도별 소득불평등도를 보여주고 있다. 이처럼 소득불평 문제가 발생하면 정부는 지나친 소득불평등 문제를 개선하여 바람직한 상태로 유도하기 위하여 다양한 정책을 추진하게 된다. 예를 들면, 세입측면에서 누진세율을 도입하여 저소득자에게는 세금을 적게 부담하게 하고 고소득자에게는 무거운 세금을 부담하게 하여 균형을 유도하거나 고급승용차, 고급내구소비재 등과 같은 사치성 소비재에 특별소비세를 부과하여 계층간 소득격차를 줄이는 방법을 채택하고 있으며, 세출측면에서는 무의탁노인, 소년소녀가장 등 저소득층에게 최저생계비를 지원하는 방법, 임대아파트를 건설하여 저소득층에게 입주 우선권을 주는 방법 등 다양한 방법을 통하여 사회보장비를 지급하여 소득 격차를 완화시키고 있는데, 이들 모두가 재정이 할 수 있는 중요 기능중의 하나이다.

셋째, 재정의 경제안정화 기능이다. 이 기능은 1930년대 대공황(大恐慌)을 극복하기 위한 하나의 수단으로 등장하여 현재까지 대부분의 국가에서 사용하고 있는 중요 정책중의 한 수단이다. 정부가 경제정책을 추진하는 목적중의 하나가 경제안정화인데 이는 재정을 통해서 가능하기 때문이다. 정부정책의 최종목적은 고용측면에서 완전고용과 높은 생산수준을 달성하고 물가를 저수준에서 안정시키는 문제이다. 이는 매우 어려운 문제이다. 왜냐하면 국민경제는 항상 불안전성이 내재하고 있기 때문에 이를 방치하면 인플레이션이 발생하여 사회가 불안해 지고 실업이 증가하기 때문에 정부의 적절한 정책수단에 의하여 조정되어야 한다.

정부가 취할 수 있는 방법은 다양하다. 예를 들면, 경제가 하향국면으로 접어들 징조가 나타나면 정부가 재정지출을 증가시키거나 세율을 인하하여 경제활동의 활성화를 유도하게 된다. 한 예로 경제가 불경기이면 정부는 고용효과가 큰 국도나 고속도로 등 사회간접시설 건설을 위한 재정지출을 증가시켜 경제 안정을 유도하게 된다.

반면 경제가 너무 지나치게 과열되어 문제가 발생될 소지가 보이면 정부지출을 줄이거나 세율을 인상하여 경기의 과열을 진정시키는 방법을 취하게 된다. 이러한 조정과정을 통하여 경제를 안정시키게 된다. 이런 조정 기능은 민간경제분야에서는 불가능하다.

넷째, 재정의 경제성장기능이다. 이는 자본축적과 기술진보를 촉진하는 방향으로 재정지출을 조정함으로써 경제성장을 달성하게 된다. 이를 위해 정부는 저축을 장려하기 위하여 저축에 대하여 비과세하고, 예금이자에 대해 비과세 하거나 투자세액을 공제하거나 법인세율을 경감시킴으로써 경제성장을 촉진시키게 된다.

▶ 재정의 기능

재정은 자원을 효율적으로 배분하는 기능을 한다.
재정은 소득재분배기능을 수행한다.
재정은 경제를 안정시키는 기능을 한다.
재정은 경제성장을 촉진시키는 기능을 수행한다.
재정은 균형적 지역개발과 환경보전기능을 수행한다.

2. 공공재와 시장실패

2.1 시장실패와 그 원인은 무엇인가?

2.1.1 시장실패란 무엇인가?

개인이 마음대로 처분할 수 있는 재산권(財産權)과 자원과 재화를 시장에서 교환할 때 발생하는 법칙(이를 교환법칙이라 한다.)이 추진되는 과정에서 자원이 이용되고 배분된다. 재산권과 교환법칙이 원만하게 이루어지면 자원은 효율적으로 배분되어 문제가 없으나 그렇지 못하면 자원은 비효율적으로 배분되어 자원의 낭비가 발생하게 된다. 다시 말해 완전경쟁시장인 경우 시장기구에 의해 효율적 자원배분이 달성되나 현실적으로 시장에 의해 효율적인 자원배분을 기대하기 어렵다.

이와 같이 시장기구에 의해 효율적인 자원배분이 이루어지지 않은 상태를 시장실패(market failure)라 한다. 이는 완전경쟁시장이 모든 재화생산에 규모경제(economics of scale)가 존재하지 않고, 외부효과(external effects)가 없다는 조건이 충족되어야만 균형이 달성되어 자원이 효율적으로 배분되나 그렇지 못하면 균형이 달성될 수 없어 자원이 비효율적으로배분되는 상태를 말한다. 이러한 시장실패가 발생하는 원인은 규모경제, 외부효과, 공공재, 불확실성이 존재하는 경우, 실업과 물가고에 의해 시장이 불안한 경우 그리고 정보의 비대칭성 등이다.

> 시장기구에 의해 효율적인 자원배분이 이루어지지 않은 상태를 시장실패(market failure)라 한다.

2.1.2 무엇이 시장실패의 원인인가?

첫째, 규모경제가 존재하는 경우 시장실패가 발생한다. 규모경제란 기업이 생산량을 증가시키면 비용이 감소하고 그러면 기업은 생산시설을 확대하여 생산량을 증가시키게 된다. 이는 장기적으로 평균생산비가 감소하게 되어 이윤이 발생하게 되고 이윤이 있는 한 생산규모를 확대시키는 현상 즉 생산규모가 확대됨에 따라 장기평균비용(LAC)이 계속 감소하는 현상을 의미한다.

규모의 경제가 작용하는 기업에서 생산한 제품의 시장점유율이 증가되면 기업은 시장에서 가격순응자 역할에서 가격결정자 역할로 변화하게 되어 완전경쟁시장은 붕괴되고 독점과 과점이 출현하게 된다. 규모의 경제가 발생하는 이유는 ① 분업(division of labor)에 의한 생산요소의 전문화(Specialization)와 ② 대량생산에 따라 생산요소간 대체가 가능해 지기 때문이다. 소규모 기업은 기계, 장비를 전문화시킬 수 없기 때문에 노동이 많이 필요하게 되고, 대규모 기업은 기계, 장비가 전문화됨으로써 자본이 노동을 대체하게 되어 평균생산비가 감소하게 된다.

규모의 경제가 존재하면 독점, 과점 같은 불완전경쟁시장이 나타나 시장기능에 의해서는 한계비용가격의 설정이 이루어지지 않게 되어 비효율적 자원배분을 초래하게 되어 시장실패가 야기되는데, 이를 개선하기 위하여 정부가 재정지출을 하게 된다.

시장실패가 발생되는 두 번째 원인은 외부효과(external effects)가 때문이다. 완전경쟁시장이나 시장기능이 적절하게 작용하지 못하면 경제영역이 존재하게 된다. 이는 시장에서 외부효과가 발생할 때이다. 외부효과는 소비자, 생산자가 타경제주체의 소비나 생산활동에 의해 타인에게 의도하지 않은 혜택이나 손해를 주게되나 이에 대한 대가(代價)를 시장기구를 통하지 받지도 않고 지불하지도 않는 상태를 의미한다. 소비나 생산과 같은 정상적인 경제활동에 대한 부수적인 효과 중에서 그 효과가 무상으로 유리한 영향을 받는 효과를 외부경제(external economy)라 하고, 불리한 영향을 받는 효과를 외부불경제(external diseconomy)라 한다.

예를 들어 설명하면, 2사람이 모인 자리에서 어떤 한 사람이 담배를 피운다고 하자. 담배를 피우지 않는 사람은 담배를 피우는 사람 때문에 고통을 받게 된다. 이처럼 담배를 피우지 않는 사람이 자신의 행동에 의해서가 아니라 타인에 의해 고통을 받게 되는데 이러한 경우를 외부불경제라 하고, 반대로 원자력발전소가 가동되면서 어떤 사람이 원자력발전소 인근에 양어장을 설치하여 발전소에서 활용한 물을 이용하여 양어장을 운영하는 경우 양어장을 경영하는 사람은 자신이 비용을 들이지 않고 발전소로부터 물을 무상으로 제공받게 되는데 이를 외부경제라 한다.

외부효과란 용어가 사용된 것은 제3자가 얻게 되는 혜택이나 손해가 시장기구를 통하여 매매할 수 없는 특성을 갖고 있기 때문 즉 "시장의 외부에 존재하기" 때문이다. 이와 같이 외부효과가 존재하게 되면 완전경쟁시장하에서도 자원이 비효율적으로 배분되어 시장의 실패가 발생하게 된다. 외부효과가 존재하는 경우 사회 전체적 관점에서 계산된 사회적 비용(social cost)과 개인적 관점에서 계산된 사적 비용(private cost)이 차이가 있게 된다. 외부경제의 경우 사회적 편익이 사적 편익보다 크고 사회적 비용이 사적 비용보다 작게 되고, 외부불경제의 경우는 반대의 현상이 나타난다. 따라서 외부불경제가 존재하면 시장기구에 의한 효율적 배분이 달성될 수 없기 때문에 시장 실패가 나타나게 된다.

셋째, 공공재가 존재하는 경우도 시장실패가 발생하게 된다. 공공재는 개인차원에서 이루어지는 민간재와는 기본적으로 다르다. 정부나 공공단체에 의해 공급된 재화(공공재)를 소비할 때 가격을 지불하지 않는 것이 대부분이기 때문에 소비자를 배제할 수 없는 비배제성의 원칙이 적용되는 재화이면서, 어느 특정 사람이 제공된 공공재 소비에 참여하더라도 타인의 소비에 영향을 주지 않는 비경합성을 갖고 있기 때문에 시장자율 기능에 맡기면 생산되지 않은 것이 일반적이다. 왜냐하면 정부가 공급하는 대부분의 재화는 민간경제와 달리 이윤을 고려하지 않기 때문이다. 만약 이윤을 고려한다면 강원도 산골 도로가 어떻게 건설될 수 있겠는가?

따라서 공공재의 경우 시장기구에 의한 효율적인 자원배분이 불가능하기 때문에 정부의 개입이 필요하게 된다. 예를 들어 군에 입대한 군인들이 전방초소를 지키고 있는 동안 후방에 살고 있는 사람들은 아무 대가를 지불하지 않고 공공재를 무상으로 소비하게 된다. 이를 무임승차문제(free riders problem)라 한다. 공공재에서는 이러한 무임승차 문제가 일반적으로 발생하나 민간재에서는 발생할 수 없는 것이 일반적이다.

넷째, 비대칭적인 정보도 시장실패를 야기 시킨다. 소비자나 생산자가 무수히 많은 시장 즉 완전경쟁시장하에서는 전제조건이 모든 경제주체가 특정 재화에 대해 완전한 지식과 정보를 갖고 있다는 것이다. 그러나 현실적으로 모든 주체가 완전한 정보를 갖는 다는 것은 불가능하여 정보에 있어 비대칭성이 존재하게 된다. 예를 들면 어떤 기업이 신상품을 생산하여 판매할 때 상품을 생산한 생산자가 소비자보다 더 많은 정보를 갖고 있어 비대칭성이 나타나고, 보험가입자의 경우 보험가입자가 보험회사 보다 보험에 대해 더 많은 정보를 가지고 있어 정보의 비대칭성이 존재하게 된다. 따라서 자동차 보험의 경우 사고를 낼 확률이 높은 사람들이 주로 보험에 가입할 가능성이 많고 생명보험의 경우 일찍 사망할 확률이 높은 사람이 역시 보험에 가입할 가능성이 많을 수 있다. 이렇게 되면 자원이용측면에서 비효율적인 배분 문제가 발생하게 된다.

다섯째, 시장에 불확실성이 존재하면 자원을 소유한 경제주체는 자원을 어떻게 활용하는 것이 합리적인지를 판단하기 어렵기 때문에 자원이 비효율적으로 배분된다. 이렇게 되면 시장실패가 발생하게 되고, 특정 제품에 대한 수요와 공급의 변동이 야기되면 시장질서가 혼란해 지고 안정이 파괴되어 실업이 증가되고 물가가 상승되어 자원이 비효율적으로 배분되어 시장실패가 발생하게 된다.

> 시장실패의 원인은 규모의 경제, 외부효과, 공공재, 불확실성이 존재하는 경우, 실업과 고물가에 의한 시장불안 그리고 정보의 비대칭성이 존재할 때 발생한다.

2.2 정부의 생산품이 공공재이다.

2.2.1. 공공재란 무엇인가?

공공재(public goods)는 여러 요인에 의해 자원이 비효율적으로 배분되어 시장실패가 발생할 때 시장실패의 결함을 개선하기 위하여 정부나 공공기관을 통하여 공급하는 재화와 서비스로서 비배제성과 비경합적인 특성을 갖는 재화를 말한다.

A.Smith는 자유주의적 재정이론을 체계화하고 정부의 기능으로 국방, 시장경제의 운영을 위한 사법제도, 주권유지를 위한 재정권 행사, 도로·교량·항만·철도 등과 같은 공공토목사업과 공공시설의 유지·확충 등 4가지를 제시하였다. 이중에서 네 번째 기능 때문에 정부의 공공재 공급이 정당화되었다. A.Smith는 규모가 큰 사회간접자본이 비용체감의 성격이 있기 때문에 자원이 시장기구에 의해 적절히 공급되지 못한다고 여겼다. 따라서 공공재는 정부가 공급하는 것이 바람직하다고 생각하였다.

공공재 이론의 형성과정을 보면, 공공재 연구의 발전은 유럽대륙학자들이 1850년대부터 공공지출, 조세 결정을 시장가격기구와 유사한 기구에 의존하는 접근방법을 시도하였으며, 스웨덴의 빅셀(K.Wicksell), 린달(E.Lindahl)에 의해 공공재 이론이 형성되었다.

> 공공재(public goods)는 여러 요인에 의해 자원이 비효율적으로 배분되어 시장실패가 발생할 때 시장실패의 결함을 개선하기 위하여 정부나 공공기관을 통하여 공급하는 재화와 서비스로서 비배제성과 비경합적인 특성을 갖는 재화를 말한다.

공공재는 3가지 유형이 있다. <표 11-1>에서 보는 바와 같이 순수민간재는 철저히 소비측면의 경합성과 배제성이 적용되는 재화이다. 소비자들이 시장에서 구입하는 TV, 컴퓨터, 쌀, 피자 등 직접 화폐를 지불하고 얻을 수 있는 거의 모든 재화가 여기에 해당한다. 만약 화폐를 지불하지 않으면 이런 재화를 소비를 할 수 없게 된다. 순수민간재(사적재)와 반대의 개념인 순수공공재는 소비측면에서 배제의 원칙이 철저히 적용되지 않는 재화로 비배제성과 비경합적 특성을 동시에 갖고 있다. 예를 들면 국방, 치안과 같은 공공재는 이용하는 사람이 누구이던 대가를 지불하지 않고 이용할 수 있으며, 대가를 지불하지 않는다고 해서 소비자를 배제할 수 없는 특성을 갖고 있다.

표 11-1 공공재의 구분

소 비	배제여부	
	배 제 가	배제불가
경 합	① 순수 민간재 예, TV, 옷, 가방	② 준공공재(=공유재) 예, 공공낚시터, 지하수
비 경 합	③ 준공공재(=요금재) 예, 극장, 도로통행료	④ 순수 공공재 예, 국방, 치안, 경찰

그러나 현실적으로 공공재라도 소비과정에서 경합성이 나타나고 배제성이 존재하는 재화가 대부분이다. 이런 공공재를 준공공재라 한다. 준공공재는 공공재적 성질과 민간재적 성질을 동시에 갖고 있다. 이런 재화는 배제가 불가능하면서 어느

정도의 경합이 적용될 수 있는 준공공재(공유재)로 지하수를 예로 들면 지하수가 특정 개인에 의해 소유되면 순수공공재에 해당되나 그렇지 않으면 지하수는 공공재가 된다. 특정 개인이 지하수를 개발하는데 대가를 지불하지 않아도 어느 누구의 제제도 받지 않고 개발 할 수 있어 배제불가능의 원칙이 적용되나 지하수를 개발하는 사람이 많아지면 지하수가 제한되어 있으므로 개인 측면에서 볼 때 개인의 지하수 이용량이 줄어들어 효용이 떨어지게 되어 소비의 경합적 문제가 발생한다. 반면 반대로 어느 정도 배제가 가능하면서 비경합적 특성을 갖는 준공공재(요금재)로 고속도로를 생각해 보자. 고속도로는 공공재이나 통행료를 지불해야 하는 고속도로의 경우가 이 예에 해당된다. 통행료를 지불하지 않으면 고속도로를 이용할 수 없기 때문에 소비의 배제원칙이 적용된다. 다시 말해 통행료를 지불하지 않는 사람은 고속도로를 이용할 수 없게 된다. 그러나 통행료만 지불하면 고속도로를 이용할 수 있기 때문에 경합성이 존재하게 된다. 그러나 준공공재와 순수공공재를 구별하는 것은 매우 어렵다고 볼 수 있다.

2.2.2 공공재의 특성은 무엇인가?

비경합적 소비(nonrival consumption)

한 개인이 소비에 참여하여 얻은 이익이 다른 모든 개인이 얻은 이익을 감소시키지 않아 경제주체간 경합관계가 발생하지 않는 성질을 의미한다. 다시 말해 특정개인의 소비가 다른 사람의 소비에 전혀 영향을 주지 않는 것을 말한다. 예를 들면 7번 국도의 4차선 확장으로 이를 이용하는 사람들에게 효용를 증가시켜 주는 경우 확장된 7번 국도는 어느 한 이용자의 효용을 증가시키는 반면 다른 이용자의 효용도 증가시키게 되고 어떤 한 이용자의 7번 국도의 이용이 다른 이용자의 이용에 어떠한 영향도 주지 않기 때문에 소비의 비경합성을 나타내게 된다.

그러나 피자, 컴퓨터, 우유, 책, 신발과 같은 민간재의 경우는 어느 한 학생이 이들 재화를 많이 소비하게 되면 다른 학생이 소비할 수 있는 량이 점점 줄어들게 되어 소비의 경합적 문제가 발생하게 된다.

비배제성(non-exclusion)

특정 소비자가 재화의 소비로부터 얻는 혜택으로부터 배제할 수 없는 성질로 공공재를 이용하는 소비자가 가격을 지불하지 않아도 배제 당하지 않고 배제가 불가능하며 배제가 가능하더라도 배제에 소요되는 비용이 너무 큰 특성을 갖는 것을 말한다. 시장경제 하에서 생산되는 민간재는 재화마다 시장가격을 갖고 있기 때문에 구입을 희망하는 소비자는 반드시 가격을 지불하지 않으면 소비를 할 수 없는 배제원칙이 적용된다.

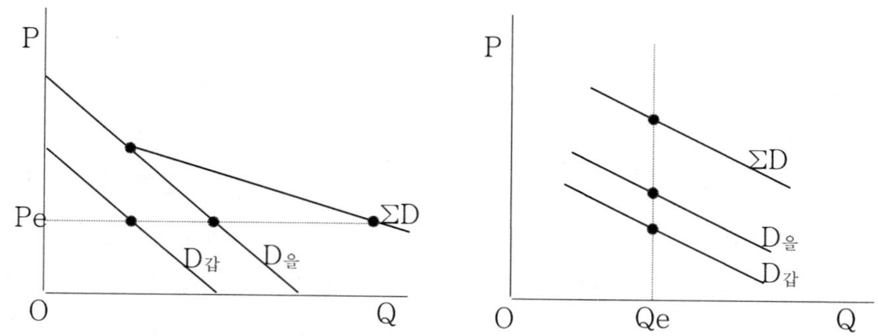

그림 11-2 민간재와 공공재의 시장수요곡선

그러나 공공재는 소비자가 이용하는 공공재에 대해 가격을 지불하건 하지 않건 소비로부터 배제당하지 않는다. 7번 국도의 경우 공사에 투입된 비용을 부담(세금)한 사람과 그렇지 않는 사람을 구분하여 7번 국도를 이용하게 할 수 없다.

민간재와 공공재의 차이는 개별수요곡선과 시장수용곡선을 이용하여 설명할 수 있다. 공공재의 경우 공공재 사용에 따른 소비자간 분할이 불가능하기 때문에 즉 상호 배타적이 아니므로 공공재의 수요는 <그림 11-2>의 오른쪽 그림과 같이 개인의 공공재 선호의 수직적 합(ΣD=D갑+D을)에 의해 얻어진다. 그러나 민간재의 경우는 소비분할이 가능하기 때문에 민간재의 시장수요곡선은 왼쪽 그림과 같이 개별수요곡선을 수평으로 합계(ΣD=D갑+D을)한 것이 된다.

3. 예산과 공공지출

3.1 예산이 무엇이며 어떤 기능을 수행하는가?

예산은 중세 국왕의 독재적 권력에 의한 과세권을 의회가 규제하기 위한 수단으로부터 발달하였다. 국왕의 과세권에 대해 시민이 승인권을 행사하려는 데에서 비롯되었으며, 그 후 의회권한은 지출을 규제하는 영역까지 확대되어 오늘날의 예산제도로 발전하였다.

예산은 일정기간에 있어서의 정부경제를 운영하기 위한 계획안으로 국가의 수입과 지출에 관한 예정적 계획인 동시에 의회가 행정부에 대해 재정활동을 허용하는 하나의 형식이다. 예산은 ① 재정정책적 기능을 갖는다. 이는 재정의 제목표 달성위해 형식적 재정수지의 계획이 아니고 계획적 수지균형이 합리적인 재정운용을 확보하는 기능을 의미하며, 예산은 정치적 결정을 특정계획에 전달하는 수단이다. ② 예산의 행정관리기능으로 행정운영수단으로써의 예산기능으로 정부활동은 예산에 의해 법적 보장을 받고 예산의 집행에 의해 강제력이 부여된다. ③ 재무관리적 기능으로 재정수단의 남용이나 불합리하고 부당한 지출을 통제하는 기능이 있다. 그러나 1차 세계대전 후 정부의 시장개입이 늘어남으로써 예산은 경제의 안정과 성장을 위한 경제정책적 수단으로서의 기능이 강조되고 있다.

예산의 기능으로는 재정정책적 기능, 행정관리 기능 그리고 재무관리적 기능이 있다.

3.2 예산제도란 무엇인가?

1930년대 이후 예산제도에 대한 개혁안이 논의되었으며 행정부 통제중심에서 탈피하여 행정운영의 적극적 정책수단으로 전환되었다. 과거의 예산제도는 주로 통제와 관리기능에 치중하여 지출의 목적이나 그것의 달성을 위한 비용의 효율화는 경시하는 경향이 있었다.

예산제도의 발전단계를 보면, 경제안정화를 위한 차입과 지출을 정당화시키기 위해 예산을 경상예산과 자본예산으로 구분하여 편성하는 복식예산제도, 지출의 성과와 실적에 역점을 둔 성과주의 예산제도, 장기계획수립과 단기예산편성을 유기적으로 결합시켜 정책결정을 합리화하는 계획예산제도(PPBS), 전년도 예산은 없는 것(zero-base)으로 보고 모든 신규사업을 계획목표에 맞추어 재평가하여 사업의 우선순위에 따라 예산을 편성하는 0기준 예산제도 그리고 현행 법정 예산제도를 그대로 유지하면서 재정활동의 종합적 파악을 목적으로 행정예산에 첨부하여 각종 정부기금, 비금융공기업의 수지를 포함하는 통합예산으로 발전하였다.

그러나 예산제도는 각 국가의 경제적, 사회적, 정치적 상황에 따라 다양한 예산제도가 채택되고 있으며 앞으로도 예산제도는 부단히 변화할 것으로 예상된다.

> 예산제도는 복식예산제도, 성과주의예산제도, 계획예산제도, 0기준예산제도, 통합예산제도로 발전하였다.

3.3 공공지출이란?

공공지출은 개별 소비자나 생산자가 자신의 목적을 추구하기 위하여 지출하는 개념과는 구별된다. 공공지출은 특정 개인을 위해서가 아니라 국가 또는 공공단체가 사회전체의 공공욕구를 충족시키기 위하여 지출하는 비용으로 그 형태는 화폐 또는 재화이다. 공공지출 즉 경비는 과거에는 특별한 관심의 대상이 아니었으나 오늘날에는 공공지출의 내용을 모르고서는 국가가 어떠한 재정활동을 하고 있으며 국민경제와 기업, 가계에 대하여 어떤 영향을 미치는 지 알 수 없으므로 공공지출의 의미는 더욱더 커지고 있다.

1930년대 이후 정부가 공공지출을 적절한 소득수준과 고용수준을 유지하는데 있어서 유효한 재정수단으로 파악됨으로써 더욱 중요시되고 있다. 정부의 공공지출의 량이 얼마나 큰가? 혹은 어느 부문에 집중투자 되고 있는 가에 따라서 그 영향은 상당히 다르게 나타날 수 있다. 일반적으로 볼 때 공공지출의 규모가 작은 경우는 그 효과가 상대적으로 적게 나타날 수 있으며 크면 반대 효과가 나타날 것이다. 과거 정부의 공공지출이 비생산적인 것으로 보는 시각이 있었으나 일반적으로 생산적인 것으로 수긍하고 있다. 공공지출의 규모가 커지면서 정부조직 문제가 자주 등장하는 것도 이과 관련이 있다. 우리나라의 경우 대통령 선거가 있을 때마다 정부조직의 문제가 중요한 이슈로 등장하게 되는 이유도 작은 정부에 의한 자원배분의 효율성을 높이고 국민들의 세부담을 경감시켜 공공지출의 효과를 극대화하자는 것이다. 그러나 이런 문제는 어느 정부에서도 해결되지 못한체 과제로 남아 있는 부문이라 할 수 있다.

공공지출은 특정 개인을 위해서가 아니라 국가 또는 공공단체가 사회전체의 공공욕구를 충족시키기 위하여 지출하는 비용으로 그 형태는 화폐 또는 재화이다.

경비 중에는 정부가 직접 지출해야 하는 것임에도 불구하고 그렇지 못한 비용도 있다. 이를 숨은경비라고 하는데 이는 국가가 당연히 지출하는 경비이지만, 어떤 방법으로든 은폐되어 그 부담이 국민에게 귀착되는 경비를 의미한다. 징병제도, 노동봉사, 명예직에 의한 인적수단의 획득 등이 여기에 해당된다.

우리나라의 재정규모를 보면 지속적으로 증가하는 추이를 보이고 있다. 1986년이후 중앙정부와 지방정부의 재정규모 증가율을 보면, 그림에서 볼 수 있듯이 중앙정부의 증가율이 높게 나타나고 있다. 이는 지방자치제의 발달에 지장을 초래할 가능성이 있다. 따라서 중앙재정과 지방재정이 적정수준에서 책정되어 운영되어야만 할 것이다.

재정규모(대GDP 비율)

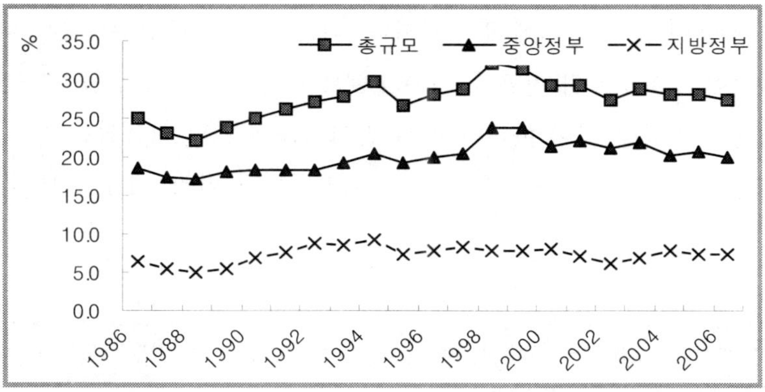

4. 조세와 세금

4.1 조세와 그 목적은 무엇인가?

4.1.1 조세란 무엇인가?

조세는 정부의 중요한 수입원천이다. 조세는 개인이 얼마만큼의 재산을 소유하고 있는지, 소득수준이 어느 정도인지, 소비수준은 얼마나 되는지, 특별한 권한을 얼마나 향유하고 있는지 등을 기준으로 강제적으로 징수되는 수입이다. 조세는 정부가 납세자에게 특별한 반대급부를 제공하지 아니하고 개인 및 법인 등 민간부문으로부터 정부부문(중앙 및 지방정부)으로 일방적인 화폐의 강제적 이전을 의미한다. 조세가 강제적일 수밖에 없는 이유는 공공재의 재원조달이 강제적으로 이루어지지 않는 한 어느 누구도 자발적으로 화폐를 지불할 유인을 갖지 않는다는 무임승차자문제 때문이라고 볼 수 있다.

이러한 특성을 갖는 조세는 개인이나 기업이 정부가 제공하는 용역 또는 공공재를 소비함으로써 얻는 편익의 크기에 따라 부과되는 것이 아니라 이들과는 거의 무관하게 개인 또는 법인에게 부과된다. 예를 들면 영동고속도로를 이용하는 사람이 자신이 정부로부터 받은 즉 고속도로를 이용함으로써 얻을 수 있는 편익만큼 조세를 부담하는 것이 아니라 다시 말해 고속도로의 이용과는 상관없이 자신이 소유한 재산정도, 소득수준 그리고 소비정도에 따라 세금을 낸다는 것을 의미한다.

> 조세는 개인 및 법인 등 민간부문으로부터 정부부문(중앙 및 지방정부)으로 일방적인 화폐의 강제적 이전을 의미한다.

4.1.2 조세의 목적은?

정부가 개인이나 법인으로부터 조세를 거두어 들이는 목적은 첫째, 개인의 사회적 욕구를 충족시키기 위하여 제공되는 공공재 공급에 필요한 재원을 조달하기 위해서다. 예를 들면 동해항이 선박이 입·출항하는데 문제가 있어 정부가 이러한 여건을 개선할 필요가 있다고 판단하여 확충사업을 하고자 할 때 그 사업에 필요한 공사비가 100억원이라 하자. 정부는 이 자금을 조달하기 위하여 개인이나 법인에 세금을 부과하게 된다. 이를 와그너(A.H.G. Wagner)는 조세의 세수목적이라 하였다. 둘째, 조세는 첫 번째 목적이외에 인구가 도시에 집중됨에 따라 도시의 주택문제·교통문제 그리고 대기오염, 공해를 유발시키는 공장의 입지에 의해 발생되는 환경문제, 시장에 독과점이 존재할 때, 부동산 투기가 발생할 때 등 비효율적인 성격의 경제활동이 발생할 때 이를 제거하여야 하며, 분배측면에서 불공정 및 경제의 불안정 등을 시정하기 위하여 필요한 재원을 조세를 통하여 조달하게 된다. 이를 경제정책적 목적이라 한다.

> 조세의 목적에는 조세의 세수 목적과 경제정책적 목적이 있다.

4.2 조세의 원칙과 기능은 무엇인가?

4.2.1 조세의 원칙은?

정부가 개인이나 법인들로부터 세금을 거두어들이는 것은 쉬운 일이 아니다. 왜냐하면 조세를 확보하는 과정에서 많은 문제가 발생할 수 있기 때문이다. 따라서 정부는 조세를 거두어들이기 위하여 몇 가지 원칙을 정하여 시행하게 된다. 일반적으로 적용하고 있는 조세의 원칙을 보면, 첫째, 공평성의 원칙이다. 세금을 어느 한 쪽에 치우침이 없이 납세자들로부터 공평하게 거두어들이기 것은 매우 중요하다. 여기에는 수평적 공평성과 수직적 공평성이 있다. 전자는 동일한 경제상황에 있는 개인이나 법인에게는 동일한 세금을 납부하도록 한다는 원칙이며, 후자는 더 좋은 경제상황에 있는 개인이나 법인은 더 많은 세금을 납부해야 한다는 원칙이다.

둘째, 효율성의 원칙이다. 정부가 조세를 부과하면 자원배분에 영향을 주게 되고 이는 여가선택, 소비자선택, 기업투자에 영향을 미치게 된다. ① 시장기구에 의해 자원이 효율적으로 배분되고 있는 경우 정부가 조세를 부과하면 자원배분을 왜곡시키게 된다. 따라서 정부가 세수입을 증가시키기 위해서는 자원배분의 왜곡을 최소화시키도록 하여야 한다. ② 시장기구에 의해 자원이 비효율적으로 배분되고 있는 경우 정부가 조세를 부과하면 세수입이 증가되고, 자원배분의 효율성을 제고시키게 된다. 이런 조세를 교정과세(corrective tax : 피구세(pigouvian tax)라 한다.

셋째, 충분성의 원칙이다. 정부가 확보한 조세는 정부의 공공지출에 부족함 없이 사용될 수 있어야 한다. 조세수입의 크기는 세율에 세원을 곱하여 결정된다. 만약 세율이 높으면 어느 정도까지는 세수입이 증가하나 지나치게 세율이 높으면 세수입은 오히려 감소하게 된다. 왜냐하면 소득세율이 지나치게 높으면 근로의욕이 상실되어 근로자들이 근로시간을 단축하게 되고 이는 수입의 감소를 초래하고 결국 세수입을 감소시키게 되기 때문이다. 이는 래퍼곡선(Laffer curve)으로 설명된다.

넷째, 징세 편의성의 원칙이다. 이는 조세행정의 문제로 조세의 공정성을 해치지 않는 한 조세제도는 징세비용(이는 행정비용과 순응비용으로 구성된다.)을 최소화할 수 있어야 한다. 조세는 징세비가 적어야 하고 납세하는데 소요되는 비용이 적어야 한다. 납세절차가 복잡하거나 세법이 어렵게 규정되는 경우에는 납세자의 납세의무 이행에 별도의 부담을 부여하여 후생을 저하시키기 때문이다.

조세의 원칙은 조세 형평성의 원칙, 효율성의 원칙, 충분성의 원칙 그리고 징세의 편의성이다.

4.2.2 조세의 기능은?

조세는 국민경제적으로 중요한 기능을 수행한다. 첫째, 조세는 자원배분의 기능을 수행한다. 국가가 보유하고 있는 총자원을 민간부문과 공공부문에서 활용할 수 있도록 배분하며 자원을 양부문에 얼마나 효율적으로 배분하느냐 하는 문제는 조세의 중요한 기능이라 할 수 있다.

둘째, 조세는 경제의 효율성을 높일 수 있어야 한다. 자원의 배분이 시장기구에 의해 효율적으로 배분되는 것이 바람직하다. 그러나 시장기구에 의한 배분결과가 고도화되면 다시 말해 분배의 일차적 기능이 고도화될 때 개인간의 분배 격차는 확대되고 그렇게 되면 사회정의는 위협을 받게 된다. 그러므로 조세는 분배의 이차적 기능에 개입하게 된다. 조세가 소득재분배 기능을 통해 효율성을 제고시키 위하여 누진소득세, 상속세, 종합토지세, 재산세, 토지초과이득세 등을 부과하게 된다.

셋째, 조세는 경제의 안정을 지속시킬 수 있어야 한다. 인플레이션이 발생하거나 스티그플레이션의 발생 등으로 경제가 불안해지면 정부는 조세를 통하여 이를 완화하거나 해결하여 경제안정을 촉진시켜 고용수준을 높이고 물가를 안정시켜며 국제수지의 균형을 이루는데 기여할 수 있어야 한다.

조세는 제한된 자원을 배분하는 기능, 경제의 효율성을 제고시키는 기능 그리고 경제을 안정화시키는 기능을 한다.

4.3 조세의 체계와 종류에는 어떤 것이 있는가?

민간부문의 생산, 유통, 분배 그리고 소비과정의 경제활동 단계에서 조세가 과세된다. 일반적으로 조세의 원천은 소득이 창출되는 부분, 소비되는 부문, 재산부문 등이다. 그러나 개별조세의 성질과 작용을 고려하여 편성한 조세의 통일적 조직을 조세체계라 하며 이는 역사적 산물이며 국민적 합의를 바탕으로 마련된 제도이다. 그러나 과세의 체계는 일국의 경제적, 사회적, 정치적 특성에 따라 상이하여 직접세 중심의 조세체계를 갖는 국가들도 있고, 간접세 중심의 체계를 갖는 국가들도 있으며 이들 양자를 절충한 절충형 조세 체계를 갖는 국가들도 있다. 그리고 직접세와 간접세의 구별도 역사적 배경이나 현대적 필요성에 따라 상이하며, 국가별 입장이나 학자에 따라 서로 다르다.

일반적으로 납세자가 최종적으로 조세를 부담하는 조세를 직접세라 하며, 소득세, 상속세, 법인세 등이 이에 속한다. 반면 입법자가 조세의 전가를 예상하고 과세하여 납세자와 최종적 담세자가 상이한 조세를 간접세라 하며 대표적인 것이 부가가치세이며, 이외에도 특별소비세, 주세, 관세 등이 있다. 지방세도 직접세와 간접세로 구분되는데 취득세, 등록세, 주민세, 재산세, 자동차세, 종합토지세 등이 직접세이며, 담배소비세는 대표적 간접세라 할 수 있다. 특히 지방재정이 빈약한 자치단체에서는 담배소비세의 비중이 매우 높게 나타나고 있어 재원확보에 많은 문제점이 예상되고 있다.

구분	장 점	단 점
직접세	・공평과세(부담능력, 기초공제) ・재정운영의 원활화 (누진세에 대한 탄력적 세율적용) ・전가가 되지 않아 경제활동에 중립적	・투자나 노동의욕에 영향 ・개인의 사생활 간섭우려(공제를 함으로) 탈세가능 ・세무행정곤란
간접세	・납세편리 ・개인의 사생활 불간섭 ・신속 정확하게 다액의 수입 ・강제저축수단	・역진적 과세 ・조세전가로 경제활동 교란 ・경기변동에 민감

5. 공 채

5.1 공채(公債)란?

공채는 조세와 더불어 일국(一國)의 재정수입을 확보하는데 있어서 중요한 비중을 차지하고 있다. 공채란 국가나 공공기관이 정부의 재정운영상 필요한 자금을 조달하기 위하여 화폐적 신용을 민간부문으로부터 얻을 때 발생하는 채무를 의미한다. 즉 정부가 지게 되는 모든 채무를 말한다. 여기에는 공탁금, 보증금, 보험료 등과 같이 행정상의 채무인 행정공채와 정부투자기관 내지 출자기관 등에서 발행되는 공사채나 회사채에 대해 정부가 보증서는 준공채가 있다.

공채가 조세와 다른 점은 첫째, 조세는 강제적으로 징수하나 공채는 공채구입자 자유의사에 의하며, 둘째, 조세는 일반적으로 국민의 소비자금으로 충당하나 공채는 저축부문의 자금으로 구입하게 된다. 셋째, 조세는 수입의 확보가 확실하나 공채는 그렇치가 못하며 넷째, 조세는 과세시점에서 국민들의 부담하나 공채는 조세로 상환되는 시점에서 부담하게 된다. 따라서 조세는 현세대가 부담하나 공채는 상환시점의 미래세대가 부담하게 된다.

> 공채란 국가나 공공기관이 정부의 재정운영상 필요한 자금을 조달하기 위하여 화폐적 신용을 민간부문으로부터 얻을 때 발생하는 채무를 의미하며, 여기에는 행정공채와 준공채가 있다.

5.2 공채발행의 조건

공채를 발행하기 위해서는 정부의 행정능력과 신뢰성, 국가의 생산능력, 조세수입의 충분성 그리고 재정당국에 대한 국민들의 긍정적인 태도와 정부에 대한 지지 등이다. 그러나 정부가 공채를 중앙은행에 판매하는 경우에는 위의 조건이 적용될 수 없다. 왜냐하면 중앙은행은 정부의 통제를 받고 있기 때문이다.

공채를 발행하는 경우는 전쟁이 일어나거나 경제공황이 발생한 경우 또는 국가에 긴급상황이 발생해 공공수요를 충당해야 할 필요가 있을 때, 공공욕구 충족에 필요한 자본을 조달해야 할 때, 공기업의 자본을 조달하여야 할 필요가 있을 때 그리고 미래 조세수입에 의하여 조달 가능성이 충분한 경상비를 충당하여야 할 때 등이다.

> 공채의 발행조건은 정부의 행정능력과 신뢰성, 국가의 생산능력, 조세수입의 충분성 그리고 재정당국에 대한 국민들의 긍정적인 태도와 정부에 대한 지지 등이다.

5.3 공채의 종류에는 어떤 것이 있는가?

공채는 모집지를 기준으로 하는 경우와 상환기간을 기준으로 하여 분류하는 경우가 있다. 먼저 모집지를 기준으로 한 공채의 종류에는 ① 내국채가 있다. 이는 자국내의 국민경제로부터 발행, 모집하고 자국내의 개인이나 기업에 의해 소유되는 공채를 말한다. 이자 및 원금의 지불업무는 국내채권자에 한해 이행되며, 이자와 원금상환 부담이 크다. ② 외국채는 자국외에서 발행, 모집하고 자국외의 경제주체에 의해 소유되는 공채를 말한다. 이는 부의 해외유출을 촉진시킴으로 자국의 공채소화 능력이 약하고 외국에서 저리로 재원을 조달할 수 있는 경우에 행해진다. 따라서 정부는 이자비용의 절약, 발행시의 수입능력을 강화시킬 수가 있고 이용 가능한 자원량을 확대시킬 수 있는 이점이 있다.

둘째로, 상환기간을 기준으로 한 공채는 먼저 단기채(유동공채)로 이는 상환기간이 1년 미만인 공채를 의미한다. 한 회계연도에 조세수납의 지연으로 국고출납상 일시적 부족금을 보전하는 수단으로 발행하며, 반드시 당해연도 세입으로 상환하여야 한다. 재정증권이 여기에 속한다. 재정증권은 국고출납상 일시적 부족액을 보전할 때 시중은행의 인수를 통해 통화를 발행시키지 않도록 하는 것이 주목적이다. 장기채(확정공채)는 상환기간이 1년 이상인 공채를 말한다. 재정수요의 부족을 보전하기 위해 발행하며 영구공채와 유기공채로 구분된다. 유기공채는 원금상환기간이 정해져 있는 공채이고, 영구공채는 이자지불의무만 가지고 원금상환은 무기한으로 국가의 임의에 의존하는 공채를 말한다.

> 공채는 모집지를 기준으로 내국채와 외국채가 있고, 상환기간을 기준으로 단기채와 장기채가 있다.

5.4 공채의 장단점은 무엇인가?

공채의 발행은 민간경제에 다양한 영향을 주게 된다. 단기적으로 발행하는 재정적 효과는 주로 민간경제의 자원배분에 영향을 미치거나 유효수요에 영향을 주게 되며, 장기적 효과인 금융적 효과는 화폐수급량 및 이자율 변화에 영향을 주게 된다. 그러나 공채 발행이 긍정적인 영향을 주는 것만은 아니다. 경기가 불황일 때 공채를 발행하면 유효수요를 창출할 수 있다거나 개인이나 기업이 사용하지 않고 있는 자금 즉 유휴자금이나 외국자금을 국내로 유인함으로써 외국자금을 생산자금화할 수 있는 이점이 있거나 정부 채무로 인한 부담을 장기화할 수 있고 세대간 조세부담의 공평성을 높일 수 있는 장점이 있다. 그러나 이런 장점에도 불구하고 공채 발행은 시장에 통화가 많이 공급됨으로써 물가가 상승하는 등 인플레이션을 초래할 가능성이 있고 공채 비용이 증가되어 후세대들에게 재정부담을 가중시키는 단점이 나타날 수 있다. 또한 너무 과다한 공채 발행은 국가를 파산시킬 수 있을 뿐만 아니라 국가 신용도를 떨어뜨리는 요인이 될 수도 있다.

장 점	① 불완전 고용시 구매력 창출로 유효수요 증대 ② 유휴자금을 생산자금화, 외국자금을 생산자금화 가능 ③ 국가부담을 장기화, 부담화 ④ 세대간 부담 공평 ⑤ 재정운영의 원활화 ⑥ 공개시작조작으로 국민경제를 조정
단 점	① Inflation 초래 우려 ② 공채비용 증가로 국민부담 가중, 특히 후세대에게 재정부담 가중 ③ 자본축적 저해 우려 ④ 국가신용 저하 ⑤ 국가재정 파탄

6. 지방자치의 토대 지방재정

6.1 지방재정이 무엇이며, 어떤 역할을 하는가?

지방재정(地方財政)은 시, 도, 군과 같은 광역 또는 기초지방자치단체가 공공욕구를 충족시키기 위해 필요한 재정을 의미한다. 중앙재정과 다른 점은 중앙재정은 국가 전체적 측면에서 공공지출이 이루어지나 지방재정은 자신들의 관할내의 지역민들의 욕구를 총족시키기 위해 행하는 재정이다. 지방재정은 지방자치제도의 발달과 불가분의 관계를 가지고 있다. 왜냐하면 지방재정이 빈약하면 지방자치는 무의미해 질 수 있기 때문이다. 따라서 건실한 지방재정은 지방자치 발전의 선행요건이라 할 수 있다.

국민의 집합적 욕구를 주민의사에 따라 충족시키는 것이 민주주의이다. 이러한 욕구 중에서 그 편익의 범위가 어디까지 파급되느냐에 따라 중앙정부가 제공하는 공공재가 있고 특정지역에 제한적으로 파급되면 지방정부가 공급하게 되는데 이를 지방공공재라 한다. 예를 들면 강원도 삼척시청은 삼척시민들의 욕구를 충족시키기 위하여 존재하는 공공재라 할 수 있다. 물론 삼척시교육청, 상·하수도, 삼척시내 도로 등도 같은 지방공공재이다. 이런 의미에서 지방재정은 민주주의의 실체요 그 물질적 기초라 할 수 있다.

지방공공재의 의미를 몇 가지로 요약하면 다음과 같다.

지방공공재는 다음과 같은 요인 때문에 존재하게 된다.

① 재화 및 용역 공급을 정부가 담당하는 제1차적 정당성은 공공재의 존재이다.
② 모든 공공재가 전국적으로 동등하게 소비되는 것은 아니다.
③ 어떤 공공재는 그 편익이 특정지역에 한정된다.
④ 지방공공재의 한계편익들은 그 지역에 거주하는 사람들에게 귀속된다.
⑤ 중앙정부가 모든 지역에 일률적으로 지방공공재를 공급하는 것은 비효율적일 가능성이 높다.
⑥ 공공부문의 주요기능은 공공재의 공급이 있지만, 공공부문은 공적 시장의 운영에 개입하기도 한다.

그러면 지방재정의 역할은 무엇일까? 우선 지방재정은 물질적 기초로서 자치단체 발전의 실체적 역할을 담당하게 된다. 둘째, 지방재정은 지역주민들의 선호와 공공욕구가 직결된 지방공공재를 공급함으로써 지역주민의 만족도와 지역의 후생수준을 향상시키는 역할을 담당한다. 셋째, 지방재정은 지방공공재를 공급하는 과정에서 특정 사회의 자원배분에 개입하게 되고, 지방정부와 중앙정부간의 조정적 역할을 수행하게 된다. 넷째, 지방재정은 지방공공재를 공급함으로써 지역사회의 개발을 촉진하는 역할을 수행하게 된다. 예를 들면 그림의 삼척시 환선굴은 지방정부가 시행한 공공사업중 성공적으로 평가받고 있는데 그로 인하여 지방세입이 늘어나고 지역주민들의 소득수준이 향상되어 지역사회 개발이 촉진되는 효과가 나타나고 있다.

마지막으로 지방재정은 주민들의 지역간 이동을 촉진시키는 역할을 하게 된다. 지방공공재가 최적상태나 최적에 근접하게 공급되어 지역이 인근지역보다 빨리 발전하여 주민소득이 높아지고 생활환경이 개선되면 타 지역으로부터 인구가 유입되는 효과를 얻을 수 있다.

> 지방재정의 역할은
> ① 지방자치단체 발전의 실체적 역할을 담당한다.
> ② 지역주민의 만족도와 지역의 후생수준을 향상시킨다.
> ③ 지방정부와 중앙정부간의 조정적 역할을 수행한다.
> ④ 지역사회의 개발을 촉진시킨다.
> ⑤ 주민들의 지역간 이동을 촉진시킨다.

6.2 지방경비의 규범과 실제

국민경제의 발전은 지방경제의 발전에도 상당한 영향을 미치게 된다. 경제가 발전할수록 악화되는 문제중의 하나가 도시화이다. 이는 인구의 도시집중 현상으로 설명되는데 인구도시집중은 주택문제, 교통문제, 교육문제, 의료문제, 치안문제, 환경문제 등을 야기시켜 이를 개선하기 위해서 지방정부는 최소한 기초수요가 보장되는 지역사회의 경제 및 생활환경의 안정을 위하여 필요한 지방공공재를 적절히 공급해야 한다. 이것이 지방재정의 중요 과제가 되고 있다.

지방공공재는 대체로 다음과 같이 분류할 수 있다. 첫째, 지역주민들의 실생활과 직결되는 지방공공재로서 상·하수도, 도로, 교통·통신, 전기, 쓰레기 처리, 의료 및 초중등학교 등의 공공재가 있다. 둘째, 지역발전과 밀접한 관계가 있는 지방공공재로 산림개발, 농업개발, 어업개발, 관광개발, 중소기업의 육성 등을 들 수 있다. 셋째, 지역주민들의 환경과 관련된 근린공원·군립공원 등 공원, 환경정화, 공해방지시설의 설치, 탁아소, 유치원, 복지시설 등 지방공공소비재가 있다.

지역주민들의 욕구를 충족시키기 위해서는 많은 재정이 필요하고 모든 공공재를 한번에 모두 공급할 수 없다. 따라서 각 지방정부는 지역의 특성과 사정에 따라 그 중요성이 차이가 있어 공급의 우선순위가 상이하겠으나 지역의 특성과 상관없이 지역주민들의 기초수요를 보장할 수 있는 기본 지방공공재부터 최우선적으로 공급하여야 할 것이다.

7. 우리나라 재정의 특징

재정규모의 크기는 GDP에 대한 재정수입이나 지출비율로 측정하는 것이 일반적이다. 우리나라의 재정규모를 보면, 재정부담률로 평가하면 GDP에 대한 총재정의 비율은 1985년 25.4%에서 조금씩 증가하여 1990년에 28.0%이었으나 2000년에는 24.7%로 감소하는 경향을 보였으나 2004년에는 27.5% 증가되는 경향을 보이고 있다.

표 11-2 재정규모, 조세부담률, 1인당 조세부담액 추이 (단위 : 천원, %)

구 분	1980	1985	1990	1995	2000	2004
총재정/GDP[1)]		25.4	28.0	20.3	24.7	27.5
총조세/GDP[1)]	17.9	17.3	19.7	19.1	18.4	19.5
인당조세부담	172.5	331.6	774.8	1,599	2,046	3,161
직 접 세	36.9	39.3	49.5	54.7	51.2	53.4
간 접 세	63.1	60.7	50.5	45.3	48.8	46.6

주 : 1) 1990년 이전은 GNP에 대한 비중임.

여기서 총재정은 중앙정부와 지방정부의 일반회계의 합을 의미한다. 1980년 이후 총재정규모(중앙정부 및 지방자치단체의 재정규모)의 변화 추이를 보면 <표 11-2>와 같다. 세입구조나 세출구조 측면에서 우리나라의 재정 특징을 보면 다음과 같다.

7.1 세입구조의 특징

일반적으로 중앙정부의 세입구조는 조세수입과 세외수입으로 구분된다. 이를 <표 11-3>을 통하여 보면, 재정수입중 조세수입이 차지하는 비중은 2004년 기준 86.2%이며, 조세수입 중에서 내국세의 비중이 77.5%로 거의 대부분을 차지하고 있고 다음이 교통세(7.2%), 관세(5.9)% 순으로 나타나고 있다.

표 11-3 2004년 중앙정부(일반회계)의 세입과 세출구조

세입			세출		
항목	금액(억원)	%	항목	금액(억원)	%
내국세	926,809	77.5	방위비	199,951	16.9
직접세	498,069	41.6	교육비	221,127	18.7
간접세	404,479	33.8	사회개발비	165,800	14.0
인지세	4,358	0.4	경제개발비	307,528	26.0
기타	19,903	1.7	일반행정비	119,089	10.1
방위세	571	0.00	지방재정교부금등	168,867	14.3
관세	67,965	5.9	세출입차	14,098	
교통세	86,359	7.2			
기타수입	114,756	9.4			
총계	1,196,460	100.0	총계	1,182,362	100.0

그러나 조세수입의 비중이 지나치게 큰 것은 재정규모가 팽창할 수록 납세자인 국민들의 부담을 증가시키게 된다. <표 11-2>에서 볼 수 있듯이 국민 1인당 조세부담액은 1980년 172.5천원에서 1990년 774.8천원, 1995년 1,599천원 그리고 2000년

2,415천원, 2005년 3,384천원으로 꾸준히 증가하는 추세를 보이고 있다. 따라서 국세와 지방세를 포함한 총조세부담률은 매년 증가하는 추세를 보이고 있는데, 1980년의 17.9%에서 1990년 18.6%, 2000년 18.7%, 2005년 19.7%로 지속적으로 증가하여 미국 18.8%(2003년), 독일 21.2%(2003년), 프랑스 27.0%(2003년) 그리고 일본 15.6%(2003년) 등 선진국 수준에 접근하고 있다.

총조세부담률 (Tax burden ratio to GDP)

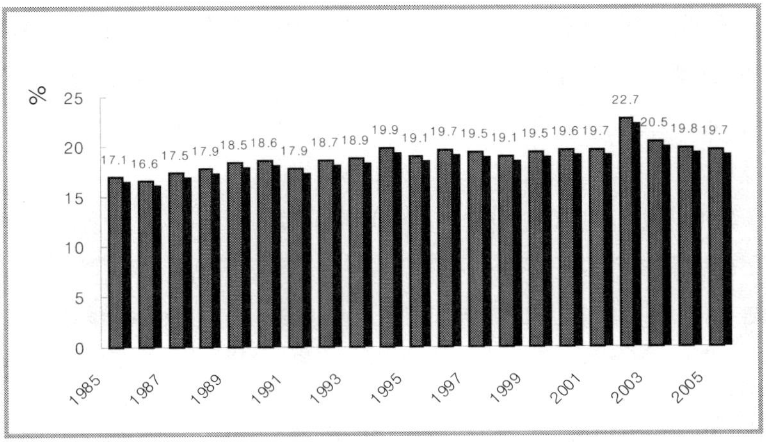

세입구조의 특징을 직접세와 간접세의 비중 면에서 보면, 1980년대 중반까지는 간접세의 비중이 상대적으로 높은 반면 직접세의 비중이 낮았었다. 간접세의 비중은 1977년 부가가치세가 도입된 이후 크게 증가하여 우리나라의 세입구조는 간접세 중심의 세수구조로 전환되었다. 그러나 1980년대 중반이후 간접세 비중이 감소하고 직접세 비중이 늘어나면서 1990년 직접세와 간접세의 비중이 49.5%대 50.5%이었으나 1991년부터 직접세가 간접세보다 큰 비중을 차지하기 시작하였으며, 2000년은 직접세와 간접세의 비율이 53.8%대 46.2%로 직접세의 비중이 크게 늘어나고 있다. 이와 같이 직접세 비중이 높아지게 된 것은 소득세, 법인세와 같은 직접세의 비중을 늘려 소득분배를 개선하고자 하는 정부의 노력이 있었기 때문이다. 간접세가 높은 조세체계를 갖는 것은 소비성향이 높은 저소득층에게 상대적으로 불리하게 작용하여 세부담의 역진성(逆進性)을 초래할 수 있기 때문에 간접세 위주의 조세체계를 직접세 위주로 전환시키는 것은 바람직하다고 볼 수 있다.

7.2 세출구조의 특징

중앙정부의 재정지출이 어떤 방향과 계획하에 이루어지는가에 따라 그 영향은 매우 상이하게 나타날 수 있다. 2004년 우리나라 중앙정부의 총재정규모는 일반회계 기준으로 1,182,362억원이며, 일반회계 중에서 가장 큰 비중을 차지하는 부문은 경제개발비로 전체지출의 26.0%를 차지하고 있으며, 다음이 교육비(18.7%), 방위비(16.9%) 사회개발비(14.0%) 그리고 일반행정비(10.1%) 순이다.

이러한 세출구조로 볼 때 첫째, 그림에서 볼 수 있듯이 총세출 중에서 경제개발비에 대한 비중이 가장 높게 나타나고 있다. 경제개발비는 1980년대 감소추세를 보이다가 1990년대부터 다시 증가하는 추세를 보이고 있다. 자본주의 경제하에서 정부의 역할을 최소화하기 위해서는 경제개발비는 민간부문에서 할 수 없는 사회간섭시설의 확충을 위한 지출에 한정하고 기타 부문은 민간부문에 의한 경제개발로 유도하여 경제개발비의 비중을 축소시켜야 한다.

둘째, 방위비의 비중이 지나치게 높다. 방위비에 대한 지출이 1980년 35.6%, 1995년 22.1% 그리고 2004년에 16.9%로 나타나 점차 그 비중이 감소하고 있으나 아직도 전체지출에서 차지하는 비중은 매우 높다. 방위비에 대한 비중이 높은 것은 다른 부문에 대한 정부의 지출을 위축시킬 뿐만 아니라 재정구조의 경직성(硬直性)을 야기시킬 수 있다. 셋째, 사회개발부문에 대한 비중이 상대적으로 낮은 수준에 있다. 이 부문에 대한 비중은 1980년 총세출예산의 6.7%이었으나 2004년에는 14.0%로 증가하여 2배 이상 증가하였으나 아직도 국민들의 욕구를 충족시키기에는 부족한 수준이다. 따라서 국민들의 복지수준을 향상하기 위해서는 이 부문의 투자가 촉진되어야 할 것이다.

세출총액에 대한 경제개발비 비중

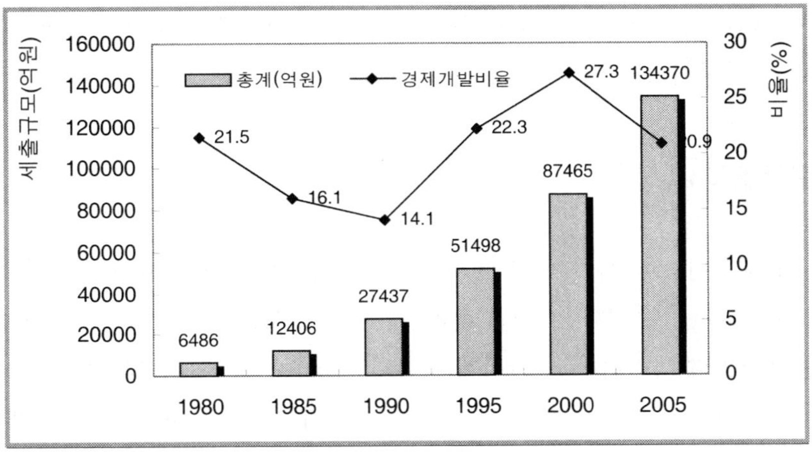

만약 중앙정부가 사용할 수 있는 재정이 무한정이라면 별 문제가 없다. 그러나 주어진 제한된 재정을 갖고 재정지출의 효과를 극대화하기 위해서는 재정구조상의 문제를 장기적으로 해결하고 거시적인 차원에서 가용자원의 증대를 꾀하고 합리적인 자원배분을 달성할 수 있도록 재정구조를 단계적으로 개편해 나가는 것이 바람직하다.

1970년대 재정운용은 재정투융자에 역점을 두었고, 1980년대는 경제안정을 위한 긴축구조를 유지하여 재정규모의 증가가 억제됨으로써 복지문제를 소홀히 취급하였다. 그러나 21세기는 복지문제가 매우 중요하게 취급될 것으로 예상되고 있으므로, 앞으로의 재정은 건전재정을 바탕으로 하여 예상되는 세입범위내에서 국민의 복지를 증진시키고 도시집중에 따른 환경오염을 개선하고 국민경제의 성장잠재력을 배양하여야 함은 물론이고 국민의 소득 및 생활환경의 개선과 직결되는 사회간접자본의 확충 등을 중심으로 공평성을 제고시키면서 경제적 효율성을 높일 수 있도록 운용되어야 할 것이다.

제12장 인플레이션과 실업

1. 인플레이션이란?

인플레이션이란 물가수준의 일반적인 상승을 말하다. 인플레이션이 발생한다는 것은 종전의 화폐로 구입할 수 있는 상품의 양이 줄어드는 것을 의미한다. 예를 들어 20%의 인플레이션이 발생했다는 것은 과거 100원을 주고 살 수 있었던 물건을 이제 120원을 들여야 살 수 있다는 것을 의미한다.

1.1 인플레이션의 원인

원인을 정확하게 진단하는 것은 매우 중요하다. 왜냐하면 정확한 진단은 치료를 정확하게 할 수 있게 해주기 때문이다. 인플레이션이 발생하는 이유는 대체로 수요측의 요인으로부터 발생하는 경우, 그리고 공급측의 요인으로부터 발생하는 경우, 마지막으로 수요와 공급측 요인이 복합적으로 작용하여 발생하는 경우로 나누어 볼 수 있다. 이것을 각각 '수요견인 인플레이션', '비용인상 인플레이션', '혼합형 인플레이션'이라고 한다.

1.1.1 수요견인 인플레이션(demand-pull inflation)

인플레이션의 원인이 총수요가 과다하여 발생하는 것이라고 보는 견해를 말한다.

수요가 과다하게 팽창할 수 있는 경우는 두 가지 인데, 우선 통화의 증가가 과다하게 이루어진 경우이다. 고전학파와 통화주의자들은 인플레이션의 주된 원인을 주로 통화량의 증가에서 찾는다.

통화량이 증대하면 총수요곡선은 우측으로 이동한다. <그림 12-1>에서 보는 것처럼 통화량의 증대는 총수요곡선 AD_0를 AD_1으로 이동시킨다. 그 결과 종래의 균형점 E_0는 E_1으로 이동하여 GNP는 Y_0에서 Y_1으로 증가하고, 물가는 P_0에서 P_1으로 상승한다. 즉 물가의 상승이 관찰되는 것이다.

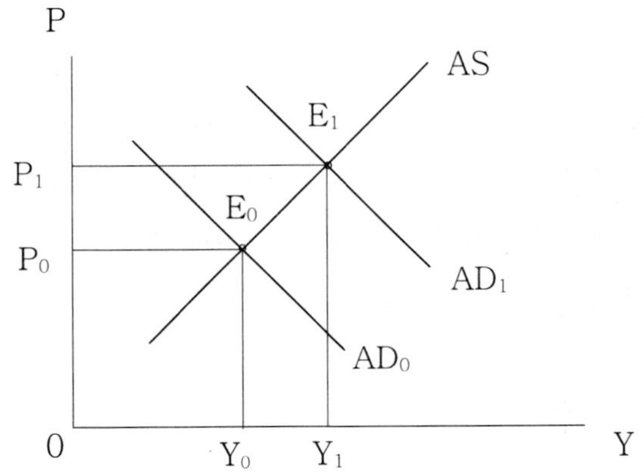

그림12-1 수요견인 인플레이션

고전학파에서는 노동시장의 균형과 일정한 유통속도가 가정된다. 그래서 통화량의 변화는 물가의 운동과 일치하게 된다. 교환방정식 PY=MV에서 실질국민소득 Y는 완전고용 국민소득수준에 고정되어 있고, 화폐의 유통속도 V는 일정하기 때문에 통화량 M과 물가수준 P는 비례적인 관계를 갖는다. 따라서 이 논리에 따르면 결국 통화량의 증대는 바로 물가수준을 상승시키는 요인이 된다.

물가의 상승을 유발하는 다른 원인들이 있다. 우선 확대재정정책을 들 수 있다. 확대재정정책이란 단기 안정화정책의 한 방법인데, 단기의 경우에는 총수요의 조정이 직접적인 정책수단이 된다. 따라서 확대재정정책은 총수요곡선을 우측으로 이동시킨다. 이 결과는 <그림 12-1>에서와 동일한 결과로 나타난다.

케인즈학파는 경기침체를 단기적으로 벗어나기 위한 정책방안으로 확대재정정책을 권하고 있다. 즉 이들은 물가의 상승이 있더라도 국민소득의 증대가 중요한 정책의 목표라면 감수해야 한다는 입장이다. 그러나 확대재정정책은 정부지출의 증대에 따른 적자재정의 위험을 안고 있다.

1.1.2 비용인상 인플레이션(cost-push inflation)

비용인상 인플레이션이란 생산비용의 증대가 제품의 가격을 인상시킴으로써 물가를 상승시킨다는 이론이다. 만약 생산비 중 가장 비중이 큰 임금이 상승하였다고 하자. 이는 기업의 생산비용 자체를 인상시키고, 나아가 제품의 공급가격을 상승시킨다. 이렇게 되면 물가수준이 높아지고 동일한 명목임금 수준에서 예상되는 실질임금을 하락시킨다. 실질임금의 하락으로 노동공급이 줄어드는데, 이는 총수요곡선을 좌상방으로 이동시키는 원인이 되는 것이다.

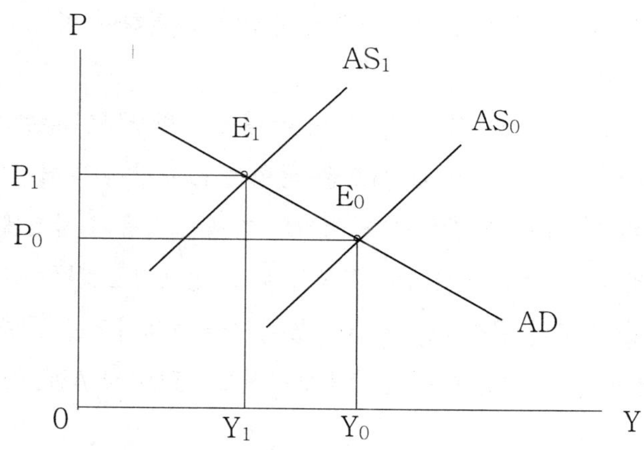

그림 12-2 비용인상 인플레이션

<그림 12-2>에서 처럼 초기에 경제가 E_0에서 균형을 이루고 있다고 하자. 임금의 상승으로 비용이 인상되면 총수요곡선은 AS_0로부터 AS_1으로 이동하고 이에 따라 E_1에서 새로운 균형이 성립한다. 그 결과 GNP가 Y_0에서 Y_1으로 감소하고 물가는 P_0에서 P_1으로 상승한다.

일반적으로 임금이나 원재료의 가격과 같이 기업에게 비용으로 작용하는 생산요소의 가격이 상승하면 총공급은 감소하게 된다. 1970년대에 있었던 두 차례의 오일쇼크나 1987년에 발생한 바 있는 대규모의 노사분규에 따른 임금의 인상 등은 모두 당시 비용상승에 따른 인플레이션율을 급격하게 진행시킨 중요한 원인이었다.

1.1.3 혼합형 인플레이션

혼합형 인플레이션이란 수요견인 인플레이션과 비용인상 인플레이션의 두 요인이 동시에 작용함으로써 발생하는 인플레이션 유형을 말한다. 일반적으로 거의 대부분의 인플레이션은 수요측 요인과 공급측 요인이 함께 작용함으로써 발생하게 된다.

예를 들어 자원의 파동에 따른 원자재 가격의 상승이나 노동조합의 요구에 따른 임금 인상 요구는 공급측면에서 애로를 발생시킨다. 그리하여 이는 비용인상 인플레이션의 원인이 된다.

<그림 12-3>에서 보는 것처럼 공급측면에서 애로가 발생하면 총수요곡선 AS_0가 AS_1으로 좌상방 이동한다. 그 결과 새로운 균형은 E_1에서 이루어진다. 즉 물가의 상승(P_1)과 경기의 침체(Y_1)가 발생한다. 경기의 침체는 고용의 감소에 따른 실업을 증대시킨다. 이에 대해 정부는 경기의 회복을 위한 정책적 조치를 취하지 않을 수 없게 된다. 그것은 정부의 재정지출 확대나 통화량의 증대정책을 통한 단기 안정화 정책으로 나타난다. 이 조치들은 다시 총수요곡선을 AD_0에서 AD_1으로 이동시키는 요인이 된다.

그 결과 새로운 균형은 E_1에서 E_2로 이동하고, 국민소득은 예전의 수준을 되찾지만 물가는 P_1 수준에서 P_2 수준으로 다시 밀려 올라간다.

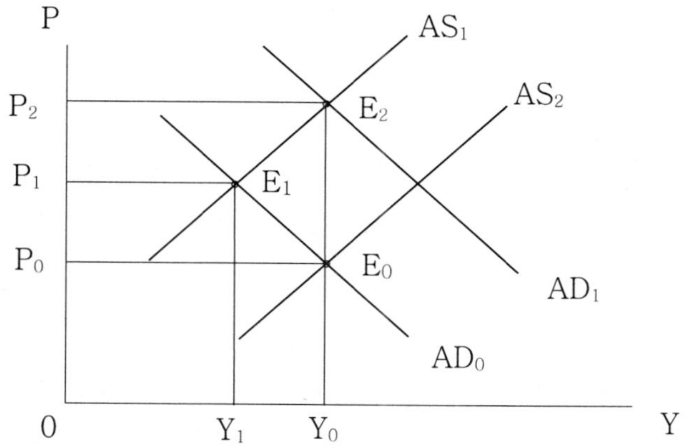

그림 12-3 혼합형 인플레이션

이때 소득수준의 회복이 종전의 수준인 Y_0로 반드시 되돌아오는 것은 아니다. 이전의 수준을 회복할 것인지 아니면 이전보다 증대할 것인지의 여부는 수요의 구조와 탄력성, 그리고 공급의 구조와 탄력성에 따라 결정된다. 어쨌든 소득수준의 회복 여부와는 별도로 물가는 더욱 급격하게 상승된다.

이 때 물가상승에 따른 실질소득 하락을 보전해 달라는 임금인상의 요구가 강력해지면 다시 공급측 애로가 발생하여 경기침체와 물가상승이 재발될 수 있고, 이는 다시 경기 활성화 정책을 쓰지 않을 수 없게 하여 '임금인상→물가상승'이라는 악순환에 빠질 수 있다.

통화주의자들과 새고전학파는 1970년대의 선진자본주의 국가들과 남미의 국가들이 경험한 높은 인플레이션이 바로 이와 같은 혼합형 인플레이션이였다고 보고 있다(김대식 외, 1999, p.801).

1.2 인플레이션의 영향

인플레이션이 경제에 미치는 영향 중 가장 중요한 것은 부와 소득을 재분배한다는 것, 생산과 고용을 변화시킨다는 것 등이다.

1.2.1 부의 재분배 효과

물가의 상승이 예상되지 않았을 때 발생하면, 돈을 받아야 하는 채권자는 손해를 보고 돈을 갚아야 할 채무자는 이득을 본다. 인플레이션은 화폐로 구성된 자산을 가지고 있는 사람들이 그 화폐로 이전에 구매할 수 있었던 것보다 적은 양의 재화나 용역을 구매할 수밖에 없게 하기 때문에 손해를 보게 한다.

화폐자산은 주로 현금이나 예금, 사채, 공채, 어음 등으로 구분된다. 이러한 종류의 자산을 가지고 있는 사람들의 경우는 인플레이션과 같은 크기로 실질소득의 감소를 감수하게 된다.

반면 실물자산을 가지고 있는 사람들은 인플레이션 덕분에 자기 자산의 가격이 상승하는 경험을 하게 된다. 집이나 건물, 귀금속 등의 실물자산 가격은 인플레이션의 크기 만큼 가격이 상승된다. 따라서 순화폐자산이 전혀 없고 실물자산만 가진 사람의 부는 인플레이션의 크기 만큼 증대된다. 또 순화폐자산은 전혀 없지만 갚아야 할 돈, 즉 채무를 지고 있는 사람도 이득을 볼 수 있다.

그러나 대체로 일반 사람들은 손해를 보고, 기업의 이득은 커진다. 왜냐하면 일반 사람들보다 기업이 지고 있는 빚이 많기 때문이다. 그리고 실물형태의 자산은 주로 기업이 갖고 있기 때문이다. 따라서 인플레이션은 주로 일반 사람들에게 보다는 기업에게 이득을 많이 준다.

국가의 경우에도 이득을 보게 된다. 왜냐하면 정부는 국공채를 발행하는 형태로 채무를 지고 있는 경우가 일반적이기 때문이다. 반면 국공채의 소유자는 주로 일반 사람들인데, 이들에게 인플레이션은 일종의 세금처럼 불리하게 작용한다.

1.2.2 생산과 고용에 미치는 효과

인플레이션이 물가의 전반에 고루 영향을 미치는 것은 아니다. 가격의 상승폭은 제품의 종류에 따라 다르고, 상승의 시기도 일정하지 않다. 인플레이션이 이렇게 불규칙하게 발생할 때에는 '투기'가 발생할 수 있다.

투기란 미래가격을 예상하여 매매를 통해 이익을 보려는 행동을 말한다. 따라서 사람들은 가격이 오를 것이라고 생각되는 제품을 사두었다가 나중에 높은 가격으로 팔아 이득을 보려고 한다. 이 때 투기의 대상이 되는 제품은 수요가 증대하고, 심지에 비정상적일 정도로 생산이 증대하게 할 수 있다. 그 결과 사회 전체의 수급상황이 왜곡될 수도 있고 나아가 생산구조 자체가 비정상적으로 될 수 있다.

투기에 의한 이익이 커지고 일반화되면 많은 사람들은 힘든 노동 대신 투기에 집중하게 된다. 여기에 기업도 가세하고, 정당한 생산활동 대신 대규모 투기가 성행하게 된다. 일확천금을 향한 투기는 마침내 경제의 구조를 취약하게 할 뿐 아니라 사회 전체의 경제생활을 부실하게 만들 수도 있다.

인플레이션과 투기가 성행하는 한 저축의 장점은 소멸된다. 예금 이자는 인플레이션으로 인해 줄어들게 되고 심지어 손해를 보는 경우도 발생할 수 있다. 이는 민간의 금융저축을 줄이는 요인으로 작용하고, 나아가 금융기관의 발전이 저해될 수도 있다. 이처럼 인플레이션이 갖는 부정적인 효과는 매우 심각하다.

1.2.3 다른 효과들

인플레이션은 사람들이 손해를 피하기 위한 행동을 취하게 한다. 그래서 사람들은 화폐자산의 보유를 줄이고 실물자산을 가지려고 한다. 이 경우 사람들이 선호하는 제품의 가격은 오르게 되고, 실제로 인플레이션의 압력도 그 분야를 중심으로 증대한다. 나아가 특정한 제품에 대해서는 투기적인 구매가 나타나기도 한다.

또 화폐 거래에서 인플레이션을 예상한 고이자율을 요구하는 경우가 나타나기도 한다. 이것은 예상되는 물가를 감안하여 화폐를 빌려줄 때의 손해를 피하기 위한 불가피한 행동인데, 이는 경제주체들 사이의 건전한 교환행위를 저해하는 역할을 한다. 따라서 인플레이션은 화폐경제의 전반적인 효율성을 잃게 할 수도 있다.

마지막으로 인플레이션은 국제수지에 악영향을 끼친다. 국내에 인플레이션이 발생하면 국산품의 가격은 상대적으로 상승한다. 상대적으로 비싸진 국산품은 해외에서 가격경쟁력을 상실하게 되고, 상대적으로 저렴해진 외국제품의 수입이 증대한다. 따라서 인플레이션은 수출의 감소와 수입의 증대를 유발시켜 국제수지를 악화시키는 중요한 원인이 된다.

2. 실업 : 필립스곡선과 스태그플레이션

2.1 실업이란?

실업이란 일할 능력과 의지가 있는데 일할 기회가 주어지지 않는 상태를 말한다.

한 나라의 인구 중 일할 능력과 의사가 있는 사람들을 '경제활동인구'라 한다. 우리나라의 경우에는 만 15세 이상의 사람을 '생산가능인구'로 분류하는데, 이 중 학생, 주부, 군인, 일할 능력이 없는 환자 등을 뺀 사람들이 바로 경제활동인구이다.

경제활동인구는 다시 취업자와 실업자로 분류된다. 정규적인 고용인력 외에 수입을 목적으로 주당 1시간 이상 일한 사람 또는 가계의 소득을 위해 주당 18시간 이상 일한 사람들은 취업자로 분류된다. 이 구분은 국제노동기구(ILO : International Labor Organization)의 분류기준에 따른 것인데, 이 기준에 의하면 시간제 및 일고 형태의 불완전 취업자도 취업자로 분류된다. 이는 실업을 과소하게 나타내는 문제점을 안고 있는 것이 사실이다.

또 다른 문제는 상당한 기간 동안 구직활동을 하는 과정에서 실업자로 분류되던 사람들이 구직활동을 포기한 경우 이들은 실업통계에 포착되지 않는다는 점이다. 이들을 '실망 노동자'라고 하는데, 이들은 통계적으로 실업률이 실제의 실업률보다 낮게 나타나는 문제로 지적되고 있다.

2.2 실업의 형태

2.2.1 자발적 실업 : 정보의 불완전성

자발적 실업이란 일할 능력이 있지만 현재의 임금수준에서 일하지 않으려는 경우를 말한다. 자발적 실업은 탐색적 실업과 마찰적 실업으로 구분된다.

탐색적 실업(search unemployment)

경제 전반에 대한 정보를 개인이 정확하게 알 수는 없다. 근로자가 다른 직장으로 자리를 옮기려 할 때, 자신이 원하는 일자리가 어디에 있는지를 정확히 알 수 있다면 일자리를 찾아 헤매는 공백을 없앨 수 있다. 그러나 현실적으로 더 나은 조건을 갖는 일자리를 구하기란 쉽지 않다. 이 때 일자리를 찾아 탐색하는 동안 발생하는 실업을 탐색적 실업이라고 한다.

마찰적 실업(frictional unemployment)

직업을 바꾸는 과정에서 일시적인 실업상태에 있는 경우를 말한다. 탐색적 실업과 마찬가지로 마찰적 실업의 경우에도 불완전한 정보 때문에 발생하는 불가피한 실업이다. 따라서 마찰적 실업이 경제의 비효율성을 의미하지는 않는다.

마찰적 실업은 대부분 자연적 실업이기 때문에 인위적으로 줄이기 힘들다. 그래서 마찰적 실업은 완전고용 수준에서 허용할 수밖에 없는 실업수준이다. 이를 '자연실업률'(natural rate of unemployment)라고 하는 이유는 여기에 있다.

2.2.2 비자발적 실업

비자발적 실업이란 일할 능력이 있고, 현재의 임금수준에서 일할 의사가 있는데도 불구하고 일자리를 구하지 못하는 상태를 말한다. 비자발적 실업에는 경기적 실업, 구조적 실업, 기술적 실업 등이 있다.

경기적 실업(cyclical unemployment)

경기적 실업이란 경기 침체 때문에 발생하는 실업이다. 가장 전형적인 형태는 총수요가 부족해서 생기는 경우이다.

경기의 침체기에는 총수요가 감소하여 제품의 판매가 감소된다. 그러면 상품의 재고가 증대하여 생산자는 생산을 감소시키려 한다. 생산이 축소되면 근로자의 해고가 불가피해지고, 이들이 다른 직장에서 일자리를 구하지 못하면 실업자로 전락하게 된다. 경기의 침체가 지속되는 한 이들의 일자리는 보장받을 수 없게 되는데, 이러한 이유로 발생하는 실업을 경기적 실업이라고 한다.

구조적 실업(structural umemployment)

구조적 실업은 노동에 대한 수요가 전반적으로 부족해짐으로서 발생하는 경기적 실업과는 성격이 다르다. 구조적 실업은 어떤 특정한 노동에 대한 수요가 부족해짐으로 발생한다. 경제 전체적으로 보아 노동자가 부족한 상태인데도 어떤 부문에서는 노동의 수요가 공급보다 작은 경우가 발생될 수 있다. 그래서 그 부문에서는 노동의 공급이 수요를 초과하게 되는데, 이는 필요로 하는 노동과 제공하고 있는 노동의 유형이 다른 데서 나타나는 구조적 불일치 때문에 발생하는 현상이다. 그리하여 이 경우 발생하는 실업을 구조적 실업이라고 한다.

만일 이 때 노동력이 부족한 곳으로 쉽게 이동할 수 있다면 구조적 실업은 해소된다. 그러나 현실적으로 그것은 쉽게 이루어지지 않는다. 이 경우 구조적 실업은 경기적 실업보다 장기화되기 쉽다. 그 이유는 노동 이동을 촉진시켜 실업을 감소시키는 문제와 함께 노동의 내용을 필요에 맞출 수 있는 교육훈련이 필요하기 때문이다.

기술적 실업(technological unemployment)

기술이 발전한다는 것은 사람들이 하고 있는 일을 기계로 대신하게 되었다는 것을 의미한다. 이는 기본적으로 생산성의 향상과 발전을 의미하는 것이다. 그러나 그것은 동시에 고용되어 있던 노동이 불필요해진다는 것을 의미한다.

노동집약적 산업분야에서 공장자동화나 사무자동화 등을 통해 경영혁신을 이루어낸다고 할 때, 이는 기존 취업자들의 상당수가 불필요해진다는 것을 의미하며, 나아가 실업의 증대로 이어질 수 있다. 즉 기술의 진보가 실업의 증대를 낳을 수 있다는 것이다.

만약 어떤 산업에서 기술이 진보한 결과 그 제품에 대한 수요 뿐만 아니라 관련된 산업의 수요까지 증대하였다고 하자. 그리하여 그들 부문에서 생산이 증대한다고 하자. 그러면 해당 분야들의 고용이 증대되고, 실업의 압력이 낮아질 것이다. 경우에 따라서는 기계로 대체된 실업인력을 다시 고용할 수 있을 뿐 아니라 그 이상으로 고용을 창출시킬 수도 있다.

그러나 여기에는 한계가 있다. 모든 산업에서 동일한 현상이 발생한다고 하더라도 기계로 대체된 노동력 모두가 흡수되려면 엄청난 설비투자가 전제되어야 하기 때문이다. 이 사실은 구조적 실업과 함께 현대 경제학이 해결해야 할 중요한 과제로 제기되어 있는 문제이다.

2.3 필립스곡선과 스태그플레이션

2.3.1 필립스곡선 : 실업과 물가의 충돌

경기가 침체되어 실업이 증대했을 때, 실업을 줄이는 방법은 경기를 활성화시키는 정책을 구사하는 것이다. 그런데 경기를 활성화시키기 위한 정책을 쓰면 실업은 감소시킬 수 있지만 대신 인플레이션이 발생하게 된다.

즉 실업과 인플레이션 사이에는 정책적인 상충관계(trade-off)가 있다. 이와 같은 관계를 발견한 학자는 영국의 필립스(A. W. Phillips)였다. 그는 1861년부터 1957년간 영국의 임금상승률과 실업률 사이의 시계열자료를 토대로 이들 사이의 안정적인 역관계를 발견하였다. 이렇게 하여 도출된 관계를 그의 이름을 따서 '필립스곡선'(Phillips Curve)라고 한다. 이것은 이후 립시(R. Lipsey)에 의해 임금상승률 대신

물가상승률도 대체되어 실업률과 물가상승률 사이의 관계를 나타내는 관계식으로 변화되었다(조순, p.563 ; 김대식 외, p.814).

이를 식으로 나타내면 다음과 같다.

$$\pi = -\alpha(u-\bar{u}),\ \alpha>0 \qquad (12\text{-}1)$$

π : 인플레이션 　 u : 실제실업률

$\bar{u}$: 자연실업률 　 α : 반응계수

이 식은 실제실업률이 자연실업률보다 적으면($u<\bar{u}$) 인플레이션율은 양의 값을 갖는다는 것을 말한다. 즉 인플레이션이 발생하게 된다는 것이다. 그 역도 성립된다.

이것을 그림으로 나타내면 <그림 12-4>와 같다.

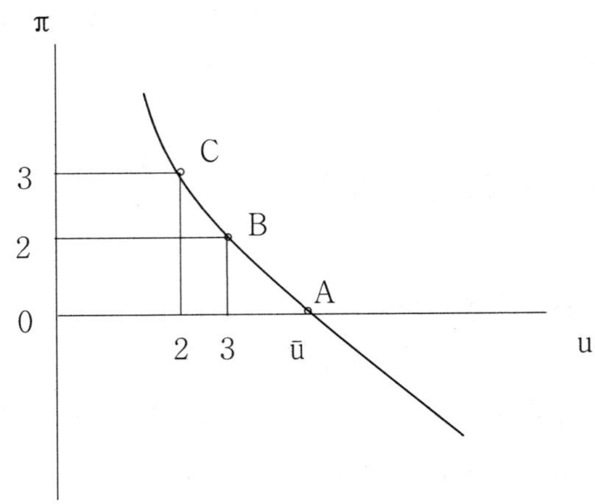

그림 12-4 필립스곡선

그림에서 보는 것처럼 현재 경제가 B점에 있다고 하면 실업률은 3%이고, 2%의 인플레이션이 발생하고 있는 것을 말한다. 실업률 3%를 낮추려면 정부는 경기부양책을 써야 하는데, 경기부양책의 결과 경제가 B에서 C의 상태로 이동하였다고 하

자. 그러면 실업이 2%로 감소한다. 그러나 경기부양의 결과 인플레이션은 3%로 상승하게 된다. 이처럼 실업과 인플레이션율 사이에는 역의 관계를 보여주고 있다. 이는 인플레이션율과 실업율 사이에는 정책적인 선택의 문제가 걸려 있음을 갈하는 것이다.

2.3.2 스태그플레이션 현상

필립스곡선을 통해 실업과 인플레이션 사이의 정책적인 선택이 가능하던 환경은 1970년대 들어 변화되었다. 즉 경기는 침체하는데 인플레이션이 진정되지 않는 현상이 나타나기 시작하였던 것이다.

자료를 보면 1956~60년에는 실업률과 인플레이션율이 각각 3%, 2.8%였다. 5년 후인 1961~1965년에는 실업률은 2%로 감소하고, 인플레이션율은 3.7%로 상승하였다. 즉 이때까지 실업률과 인플레이션율은 필립스곡선이 타당함을 보여주었다.

그러나 1966~70년에는 실업률 2.2%로의 증가와 인플레이션율의 4.1%로의 상승 현상이 나타나 필립스곡선이 우상향하는 것을 보여주었다. 특히 1971~75년에는 인플레이션율은 9.3%였는데, 실업률은 2.9%로 상승하였다. 1981년에는 더욱 심각해졌다. 인플레이션율과 실업률은 각각 11.2%와 7.4%로 상승하였던 것이다(조순, p.569).

요컨대 1960년대 초까지 필립스곡선은 인플레이션율과 실업률 사이에 역의 관계를 보여주었지만, 1970년대 접어들면서 양의 기울기를 가지게 되었다는 것이다. 이는 실업률이 증대하는 경기의 침체가 지속되고 있는데도 물가가 지속적으로 상승한다는 '스태그플레이션'(Stagflation) 현상이 나타났음을 의미한다.

2.3.3 비용인상 인플레이션과 스태그플레이션

스태그플레이션이 발생하는 경로를 좀더 알아보자. 우선 스태그플레이션 현상은 '비용상승 인플레이션' 이론으로도 설명된다(김대식 외, p.818~819).

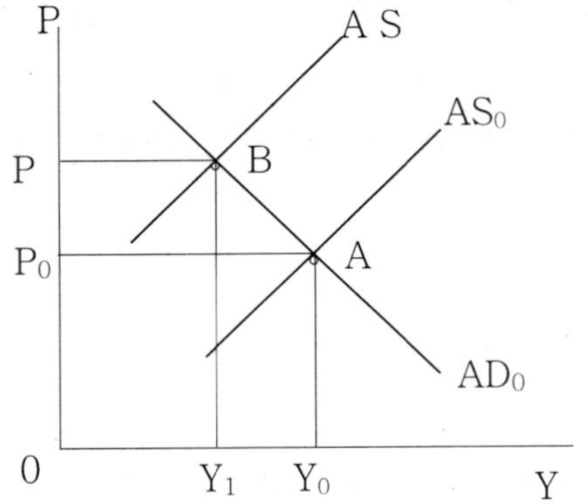

그림 12-5 비용인상 인플레이션 현상

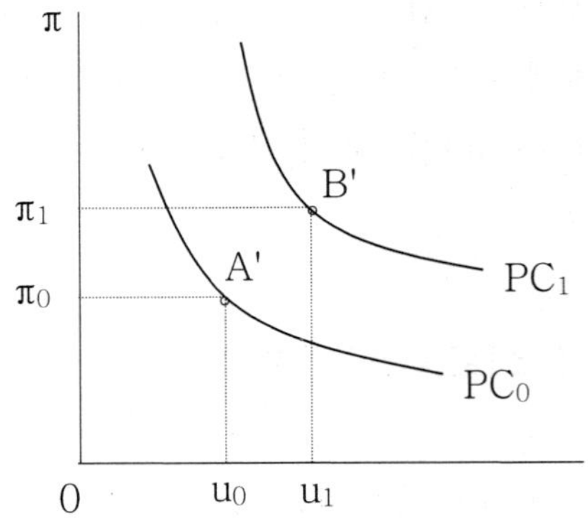

그림 12-6 필립스곡선의 이동

<그림 12-5>에서 경제가 A점에서 균형일 때 P_0의 물가수준과 Y_0의 소득수준을 나타낸다. 이 때 경기침체의 원인이 공급애로의 측면에서 발생하였다고 하자. 예를들면 1970년대의 오일쇼크가 발생했다고 하자. 그러면 총공급곡선이 AS_0에서 AS_1으로 이동하고, 새로운 균형은 B점에서 이루어진다. 경기의 침체로 소득수준은 Y_0에서 Y_1으로 감소하는데도 물가는 P_0에서 P_1으로 상승한다. 전형적인 스태그플레이션 현상이다.

이 현상은 <그림 12-6>에서 필립스곡선의 이동으로도 설명된다. 실제로 1970년대부터 현저하게 나타난 경기침체와 물가상승 현상은 PC_0가 PC_1으로, 즉 경제가 A′에서 B′으로 이동한 현상으로 설명된다. A′의 균형상태에서 경제의 상태는 u0의 실업률과 π_0의 물가상승률을 보이고 있었다. 그러나 경제가 B′로 이동하면 실업률은 u_0에서 u_1으로 상승하는데, 이는 경기의 침체를 반영한다. 그런데 그림에서처럼 물가상승률도 π_0에서 π_1으로 상승하고 있다. 전형적인 스태그플레이션 현상이 <그림 12-5>의 비용인상 인플레이션의 경우와 마찬가지로 설명되고 있다.

2.3.4 자연실업률 이론

이처럼 비용인상 인플레이션은 스태그플레이션 현상을 어느 정도 잘 설명해주고 있다고 볼 수 있다. 그러나 1980년대 들어 나타난 새로운 현상은 비용인상의 요인이 없어도 경기의 침체와 물가상승이 동시에 발생할 수 있다는 사실을 보여주었다. 즉 비용인상 인플레이션 이론으로 설명되지 않는 새로운 현상이 나타났던 것이다.

이 문제를 해결하기 위해 경기의 부양을 위한 조치가 유발시키는 수요견인 인플레이션에 물가상승에 대한 기대가 도입되었다. 그리고 여기에 비용인상 인플레이션이 결합된 혼합형 인플레이션 이론으로 스태그플레이션을 해결하려는 시도가 이루어졌다. 이것이 바로 '자연실업률 이론'이다.

자연실업률 이론은 미국의 프리드만과 펠프스가 제시한 이론인데, 기존의 필립스곡선에 물가상승에 대한 '예상'이라는 요인을 도입하여 다음의 식과 같이 쓰고 있다.

$$\pi - \pi^e = -\alpha(u-\bar{u}) \quad \text{또는}$$

$$\pi = \pi^e - \alpha(u-\bar{u}),\ \alpha>0 \qquad (12\text{-}2)$$

단, π^e는 기대인플레이션율.

이 식은 앞의 (12-1)식에 π^e가 부가되었고, 이에 따라 '기대부가 필립스곡선'(expectation-augmented Phillips Curve)라고 부른다. 식에 의하면 인플레이션율은 기존의 인플레이션 발생의 조건에 기대인플레이션율의 크기 만큼 변화된다는 것이다. 즉 다시 말해 실제인플레이션율(π)에서 기대인플레이션율(π^e)을 빼면 '예상치 못한 인플레이션'이 되는데, 이와 같은 예상치 못한 인플레이션이 이전의 실제실업률과 자연실업률 사이의 격차와 같아져야 한다는 것이다. 이는 실제인플레이션율을 증대시키는 역할을 한다.

기대부가 필립스곡선은 다음가 같은 세 가지 면에서 기존의 필립스곡선보다 설명력을 갖는다.

첫째, 기대부가 필립스곡선은 기존의 필립스곡선의 운동궤적을 벗어난 스태그플레이션을 설명할 수 있다.

둘째, 단기 필립스곡선은 사람들이 갖는 인플레이션에 대한 기대심리가 변화할 때 곡선 자체가 이동할 수 있다는 사실을 잘 설명해준다.

셋째, 장기에 정부의 경기안정화 정책의 효력이 소멸되어 실업률에는 아무런 영향도 주지 못하게 됨을 명확히 하고 있다. 즉 장기에 필립스곡선은 자연실업률에서 수직의 형태를 보인다는 것이다.

이것을 '인플레이션 가속도 원리' 또는 '자연실업률 가설'이라고 하는데, 프리드만과 펠프스는 기존의 인플레이션과 실업률 사이의 관계식 안에 '예상 인플레이션'이라는 새로운 변수를 도입하여 이 원리를 논증하였다.

예상 인플레이션율이란 전반적인 물가상승에 대한 사람들의 기대치를 말한다. 통화량의 변화가 있을 때 단기에 사람들은 이를 예상할 수 없다. 그 결과 물가 및 총산출량 등이 예상치 못한 상태에서 변화할 수 있다. 그러나 이 현상은 오직 단기에만 그렇다. 장기간 이어질수록 사람들의 기대는 적응되어 간다. 이를 '적응적 기대'(adaptive expectation)라고 한다.

장기에는 중앙은행의 정책 내용을 예상할 수 있다. 이 경우 통화량의 변화는 총수요를 변동시킬 수는 있어도 재화와 서비스 산출량에 영향을 주지 않는다. 따라서 장기에 실업률은 단기적 효과를 상쇄시키는 방향으로 되돌려져 '자연실업률'에 다시 수렴한다는 것이 프리드만과 펠프스의 주장이다.

이를 그림으로 보면 다음과 같다.

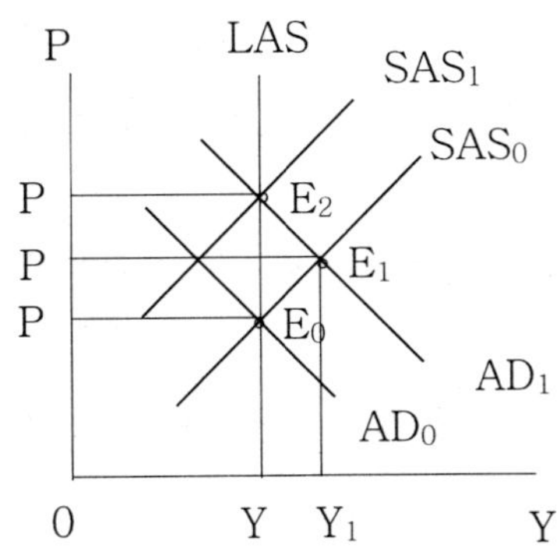

그림 12-7 장단기 총공급곡선

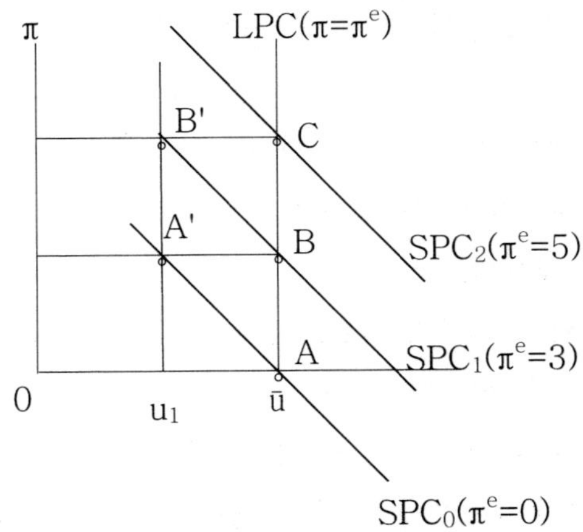

그림 12-8 장단기 필립스곡선

<그림 12-7>는 장단기 총수요·총공급곡선의 이동을 보여준다. 초기에 경제는 E_0에서 균형을 이루고 있다. 이 때의 실업률은 <그림 12-8>의 A점에서 처럼 단기 필립스곡선(SPC_0)이 지나는 자연실업률($\bar{u}$)에서 균형을 이루고 있다. 이 때 사람들의 예상 인플레이션율은 0%이다.

정부가 $\bar{u}$의 실업률을 낮추기 위해 확대 재정·금융정책을 실시한다고 하자. 이는 <그림12-7>의 총수요곡선 AD_0를 AD_1으로 이동시켜 새로운 균형 E1에 도달하고 물가는 P_1으로, 국민소득은 Y_1으로 각각 증가한다. 단기 필립스곡선의 이동은 없다. 따라서 새로운 균형점 E1은 단기 균형을 의미한다. <그림 12-8>에서 보는 것처럼 경제는 예상 물가상승률이 0%인 단기 필립스곡선(SPC_0) 위의 A′점에 도달하게 된다. 그 결과 실업율은 u_1으로 감소한다.

그러나 시간이 경과하면서 총수요 증대로 인해 물가가 3% 상승했다는 사실이 사람들에게 알려진다. 이에 따라 기대 물가가 3%로 상향조정된다. 기대물가의 상향조정으로 <그림 12-7>의 단기 총공급곡선이 좌상방으로 이동하여 SAS_1에 도달한다. 새로운 균형은 E_2 점으로 이동한다. 새로운 균형 E_2는 <그림12-8>에서 B점의 상태를 말한다.

즉 실업률은 다시 자연실업률($\bar{u}$)로 되돌아와 있고, 예상 인플레이션율은 3%대로 높아져 있다. 이에 따라 단기 필립스곡선도 SPC_0에서 SPC_1으로 이동하지 않을 수 없게 된다. 결론적으로 정책의 효과가 소멸되었을 뿐 아니라 물가수준만 P_2로 높아져 있다.

정부가 다시 실업률을 줄이기 위해 경제안정화 정책을 쓴다면 이번에는 <그림 12-8>의 단기 필립스곡선(SPC_1)을 따라 경제는 단기적으로 B′ 점으로 이동할 것이다. 그러나 마찬가지의 논리로 물가가 상승하고 예상 인플레이션율이 상승하여 실업률은 다시 자연실업률에 도달하게 될 것이다. 이에 따라 단기 필립스곡선은 SPC_2로 상향 이동하여 경제는 B점에서 균형을 회복할 것이다.

이는 정부의 경기부양책이 장기에는 기대물가의 상승을 통해 물가만을 상승시킬 뿐 생산이나 고용을 증대시키지 못한다는 것을 의미한다. 따라서 장기 필립스곡선은 <그림 12-8>에서 보는 것처럼 ABC 점들을 연결한 수직선으로 나타나게 될 것이다. 즉 장기 필립스곡선은 자연실업률($\bar{u}$) 수준에서 수직의 형태가 된다는 것이다.

이를 '인플레이션 가속도 원리' 또는 '자연실업률 가설'이라고 한다.

이 주장은 현실을 매우 적절하게 설명해 주었다. 1960년대 후반부터 미국 정부는 총수요 확대정책을 실시하여, 1960년대 초 7%의 연평균 통화증가율이 1970년대 초에는 13%로 확대되었다. 이에 따라 1960년대 초 인플레이션율 1~2%는 1970년대 초 5~6% 수준으로 높아졌다. 그런데도 실업률은 줄어들지 않았다(맨큐, 2001 : 737~738). 이 사실은 프리드만과 펠프스의 주장이 옳았음을 입증해주는 것이다.

제13장 국제무역 이론과 무역정책

1. 기초개념

1.1 국제경제학의 특징

국제경제란 국가간에 재화나 용역, 자본 등이 거래되는 개방적 경제를 말하며, 국내경제와는 달리 통일적인 경제질서의 확립이 어렵고, 대체로 복잡하게 전개되며 다음과 같은 특성을 갖는다.

첫째, 생산물의 국제간 이동에 비해서 생산요소의 이동이 상당부분 제한되어 있다. 생산물의 국제간 이동은 상당부분 자유로우나 생산요소의 이동은 제약이 심하다. 특히 토지와 같은 생산요소의 이동은 전혀 불가능하다.

둘째, 상이한 화폐단위를 사용하기 때문에 환율문제가 발생한다. 국내에서는 단일화폐를 사용하기 때문에 화폐의 가치가 지역마다 차이가 나지 않는다. 그러나 국가간에는 상이한 화폐가 사용되기 때문에 환율문제가 발생한다. 이러한 화폐의 대외적 가치는 환율에 의해서 측정되기 때문에 국제간 거래가 복잡하게 전개되고 있다.

셋째, 국제간에는 상이한 경제제도에서 상이한 경제정책을 실시하고 있다. 국내에서의 경제정책은 대체로 통일적인 원리에서 이루어지나 국가간에는 상이한 경제제도와 체제 때문에 다양한 정책이 사용되고 있다. 이런 점은 주로 무역정책에서 논의되고 있다.

국내경제를 가정한 일반경제모형과 국제경제모형의 차이점을 요약하면 다음과 같다.

	일반경제모형(국내경제)	국제경제모형
사용되는 화폐	동일한 조건의 화폐	사용되는 화폐가 상이함
환율문제	발생하지 않음	발생한다.
생산요소이동의 용이성	일반적으로 자유로운 이동	요소의 이동이 제한되어 있음
국제수지문제	발생하지 않음	발생하고 있음

1.2 국제경제학의 구성

경제학은 크게 나누면 실물부문과 화폐부문으로 나눌 수 있는데 국제경제학도 무역이론이 중심이 된 실물부문과 금융부문이 중심이 된 국제금융부문으로 나눌 수 있다. 이를 개괄적으로 설명하면 다음과 같다.

1.2.1 실물부문 분석(국제무역이론)

실물부문의 내용은 주로 미시경제학적인 기초원리에서 전개되는 무역발생의 원인, 무역의 패턴 그리고 무역이익의 배분문제와 무역정책 등으로 구성된다. 순수무역이론에서 해명해야 할 기본적인 물음은 다음과 같다. 어느 국가가 상품생산의 비교우위를 가지는가? 어떻게 국민경제간의 상품흐름을 설명할 수 있는가? 국제무역을 통해 이익이 발생하는가? 세계경제를 위해 어떤 경제질서의 틀을 선택할 수 있는가?

1.2.2 화폐부문 분석(국제금융이론)

화폐부문은 국제금융이론으로 환율의 결정원리와 경제적 효과에 대한 내용과 국제수지의 구성·균형·조정에 관한 내용으로 구성되어 있다. 국제금융이론에서는 다음과 같은 거시경제학적인 문제를 다룬다. 국제수지의 상태는 어떻게 결정되는가? 어떠한 메카니즘을 통해 국제수지의 균형이 가능한가? 환율은 국민경제에 어떤 역할을 하는가? 개방경제에서 재정정책과 금융정책은 어떤 영향을 미치는가?

2. 국제무역의 기초

2.1 국제무역의 의의와 대상

2.1.1 국제무역의 의의

무역은 경제주체가 재화 또는 서비스를 거래대상으로 하여 교환을 목적으로 한 상업활동이며 상행위이다.

무역의 기원은 물품의 교환에서 비롯되었으며, 이러한 교환이 발전하면서 그 매개수단이 필요하게 되자 화폐가 생성되었으며, 화폐는 교환을 더욱 촉진시켰고, 이것이 크게 확대되어 국가간의 교역이 이루지는 것이다.[1)]

현재의 무역이라는 용어는 '교환 또는 매매'를 의미한다. 서구에서의 Trade(무역)는 Tread(걷다, 밟다)와 Track(발자취, 항로)의 의미에서 유래되었다. 한편 동양에서의 무역(貿易)의 의미 역시 '무역하다'는 의미의 무(貿)와 '바꾸다'는 의미인 역(易)의 합성어로 교환이나 매매를 의미하는 것으로 사용되었다. 결국 무역은 '매매나 교환'을 의미한다고 할 수 있다.

무역이 한 국가 내에서 이루어지는 상거래를 국내무역이나 내국무역(home or domestic trade) 혹은 단순히 상업(commerce)이라 하고, 국경과 관세선(customs line)을 넘어서 국가와 국가 사이에 형성되는 국제상거래(international commercial

1) 박종수, 국제무역의 이해, 도서출판 두남, 1998. p.15.

transaction) 현상을 무역(international trade)이라 한다. 그러므로 무역은 상업의 일종이지만, 그 거래의 대상과 지역을 외국 국가나 시장에 두고 있다는 점이 국내거래와는 다르다.

2.1.2 국제무역의 대상

무역은 좁은 의미로는 단순한 물품거래, 즉 상품의 수출입을 의미하지만, 넓은 의미는 상품의 수출입 외에 자본(capitals), 기술(technical), 용역(services) 및 노동(labor) 등의 국제적 이동을 수반하는 모든 국가들의 경제거래를 의미한다. 무역의 거래대상은 다음과 같이 구분된다.

1) 상품거래

무역거래의 대부분을 차지하는 것으로, 물자의 교류, 즉 상품거래를 중심으로 이루어지고 있다. 원료, 공업제품 및 식료품 등의 거래가 이에 속하며, 이러한 거래를 "눈에 보이는 무역" 또는 유형무역(visible trade)이라고도 한다.

2) 서비스(용역)거래

최근에 무역거래의 대상으로 비중이 점차 커지고 있는 것이 바로 서비스, 즉 용역거래이다. 용역(service)이란 有體物인 상품거래와는 달리 상대방에 대한 노무 등의 유상제공이나 유상거래를 말하는데, 이는 통상 단독으로 무역거래의 대상이 되지만, 상품거래에 수반하여 발생하는 경우가 많다. 즉, 용역이란 상품을 외국에 운송하는 수송서비스, 운송 중의 화물을 보험을 드는 보험서비스의 제공에 대한 대가로 지급과 수취되는 운임(freight) · 보험료(insurance premium) 및 수수료(commission) 등을 의미한다. 이러한 기술 및 서비스와 같은 용역제공은 눈에 보이지 않는 무역으로서 무형무역(invisible trade) 또는 무역외 거래라고 한다.

3) 자본거래

자본거래는 단기자본이나 장기자본이 국제적으로 이동하는 것을 말한다. 즉, 서비스의 제공이나 상품의 판매와는 직접적인 관계없이 외국에 자본을 대여해 주거나 투자한 후에 이자·배당금 등을 받는 행위 또는 상품대금을 대여해 주는 신용공여 등이 자본거래이다.

4) 기술거래

무역거래의 대상은 유형물인 상품 이외에도 외국과 기술원조 및 기술제휴계약을 체결하고, 그 제공한 기술의 대가를 받게 되는 특허권(patent license), 실용신안권(utility model license), 상표권(brand license), 의장권(design license)등과 같은 공업소유권(industrial property rights)의 양도 및 노하우(know-how)의 제공 등의 형태로 이루어지고 있다. 기술 이외에 저작권·광업권 및 어업권 등의 무형재산권도 중요한 대상이 된다.

2.2 국제무역의 특성과 형태

2.2.1 국제무역의 특성

1) 거래교섭의 복잡 및 위험발생

무역거래는 언어, 제도 및 제반환경이 상이하고 게다가 멀리 떨어져 있는 당사자 간의 거래이므로 교섭이 매우 복잡하고 어려울 뿐 아니라 위험성도 매우 높다. 즉, 무역거래는 원거리를 운송하는데 따른 물품손상의 위험, 국적을 달리하는 상대방에 대한 신용상태의 불확실성으로 인한 수출대금의 회수불능위험, 수입업자가 수출업자에 대해 가지는 정확한 계약물품의 수취불능위험, 국제시장에서의 가격변동이나 통화의 환율변동 등으로 인하여 발생하는 위험, 수입국내에 전쟁, 내란, 혁명 또는 폭동과 같은 비상사태가 발생하여 정부가 외환유출을 제한 또는 지급금지의 조치를 내릴 때 수출상이 대금회수를 하지 못하는 위험 등이 발생할 가능성이 매우 높다. 이를 무역거래에서는 운송위험, 신용위험, 상업위험, 환위험, 비상위험이라 한다.

2) 정형화된 상관습의 적용

무역거래는 상이한 주권국가에 속하는 당사자간에 일어나는 현상이다. 특히 당사자들은 자신의 상거래관습을 중시하는 경향이 있으므로 분쟁이 발생되었을 때 준거법의 적용문제가 발생한다. 따라서 당사자들은 명시계약을 보완하기 위하여 상거래관습을 정형화한 정형거래조건을 사용하고 있다. 이런 상거래관습은 국제상업회의소(ICC)나 국제법협회(ILA)와 같은 권위가 있는 기구에 의하여 연구되어 국제규칙으로 발전되었다.

3) 현물거래보다는 선물거래가 주종

무역거래는 주로 물품을 매매의 대상으로 하여 계약의 형태로 이행된다. 따라서 무역계약의 물품은 계약을 체결할 때에 실제로 존재하는 현물과 체결 후에 제조하거나 획득되는 물품인 선물의 양자를 포함한다. 그러나 일반적으로는 선물매매가 대부분을 차지한다.

4) 해상운송이 주종

무역은 격지자(隔地者)간의 거래이므로 국내거래와는 달리 물품운송이 특히 중요하다. 무역은 주로 바다에서 재래선 중심의 해상운송을 매개로 하여 발전되어 왔으며 또한 대량운송이 가능하고, 저렴하다는 장점으로 인하여 해상의존도가 높다. 따라서 오늘날 대부분의 거래에서도 CIF나 FOB와 같은 해상운송체제를 바탕으로 하는 무역조건이 채택되어 거래당사자의 권리·의무 및 계약내용을 결정하고 있다.

5) 다수복합계약의 체결

무역계약의 성립에는 품질, 수량, 가격이 중심적인 조건이 되며, 그 다음에 물품인도를 위한 선적, 보험, 대금결제 등이 부수적인 조건이 된다. 이렇듯 무역거래는 매매계약을 주 계약으로 하고 운송, 보험, 결제, 환계약 등을 종속계약으로 하여 복합적으로 이행된다.

6) 산업연관효과의 발생

국제분업을 통하여 무역거래가 이루어지면 국제적 공급 및 수요를 충족시킬 뿐만 아니라 당사국의 국내산업을 육성·발전시켜 국민후생수준을 향상시켜 준다. 즉, 무역의 증대는 국제분업의 발달을 촉진시켜 값싸고 좋은 물품의 공급과 유통을 원만히 하며, 국내산업이 필요로 하는 원료를 여러 국가들로부터 수입공급하고, 국내생산상품을 수출하여 외화를 획득하여 수익을 증대시키며, 대량생산과 고용수준의 향상을 통해 국가의 국민경제 발달을 가져온다.

2.2.2 국제무역의 형태

1) 특수 무역거래형태

(1) 위탁판매방식에 의한 수출

위탁판매수출(consignment sale trade)은 물품을 무환(無換)으로 외국에 있는 거래상대방에게 수출하여 당해 물품이 판매된 범위 안에서 일정의 판매수수료를 지급하고 물품대금을 결제 받는 수출을 말한다. 즉, 위탁자(consignor)가 물품을 무환으로 수출하여 당해 물품이 판매된 범위 내에서 수탁자(consignee)가 대금을 결제하고 판매되지 않은 물품을 수출국으로 다시 송부하는 방식의 수출을 말한다.

위탁판매수출은 수출업자의 입장에서 보면 신규수출에 따른 위험을 제거할 수 있으며, 새로운 시장개척을 위한 방법의 하나로서 활용될 수 있다. 수입판매업자 입장에서 보면 수입에 따른 현금부담이 없고 클레임제기 등의 불편이 없으며 시간과 노력은 물론 수입부대경비를 절감할 수 있는 이점이 있다. 위탁판매수출과 유사한 거래형태는 BWT (bonded warehouse transaction)방식[2]과 CTS(central terminal

2) BWT(bonded warehouse transaction)방식은 우리나라의 수출업자가 해당지역에 지점 또는 사무소를 설치해 놓고 거래상대국의 정부로부터 허가받은 보세창고에 상품을 무환(無換)으

station)방식[3]이 있다.

(2) 수탁판매방식에 의한 수출

수탁판매수입(import on consignment)은 수탁자가 해외의 위탁자로부터 위탁을 받아 그 위탁자의 비용과 위험 하에 물품을 무환으로 수입하여 자국 내에서 판매하고 그 대금을 결제하는 형태이다. 이 거래방식은 위탁자로부터 일정의 수수료를 수취하는 것이 목적이다.

(3) 위탁가공무역방식에 의한 수출

위탁가공무역은 가공임을 지급하는 조건으로 외국에서 가공(제조·조립·재생·개조를 포함)할 원자재의 전부 또는 일부를 거래상대방에게 수출하거나 외국에서 조달하여 이를 가공한 후 가공물품을 수입하는 수출입을 말한다. 따라서 이 거래는 자국의 임금수준이 높아 자국 내에서 가공하는 것보다 가공임이 저렴한 국가에 가공을 위탁하는 것이 유리하거나 또는 자국의 기술수준이 낮아 기술이 발달된 국가에서 가공하고자 하는 경우에 이루어지는 거래이다. 향후 북한과의 교역에도 활용도가 높을 것으로 보이는 거래형태이다.

(4) 수탁가공무역방식에 의한 수출

수탁가공무역은 가득액[4]을 영수하기 위하여 원자재의 전부 또는 일부를 거래 상대방의 위탁에 의하여 수입한 후 이를 가공한 후 위탁자 또는 그가 지정하는 제3자

로 반출하여 현지에서 상품의 구매계약이 성립되어 판매하는 거래방식을 말한다.

3) CTS방식은 교역상대국의 인가를 받아 해외에 현지법인을 설립하여 그 법인의 명의로 수입하여 현지에서 직접 판매하는 방식으로서 해외시장개척을 위해 이용된다. 이 방식은 BWT 수출과는 달리 우리 나라 업자가 교역상대국의 인가를 받아 법인을 설립하여 그 법인의 명의로 본국에서 수입하여 현지에서 직접 수출하고자 할 때 주로 활용되고 있다.

4) 가득액(foreign exchange earnings) : 가공임은 가공된 제품이 수출금액에서 이에 소요된 원료의 수입가격을 차감한 잔액에 해당되며 이것이 국제수지의 수취계정에 계상되는 부분으로서 이를 가득액이라 한다. 이 경우 원료수입액은 CIF가격, 제품의 수출액은 FOB가격이 적용된다.

에게 가공물품을 수출하는 수출입을 말한다. 즉, 가득액을 가득하기 위하여 거래상대방의 위탁에 따라 원자재를 수입하여 이를 가공한 후 위탁자 또는 그가 지정하는 제3자에게 가공물품을 수출하는 방식을 말한다. 이 방식은 그 가득액을 수취하는 방식 혹은 원자재를 조달하는 방식에 따라 유환수탁가공무역과 무환수탁가공무역으로 나누어지며, 유환수탁가공무역(有換受託加工貿易)이란 원자재의 수입대금과 가공제품의 수출대금이 별도로 지급 또는 영수되는 것이며, 무환수탁가공무역(無換受託加工貿易)은 그 차액(가득액)만 영수되는 방법이나, 일반적으로는 무환수탁가공무역방식을 택하고 있다.

(5) 임대방식의 수출

임대방식에 수출은 임대(사용임대를 포함)계약에 의하여 물품을 수출하여 일정기간 후 다시 수입하거나 그 기간이 만료 전 또는 만료 후 당해 물품의 소유권을 이전하는 수출을 말한다. 이러한 거래는 주로 시설기재를 대상으로 외국에 이를 임대하는 것으로, 과거에는 우리 나라의 경우 임대수입만 있었으나 그간 우리의 공업기술의 발달로 임대수출방식이 점차 늘어나고 있다.

(6) 임차방식에 의한 수입

임차방식에 의한 수입은 임차(사용임차를 포함) 계약에 의하여 물품을 수입하여 일정기간 후 다시 수출하거나 그 기간의 만료 전 또는 만료 후 당해 물품의 소유권을 이전하는 수입을 말한다. 이 방식은 주로 자본규모가 영세한 중소기업이나 외자도입업체가 추가 생산시설을 수입할 때 이용하고 있으며 임차한 시설을 사용하여 생산한 제품을 임대인에게 수출하는 조건으로 거래하는 경우가 많다. 우리나라의 경우 임차수입의 대부분이 시설기자재의 수입에 이용되고 있다.

(7) 중계무역에 의한 수출입

중계무역이란 수출할 것을 목적으로 물품을 수입하여 제3국으로 수출하는 수출입을 말한다. 중계무역을 일명 통과무역이라고도 하며 수입한 상품을 원형 그대로 가공하지 않고 수출하여 지급액과의 차액, 즉 중계수수료를 수취하는 거래이다. 중계무역이 잘 이루어지려면 물품의 수출입에 관세가 부과되지 않는 자유항이 있어야 한다. 자유항에는 홍콩이나 싱가포르와 같은 자유항시, 함부르크와 같은 자유항구역 및 마산 수출입자유지역과 같은 자유항지역이 있다.

(8) 연계무역

연계무역은 수출 · 수입이 연계된 무역거래로서 물물교환, 구상무역, 대응구매, 제품환매 등의 형태에 의하여 이루어지며 거래당사국간의 수출입의 균형을 유지하거나 통상협력의 수단으로 이용되는 수출입을 말한다. 연계무역의 형태로는 물물교환(barter trade), 구상무역(compensation trade), 대응구매(counter purchase), 제품환매(product buy-back) 등이 있다.

(9) 외국인도방식에 의한 수출

외국인도방식에 의한 수출은 수출대금은 국내에서 영수하지만 국내에서 통관되지 아니한 수출물품을 외국으로 인도하는 수출을 말한다. 즉, 외국인수수입과 대응되는 거래형태로서 국내에서 수출 통관되지 않은 물품을 외국으로 인도하여 매각하고 그 대금을 국내에서 영수하는 거래방식으로 산업설비수출, 해외건설, 해외투자 등 해외사업현장에서 필요한 기자재를 외국인수수입형태로 구입하여 사용한 후 국내로 반입하지 않고 다시 매각한다든지 또는 항해중이거나 어로작업중인 선박을 현지에서 수출하고자 할 경우에 주로 사용하는 거래형태이다. 주로 해외건설 등 해외산업현장에 필요한 물품을 외국에서 수입하여 사용한 후 이를 국내에 반입하지 않고 다시 수출할 경우 등에 이용된다. 해외에서 사용한 기자재 등을 국내에 반입하여 다시 수출절차를 밟을 경우 생기는 비용과 시간을 절약하기 위한 방안이다.

(10) 외국인수방식에 의한 수입

외국인수방식에 의한 수입은 수입대금은 국내에서 지급되지만 수입물품은 외국에서 인수하는 수입을 말한다. 즉, 물품을 외국에서 외국으로 보내고 그 물품의 대금은 국내에서 지급하는 조건으로 계약을 체결하여 외국환은행을 통하여 운송서류를 인수한 후 수입대금을 지급하고, 그 운송서류를 수입국으로 보내 수입물품을 외국에서 인수하는 거래를 말한다. 이 방식은 최근 산업설비수출, 해외건설, 해외투자, 위탁가공무역 등에 필요한 기재·자재 및 원자재를 외국에서 수입할 필요가 있을 때 운송시간과 경비를 절감하기 위하여 이용되는 거래방식이다.

(11) 무환수출입

무환수출입은 외국환거래가 수반되지 아니하는 물품의 수출·수입을 말한다. 무상수출입은 대가를 지급하지 아니하는 물품의 수출입을 의미하며, 무환수출입(무상수출입 포함)은 외국환거래가 수반되지 아니하는 물품의 수출입 또는 대금결제가 수반되지 아니하고 물품의 이동만 이루어지는 거래를 의미한다. 무환수출입은 무상·유상무환으로 구분되며, 무상무환에는 증여, 상속, 유증 등이 있고, 유상무환에는 위·수탁판매무역, 위·수탁가공무역시 원자재 수출입, 임대차수출입, 무환상계결제(연계무역 중 물물교환방식의 거래)등이 있다.

2) 대금결제별 무역형태

(1) 송금방식에 의한 수출입

송금방식에 의한 수출입이란 수출입 이전에 수입업자가 수출업자 앞으로 수출대금을 미리 송금하여 수출입이 이루어지는 무역을 말한다. 송금방식에 의한 수출은 수출상이 수출대금을 외화로 영수하는 조건으로 수출하는 거래이다. 여기에는 수출대금을 물품의 선적이전에 미리 외화로 영수한 후 수출하는 사전송금방식(단순송금방식)에 의한 수출과 물품의 인도와 동시에 또는 물품의 인도 후 수출대금을 외화로 영수하는 조건인 대금교환도조건부수출 즉, 대금교환도방식 (Cash on Delivery : COD) 및 서류교환도방식 (Cash against Documents : CAD)의 2가지로 구분된다.

또한 송금방식에 의한 수입은 수입대금 전액을 외화로 지급하는 거래를 말한다. 이 방식은 물품대금을 사전에 지급하는 사전송금방식수입과 물품의 인수와 동시에 또는 인수 후에 대금을 외화로 지급하는 사후송금방식수입으로 구분된다.

(2) 추심 결제방식에 의한 수출입

추심결제방식에 의한 수출입은 추심(collection)에 의존하는 경우의 무역을 말한다. 오늘날에는 거래방식이 다양해지고 신용장발행에 따른 번잡성과 비용부담으로 인하여, 국제적으로도 상호 신용상태가 향상됨에 따라 점차 추심결제방식의 비중이 늘어가는 추세이다. 추심결제방식의 수출입에는 인수인도조건(D/A, Document against Acceptance)과 지급인도조건(D/P, Document against Payment)이 있다.

(3) 화환신용장 결제방식에 의한 수출입

화환신용장방식의 수출은 취소불능 화환신용장에 의하여 대금의 전액을 결제하는 조건으로 물품을 수출하는 거래를 말한다. 이는 수입업자의 신용을 은행의 신용으로 바꾸는 것으로, 신용장에 의하여 발행되는 환어음의 인수·매입에는 반드시 운송서류(transport document)의 첨부를 요구하는 수출거래로서 무역거래 중 가장 많이 이용되는 거래형태이다.

또한 화환신용장 결제방법에 의한 수입이라 함은 취소불능 화환신용장에 의하여 외화로 대금의 전액을 결제하는 조건으로 물품을 수입하는 거래를 말한다. 여기에는 일람불수입신용장 결제방법에 의한 수입과 기한부 수입신용장 결제방법에 의한 수입, 분할지급 수입신용장 결제방법에 의한 수입 등이 있다.

(4) 선대신용장에 의한 수출입

선대신용장(packing credit, red clause L/C)은 수출상에게 선적 전에 일정한 조건으로 수출대금을 선대할 수 있도록 권한을 부여하는 문언을 신용장에 기재하고 그 선대금의 지급을 보증하는 신용장을 말한다. 이 방식은 수출업자의 입장에서 볼 때 수출대금을 미리 영수하므로 자금 부담 없이 대응수출을 이행할 수 있는 이점이 있으나, 수입상의 입장에서 볼 때에는 대응수출이 이행되지 않는 경우 선대자금을 회수할 수 없는 위험이 따르게 된다. 그러므로 수입상은 이러한 위험을 방지하기 위하여 수출상이 대응수출을 이행하지 않을 경우, 선대자금에 대한 원리금을 환급받기 위해 거래은행에 환급보증을 요구하고 있다.

(5) 중장기 연불방식에 의한 수출입

중장기연불방식이란 수출대금의 전부나 일부를 일정한 기간에 걸쳐 분할하여 영수하는 조건부계약에 의한 수출을 말한다. 이러한 거래방식은 대형기계류, 선박, 철도차량, 발전시설, 탄광기계설비 또는 중화학공업의 공장설비 등을 수출하는데 이용되며, 주로 개발도상국들이 경제개발계획을 수립하고 추진하는 과정에서 이용하는 방식이다.

(6) 산업설비(플랜트)의 수출

산업설비수출이란 제품을 생산하기 위한 기계, 장치 등의 하드웨어와 그 설치에 필요한 엔지니어링, 노하우, 건설시공 등의 소프트웨어가 결합 된 생산 단위군의 종합수출로서 플랜트수출이라고도 한다. 산업설비수출은 기계류에 엔지니어링, Know-How, 건설시공 등이 결부된 기계시스템의 수출이기 때문에 일반상품 수출과는 다른 특성을 가지고 있다.

3) 기타의 무역거래형태

(1) 물품의 이동방향에 따른 구분

수출무역(export trade)

수출무역이란 일반적으로 수출업자가 물품을 국내에서 국외로 판매하는 경우를 말하는데, 이를 단순히 수출(export)이라고도 한다. 다시 말해 수출무역은 일국을 중심으로 재화와 용역이 외국으로 유출되는 경우의 무역을 말한다.

수입무역(import trade)

수입무역이란 수출무역의 경우와 반대로 물품이 국외에서 국내로 반입되는 경우를 말하며, 이를 단순히 수입(import)이라고도 한다.

(2) 무역의 주체에 따른 구분

민간무역(private trade)

민간무역은 무역주체가 민간인이 되는 무역으로, 양국의 무역회사간에 직접 무역계약을 체결하고 거래하는 것을 말한다. 즉, 민간무역은 무역경영의 주체가 민간인 또는 민간회사인 경우를 말하는데, 이를 사(私)무역이라고도 한다.

공무역(public corporation trade)

공무역은 무역주체가 공공인이 되는 무역으로, 공공기관이 출자하거나 직접 무역공사를 설립하여 무역경영의 주체가 되는 것을 말한다. 이를 공공기관무역 혹은 공공무역이라고 한다. 공무역은 무역거래의 주체에 따라 국영무역과 정부무역으로 구분된다.

(3) 무역에 대한 국가의 간섭여부에 따른 구분

자유무역(free trade)

자유무역은 국가가 무역업자의 수출입행위에 대하여 일체의 간섭을 하지 않고 무역업자의 자유에 맡겨두는 무역정책기조의 무역을 말한다. 그러나 지구상에는 현재 완전한 형태의 자유무역정책을 취하는 나라는 하나도 없으며 어떠한 형태로든 간섭 내지 통제하고 있다.

보호무역(protective trade)

보호무역은 자유무역과는 달리 국가가 자국의 유치산업과 성숙산업의 보호, 덤핑방지, 국제수지의 개선이나 군사 및 외교상의 이유로 외국물품의 수입에 제한을 가함으로써 무역행위를 국가가 보호하는 무역을 말한다.

관리무역(controlled trade)

관리무역은 국가가 무역의 전체 또는 일부에 대하여 그 총액, 내용, 품목, 상대국, 결제시기나 방법 등을 규제하고, 민간무역업자의 자유거래를 허가하지 않고 국가 또는 그 대행기관의 관리하에 두는 것을 말한다.

협정무역(trade by agreement)

협정무역은 두 나라 또는 여러 국가간에 상호간에 무역을 증진시키거나 또는 무역의 균형을 유지하기 위하여 무역거래에 관한 협정을 체결하고 이 협정에 따른 거래방식을 말한다. 따라서 이 무역은 일반적으로 국제수지의 불균형을 타개하기 위한 수단으로 사용되며 그 전형적인 형태가 양국 간 무역결제에 환어음을 사용하지 않는 환어음 청산협정이다.

(4) 물품 매매의 직접/간접 여부에 따른 구분

직접무역(direct or bilateral trade)

직접무역은 수출국과 수입국가의 거래당사자가 제3자, 즉 제3국의 상인을 통하지 않고 직접적인 매매계약에 의하여 직접수출(direct export) 및 직접수입(direct import)을 하여 이루어지는 무역을 말한다.

간접무역(indirect trade)

간접무역은 거래당사자간의 직접적인 매매계약에 의하여 이루어지지 않고 제3자, 즉 제3국의 상인을 통하여 무역거래가 이루어지는 경우를 말한다. 간접무역의 형태로는 일반적으로 통과무역(passing or transit trade), 중개무역(merchandising trade), 중계무역(intermediate trade), 스위치무역(switch trade), 우회무역(round-about trade) 등이 있다.

(5) 물품의 형태에 따른 구분

유형무역(visible trade)

유형무역은 우리가 눈으로 볼 수도 있고 상품의 형태를 취하기 때문에, 수출입에는 반드시 통관절차를 거치고 무역수지라는 형태로 무역통계에 표시되는 수출입을 말한다. 따라서 이를 가시적인 무역이라고도 하며 협의의 무역인 상품거래만을 의미한다. 유형무역은 눈으로 보이는 유형수출(visible export)과 유형수입(visible import)으로 구분된다.

무형무역(invisible trade)

무형무역이란 광의의 물품에 포함되는 생산요소(자본 · 노동)나 용역(services) 등을 수출입하는 경우이다. 무형무역은 세관의 통관절차가 수반되지 않기 때문에 무역통계에는 나타나지 않고 외환계정에만 나타나므로 무역외수지로 구분된다. 따라서 이를 무역외수지라고 한다. 무형무역도 눈에 보이지 않는 무형수출과 무형수입으로 나눠진다.

(6) 거래당사국의 관계에 의한 구분

남북무역(south-north trade)

남북무역이란 선진국과 저개발국간의 국제무역을 말한다. 즉, 이것은 지리적으로 선진국이나 중진국이 주로 북반구의 적도이북에 위치하고 있는 반면, 동남아 · 중동 · 아프리카 · 중남미 등의 저개발국들은 대체로 남반구의 적도 이남에 위하고 있다는 점을 고려하여 붙여진 이름이다.

동서무역(east-west trade)

동서무역이란 제2차 세계대전 이후 자본주의국가와 사회주의 국가들 간의 무역을 의미하며, 유럽을 중심으로 동쪽에 공산권 국가들이 위치하고 있고 서쪽에 자본주의 국가들이 위치하고 있음에서 비롯된 것이다.

남남무역(south-south trade)

남남무역은 후진국이나 개발도상국 상호간의 무역거래가 이루어지는 것을 말하는데, 이 개념은 최근에 도입된 것이다.

(7) 수출입의 국가별 균형에 따른 구분

구상무역(compensation trade)

구상무역은 수출입에 따른 물품대금을 그에 상응하는 수입 또는 수출로 상계하는 수출입을 말하며, 두 나라 사이의 수출입균형을 유지하기 위해 많이 이용되는 거래 방식이다.

삼각무역(triangular trade)

삼각무역이란 두 나라 사이의 수출 또는 수입이 불균형을 이루어 편무역(片貿易)이 되었을 경우에 반대관계나 또는 특수관계에 있는 제3국을 개입시켜 청산계정(淸算計定)에 따라 결제함으로써 3국간의 국제수지균형을 도모하는 무역형태이다.

(8) 운송경로 및 방법에 따른 구분

육상무역(overland trade)

육상무역은 철도 및 자동차를 수송수단으로 하여 운송되는 무역형태이다. 수출입 지점이 육상으로 연결된 내륙국가간에 주로 이루어지는데 유럽제국이 대표적인 육상무역국가 이다. 육상무역은 최근에 와서 해상 및 항공운송과 연계되어 일괄운송제도인 국제복합운송으로 발전하고 있다.

해양무역(ocean trade)

해양무역은 선박을 수송수단으로 하여 운송되는 무역형태로서, 역사적으로 가장 오래 전부터 존재하였다. 저렴한 가격과 동시에 대량으로 수송할 수 있다는 장점으로 인하여 육상과 항공운송의 발달에도 불구하고 오늘날에도 그 중요성이 여전히 높다.

항공무역

항공무역은 비행기에 의하여 무역품이 운송되는 경우의 무역을 말하는데, 항공운송 단일수단만으로 이루어지는 무역거래는 거의 존재하지 않고 일반적으로는 육상이나 해상과 병행하여 운송된다.

2.3 전자무역

2.3.1 전자무역의 등장배경

인터넷은 초기에는 군사목적으로 생성되어 교육기관과 연결되면서 정보의 보고로 자리매김하게 되었고 그 후에 여러 기업들이 인터넷과 연결되면서 다양한 분야에서 상업적으로 이용되기 시작하였다. 인터넷의 가상공간에서 하나 둘 상품을 거래할 수 있는 장소가 구축되었고 자사제품을 좀 더 많은 사람들에게 홍보할 수 있는 수단으로 인터넷을 활용하기 시작하였다. 이에 따라 무역업자들이 인터넷에 관심을 보이기 시작했고 인터넷이 무역에 더할나위 없는 가능성과 편리함을 제공한다는 것을 깨닫기 시작하자 해외 바이어 발굴이나 공급자를 검색하는 수단으로 급속도로 또한 광범위하게 이용되게 되었다.

현재는 인터넷으로 무역거래가 성사되는 성공사례를 많이 찾아볼 수 있으며 무역업자를 만나 명함을 주고받을 경우에는 그 사람 명함에 이메일 주소나 홈페이지 주소가 들어가 있는 것을 쉽게 볼 수 있을 것이다. 현재는 전자무역이 단순 바이어 검색이나 공급자 검색 등 일부 마케팅 및 단순업무가 전체 전자무역의 거래단계에서 계약전까지로 진행되고 있지만 가까운 미래에 전자결제시스템의 보완과 네트워크 인증문제, 거래내용의 보완문제 등이 해결되면 무역의 핵심수단으로 자리 잡아 무한가능성 있는 미래의 전자무역 흐름으로 발전할 것이다.

2.3.2 전자무역의 의의

1) 전자무역의 개념

2000년 개정된 대외무역법에서 전자무역의 용어 정의를 하기 전에는 무역자동화, 사이버무역, 인터넷무역, 전자상거래 등의 용어로 많이 사용되었고 현재도 이들 용어가 혼용되고 있다. 대외무역법에서 용어 정의한 '전자무역'이라 함은 무역의 전부 또는 일부가 컴퓨터 등 정보처리능력을 가진 장치와 정보통신망을 이용하여 이루어지는 거래로 정의하고 있다. <표 13-1>와 같이 전자무역이 전통무역과 다른 점은 VAN/EDI 등 컴퓨터 네트워크를 이용하거나 인터넷통신망을 이용하여 유체물인 상품과 전자적 형태의 무체물의 수출입의 전부 또는 일부과정을 전자적 문서형태로 수행하는 것을 의미한다.

전자무역의 개념을 명확하게 하기 위하여 현재 혼용되어 사용되고 있는 무역자동화와 사이버무역, 인터넷무역의 차이점은 다음과 같다.

첫째, 무역자동화는 EDI라는 전자문서교환시스템을 통하여 무역유관기관, 금융망, 보험망, 통관망, 물류망 등을 하나의 네트워크로 연계하여 무역과 관련된 일련의 과정을 전자적인 문서로 처리하는 것으로 우리나라는 한국무역정보통신(KTNET)이라는 VAN 중심으로 하여 무역자동화를 추진하였고 해외 VAN 등과도 연계시스템을 추진하여 무역자동화업무를 확대하고 있다. 둘째, 사이버무역은 WWW라고 표시하는 3W라는 실제세계와 유사하면서도 다른 특성을 가진 가상공동체를 통하여 무역활동을 지칭하는 표현으로 '사이버무역'이라는 용어가 사용되었으며, 기본적으로 인터넷 또는 그 밖의 전자적 수단을 통해 형성된 가상공간을 통해 무역거래와 관련된 각종 정보 및 전자문서를 교환하는 것을 의미한다. 따라서 사이버무역은 전자무역과 유사한 용어이지만 인터넷 및 전자매체에 의해 형성된 가상공간을 통한 무역거래의 활용이라는 측면이 강조된 것으로 전자무역과 차별성을 들 수 있다. 셋째, 인터넷무역은 인터넷을 활용하여 무역거래의 전부 또는 일부의 문서를 전자적으로 교환하는 것으로 Web기반의 EDI가 개발되면서 인터넷무역은 가장 일반적인 전자무역의 한 형태로 자리잡아가고 있다. 따라서 전자무역은 인터넷, VAN/EDI 등의 컴퓨터 네트워크와 컴퓨터 등의 정보처리기기를 통하여 무역거래의 전부 또는 일부를 수행하는 포괄적인 개념으로 무역자동화, 사이버무역, 인터넷무역보다 확장된 개념으로 보고 있다. 넷째, 전자상거래는 전자적 수단을 상거래에 활용하는 것으로서 전자무역은 무역이라는 국경초월의 개념이 기본요건이나 전자상거래는 국내 및 국외간 전자상거래를 포함하는 것이고 전자무역은 B2B, B2G가 기본적이나 전자상거래는 B2B 및 B2C가 주를 이루고 있다.

전자무역과 관련성이 많은 e-마켓플레이스는 문자 그대로 전자시장 또는 사이버 시장으로서 온라인으로 불특정 다수의 공급자와 수입자간에 거래를 중개하는 가상 시장을 말한다. 일종의 판매자와 구매자의 중립적인 중개자로서 무역에 있어서의 오퍼상의 역할과 유사하다.

표 13-1 전자무역과 전통무역의 비교

구분	무역단계		전자무역	전통무역
거래	정보수집	알선	거래 알선사이트 검색	거래 알선처 직접 방문
		수요	온라인 수시 수요파악	영업사원이 수집 재입력
		고객	실시간 고객 요구 파악 고객관리 전사적 정보화	고객 요구 파악 지연 고객관리 사원별 관리
	판매영업	방식	쌍방향 일대일 대화식	일 방향 일대다 주입식
		수단	전자카달로그, 전자 전시쇼핑몰, 인터넷 마케팅	종이카달로그, 전시회, 방문 판매
		방법	정보에 의한 판매, 전자판매시스템	전시에 의한 판매
	거래형성	지역	전 세계 동시	일부지역 제한
		시간	24시간	영업시간
		방법	전자우편, 인터넷 전화, 전자주문	종이우편, 팩스, 일반전화, 현지출장
물품	물류운송		온라인 전송, 특급 운송, 유통관리 시스템	해상운송, 항공운송, 육상운송, 복합운송
	유통채널		생산자 ↔ 소비자, 제품출하추적시스템	생산자 → 도매상 → 소매상 → 소비자
결제	대금결제		온라인 전자자금이체, 전자화폐, 전자수표, 신용카드 전자결제	신용장, D/A, D/P 등

2) 전자무역의 단계별 활용상태

일반적으로 국제무역이 이루어지는 과정을 살펴보면 다섯 단계로 구별할 수 있다. 먼저 해외시장을 개척하기 위하여 제품이나 해외바이어를 발굴하는 정보수집 단계와 자사제품을 해외시장에 홍보하는 마케팅 단계가 있다. 다음으로 해외바이어와 제반 거래조건을 협의하고 계약을 성사시키는 협상단계가 있고, 계약이 체결되면 수출물품 제조를 위한 원재료 확보나 또는 수출완제품을 확보하고 이를 통관하여 선적항에 운송하는 국내운송과 항공기 또는 선박을 이용하여 국제운송을 하는 물류단계와 수출대금을 회수하는 대금결제단계 그리고 관세환급 등을 하는 사후관리단계로 구분할 수 있다.

국제무역의 일반적인 절차에 전자적인 수단을 활용한다면 무역절차상에 있어서 커다란 변화는 없으나 무역을 수행하기 위한 수단이나 방법에는 큰 차이가 발생한다. 수출상품 및 대상국 선정단계에서는 한국무역협회, 종합무역정보서비스인 KOTIS나 관세청 사이트의 품목 및 국별 무역통계를 이용하고, 국가정보는 대한무역투자진흥공사의 사이트인 KOTRA나 한국무역협회의 KITA의 사이트를 이용하며, 수출단가와 각종 부대비용 및 해당국가 관세율은 해당업무와 관련되는 기관의 사이트를 방문하는 방법이 있다.

거래선 발굴에는 거래처를 알선하는 Silkroad21, EC21, ecplaza 등의 사이트를 이용하여 구하고자 하는 정보를 적은 비용으로 얻을 수 있다. 또한 수출보험공사의 사이트를 이용하여 신용조사를 하고 수출보험에 가입하고 거래처가 선정되면 전자메일을 이용하여 계약을 체결한다.

수출물품확보와 통관 및 관세환급은 한국무역정보통신(KTNET)의 무역자동화 서비스를 이용하여 처리할 수 있고, 물류는 KTNET과 국가종합물류망을 이용하여 처리할 수 있다.

수출대금 회수단계에서는 BOLERO나 TRADECARD, SWIFT 등의 국제 전자결제시스템을 이용하여 대금을 회수하는 방법 등이 있다.

2.3.3 전자무역의 특징

1) 전자무역의 장점

21세기 무역은 인터넷을 기반으로 하는 전자 무역의 시대라는 말이 과언이 아닐 정도로 전자 무역의 중요성은 날로 증대되고 있다. 실제로 전 세계를 대상으로 하는

World Market이 인터넷 등을 기반으로 하여 활발하게 진행되고 있다. 뿐만 아니라, 불필요한 제반비용을 절감하고 기업 활동영역의 범위를 확대하여 기업영업활동을 세계로 향하는 가장 좋은 수단이 되고 있다. 이러한 전자 무역의 장점에 대해 살펴보면 다음과 같다.

첫째, 시간과 공간의 한계성을 극복한 글로벌 마케팅이 가능하다. 국가간, 지역간 최대의 걸림돌이 되는 시간과 공간 한계를 넘어서 제품의 홍보와 마케팅을 원활하게 이끌어 나갈 수 있다는 점이 전자무역의 가장 큰 장점이다. 지역적으로 운영되던 시장이 인터넷이라는 매체를 통하여 거대한 단일 시장으로 통합 될 수 있다는 점에서 매력적이지 않을 수 없다. 둘째, 거래처 발굴의 효율화 및 거래 정보의 획득이 용이하다는 점이다. 전자 시스템을 이용하면 훨씬 더 적은 비용으로 효율적인 거래처의 발굴이 가능하다. 거래처 발굴을 위한 기존의 방식은 거래알선기관에 대한 의뢰나 각종 디렉토리, 해외에 배포되는 인쇄매체, 각종 전시회나 박람회의 참가 등을 이용하는 것이었으나, 전자 무역의 발달로 인터넷 검색 툴 하나면 세계 어느 곳에 있는 정보에도 쉽게 접근할 수 있으며, 거래처 발굴과 거래 정보 획득이 매우 용이하게 된다. 셋째, 비용절감을 위하여 적극 활용할 가치가 있다. 제품의 홍보 및 광고비가 기존의 DM발송 등의 방식에 비하여 훨씬 저렴하며 경쟁력 있는 가격으로 시장을 공략할 수 있다. Mailing List와 같은 인터넷 툴 등을 잘 활용한다면 제품의 홍보에서 마케팅까지 다양한 방면에서 비용을 절감할 수 있다. 또한 인력 절감과 원가절감의 한 요소로도 인터넷 무역을 적극 활용할 수 있다. 넷째, 중소기업이나 소규모 무역상에게 무한한 성장기회를 제공한다. 인터넷을 통한 거래는 어느 기업이 소비자의 니즈(Needs)를 잘 반영하고 있느냐에 따라 성장여부가 결정되고 있기 때문에 좋은 제품, 소비자를 만족시키고 신회를 줄만한 서비스 능력과 더불어 진취적이며 창의적인 자세를 가졌다면 기업의 규모에 관계없이 진출 가능한 개방형 시장이 바로 전자 무역 시장이다. 인터넷의 시간적, 장소적 제한을 받지 않는다는 점을 감안할 때, 그 잠재시장은 국경이 존재하지 않는 세계시장이 될 수 있다. 다섯째, 24시간 업무를 볼 수 있고, 신속한 처리가 가능하다. 기존의 무역회사에서는 업무

이외의 시간에 전화가 오거나 중요한 팩스가 올 경우에 그 한 가지 일로 사무실을 떠날 수 없는 비효율적인 업무 행태를 진행해 왔다. 하지만 인터넷을 이용한 전자무역의 발달로 장소에 얽매이지 않고 언제 어디서나 업무를 볼 수 있는 효율적인 업무 진행을 할 수 있게 되었다. 예를 들어 카달로그나 편지를 보내는데 소비하는 시간은 이메일과 화상회의를 통해 비용과 시간을 확실하게 줄일 수 있다. 마지막으로 교역 상품과 서비스 가격의 단일화 및 하락을 가져온다. 인터넷에서는 전문 검색엔진을 이용하여 특성상품의 공급처와 기타 관련 정보를 쉽게 찾아 볼 수 있다. 따라서 가장 경쟁력 있는 상품이나 서비스만이 생존하는 무한경쟁구도가 형성되고 그렇게 되면 가격 하향 평준화현상이 나타날 것이며, 반면에 상품차별화에 대한 정보에 따라 차별화 된 가격을 받게 될 것이다. 또한 인터넷 마켓이라는 글로벌 시장은 불특정 다수인의 기업 및 개인을 대상으로 하기 때문에 유통가격의 하락과 서비스 가격의 하락으로 모든 상품에 있어서 가격하락을 가져온다. 또한 소비자의 Needs에 따라 제품 차별화와 가격 차별화가 이루어진다.[5)]

2) 전자무역의 한계

많은 장점을 가지고 있는 전자 무역이지만 무역의 특정상 몇 가지 한계점을 지니고 있는 것이 사실이며, 때로는 이러한 한계점이 무역 당사자들에게 피해로 돌아오기도 한다.

첫째, 무역 실무상의 한계로서 장기적으로 국제 전자 무역 시스템이 완전히 정립되기 전까지는 전자 무역의 효율성이 발휘될 수 있는 분야는 상당히 제한적이다. 거래처 물색, 거래제의 및 견적, 단가단계에서는 전자 무역의 시스템들이 효과적으로 이용되고 있으나 계약 체결이나 샘플 확인, 선적, 결제에 수반되는 절차 및 제반 서류 처리 등은 종전의 무역 방식을 그대로 따라야 하는 제약이 있다. 또한 국가별로 존재하는 복잡한 수출입 절차도 전자 무역 체계에서 처리하기가 곤란하다. 둘째,

5) 남경두 외, 「인터넷무역 길라잡이」, 정보문화사, 1998, p.15.

거래처 발굴의 한계로서 현재 인터넷에 있는 시장정보(거래처 정보 포함)의 80% 이상이 미국 등 서구 선진국에서 보유하고 있는 정보로서 우리의 교역 상대국인 아시아, 남미 국가들은 인터넷 인프라 취약으로 인하여 얻을 수 있는 정보들이 상대적으로 미약하다. 그러나 아시아를 비롯한 이들 국가들의 인터넷 보급률이 점차 증가함에 따라 이들 국가들의 정보도 많아질 것으로 기대하고 있다. 셋째, 무역 사기 가능성이 높다. 전자 무역은 누구나 접근 가능하고 용이한 정보를 쉽게 얻을 수 있다는 장점을 가지고 있지만 반대로 누구나 쉽게 접근할 수 있기 때문에 익명을 이용한 사기 범죄의 가능성도 매우 높다. 전자 무역의 시스템을 이용한 여러 가지 수법은 대체로 샘플 또는 샘플비 수령 후에 소식이 없거나, 혹은 물품 대금수령 후 종적을 감추는 등 주로 거래 초기에 행해지는 사기들이 많다. 이러한 전자무역을 악용한 사기들을 예방하기 위해서는 공신력 있는 기관과 유명 사이트를 통하여 거래처를 발굴하고 주소, 전화번호, 팩스번호, 취급 품목을 기본으로 한 상대방의 상세 정보를 요청한 후 최대한 사실 확인을 해야 사기를 예방 할 수 있다. 또한 샘플이나 샘플비에 집착하는 업체는 상응하는 대가를 먼저 받고 응한다. 넷째, 물류에 있어서는 물리적인 방법을 이용 할 수밖에 없다. 전자무역이라고 해서 가상공간을 통하여 상품을 공간적으로 이동시킬 수는 없다. 아무리 전자무역이 발달하더라도 유체물인 상품에 대해서는 전통적인 운송수단인 항공기나 선박을 이용할 수밖에 없다. 그러나 무체물인 소프트웨어나 음악파일 등은 전자적인 수단을 이용하여 무역을 완성할 수 있다. 따라서 전자 물류라 함은 전자적으로 운송정보를 제공하고 운송서비스를 관리하는 수단일 뿐이다. 가상공간을 이용하여 화물추적서비스를 제공하고 운송정보서비스와 선하증권을 전자적인 문서로 발급하는 등의 것을 전자 물류라 할 수 있다.[6)]

상기의 한계에도 불구하고 인터넷 무역은 현 단계에서도 종전 방식에 비해 많은 무역 거래 창출 효과를 나타내고 있으며 향후에는 더욱 그 효용 및 범위가 확대될

6) 이영수 외, 「인터넷무역론」, 두남, 2004, p.155.

것으로 예상된다. 이는 전자무역이 향후 거부할 수 없는 무역수단임을 더욱 확고히 하고 있다.

2.3.4 국내외 전자무역추진 현황

1) 한국의 전자무역 현황

2003년 한국인터넷정보센터의 정보화 실태조사에 의하면 국민정보화 수준을 나타내는 인터넷 이용자수는 만 6세 이상 국민들 중 64.1%(2,861만 명)가 월 평균 1회 이상 인터넷을 이용하고 있는 것으로 나타나 2002년 조사에 비해 약 4.7%가 증가한 것으로 조사되고 있다.

정보통신 분야 유력 시장조사업체인 IDC가 발표한 '2004 세계 정보화 지수(ISI)'에 따르면 우리나라는 세계 8위에 랭크되어 아시아 태평양 지역에서는 유일하게 10위권에 들어 우리나라의 정보화 지수는 양호한 편이다. 또한, 2003년 통계청조사에 의하면 기업간(B2B) 전자상거래가 206조 8,540억원(88.0%), 기업・정부간(B2G) 전자상거래가 21조 6,340억원(9.2%), 그리고 기업・소비자간(B2C) 전자상거래가 6조 950억원(2.6%)으로 나타나 전년에 비해 전자상거래액은 각각 32.8%(51조 1,470억원), 30.1%(5조 20억원), 20.9%(1조 520억원) 증가하였다.

표 13-2 거래주체별 전자상거래 규모 (단위 : 십억원, %)

	2002년		2003년		전년대비	
		구성비		구성비		구성비
전자성거래 규모	177,810	100.0	235,025	100.0	57,215	32.2
B2B	155,707	87.6	206,854	88.0	51,147	32.8
B2G	16,632	9.4	21,634	9.2	5,002	30.1
B2C	5,043	2.8	6,095	2.6	1,052	20.9
기타	427	0.2	442	0.2	15	3.5

자료 : www.nso.go.kr

네트워크 기반별 기업간 전자상거래 비중을 보면, 인터넷기반 거래는 기업간 전자상거래 전체의 96.4%로 대부분을 차지하고 있는 반면, 비인터넷 전자상거래(전통적 EDI)의 비중은 3.6%에 불과한 것으로 나타나고 있다. 전년에 비해서 인터넷 기반 거래는 35.3% 증가하였으나, 비인터넷기반 거래는 10.6% 감소하여 인터넷기반 거래가 확고한 자리를 잡고 있다. 거래기업의 소재지(국내소재기업 · 해외소재기업)별로 B2B 규모를 보면, <표13-3>과 같이 국내기업간 거래액이 172조 7,880억원으로 기업간 전자상거래의 83.5%, 국내기업과 해외기업과의 거래액이 34조 660억원으로 16.5%를 차지하고 있는 것으로 나타나 전년에 비해서 국내기업간 거래액은 33.2%, 국내기업과 해외기업간의 거래액은 31.0%가 증가하여 전자무역이 점차 활성화 되고 있는 추세이다.

표 13-3 거래기업의 소재지별 기업간 전자상거래(B2B) (단위 : 십억원, %)

	2002년		2003년		전년대비	
		구성비		구성비		구성비
◦ 기업간 전자상거래	155,707	100.0	206,854	100.0	51,147	32.8
- 국내기업간 거래	129,697	83.3	172,788	83.5	43,090	33.2
- 해외기업과의 거래	26,010	16.7	34,066	16.5	8,056	31.0

자료 : www.nso.go.kr

2) 세계의 전자무역 현황

세계 주요조사기관의 e-비즈니스 및 전자상거래 시장규모 조사결과를 보면 큰 폭의 성장을 전망하고 있다. 가트너 그룹은 전 세계 e-비즈니스 시장규모를 2006년에 4,464억 6천4백만달러로 예상하고 있고 IDC도 2005년 동안 전 세계 전자상거래 시장규모를 5조3백5십6억5천만달러로 예상하여 전자상거래 시장은 계속 확대되고 있다. 또한, 포레스터 리서치는 e-MP를 통한 세계무역량이 2000년 8억달러에서 2005년에는 4천억달러로 급성장을 예측하고 있고 이코노미스트지는 2020년에는 전자무역이 전 세계 무역의 30%를 차지할 것으로 예상할 만큼 전자무역의 미래를

밝게 보고 있다.[7)]

표13-4 e-비즈니스 및 전자상거래시장 규모 (단위 : 백만달러)

조사기관	2001	2002	2003	2005	2006
가트너 그룹의 전 세계 e-비즈니스 시장 규모	95,908	121,489	165,703	-	446,464
IDC의 전 세계 전자상거래 시장규모	634,050	1,152,800	1,871,230	5,035,650	

자료 : 전자상거래연구조합, 한국 e비즈니스 추진현황, 환경, 대책, 2003.3, p.5.

3. 국제무역이론

3.1 무역이론의 전개과정

무역이론은 고전학파무역이론, 근대무역이론 그리고 현대무역이론으로 나눌 수 있다.

고전학파의 무역이론은 아담 스미스(A. Smith)에 의해 소개되었으며 그 후 리카도(D. Ricardo), 토렌스(R. Torrens), 밀(J.S. Mill) 등에 의해 더욱 발전되었다. 이 이론은 노동가치설에 근거를 두며 노동이 유일한 생산요소라는 가정에서 노동생산성의 국가별 차이에 의해 무역이 발생한다는 것이다.

근대적 무역이론은 고전학파무역이론의 제약적 요인을 제거하고 근대무역의 원리에 접근하여 현실적합성을 높이기 위해서 제기되었으며 하벌러(G. Haberler)의 기회비용설과 헥셔－오린(Heckscher-Ohlin)이론을 들 수 있다.

7) 산업자원부, 「전자무역 확산 전략」, 2004, p.2.

고전학파의 무역이론과 근대적 무역이론만으로는 현실의 무역현상을 설명하는 데는 많은 문제점과 한계가 드러나자 새로운 무역이론으로 현대무역이론이 등장하기 시작하여 다양한 무역패턴을 설명하는 계기가 되었다. 현대의 무역이론으로 대표적 수요이론, 연구개발요소이론, 제품사이클이론 등을 들 수 있다.

3.2 고전적 무역이론

3.2.1 절대생산비설(theory of absolute cost)

◉ 개 념

절대생산비설이란 한 나라가 다른 나라보다 생산비에 있어서 절대적 우위에 있는 상품만을 생산해서 서로 교환하면 각 국은 무역의 이익을 얻을 수 있다는 것이다. 여기에서 절대우위(absolute advantage)란 한 나라가 상품 1단위를 생산할 때 타국보다 절대적으로 적은 량의 생산요소를 사용하여 생산하는 경우를 말한다. 이러한 이론을 주장한 사람은 스미스(A. Smith)이며, 그는 중상주의의 무역차액주의를 비판하고 자유무역의 근거를 제시하였다.

이 이론은 노동가치설에 근거를 두고 있으며, 상품생산을 위해서 노동만이 유일한 생산요소이기 때문에 상품의 가치는 투하된 노동량으로 표시할 수 있다. 만일 한국과 미국이 의류 1단위와 기계 1단위의 생산에 투입된 노동량이 <표 13-5>과 같을 때 한국은 의류에, 미국은 기계의 생산에 절대적 우위가 있다. 이 경우 무역의 발생과 무역이익을 계산하면 다음과 같다.

표 13-5 절대생산비 비교 (단위 : 노동 투입량)

	한 국	미 국
의 류	9	10
기 계	12	8

만일 의류와 기계의 교환비율이 1 : 1 이라는 전제에서 무역의 이익을 계산하면 다음과 같다.

한국은 무역이전에 기계 1단위와 의류 1단위를 생산하면 21명의 노동자가 투입된다. 그러나 무역 후에는 한국이 의류생산에 절대우위가 있어서 의류를 2단위 생산하여 기계와 무역을 하면 생산비는 18단위의 노동이 소요되어 3단위의 노동을 절약할 수 있다. 이 3단위의 노동으로 1/3단위의 의류를 생산할 수 있으며 이것이 무역이익이다.

미국의 경우도 같은 방법으로 설명할 수 있다. 미국이 무역전에 의류와 기계를 1단위씩 생산할 때 18단위의 노동이 필요하다. 그러나 미국은 기계의 생산에 절대우위가 있어서 무역 후에 기계만 2단위를 생산하기 때문에 필요한 노동은 16명이 되어 무역으로 인해 2단위의 노동을 절약하게 된다. 이 2단위의 노동으로 기계를 생산하면 1/4단위의 무역이익이 발생한다. 이와 같이 생산비에 있어서 절대우위가 존재하는 경우 양국은 각각 절대우위에 있는 상품의 생산에 특화(specialization)하여 교환하면 상호이익을 얻을 수 있다.

이 이론이 중상주의의 보호무역 사상을 비판하고 자유무역의 근거를 제시한 점은 높이 평가되나, 한 나라가 두 상품에 대해서 모두 절대우위를 가지는 경우에 대해서는 무역발생원리를 설명하지 못하는 한계가 있다.

3.2.2 비교생산비설(theory of comparative cost)

개 념

비교생산비설이란 생산비의 상대적 차이가 무역을 발생시킨다는 것으로 생산비에서 비교우위에 있는 상품에 특화하면 경제적 후생이 극대화되고, 자원의 최적배분이 실현된다는 것이다. 즉 한 나라가 두 상품 모두에 대해 절대우위를 가지고 있는 경우에도 양국이 상호이익을 얻을 수 있는 무역이 가능하다는 것이다. 이 이론은 스미스의 절대생산비설을 보완하기 위해서 리카도(D. Ricardo)에 의해서 주장되었고, 19C 자유무역주의의 이론적 근거가 되었다.

가 정

노동가치설에 근거를 두고 있고, 생산요소의 국제간 이동은 없으나, 생산물의 이동은 자유롭다.

노동의 한계생산은 일정하며(생산가능곡선이 우하향하는 직선), 교역에 따르는 거래비용(운임, 보험료, 관세 등)은 존재하지 않는다.

2국가, 2재화, 1생산요소를 가정하며, 노동만이 유일한 생산요소이고 노동의 질은 동일하다.

내 용

한국과 미국이 의류와 기계를 생산하는 경우, 생산요소의 투입량이 <표 13-6>와 같을 때 미국은 두 재화 생산에 모두 절대우위가 있다. 그러나 비교우위를 계산하면 한국은 의류생산에, 미국은 기계생산에 상대적인 우위가 있다.

표 13-6 비교우위 (단위 : 노동투입량)

	한 국	미 국
의 류	10	9
기 계	12	8

미국이 100%의 비용이 소요된다는 가정에서 한국의 비교생산비를 계산하면 다음과 같다.

$$\text{한 국} \begin{cases} \text{의류} : \dfrac{10}{9} \times 100 = 111\% \\ \text{기계} : \dfrac{12}{8} \times 100 = 150\% \end{cases}$$

따라서 한국은 의류를 생산하면 기계를 생산하는 것보다 39%의 비교우위가 있다.

한국이 100%의 비용이 소요된다는 가정에서 미국의 비교생산비를 계산하면 다음과 같다.

미 국
- 의류 : $\frac{9}{10} \times 100 = 90\%$
- 기계 : $\frac{8}{12} \times 100 = 67\%$

따라서 미국은 기계를 생산하면 의류를 생산하는 것보다 23%의 비교우위가 있다.

각국의 무역이익을 계산하면 다음과 같다.

한 국
- 무역전 : 22단위의 노동이 필요(의류 1단위와 기계 1단위를 생산)
- 무역후 : 20단위의 노동이 필요(의류 2단위를 생산)

한국은 무역 후 노동 2단위(1/5단위의 의류생산)의 이익이 발생한다.

미 국
- 무역전 : 17단위의 노동이 필요(의류 1단위와 기계 1단위를 생산)
- 무역후 : 16단위의 노동이 필요(기계 2단위를 생산)

미국은 무역 후 노동 1단위(1/8단위의 기계생산)의 무역이익이 발생한다.

비교생산비설의 한계

리카도의 비교생산비설은 노동가치설이 성립한다고 가정하였다. 이 가정은 노동만이 유일한 생산요소이며 노동의 질적 차이가 없다는 것을 의미한다. 그러나 대부분의 재화생산에 노동뿐만 아니라 자본, 토지 등의 생산요소가 사용된다. 또한 노동은 동질적이 아니며 생산성에서의 차이가 심한 것이 일반적이다.

무역이 발생하면 각국은 비교우위에 있는 상품에 완전특화하여 한 가지 재화만 생산한다는 것과 비교우위의 원인을 규명하지 못하고 있다.

이 이론은 비교생산비의 원리를 통하여 무역의 발생근거와 무역이익을 규명하였으나 무역이익이 교역당사국에 얼마만큼 배분되는가에 대하여 언급하지 않았다.

3.3 근대적 무역이론

3.3.1 근대적 비교생산비설

개 념

근대적 비교생산비설은 리카도 이론의 문제점과 한계를 극복하기 위해서 하벌러(G. Haberler) 등이 기회비용(opportunity cost)개념을 도입하여 비교생산비설을 일반화시킨 것이다. 따라서 기회비용이론(opportunity cost theory)이라고도 한다. 이 이론에 따르면 한 재화의 생산에 기회비용이 보다 작은 국가는 그 재화의 생산에 비교우위를 가지게 된다. 기회비용의 국가간 차이가 존재할 때 무역이 가능하며 그로 인해 무역이익이 발생하게 된다는 것이다. 여기서 한 재화 생산의 기회비용이란 이 재화를 추가적으로 한 단위 더 생산하기 위해 포기해야 하는 다른 재화의 양을 의미한다. 예를 들어 한국에서 직물 1단위를 더 생산하기 위해 필요한 생산요소로 기계 1/2단위를 생산할 수 있다면 한 단위 직물생산의 기회비용은 기계 1/2단위와 같다. 만일 미국에서 한 단위 직물생산의 기회비용이 기계 2/3단위와 같다면 한국은 직물생산에서 비교우위가 있게 된다.

기회비용과 생산가능곡선

기회비용은 생산가능곡선(production possibility curve)을 이용하여 설명할 수 있다. 기회비용이 일정하다는 것은 한 재화의 생산을 한 단위씩 증가시키기 위하여 포기해야하는 다른 재화의 양은 항상 일정함을 의미한다. 즉 생산요소의 투입비율이 두 재화의 생산에서 같으며 동일한 생산요소는 동질적임을 의미한다. 따라서 생산가능곡선의 형태는 직선이며 비교우위를 갖는 재화에 완전특화하게 된다. 이 경우는 매우 비현실적이다.

기회비용이 체증하는 경우 한 재화의 생산을 한 단위씩 증가시키기 위하여 포기해야하는 다른 재화의 양이 점점 증가함을 의미한다. 생산가능곡선은 원점에 대해 오목한 형태가 된다. 기회비용이 체증하는 이유는 생산요소가 동질적이 아니며 두 재화의 생산을 위한 생산요소의 투입비율이 다르기 때문이다. 이처럼 생산가능곡선이 원점에 대해서 오목한 경우에는 비교우위에 있는 상품에 완전특화(完全特化)하지 않고 부분특화(部分特化)하게 된다.

이 이론은 리카도의 비교생산비설이 비교우위에 있는 재화를 완전특화 한다고 주장한 것에 비해서, 교역이 있더라도 부분특화 한다는 것을 증명함으로써 비교생산비설의 현실 적합성을 높이고, 일반화하였다는 점에서 의의가 있다.

3.3.2 헥셔-오린의 이론

개 념

리카도는 비교우위의 원인이 생산비의 차이에 있다는 것을 설명하였지만 생산비의 차이가 왜 발생하는가에 대해서는 설명하지 못했다. 이에 대해서 헥셔(E.F. Heckscher)와 오린(B. Ohlin)은 비교우위의 원인인 국가간 생산비의 차이가 국가간 생산요소의 상대적 풍부성 즉 요소부존(factor-endowment)의 차이에 의해서 발생한다는 것을 규명하였다. 헥셔-오린 이론(Heckscher- Ohlin theory)의 주요정리는 무역패턴(trade pattern)을 설명하는 헥셔-오린 정리(Heckscher - Ohlin theorem), 국제적 상품교역이 생산요소의 가격에 미치는 영향을 설명하는 요소가격 균등화 정리(factor-price equalization theorem), 국제무역을 통한 소득분배를 설명하는 스톨퍼 - 사무엘슨 정리(Stolper - Samuelson theorem), 요소부존량의 변화와 생산구조의 변화 관계를 설명하는 립진스키 정리(Rybczynski theorem)로 요약된다.

가 정

헥셔-오린 이론의 가정은 다음과 같다.

① 두 국가, 두 재화, 두 생산요소(노동과 자본)가 존재한다.

② 국가간 생산요소의 이동은 없고, 생산물의 이동은 자유롭다.

③ 재화의 생산에는 규모에 대한 보수불변(constant returns to scale)이 존재한다.

④ 두 국가의 생산함수(생산기술)와 수요함수는 동일하다.

⑤ 두 재화에 대한 요소집약도가 상이하다. 즉 한 재화는 노동집약적(labor

intensive)고, 다른 재화는 자본집약적(capital intensive)이다.

⑥ 두 나라는 어떤 상품에도 완전특화하지 않는다.

⑦ 생산물시장과 요소시장은 완전경쟁시장이다.

⑧ 두 나라의 부존요소의 비율이 상이하다.

⑨ 상품교역에 장벽이 존재하지 않는다.

주요정리

(1) 헥셔-오린 정리 :

한 국가는 상대적으로 풍부하게 부존되어 있는 생산요소를 집약적으로 사용하여 생산하는 재화를 수출하고, 상대적으로 희소하고 비싼 생산요소를 집약적으로 사용하는 재화를 수입한다는 것이다. 즉 상대적으로 노동이 풍부한 나라는 노동집약적인 재화를 수출하고, 자본이 풍부한 나라는 자본집약적인 재화를 수출한다는 것이다.

(2) 요소가격 균등화 정리 :

생산요소가 한 나라에서 다른 나라로 이동하지 않더라도 그 생산요소를 사용해서 만든 상품의 무역에 의해서 생산요소의 상대가격과 절대가격이 국제간에 같아진다는 것이다. 따라서 국가간의 상품교역은 생산요소의 이동을 대체하는 것과 같은 효과를 나타낸다는 것이다.

(3) 스톨퍼-사무엘슨 정리 :

국가간에 무역이 발생하면 재화의 상대가격이 변하게 되고, 그로인해 생산요소의 실질가격이 변하게 된다는 것이다. 예를 들어 노동집약적으로 생산되는 재화의 상대가격이 상승(하락)하면 노동의 실질가격인 실질임금이 상승(하락)하고, 다른 생산요소의 실질가격은 하락(상승)하게 된다. 즉 노동자의 소득이 자본가의 소득보다 상대적으로 증가(감소)시킨다는 것이다.

(4) 립진스키 정리 :

이 정리는 일국의 한 생산요소의 증가가 재화의 생산에 어떠한 영향을 미치는가를 설명하는 것으로 폴란드의 경제학자인 립진스키에 의해 처음 논의되었다. 교역조건이 일정하다고 가정할 때 한 생산요소만이 증가하면 그 생산요소를 집약적으로 사용하여 생산되는 재화의 생산량은 절대적으로 증가하고 다른 재화의 생산량은 절대적으로 감소하게 된다는 것이다. 따라서 립진스키 정리는 경제성장과 산업구조의 변화와의 관계를 이해하는 데 중요한 단서를 제공하게 된다.

3.3.3 레온티에프의 역설(Leontief paradox)

헥셔 - 오린 이론에 의하면 국가간 요소부존비율의 차이가 존재할 경우 재화생산에 있어 비교우위가 결정되며 국제무역이 가능하다. 다시 말해서 무역패턴이 결정된다는 것이다.

레온티에프(W. Leontief)는 1947년의 미국의 산업연관표와 무역 데이터를 사용하여 헥셔 - 오린 무역모형의 실증적 검증을 시도하였다. 그의 분석결과에 따르면 미국의 수출재의 자본-노동비율은 수입대체재의 것과 비교하여 낮게 나타났다. 결과적으로, 미국은 자본집약적인 재화를 수입하고 노동집약적인 재화를 수출한다는 것이다. 당시 미국이 상대적으로 자본이 풍부한 국가라고 한다면 헥셔-오린 정리에 의해 자본집약적인 재화를 수출하고 노동집약적 제품을 수입해야 한다. 즉 검증결과는 헥셔-오린 정리에 의한 미국의 무역패턴과 정반대로 나타났다. 이러한 결과를 「레온티에프의 역설(Leontief's paradox)」이라 부르게 되었다.

그 후 레온티에프는 물론 여러 학자들에 의해 그러한 결과가 도출된 원인을 규명하기 위해 노력하였다. 그 과정에서 헥셔-오린 모형의 장단점, 한계성 등이 노출되었으며 새로운 무역모형들이 제시되었다.

3.4 현대적 무역이론

3.4.1 대표적 수요이론

린더(S. B. Linder)는 생산요소의 부존상태가 무역패턴을 결정하는 유일한 기준은 아니라고 주장하면서 어떤 상품이 수출되기 위해서는 그 상품이 그 나라에서 생산되고, 소비되어야 하며, 그 소비(수요)가 대표적(代表的) 수요로 확대되어야 한다는 것이다.

이 이론의 특징은 무역패턴은 수요구조에 의해서 결정되고, 수요구조는 소득수준에 영향을 받기 때문에 무역당사국간의 1인당 소득이 유사할수록 수요구조가 비슷해서 잠재적 무역량이 커진다는 것이다.

3.4.2 기술격차설

기술격차설은 무역이 성립되는 원인을 각 국가간 생산기술상의 격차에 있다고 보고 각국 상품의 비교우위의 기준은 기술수준이 된다는 이론이다. 즉 기술후진국이 선진국의 기술을 모방하기 위해서는 일정 기간이 필요하며, 그 기간동안 교역기회가 발생한다는 것이다.

포스너(Posner)는 선진국간에 행해지는 공산품의 무역은 생산기술혁신으로 인하여 생산기술격차가 각종 산업에 불규칙적으로 비교생산비의 차이를 낳게 하고, 다른 나라가 이러한 기술을 모방할 때까지 수출을 계속시킬 수 있다고 하였다. 또 허프바우어(G.C. Hufbauer)도 양국의 현격한 제품의 차별화나 신제품의 출현이 비교우위의 패턴을 낳게 하며 다른 나라가 이를 모방할 때까지 그 위치를 지킨다고 하였다. 따라서 이 이론은 기술격차를 통하여 비교우위의 패턴을 낳을 수 있으나 곧 저임금국가가 모방에 의하여 무역패턴이 역전되는 동태적 이론으로 취급하였다는 점에서 국제무역이론에 크게 기여하였다.

3.4.3 제품사이클 이론

버논(R. Vernon)이 주장한 것으로 기술발전이 국가간의 비교우위와 무역구조를 결정하는데 어떤 영향을 미치는가를 분석한 이론이다. 이 이론에 의하면 한 제품은 그 수명기간 동안 신제품단계(新製品段階), 성숙단계(成熟段階), 표준화단계(標準化段階)로 구분되어 각 단계에서 생산, 소비 및 무역구조가 다르게 결정된다. 이것은 전체무역 패턴을 설명하는 것이 아니라 제조업분야의 비교우위에 의한 산업내 무역이론을 설명하는 것이다.

신제품개발단계

새로운 상품을 개발하는 단계로 기술선진국이 국내의 생산과 소비의 증가는 물론 해외의 잠재적 수요의 증가로 인하여 수출이 증가한다. 즉 선진국은 이 단계에서 비교우위를 갖는다.

성장단계

중진국이 비교우위가 있는 단계로 시장에서 생산과 소비가 증가하여 비용과 가격이 하락한다. 신제품의 생산이 기술선도국에서 임금이 상대적으로 낮은 기술경쟁국으로 이동함으로 다국적기업(multinational firm)의 출현에 의한 국제분업의 형태가 나타나는 단계이다.

표준화단계

생산공정의 표준화로 인하여 기술선도국의 절대적 우위성이 완전히 소멸된다. 신제품의 생산지는 생산비가 높은 국가에서 낮은 국가로 이동하여 저임금하에서 비교우위를 갖는 개발도상국가들은 수출국이 되고, 기술선도국은 수입국가가 된다. 이 단계는 후진국에서 비교우위가 있다.

3.4.4 산업간 무역과 산업내 무역

산업간 무역(inter-industry trade)

국가간 무역에서 서로 다른 산업에서 생산되는 재화의 수출입 관계(A국 : 섬유⇄전자 : B국)를 나타낸 것으로 주로 비교생산비설로 설명된다. 이러한 무역은 경제발전의 정도가 상이한 선·후진국간 무역이론을 설명하는데 유용하다.

무역으로 인한 소득재분배관계를 보면 풍부한 생산요소의 소득은 증가하고, 희소한 생산요소의 소득은 감소하기 때문에 소득재분배가 달성된다. 그리고 무역이익의 원천은 상대가격의 변화에서 발생한다.

산업내 무역(intra-industry trade)

국가간 동일산업에서 수출입이 이루어지는 것(A국 : 고무신⇄운동화 : B국)으로 주로 규모의 경제와 불완전 경쟁에 의해서 무역발생 원인을 설명할 수 있다. 이 무역은 경제발전의 정도가 유사한 국가간에 주로 발생하며, 규모의 경제가 크게 발생하고 상품차별화가 현저히 발생하는 제조업부문에서 주로 발생한다.

그리고 모든 생산요소가 무역의 이득을 얻을 수 있기 때문에 무역으로 인한 소득재분배는 크지 않으며, 국가간 무역분쟁의 소지가 비교적 적다. 또한 무역의 이익이 발생하는 원천은 시장의 확대로부터 발생한다.

3.4.5 연구·개발요소이론

그루버(W. Gruber)와 키싱(D. B. Keesing)에 의해서 주장된 것으로 오늘날 선진국의 무역패턴은 양질의 노동에 의한 연구와 개발(R&D)에 의존하기 때문에 기술혁신적인 상품수출에 비교우위가 있다.

4. 교역조건과 무역의 균형

4.1 개 요

고전학파의 무역이론이나 근대무역이론에서 국가간 생산비의 차이에 의해 무역이 발생하며 그로 인해 각국은 이익을 보게 된다는 것이 규명되었다. 그러나 각국의 수출량과 수입량이 얼마나 되며, 무역의 균형이 이루어지기 위한 재화의 균형상대가격이 어떻게 결정되는가에 관한 문제는 규명되지 않고 다만 균형상대가격의 결정범위만 제시되었다.

밀(J.S. Mill)은 무역이 개시된 후 두 재화의 교환비율은 어떻게 결정되며 무역이익이 어떻게 배분되는가를 규명하려고 했다. 그에 의하면 재화의 교환비율은 상대국 재화에 대한 각국의 상호수요에 의해 결정된다.

영국의 경제학자 마샬(A. Marshall)과 에지워즈(F.Y. Edgeworth)는 오퍼곡선을 이용하여 무역이 이루어지는 균형상대가격의 결정을 설명하였다.

4.2 오퍼곡선(offer curve)

4.2.1 의 의

일국의 오퍼곡선(상호수요곡선 : reciprocal demand curve)이란 주어진 교역조건에서 그 국가가 수입하고자 하는 상품의 양과 수출하고자 하는 상품의 양의 조합을 나타낸 곡선이다. 이것은 생산가능곡선과 무차별곡선에 의해서 도출되며, 공급조건과 수요조건의 양 측면을 모두 내포하고 있기 때문에 무역의 균형을 설명하는데 유용한 분석도구로 쓰인다.

4.2.2 내 용

<그림 13-1>(a)에서 한국은 X재 생산에 비교우위가 있고, 가격비율이 OP로 주어져 있다고 하자. 이때 한국은 X재를 OX_0만큼 수출하여 Y재를 OY_0만큼 수입을 하려고 한다는 것이다. 일반적으로 오퍼곡선은 비교우위가 있는 축에 대해서 볼록한 형태가 된다.

<그림 13-1>(b)의 경우는 미국의 오퍼곡선을 나타낸 것인데 미국은 Y재에 비교우위가 있고, 가격비가 OP로 주어져 있으며, Y재를 OY_0만큼 수출하여 X재를 OX_0만큼 수입할 수 있다.

오퍼곡선은 일정시점에서 보면 고정되어 있지만 경우에 따라서는 이동한다. 즉 한국이 수입관세를 부과하면 동일한 량의 Y재를 수입할 때 관세부과 후에 지불할 수 있는 X재의 수량이 감소하기 때문에 오퍼곡선은 좌측으로 이동한다($OK_0 \rightarrow OK_1$). 또 한국의 소비자들이 Y재에 대한 선호도가 증가하면 동일한 량의 Y재 소비를 위해서 지불할 용의가 있는 X재의 수량은 증가하여 오퍼곡선은 오른쪽으로 이동

한다($OK_0 \rightarrow OK_2$). 따라서 균형교역조건은 무역당사국의 상호수요곡선이 만나는 점에서 결정된다.

<그림 13-1>(c)와 같이 한국과 미국의 오퍼곡선이 E_0점에서 만날 때 X, Y재의 균형교역조건은 OT_0의 기울기가 된다. 만일 가격비가 OT_1으로 주어지면 한국은 E_1점에서 X재를 OX_2만큼 수출하여, Y재를 OY_2만큼 수입한다. 미국의 경우에는 E_2점에서 OY_1만큼 Y재를 수출하여, OX_1만큼 X재를 수입하게 된다. 이때 국제시장에서는 X재는 X_2X_1만큼 초과수요상태에 있고, Y재는 Y_2Y_1만큼 초과공급상태에 있다. 따라서 X재의 국제가격은 상승하고, Y재의 국제가격은 하락하여 OT_0에서 균형상태에 달성된다.

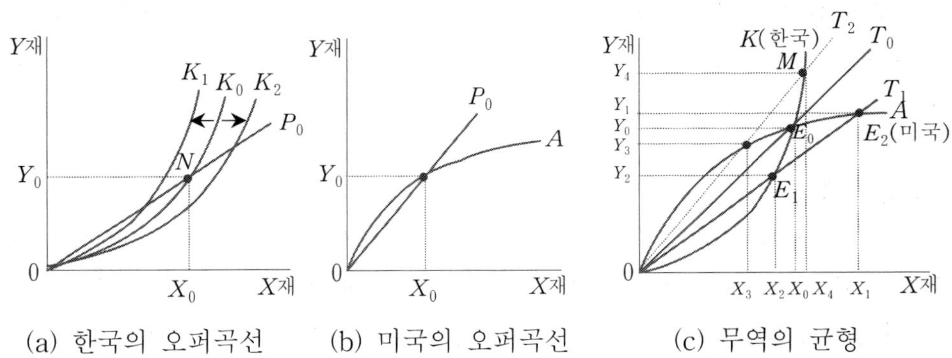

그림 13-1 오퍼곡선과 무역의 균형

만일 X, Y재의 국제가격비가 OT_2로 주어진다면 반대현상이 나타나서 결국 OT_0로 접근한다. 따라서 X재와 Y재의 가격비가 OT_0로 주어져 있을 때 한국은 X재를 OX_0만큼 수출하고, Y재를 OY_0만큼 수입하여 국제무역의 균형이 달성된다.

4.3 교역조건

4.3.1 개 념

교역조건(terms of trade)이란 상품의 국제적 교환비율을 나타낸 것이다. 한 나라의 교역조건을 실물의 교환비율로 표시하면 그 국가의 수출상품 1단위와 교환되는 수입상품의 수량의 비율을 의미한다. 그러나 재화의 화폐가격으로 표시할 경우 교역조건은 수입상품가격에 대한 수출상품가격의 비율로 정의된다. 일국의 교역조건이 개선된다는 것은 수출품 한 단위로 얻을 수 있는 수입품의 단위수가 증가하거나, 수입상품의 가격에 비해 수출상품의 가격이 상승한다는 것을 의미한다. 그러나 국제무역에서 거래되는 재화의 수, 생산요소의 교역 등을 고려하는 여러 종류의 교역조건이 논의된다.

4.3.2 종 류

상품교역조건(T_c : commodity terms of trade) :

수입품가격지수에 대한 수출품가격지수의 비율로 정의되며 다음과 같다.

$$Tc = \frac{\text{수출품의 가격지수}(P_X)}{\text{수입품의 가격지수}(P_M)} \times 100$$

상품교역조건은 수출입의 가격변동만을 나타내고, 물량변동을 고려하지 않기 때문에 실질적인 무역이익을 측정하기 어렵다는 문제점이 있다.

총교역조건(T_G : gross bater terms of trade) :

상품교역조건의 단점을 극복하기 위해서 수출수량과 수입수량의 변동을 고려하는 것이다.

$$TG = \frac{\text{수입품의 수량지수}(Q_M)}{\text{수출품의 수량지수}(Q_X)}$$

소득교역조건(T_I : income terms of trade) :

소득교역조건은 수출총액으로 얻을 수 있는 수입량의 변동을 나타낸 것으로 수입능력(輸入能力)의 척도가 된다.

$$TG = \frac{\text{수출품의 가격지수}(P_X)}{\text{수입품의 가격지수}(P_M)} \times \text{수출품의 수량지수}(Q_X)$$

소득교역조건은 수출에 따른 자본재의 수입능력을 측정함과 아울러 무역에 대한 성장의 기여도를 평가하는데 사용되는 개념으로 개발도상국에서 많이 사용한다.

4.3.3 교역조건에 영향을 주는 요인

첫째, 일국이 국제수지를 개선하기 위해서 환율인상, 임금인하, 덤핑 등의 정책을 사용하면 교역조건은 악화될 수 있다.

예를 들면 수출상품 1단위 가격이 1,200원이고, 수입상품 1단위의 국제가격이 1 $로 주어져 있을 때, 상품교역조건은 $\frac{1,200₩}{1\$} = \frac{1,200₩}{1,200₩} = 1$(단 환율은 1$ = 1,200원)이 되어 수출상품 1단위와 수입상품 1단위가 교환된다. 이때 환율이 1$에 1,300원으로 인상되면 교역조건은 $\frac{1,200₩}{1\$}$에서 $\frac{1,200₩}{1,300₩} = 0.92$로 되어 수출상품 1단위와 수입상품 0.92단위가 교환되어 교역조건은 악화된다.

▶ 교역조건과 국가발전

① 싱거-프레비쉬 명제 : 싱거-프레비쉬 명제(Singer-Prebisch theorem)란 1차산업제품을 주로 수출하는 저개발국과 공산품을 주로 수출하는 선진공업국간의 교역조건을 비교할 때, 저개발국의 교역조건이 장기적으로 악화된다는 것을 말한다. 저개발국들은 부존자원이 풍부한 1차산업을 수출우선산업으로 육성하여 1차산업의 수출을 확대시킨다. 이때 1차산품의 수출가격은 하락하고, 수입공산품의 가격이 상승하여 저개발국들의 교역조건이 장기적이고, 만성적으로 악화되는 경향이 있다.

② 빈곤화 성장이론 : 빈곤화 성장이론(immiserizing growth)이란 바그와티(J. Bhagwati)에 의해서 주장된 것으로 경제성장이 교역조건을 악화시켜 그 나라의 厚生수준을 오히려 감소시키는 것을 말한다.

둘째, 경제성장으로 소득이 증가하면 공산품에 대한 수요가 크게 증가하고, 농산물의 수요는 작게 증가함으로써 농산물의 수출국은 장기적으로 볼 때 교역조건이 악화될 수 있다.

셋째, 기술진보 등으로 인하여 재화의 생산비가 하락하면, 오히려 교역조건은 악화되는 경향을 보인다.

넷째, 교역조건을 개선하기 위해서 1차산물의 가격안정과 공산품(소득탄력성이 대체로 큰 산업) 위주의 수출정책, 수입규제정책, 수입대체산업의 육성이 필요하다.

5. 무역정책

5.1 무역정책의 의의와 목표

5.1.1 무역정책의 의의

무역정책(foreign trade policy)은 경제정책의 한 분야이다. 경제정책은 정부가 경제문제(economic problem)를 해결하기 위하여 행하는 선택적 행동이라고 규정한다. 따라서 무역정책이라 함은 한나라의 정부가 수입, 수출 등의 국내·국제무역행위에 개입함으로써 그 나라의 자원배분에 영향을 미치는 일련의 정책을 의미한다. 국제무역이론에서 핵심은 비교우위에 의한 자유로운 무역이 교역 당사국의 경제적 후생을 증진시킨다는 것이다. 이미 설명한바와 같이 비현실적인 가정, 특히 자원배분에 대한 시장의 기능과 소득분배에 대한 정부의 기능이 완전하다는 가정을 전제로 한 명제이다. 현실적으로 이러한 가정이 성립하기 어려우며 오히려 시장의 불완전성에 기인하는 왜곡이 존재하기 마련이다. 따라서 무역에 대한 정부의 간섭 즉 무역정책이 요구된다. 무역정책의 형태는 여러 종류가 있을 수 있다. 무역을 규제하는 형태가 될 수도 있고 장려하는 형태를 취할 수도 있다. 무역에 대한 정부의 간섭을 주장하는 이론적 근거는 시대적 상황에 따라 변해왔다.

무역정책은 일반적으로 중상주의의 보호무역정책과 18세기 고전학파의 자유무역정책에 의해 그 기초가 이루어졌으며, 그 후 미국의 해밀톤, 독일의 역사학파인 리스트에 의해서 보호무역정책으로 발전되어 오다가 2차대전 후 자유무역과 보호무역에 대한 논쟁이 되풀이되는 상황으로 이어져 오고 있다.

5.1.2 무역정책의 목표

무역정책의 목적은 수출증대와 수입규제만이 아니고 다른 국내경제정책과 더불어 국민경제의 균형적 발전과 국민복지의 향상 즉 실질국민소득의[8] 증가를 궁극적 목적으로 하고 있다. 이러한 목적을 달성하기 위하여 무역정책은 다른 경제정책과 밀접한 관련을 맺고 있다. 여기서는 무역정책을 시행하는 목적으로 다음 5가지를 설명하고자 한다.

1) 수입경쟁 산업의 보호

무역정책의 가장 중요한 목표 중의 하나가 수입경쟁산업의 보호이다. 이 목적을 위해서는 관세(수입관세)나 수입수량 제한(Import Quota: IQ)등의 수입규제 정책이 사용된다. 여기서 주의할 것은 수입경쟁산업은 어떠한 산업이라도 보호해야 한다는 것은 아니다. 장래 성장 가능성이 있는 유치산업을 선정 보호하고 그러한 산업의 성장을 촉진시켜야 한다는 것이다. 즉, 수입규제 정책에 의해서 국내산업을 보호하면 실질국민소득은 자유무역 때의 수준보다 저하된다. 이를 보호비용 이라 하는데 후일 보호에 의해 성장이 이루어진 수입경쟁산업은 보호에 의한 실질소득상의 이익이 보호비용을 상회하는 케이스 즉, 보호에 의해 자유무역의 경우 보다는 실질

---

8) 국민소득을 측정하는 경우에 재화와 용역을 당해연도의 시장가격으로 집계한 국민소득을 명목국민소득(nominal national income)이라하고 물가지수를 사용하여 물가수준의 변동을 제거한 국민소득을 실질국민소득(real national income)이라고 한다. 그러므로 실질국민소득은 어떤 특정시점의 가격체계로 재평가한 국민소득이다.

국민소득이 향상되는 케이스가 아니면 안 된다. 이러한 조건이 충족될 경우 다음 두 가지 측면에서 수입경쟁산업의 보호를 생각해 볼 수 있다.

유치산업보호

유치산업보호론(Infant Industry Argument)은 1841년에 독일의 리스트(F. List)가 제창했다. 산업의 생산성은 변화하는 것이며 이에 따라 국가간 비교우위도 변화한다. 또한 국가의 어떤 산업이 잠재적인 경쟁력을 가지고 있는데도 작은 부분의 장애요인에 의하여 그 산업의 경쟁력이 발휘할 수도 있고, 반대의 경우도 있다.

이와 같이 산업이 초기단계일 때에는 생산비가 많이 드는 소위 규모의 경제효과를 갖고 있는 산업의 경우 상품생산이 효율적이지 못하여 경쟁력이 없지만 정부의 보조와 투자를 통하여 시간이 지나고 생산이 늘어날수록 생산성이 향상되는 것이 일반적이다. 국내생산의 증가는 규모의 경제로 단위당 생산비를 낮추게 되고 생산이 더 많이 이루어지는 과정에서 기술습득효과로 기술의 축적이 이루어질 수 있기 때문이다. 이 산업이 발전되면 후발기업 혹은 타 산업에 외부경제효과를 발생시키게 된다. 그렇기 때문에 산업에 따라서는 외국상품의 수입을 제한하면 국내생산이 증가하게 되고, 이에 따라 생산성이 향상되어 외국에 대한 경쟁력이 열위에 있던 국가도 우위에 설 수 있게 되는 것이다. 이와 같은 생산성의 향상효과는 1차 산업보다 공업의 경우에 많이 발생하기 때문에 유치산업의 보호대상은 공업부분이 되는 것이 일반적이다.

그러나 현실적으로 적절한 무역정책을 시행하는 것은 어려운 일이다. 첫째, 어떤 산업이 적절한 유치산업인가를 선정하기가 쉽지 않다. 둘째, 특정 유치산업을 선정하더라도 이 유치산업이 외부경제효과를 얼마만큼 발생시킬 것인지, 그리고 사회적 비용을 어느 정도 감수해야만 하는지 정확하게 규명하기 어렵다. 셋째, 이 산업을 언제까지 보호할 것인지를 결정하기도 어렵다. 일단 어떤 산업이 정부의 보호를 받게 되면, 이 산업이 어느 시점에서 정부의 보호 없이도 국제경쟁력을 가질 수 있음에도 이 산업에 속한 기업들은 정부의 보호장벽 제거를 원치 않기 때문에 정부의 보호가 필요 이상으로 길어질 수 있다. 넷째, 정부의 보호에 의해 외국과의 경쟁을 하지 않아도 되는 국내 기업들이 생산성의 증대에 역점을 두지 않게 되고 더 나아가서는 정경유착이나 독과점형태를 초래하게 될 가능성이 높다. 마지막으로 위의 문제점을 모두 해결한다 하더라도 결국 무역 상대국의 희생을 초래할 수밖에 없기 때문에 이는 소위 인근궁핍화정책(隣近窮乏化政策)이기 때문에 상대국의 보복을 초래할 수 있고 결국 모든 무역 당사국이 피해자가 될 수 있다.

또한 마샬은 유치산업보호론이 너무 지나치게 적용되어 보호를 받지 않아도 되는 산업들이 보호를 받는 경우가 많다고 지적하였고, Frank Taussig(1892)은 미국의 면직물산업에서는 유치산업의 보호관세가 성공했지만 철강산업에서는 전혀 성과가 없었다고 주장했다.

이러한 현실적 실행의 어려움에도 불구하고 유치산업보호를 위한다는 명분으로 우리나라를 비롯한 많은 개발도상국들이 경제성장을 추진하는 과정에서 가장 많이 사용하고 있는 무역정책의 근거로 활용되어 왔다. 특히 일본의 경우 자동차 산업 보호와 전자산업 보호는 유치산업 보호의 성공 예 라고 말하고 있다.

사양산업보호

사양산업의 보호의 문제는 기존의 산업기반이 있던 국가의 경우이기 때문에 이러한 문제가 대두되는 국가는 대부분 선진국들이다. 비교우위 산업은 고정되어 있지 아니하고 항상 변화하게 마련이다. 이는 주로 선진국에서 그동안 비교우위를 갖고 있었으나 개발도상국에게 비교우위를 빼앗기게 된 산업을 보호하려는 취지에서 나온 것이다. 사양산업의 보호는 자유무역옹호의 입장에서 보면 비교우위의 원리에 배치되는 것이지만 무역정책이 고려해야 하는 사항이 자원의 효율적인 배분만이 아니라 정치, 경제, 사회적인 넓은 범위의 이해관계가 고려되어져야 하기 때문에, 이러한 사양산업의 보호도 무역정책의 선택과정에서 당연히 중요한 문제일 수밖에 없다.

2) 국민소득 및 고용증대효과

관세부과를 비롯한 보호주의적인 조치는 수입재에 대한 수요를 감소시키는 반면,

국내 수입대체재에 대한 수요를 증대시킨다. 그래서 보호주의적인 조치는 국민소득 수준을 증대시키고 고용을 증대시키는 효과가 있을 수 있다. 보호주의 조치에 의한 국민소득증대 및 고용증대효과가 나타나기 위해서는 자국의 조치에 대하여 상대국은 반응하지 않는다는 가정하에서만 가능하다. 만약 상대국도 자국과 동일한 보호주의적인 보복조치를 취하게 되면 자국의 수출이 감소하고 이에 따라 국민소득 및 고용의 증대효과는 사라지게 된다. 그리고 전 세계 후생의 저하를 가져온다.

3) 국제수지의 개선

국제무역에서 수출량과 수입량이 저절로 균형이 이루어지는 것은 아니다. 국제수지란 일정 기간 동안 일국의 거주자와 여타 세계의 거주자들 사이에 발생한 모든 경제거래를 체계적으로 분류하여 집계한 것을 의미하는데 균형을 이루는 것이 바람직하다. 국내산업의 경쟁력이 약하여 수입되는 상품이 수출되는 상품보다 훨씬 많을 수도 있고, 국내산업의 경쟁력이 강하여 수출되는 상품이 수입되는 상품보다 훨씬 많을 수도 있다. 이에 따라 국가간의 수지가 항상 균형을 이루기는 매우 어려우며 국제간의 수지관계가 자동으로 조절되는 장치가 없다. 따라서 현실적으로 선진국 상호간에 있어서도 국제수지의 불균형문제가 심각하고 개발도상국의 경우에 만성적인 국제수지적자 문제를 겪는 경우가 많다. 특히 개발도상국의 경우에는 만성적인 국제수지적자를 막기 위하여 수입규제와 수출촉진을 하는 것 외에는 다른 정책적인 여유가 거의 없는 경우가 대부분이다. 그래서 WTO에서도 국제수지를 이유로 하는 무역제한조치를 허용하고 있다.

4) 교역조건의 개선

보호주의적인 조치는 그 국가의 교역조건을 개선시킬 수 있다. 교역조건(terms of trade)이란 일국의 수출품과 수입품의 교환비율, 즉 수출품의 평균가격과 수입품의 평균가격과의 비율을 의미한다. 상대국이 무역에 관한 제반여건을 동일하게 유지한다고 가정하면 자국의 보호주의적인 조치는 자국상품의 교역조건을 개선하게 된다. 즉, 상대국의 수출공급량은 변화가 없는 상태에서 자국의 보호주의적인 조치로 국내로 수입되는 물품의 가격이 상승하여 그 상품의 수입수요가 감소하게 되면 결국 수입되는 상품의 가격은 하락하게 될 것이다. 만약 상대국의 대응조치가 없다면 자국의 수출가격이 변동하지 않으므로 수출가격은 불변인데 수입가격이 하락하게 되어 교역조건의 개선이 이루어지는 것이다.

5) 기타

무역은 경제적 요인뿐만 아니라 여러 경제외적인 요인들과도 관련되기 때문에 무역에서 경제외적인 요인을 무시할 수 없다. 경제외적인 이유에 의하여 무역에 규제를 가하게 되는 경우는 다양하다. 그중 대표적으로 국방 및 안보, 보건 및 환경, 사회문화적 가치보전 등의 목적에 의한 것을 들 수 있다.

5.2 무역정책의 변천

5.2.1 중상주의

중상주의(mercantilism)란 1500년부터 1750년까지의 기간에 발생했던 경제사상, 경제이론 및 경제정책들을 집합적으로 부르는 말로서 중상주의 정책의 주된 목적은 금, 은과 같은 귀금속의 축적이라고 볼 수 있다. 따라서 19세기 이전의 국제무역의 지배적인 경향은 중상주의에 의하여 대표되는 보호무역주의였다고 할 수 있다. 국가와 시대에 따라 다소 차이가 있기는 하지만 중상주의의 공통적인 특징은 적극적인 국가개입에 의한 무역수지 흑자에 중점을 두어졌다는 점이다. 즉, 국가가 개입하여 국내산업을 장려하고 대외무역에 있어서는 수출증대와 수입억제를 통하여 금과 은을 축적하는 것이 국가의 부를 증진시키는 것으로 생각했다. 이때는 국가간의 상호 이익이나 이해의 조정이라는 협력의 개념은 희박하였으며 한 국가의 이익은 다른 국가의 손해로 되는 배타적인 입장이 강하였다. 오늘날 자국의 이익만을 중시하는 보호주의를 중상주의로 부는 것도 이러한 연유에서 유래한다.

5.2.2 자유무역주의

1) 자유무역이론의 의의

자유무역이란 국가가 무역을 통제하지 않고 자유롭게 방임하는 것이 국가적으로나 국제적으로 이익이 된다는 것이다. 이 이론은 중상주의적 무역정책을 비판한 스미스(A. Smith)에 의해서 주장되었고, 리카도(D. Ricardo), 밀(J. S. Mill)에 의해서 체계화되었다. 자유무역론에 따르면 무역활동을 자유롭게 방임하여 두면 국제분업의 이익이 실현되어 생산의 증대, 효율적인 자원배분의 달성이 이루어진다.

2) 자유무역이론의 근거

중농주의의 자유무역사상

자유무역에 대한 경제학적인 사상이 최초로 어느 시기에 누구에 의해서 주장되었는가에 대한 연구는 아직 명확하게 이루어지지 않고 있으며, 지금까지는 프랑스의 중농주의[9] 학자인 케네(F. Quesney)라고 알려지고 있다. 케네는 자연현상에 존재하는 자연질서(natural order)의 규칙성이 경제사회에서도 존재한다고 하여 정부의 인위적인 간섭과 통제를 배격하고 자유방임주의(laissez faire)를 채택할 것을 주장하였다. 그는 국가중심의 보호간섭주의를 비난하고 농업만이 부를 축적할 수 있다고 하면서 유통경제보다는 생산경제를 중시하고 순생산은 농업을 통해서 가능하며 상공업은 새로운 부를 창출할 수 없고 기존의 부를 이전시키는 역할을 한다고 보았다. 그리고 곡물의 자유수출에 의하여 곡가(穀價)를 인상해야 한다고 주장하면서 자유무역의 사상을 주장하였다.

고전학파의 자유무역 사상

아담 스미스(A. Smith)의 자유무역사상 : 아담 스미스는 중상주의의 경제사상을 비판하고 중농주의 사상을 수용한 학자로서 국제분업론을 내세워 중상주의의 보호

---

9) 중농주의(physiocracy)는 18세기 후반 영국의 산업혁명이 시작되기 직전 프랑스에서 대두된 학설로 농업만이 생산적이라고 보고 농업을 통하여 국가를 발전시킬 것을 주장한 학설이다.

무역사상을 강력하게 비판하였다. 그의 자유무역사상은 국부론(The Wealth of Nation)에 잘 나타나 있는데, 그는 절대생산비의 차이가 존재하는 경우에 자유무역을 하면 양국이 무역의 이익을 누릴 수 있다는 절대생산비설을 주장하였다.

스미스는 국가간에 무역을 자유로이 방임하여 두면 보이지 않는 손(invisible hand)에 의해서 자국에서 저렴하게 생산하는 제품은 수출되고, 비싸게 생산하는 제품을 수입하기 때문에 무역당사국은 무역을 통해서 이익을 얻을 수 있다고 주장했다. 그러나 스미스도 군수산업이나 재정관세 보복관세 등 부분적인 측면에서는 자유무역의 예외를 인정하고 있다.

- 리카도(D. Ricado)와 밀(J. S. Mill)의 자유무역사상 : 리카도는 스미스의 자유무역사상을 인정하면서 비교생산비설의 자유무역사상을 주장하였다. 영국과 포르투갈에서 나사와 포도주를 생산하는 경우를 예를 들어 각 국이 타국에 비해서 상대적으로 저렴한 제품을 생산하여 수출하면 무역의 이익이 발생한다는 것이다. 이러한 무역사상은 자유무역에 대한 이론적 근거를 제시한 것은 높이 평가받고 있으나 무역이익이 교역당사국에 얼마만큼 배분되는가에 대하여 언급하지 않았다는 비판을 받고 있다.

  밀은 무역이익에 대한 분배비율과 교역조건이론을 제시한 학자로 교역조건은 결국 자국상품에 대한 외국의 수요와 외국상품에 대한 자국의 수요가 상호 일치되는 점에서 결정된다고 주장하였다.
- 관세 및 무역에 관한 일반협정 (GATT)과 자유무역사상 : GATT (General Agreement on Tariffs and Trade)는 1947년 창설된 이래 8차의 다자간 무역협상을 통하여 관세인하와 기타 무역장벽의 완화 등 자유무역의 확대에 기여하였다. 그러나 GATT체제는 행정협정에 의해 성립된 기구이기 때문에 구속력이 없다는 태생적 한계를 가지고 있다. 또한 선진국들에 의해 주도되어 1970년대 이후 확대·심화되어 온 신보호주의 등장, 지역주의의 등장, 개도국의 발언권 강화, 농산물·서비스 교역, 지적소유권문제 등 새로운 세계무역환경에 대해서 적절한 해결책을 제시하는 데 한계가 있었다.

- 세계무역기구(WTO)와 자유무역사상 : GATT의 8차 회의인 우루과이라운드(1986-1993)가 타결되자 GATT를 대신하여 국제무역분쟁을 해결할 국제기구로 세계무역기구(WTO : World Trade Organization)가 출범되었다. WTO는 법적 구속력을 가진 국제기구로 강제적 집행능력을 가지고 있어 회원국들 사이에 발생하는 무역분쟁을 조정하고 해결하는 기능과 역할을 하게 되었다. 또한 WTO는 공산품 교역뿐만 아니라 농산물·서비스교역, 지적소유권분야까지 규율대상으로 삼고 있으며 무역정책검토제도(Trade Policy Review Mechanism)를 도입하여 WTO규정과 협상내용의 이행여부를 주기적으로 검토할 수 있도록 하였다. WTO의 출범으로 각종 비관세장벽의 철폐와 관세인하를 통하여 국제무역이 확대될 수 있는 제도적 장치가 마련되었다.

5.2.3 보호무역정책

1) 의 의

보호무역 정책이란 국가가 적극적으로 무역활동에 간섭하여 국내산업을 보호해야 한다는 것이다. 이것은 18세기 미국의 해밀튼(A. Hamilton)과 독일의 역사학파인 리스트(F. List)에 의해서 제기되었다. 당시 선진국인 영국과 프랑스에 비해서 낮은 산업화과정에 있었던 미국이나 독일은 선진국과 자유무역을 하면 불리하기 때문에 자국의 국내산업을 선진국의 위협에서 보호하기 위해서 보호무역이 필요하다고 주장했다. 이러한 보호무역론의 이론적 근거는 유치산업(幼稚産業 : infant industry)을 보호하여 고용을 증대시키고, 해외의존도를 감소시키는 유치산업보호론 이다.

2) 보호무역정책의 논리적 근거

해밀튼의 보호무역사상 : 해밀튼은 18세기 미국의 산업이 유럽에 비해서 유치한 단계에 있기 때문에 미국의 산업을 보호하기 위한 관세부과, 수출입금지, 보조금 지급 등 정부의 보호조치가 필요하다고 주장하였다. 미국은 18세기말 182종류의 수입상품 중에 157개의 상품에 대해서 관세를 부과하여 보호무역주의의 대표적인 정책을 추진하기도 하였다.

- **리스트의 보호무역사상** : 독일 역사학파의 시조인 리스트는 주요 산업을 기준으로 경제발전단계를 수렵·어로단계 → 목축단계 → 농업단계 → 농·공업단계 → 농·공·상업단계로 구분하였다. 그리고 19세기 독일은 4단계인 농·공업단계에 있는 반면에 영국은 5단계인 농·공·상업단계에 있기 때문에 선진국인 영국과 후진국인 독일이 경쟁하기 위해서는 독일의 유치산업보호를 위한 보호무역정책을 실시할 것을 주장하였다. 그러나 리스트는 선진국 상호간의 무역은 자유무역이 바람직하다는 견해를 제시하기도 하였다.
- **유치산업보호** : 유치산업(infant industry)이란 경제발전과정에서 후진성 때문에 발전하지 못하고 있으나 앞으로 성장잠재력이 대단히 높은 산업을 말한다. 후진국들은 대체로 선진국의 틈바구니 속에서 경제발전을 시도하는 경우 성장잠재력이 있는 유치산업 발전에 대한 정책에 초점을 두는 경우가 있다. 유치산업보호의 발상은 산업분화론이라는 취지에서 해밀턴에 의해서 제기되어 논리적인 체계는 리스트에 의해서 완성되었다. 리스트에 의하면 보호관세에 의해서 선진국 상품의 수입을 규제하고 자국 산업을 보호해서 경쟁력이 있는 산업으로 육성하는 것은 국가장래를 위해서 매우 중요한 일이라고 주장하여, 정부가 외국상품과 경쟁하여 승리하기 위해서는 보호무역주의의 기틀을 국가정책의 지표로 삼아야 한다고 주장하였다. 유치산업 보호론에서는 유치산업을 영구히 보호하는 것이 아니라 수입관세의 부과에 의해서 이 산업이 성장함에 따라 점진적으로 관세를 인하하여 외국상품과 경쟁할 수 있는 충분한 능력을 갖춘 후에는 관세의 철폐와 같은 자유무역주의로 돌아가는 것이 유리하다는 것이다.

3) 신보호무역주의

신보호무역주의(新保護貿易主義) 사상이 언제부터 대두되었는가에 대해서는 정확하게 말하기 어렵지만 1970년대에 광범위하게 사용되었다. 당시 미국경제에서 많은 문제점이 나타나자 자국의 국내산업과 고용, 국제수지 등을 보호하기 위한 정책의 수단으로 신보호무역주의가 강화되기 시작하였다. 신보호무역주의는 종래의 보호무역에 대해서 새로운 형태를 띠고 있으며, 그 특징은 다음과 같다.

첫째, 종래의 보호무역은 유치산업을 보호하는 것이 목적이나 신보호무역주의는 비교열위산업을 보호하는데 있다. 따라서 수입규제의 대상이 되는 상품이 섬유, 신발, 의류 등 노동집약적인 경공업제품에서 전자, 기계, 철강, 자동차 등 자본집약적인 중화학공업으로 확대되고 있다는 점이다.

둘째, 종래의 보호무역은 주로 관세에 의한 정책이 위주였지만 신보호무역주의는 수출자율규제, 시장질서협정 등 비관세에 의한 무역장벽이 대부분이다. 그리고 신보호무역주의 하에서는 덤핑방지관세나 상계관세도 주요한 수입규제수단으로 이용되고 있다.

셋째, 보호무역주의에서 무역제한 조치는 대체로 GATT의 최혜국 대우와 무차별 원칙에 따라 실시되었으나 신보호무역주의하의 무역제한 조치는 선별적, 차별적 대우에 의해서 실시되고 있다.

이러한 신보호무역주의는 선진국들의 경제활동의 부진과 실업의 증가, 수입의 증가 및 수출의 감소가 이어지면서 강화되어 한국과 대만 등 신흥공업국(NICS)들에 대한 수출품을 규제하는 형태로까지 이어져 우리나라 경제에 큰 타격을 주기도 하였다.

5.3 무역정책 수단

국가가 자유무역에 개입하여 재화의 수출입을 규제할 때 그 수단이 관세수단이냐 아니냐에 따라 무역정책의 수단은 관세(tariff)와 비관세로 구분된다. 과거에는 주로 관세에 의한 보호무역정책이 지배적이었으나 현재에는 대부분의 국가가 관세보다는 비관세에 의한 보호무역정책을 선호하고 있는 것으로 지적되고 있다. 이하에서는 관세와 비관세로 구분하여 무역정책의 효과를 분석하고자 한다.

5.3.1 관세정책

1) 관세의 개념

관세란 교역되는 상품이 관세영역을 통과할 때 부과되는 조세 내지는 징수금을 말하여 무역정책의 수단으로 가장 전형적인 것이다. 여기에서 관세영역이란 정치적·법적인 국경선과 반드시 일치하는 것은 아니다. 관세는 상품이 통과하는 방향에 따라 수출관세(export tariff), 수입관세(import tariff) 그리고 통과세로 구분되며, 관세를 부과하는 방법에 따라 종가관세(ad valorem tariff), 종량관세(specific tariff) 그리고 복합관세(compound tariff)로 구분한다. 종가관세는 상품가격의 일정비율로 부과하고, 종량관세는 상품의 단위당 일정액으로 부과된다. 복합관세는 종량관세와 종가관세의 혼합형태로 부과된다. 일반적으로 관세라 하면 수입관세를 말한다. 관세의 유형을 좀 더 구체적으로 살펴보면 다음과 같다.

2) 관세의 종류

관세는 과세목적, 과세방법 등 분류하는 기준에 따라서 여러 가지로 나눌 수 있는데 대체로 다음과 같다.

관세 부과 목적에 따른 분류

상계관세(相計關稅 : countervailing duties) : 상계관세란 수출국에서 교부되는 보조금이나 수출장려금을 상쇄시키기 위해서 부과되는 관세이다. 이 관세는 장려금이나 보조금을 제거하여 국내산업을 보호하기 위해서 부과하는 관세이다.

- 보호관세(報護關稅 : protective duties) : 국내의 유치산업을 보호·육성하기 위해서 수입품에 부과하는 관세를 말한다. 관세를 부과하여 수입품의 국내가격을 인상시키고 수입을 억제하여 자국의 수입대체산업을 보호할 목적으로 부과되는 관세를 말한다. 그러나 국내기업의 독점권을 보장해 주는 결과를 초래하여 국제경쟁력의 약화와 자유경쟁을 저지하는 폐단을 초래할 수 있다.
- 보복관세(報復關稅 : retaliatory duties) : 상대국이 자국의 수출품에 대해서 불리한 차별대우를 할 때 자국의 이익을 위해서 상대국의 수출품에 대해서 보복적

으로 부과하는 관세를 말한다.

- 反덤핑관세(anti-dumping duties) : 반덤핑관세란 생산원가 이하로 수출되는 상품에 대해서 수입국이 부과하는 관세로 부당염매방지관세(不當廉賣防止關稅)라고도 한다. 이 때 덤핑의 판정기준은 수입가격이 수입국의 시장가격 또는 원가보다 싼 경우를 덤핑으로 보는 견해와 수입가격이 수출국의 시장가격 또는 원가보다 싼 경우를 덤핑으로 보는 경우가 있다.
- 긴급관세(緊急關稅 : emergency duties) : 특정재화의 급속한 수입 증가로 인하여 국내산업이 타격을 받을 때 입법절차를 거치지 않고 행정부의 권한으로 관세율을 조절하는 것으로 조세법률주의의 예외로 되어있다.
- 재정관세(財政關稅 : financial duties) : 재정관세는 재정수입의 증대를 목적으로 하는 관세로 국내소비세와 동일한 효과를 가지고 있다. 이것은 국내에서 상품이 생산되지 않고 국내산업을 보호할 필요가 없거나 수요의 탄력성이 작은 상품에 부과하는 것이 효과적이다. 이러한 관세는 대부분 국내소비자에게 전가되므로 필수품에 대해서 재정관세를 부과하는 것은 국민의 후생을 오히려 떨어뜨릴 수 있기 때문에 신중을 기해야 한다.

상품의 이동방향에 따른 분류

- 수출관세(輸出關稅 : export duties) : 수출관세는 주로 일차상품을 수출하는 국가에서 수출품에 대해서 부과하는 관세로 재정수입의 증대 또는 그 재화의 국제가격의 인상과 국내가격의 안정 등을 목적으로 사용되는 경우가 있다.
- 수입관세(輸入關稅 : import duties) : 수입되는 상품에 대해서 부과되는 관세로 일반적으로 관세라고 하면 수입관세를 말할 정도로 보편화되어 있다. 수입관세는 국내산업보호, 국내고용보호, 국제수지 개선, 교역조건 개선 등을 목적으로 부과된다. 그리고 대표적인 수입관세에는 재정관세, 보호관세, 상계관세, 반덤핑관세 등을 들 수 있다.

세율결정방법에 따른 분류

- 종가세(ad valorem duties) : 물품의 가격을 과세기준으로 하는 관세이다. 종가세는 가장 일반적으로 사용되는 부과방식으로서 고대로부터 사용되어 왔다. 수입품의 CIF(수입 도착항 운임 보험료 포함)가격을 기준으로 세액을 정한다. 예를 들면 수입품의 CIF가격이 10,000원 세율이 20%라면 관세액은 10,000 * 0.2 = 2,000원이 된다. 우리나라의 관세율 표는 대부분의 품목이 종가세로 되어 있다. 종가세의 장점은 첫째, 종량세에 비교하여 공평성 있는 세 부담을 하게 할 수 있다는 점. 둘째, 인플레이션 시에는 세율의 변경 없이도 세 수입을 올릴 수 있다는 점이고 단점은 과세 가격의 산출 즉 평가가 어렵고 번잡스럽다는 점이다.
- 종량세(specific duties) : 물품의 수량을 과세기준으로 하는 관세이다. 예를 들면 원당 1Kg당 500원과 같이 과세된다. 즉, 단위수량 당 세액 (1Kg당 500원) * 수량(10kg) =세액(5000원), 또한 수입자전거에 대한 종량관세가 10달러라면 자전거의 가격에 관계없이 한 대당 10달러의 관세가 부과된다. 종량세의 장점은 과세방법이 간편하여 행정상 편리하다는 점이고 단점은 과세의 공평성이 결여되어 있고 인플레이션 하에서는 재정수입확보가 어렵다는 점이다. 현재 우리나라 관세율 표에는 원당, 영화용필름 등 극히 소수의 몇 가지 품목만이 종량세로 되어있다.
- 혼합관세(combined duties) : 종가세와 종량세를 적당히 결합시킨 관세로 선택관세와 복합관세로 분류할 수 있다. 선택관세(alternative duties)란 동일상품에 대해 결정된 종가세와 종량세 중 높은 쪽 혹은 낮은 쪽을 택하여 부과하는 관세를 말한다. 그러나 현행 관세율 표에는 선택세가 없어졌다. 복합세(compound duties)란 한 품목에 종가세율과 종량세율을 동시에 정하여 놓고 두 가지 방법으로 산출된 세액을 합하여 과세하는 제도로 복합세를 채택하고 있는 품목은 없다.
- 관세할당(tariff quota: T.Q) : 특정물품이 정부가 정한 일정수량의 범위 내에서 수입될 때에는 저세율의 관세를 부과하고 일정수량을 초과하여 수입될 때에는

고세율의 관세를 부과하는 관세제도로 이는 수입수량제한을 폐지하여 무역을 자유화하는 경우의 과도기적 조치로서 보호관세를 요구하는 국내생산자와 저관세로 수입을 희망하는 수요자의 입장을 조화시키는 것을 목적으로 하고 있다. GATT에서도 국내산업보호를 위해서는 필요하므로 무차별적용을 조건으로 인정하고 있다. 우리나라는 현재 철근, 시멘트 등 상당수 품목에 적용하고 있다.

법규범에 따른 분류

- **국정관세**(statutory duties) : 관세 중에서 어느 나라가 자국의 국내법에 기초해서 정하고 있는 세율을 국정세율이라 하고 이러한 세율을 적용하는 관세를 국정관세라 한다. 우리나라는 국정관세로서 관세율 표에 기본세율, 잠정세율, 탄력세율 등이 있다. 여기서 잠정세율은 관세법의 별표인 관세율표상의 기본세율과 함께 표시되어 있는 것인데, 이는 특정품목에 대하여 기본세율과는 다른 세율을 잠정적으로 적용하기 위하여 마련되어 있는 것이다. 거의 잠정세율이 기본세율 보다 낮다. 탄력관세율이란 관세법에서 일정범위내의 관세율의 인상 또는 인하를 행정부에 위임함으로써 행정권은 경제여건의 변동에 신속하게 대응할 수 있게 하는 것이 탄력관세제도이며 여기에 적용되는 세율이 탄력관세율이다. 덤핑방지관세, 긴급관세, 보복관세, 상계관세 등이 이에 해당된다.
- **협정관세**(conventional duties) : 어느 나라가 외국과의 조약 또는 행정협정에 의해 특정상품에 대해 일정한 관세를 부과할 것을 양허하는 관세율을 협정관세율이라고 하며 이에 따라 부과하는 관세가 협정관세이다. 협정관세는 국정관세보다 저율이며 국정관세에 우선하여 적용된다. 우리나라가 타국에 양허하고 있는 현행 협정세율은 다국간 협정에 의한 것으로 다음과 같은 세 가지가 있다. GATT협정세율, ESCAP개발도상국간 양허세율, GATT개발도상국간 양허세율 이다.
- **특혜관세**(preferential duties) : GATT세율 중에는 선진공업국이 개발도상국에 대하여 일방적으로 특별히 유리한 관세상의 혜택을 주는 일반특혜관세(general

preferential tariff)가 포함되어 있다. 이것은 개발도상국의 공업화를 촉진하고 남북문제의 해결을 꾀하는 것을 목적으로 설치된 편무적 특혜관세로 1968년 국제연합 무역개발회의(UNCTAD)총회에서 결정되어져 1971년부터 구주제국과 일본에서 1976년부터 미국에서 시행되었다. 이상 수입관세율은 특혜관세율, 협정세율, 탄력관세율, 잠정세율, 기본세율의 순서로 세율이 낮은 쪽부터 적용되어진다.

3) 관세부과의 경제적 효과

수입국이 수입상품에 대하여 관세를 부과한다면 다음과 같은 경제적 효과가 발생한다. ① 보호효과(protective effect) ② 소비효과(consumption effect) ③ 수입제한효과(import restriction effect) ④ 수입 효과(revenue effect) ⑤ 소득재분배 효과(redistribution effect) ⑥소득・고용증대 효과(income and employment effect) ⑦ 국제수지 효과(balance of payment effect) ⑧ 교역조건 효과(terms of trade effect).

<그림 13-2>는 관세가 부과되지 않는 자유무역 조건하에서 가격수준 P_1에서 교역을 한다면 OQ_2를 소비하고 OQ_{11}을 생산한다. 따라서 Q_1Q_2만큼 수입해야 한다. 그러나 이 가격수준 P_1에 T만큼의 관세가 부과된다면 새로운 가격 수준은 P_2로 이동된다. 이에 따라 소비는 OQ_4로 감소되고 생산은 OQ_3로 증가 된다. 이로써 수입은 관세가 부과되기 전에는 Q_1Q_2 였으나 관세가 부과됨에 따라 Q_3Q_4로 감소된다. 따라서 수입을 완전히 금지시킬 수 있는 최소한의 관세는 P_1P_3이다.

보호효과

관세부과에 따라 관세포함 국내가격이 상승하게 된다. 따라서 자유무역 하에서 생산에 참여하지 않았던 기업에서도 생산이 가능하게 되고 A상품의 국내생산은 Q_1Q_3만큼 확대된다. 이를 보호효과라고 한다. 이와 같이 관세는 과세상품의 국내생산을 증가시키는 보호효과가 있으며 그 정도는 같은 율의 생산보조금의 효과와 같다.

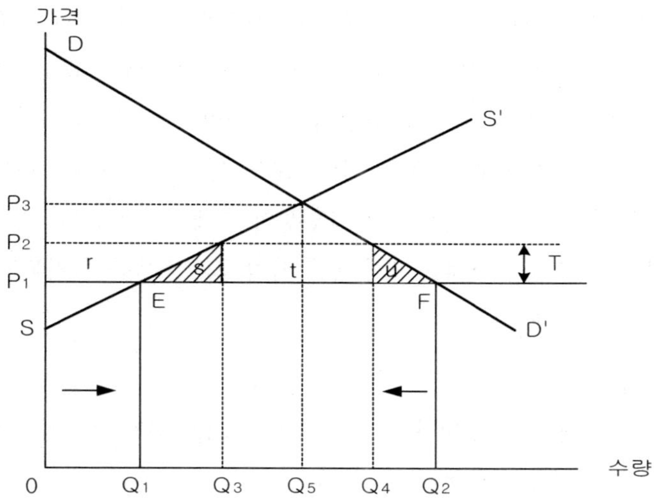

그림 13-2 관세의 효과

소비효과

수입품에 관세가 부과되면 소비자는 부과된 관세액 만큼 비싸게 소비해야 하므로 소비는 관세부과 전보다 Q_2Q_4만큼 감소된다. 이를 소비효과라 한다. 이와 같이 관세는 일반적으로 과세상품의 소비를 억제하는 소비효과를 가지며 그 정도는 동률의 소비세의 효과와 같다. 따라서 관세는 그것과 동률의 생산보조금과 소비세가 합쳐진 것이라고 생각할 수 있다.

수입제한 효과

관세부과로 소비가 줄고 국내생산이 증가했기 때문에 당연히 수입은 감소한다. <그림 13-2>에서 관세를 부과한 후 수입량은 Q_3Q_4이며 이것은 자유무역하의 수입량 Q_1Q_2보다 적다.

재정수입 효과

<그림 13-2>에서와 같이 재정수입액(t)은 종량세로 부과 시 수입량(Q_3Q_4)에 단위당 관세부과액 (P_1P_2)을 곱한 것이다. 정부가 재정수입을 확보하기 위해 부과하

는 관세를 재정관세라 한다. 그러나 수입세가 재정관세로서 목적을 잘 수행하기 위해서는 비록 관세가 부과되더라도 수입량이 전혀 감소되지 않는 경우이다. 이 관세부과의 대상품목은 커피 등 주로 습관적으로 소비되는 기호품이다. 관세수입은 국고로 귀속되는데 만약 정부가 관세수입을 모두 민간으로 환원한다면 사람들의 지출 가능한 소득이 증가하기 때문에 경제후생이 증대된다. 그러나 정부가 관세수입을 전부 처분하지 않고 유보하는 경우에는 사람들의 소득은 증가되지 않고 경제후생도 증가되지 않는다.

소득재분배효과

수입관세가 부과됨에 따라 소비자잉여(consumer surplus)가 생산자 잉여(Producer surplus)로 전환되는 것을 의미한다.

소비자잉여란 소비자가 어떤 재화를 구입할 때 그가 지불할 용의가 있는 가격보다 실제로 지불한 가격이 낮음에 따라 소비자가 얻는 이득을 말한다. 즉 구매자가 실제 치르는 대가와 구매자가 주관적으로 평가하는 대가 사이의 차액을 말한다. <그림13-2>에서 관세부과 전 OQ_2를 입수하기 위하여 소비자가 실제 지불하는 액수는 OP_1FQ_2이고 지불할 용의가 있는 액수는 $ODFQ_2$이므로 실제로 지불하는 액수와의 차액 P_1DF가 소비자 잉여다.

생산자잉여란 생산자가 어떤 재화를 판매할 때 그가 받고자하는 가격보다 실제로 받은 가격이 높음에 따라 생산자가 얻게 되는 이득을 일컫는다. OQ_1을 생산하기 위한 총비용은 $OSEQ_1$이며 실제 OQ_1을 생산함으로 얻는 총수입은 OP_1EQ_1이다. $OP_1EQ_1 - OP_1EQ_1 = SP_1E$가 생산자잉여이다. 그러므로 소비자잉여 P_1DF는 재정수입 t와 생산자잉여 r로 전환된다. 이는 실질소득이 소비자로부터 생산자에게 재분배되는 효과이다. 나머지 부분 Δs와 Δu는 관세의 보호비용을 나타낸다. Δs는 생산면의 보호비용을 나타내며 Δu는 소비면의 보호비용을 나타낸다.

소득, 고용증대효과

실업자나 유휴설비가 있을 경우 관세의 보호효과에 의해 상품의 생산이 증가되고 그 생산액이 초래하는 무역승수 효과에 의해서 국민소득은 증가하고 그 생산에 사용되는 생산요소인 고용이 증가된다. 이를 소득, 고용증대 효과라 한다.

국제수지 효과

관세율이 인하된다면 수입이 증가되기 때문에 무역수지는 악화된다. 관세율이 인상된다면 수입이 감소되기 때문에 무역수지는 개선된다. 이를 국제수지 효과라 한다.

교역조건

수입품에 대한 관세부과는 수입국의 국내가격을 상승시키는 반면에 상대국의 수출가격을 인하시키는 경우도 있다. 예를 들어 어느 상품의 최대 수입국에서 관세를 부과하고 수출국은 다른 수출시장을 개발하지 못할 경우 수출가격을 인하하게 된다. 이렇게 관세부과의 일부분을 수출국이 부담한다면 수입국측으로는 그만큼 유리한 거래가 되어 교역조건은 개선될 것이다. 교역조건이 유리 또는 개선된다는 것은 수출1단위당 교환되는 수입량이 증대하는 것이기 때문에 경제후생은 증대될 수 있다.

5.3.2 비관세정책

관세 이외의 무역제한의 수단을 총칭하여 비관세장벽(non-tariff barriers : NTBs)이라고 한다. 비관세장벽은 수입수량할당(import quota), 수출자율규제(voluntary export restraints), 덤핑(dumping), 수출보조금(export subsidies), 기술적·행정적 규제 및 기타의 규제(technical, administrative and other regulation)등의 무역제한 수단을 말한다. 이와 같은 비관세장벽은 최근 들어 관세보다 더 중요한 규제수단으로 빈번히 사용되고 있으나 WTO의 정신에 위배된다는 비판으로 사용에 제약을 받고 있다. 주요한 비관세장벽의 특성과 경제적 효과를 간단히 살펴보기로 하자.

1) 수입할당제(輸入割當制 : import quota system)

가장 널리 사용된 전통적인 무역정책 수단으로 관세와 수량할당(quota)이 있다. 수량할당은 비관세장벽의 가장 오래된 형태로 수입상품이나 수출상품의 수량을 직접적으로 제한하는 것을 의미한다. 이 중 수입대체산업의 보호, 국제수지의 균형 등 경제적 목적을 위하여 수입하는 상품의 양을 직접적으로 제한하는 것이 수입수량할당(import quota)이다. 수입할당제의 경제적 효과는 수입관세의 부과의 경우와 비슷하지만 다음과 같은 몇 가지 차이점이 있다.

첫째, 관세의 부과는 수입품의 수입국 국내가격인상을 통하여 간접적으로 수입을 제한하지만 수입할당제는 수입수량규제를 통하여 직접적으로 수입을 제한한다. 따라서 국내공급이 독점기업에 의해 이루어질 경우 그 기업은 독점가격과 독점이윤을 얻을 수 있다.

둘째, 관세정책은 관세율의 조정을 통해서 수입을 제한하기 때문에 입법절차를 거쳐야 하는 등 신축성이 결여되어 있는데 반해서, 할당제는 수량이나 시기 등을 정부의 재량으로 결정할 수 있기 때문에 신축성이 있다.

셋째, 관세의 경우 재정수입 효과가 나타난다. 그러나 수입할당의 경우 관세의 재정수입에 해당하는 부분이 수입면허를 얻은 자의 이윤으로 돌아간다. 따라서 그 이윤은 수입면허권(import licence)의 배분방법에 따라서 국내수입업자, 외국수출업자, 국내소비자, 국내외정부 등에 돌아갈 수 있다.

2) 수출자율규제(輸出自律規制 : voluntary export, restraints)

수입국의 요청에 의하여 수출국에서 자율적으로 수출량을 규제하는 것으로 수량제한의 변형된 형태로 볼 수 있다. 이 제도는 수입국에서 채택되는 관세나 수입할당과는 달리 수출국 자체의 책임하에서 실시되고 있는 것이 특징이다. 그러나 수출자율규제는 대개의 경우 수입국의 요청에 의한 협상을 통해 규제조건이 결정되기 때문에 진정한 의미의 자율적 규제로 볼 수 없다.

미국은 1960년대에 면직물에 대한 수출자율규제를 각 국에 요청한 경우가 있으며, 최근에도 섬유류 제품에 대해서 수출자율규제를 우리나라에 요구한 바 있다. 수출자율규제가 수입국에 미치는 경제적 효과는 수입쿼터의 경우와 같다. 다만 이 규제에 의해 발생하는 프리미엄(관세의 경우 재정수입)이 수출국의 수출업자의 몫으로 돌아가게 된다.

3) 수입과징금(輸入過徵金 : import surtax)

수입품에 대해서 관세이외에 추가적으로 일정률을 부과하는 것으로 수입억제, 국제수지 개선, 국내산업의 보호를 위해서 취하는 조치이다. 수입과징금은 일종의 조세를 수입품에 부과하여 수입품가격을 상승시켜 수입수량을 줄이기 위한 관세와 유사한 제도이다.

4) 수입담보금(輸入擔保金)

수입업자가 수입승인을 받을 때 수입 신청액의 일정비율을 금융기관에 예치하는 것으로 1968년 미국에서 처음 실시되었다. 이 제도는 수입금액의 일정률에 해당하는 금액을 예치함으로써 수입비용을 상승시켜 수입수요를 억제하기 위한 것이다. 수입담보금제의 수입억제효과는 예치율, 예치기간, 적용대상품목, 금융시장상태, 대외신용상태 등에 영향을 받는다.

5) 수출보조금(輸出補助金)

정부가 수출을 장려할 목적으로 수출업자에게 보조금을 지급하는 것으로 중상주의 시대부터 시행되고 있으나 자유무역의 저해요인이 되고 있다. 이 제도는 수출국의 입장에서 볼 때 수출가격이 낮아지게 되어 해외시장에서 자국상품의 경쟁력이 강화되어 무역확대 효과를 기대할 수 있으며, 국내적으로는 수출산업을 보호·육성할 수 있게 되나 재정부담이 가중된다. 그러나 수입국의 입장에서 보면 일종의 덤핑수출로 간주되어 보복관세나 상계관세를 부과하여 이에 대처하기도 한다.

6) 구상무역제(求償貿易制 : barter system)

수출실적 범위 내에서 수입을 허가하는 물물교환의 무역방식으로 주로 후진국적인 무역형태를 의미한다. 구상무역제는 수입물품의 대금을 화폐나 금으로 결제하지 않고 그에 상당하는 만큼의 물품을 수출하거나 수출하는 것에 상당하는 물품을 수입하는 식으로 결제하는 무역방식이다. 이것은 후진국에서 국제수지의 불균형을 시정하기 위한 수단으로 주로 사용하는 무역이다.

7) 연계무역제(連繫貿易制 : link system)

수출한다는 전제하에서 원료의 수입을 허가하는 것으로 수출입의 연결방식에 따라서 수출의무제와 수입권리제의 형태로 구분된다. 여기에서 수출의무제는 먼저 원료 등의 수입을 허가하고 나서 일정한 기간 내에 그 원료를 사용하여 만든 제품의 수출을 의무화하는 방식이고, 수입권리제는 상품 수출실적에 따라 수입할 수 있는 권리를 부여하는 방식이다.

8) 수입허가제(輸入許可制 : import license system)

수입허가제는 수입하는 상품에 대해서 정부에서 허가를 받아야 하는 제도로 정부는 일정기간 수출입 계획을 세워 이 계획에 따라서 수입을 허가해 주는 것이다. 이러한 수입허가제의 유형은 다음과 같이 두 가지를 들 수 있다. 첫째, positive system : 원칙적으로는 수입을 제한 또는 금지하고 예외적으로 수입을 허가하는 무역방식으로 수입자유화 품목을 설정하여 자유화 품목에 해당되는 상품의 수입을 허가하는 것이다. 둘째, negative system : 원칙적으로는 수입을 자유화하고 예외적으로 수입을 금지하는 것으로 모든 물품의 수입자유화를 인정하고 예외적으로 수입금지 품목을 설정하는 것이다.

9) 국제적 카르텔(international cartel)

국제적 카르텔은 특정상품의 생산과 수출을 공동으로 제한할 수 있도록 여러 국가의 상품공급자로 구성된 기구를 말한다. 이중 가장 대표적인 것은 석유수출국기구(Organization of Petroleum Exporting Countries : OPEC)이다. 국제적 카르텔이 성공하기 위해서는 우선 대상상품이 적절한 대체재가 없는 필수품이어야 하며 그 상품의 공급자가 소수이어야 한다. 이런 의미에서 OPEC는 위의 두 조건이 비교적 잘 충족되는 경우라 할 수 있다.

10) 기타 비관세장벽

이미 설명한 비관세장벽 이외에도 기술적 규제, 행정적 규제, 복잡한 유통구조, 상행위에 대한 관습 및 법적 제도 등 다양한 수단들에 의해 국제무역이 규제되고 있다. 기술적 규제(technical regulations)는 안전규제(safety regulation), 보건규제(health regulation), 표시규제(labeling regulation) 등을 통해 수입을 저해하는 것을 말한다. 행정규제(administrative regulation)는 복잡하고 고비용의 행정절차(수입허가, 통관절차 등)에 의해 무역이 규제되는 것을 말한다.

6. 국제경제기구와 경제통합

6.1 국제경제기구

1930년대의 세계대공황과 제2차 세계대전을 겪으면서 많은 국가들은 실업과 인플레이션 등에 의해 경기침체를 경험하게 되고 세계교역도 둔화되었다. 세계 여러 나라들은 자국의 경제를 보호하기 위해 경쟁적으로 보호무역정책을 실시함으로써 세계경제는 더욱 침체되었다. 따라서 미국과 영국을 비롯한 연합국은 전후 세계경제침체의 회복과 세계경제질서의 확립을 위한 방안을 논의하게 되었다. 하나는 국제통화문제와 관련되는 제도의 개선방안이고, 다른 하나는 국제무역문제와 관련되는 제도적 개선방안이다.

6.1.1 국제통화제도 : IMP체제 또는 브레튼우즈 체제

1944년 7월 미국의 브레튼우즈(Bretton woods)에서 44개 연합국이 연합국 통화금융회의를 소집하여 브레튼우즈 협정을 성립시켰다. 이 회의에서 국제통화기금(International Monetary Fund : IMF)과 국제부흥개발은행(Interna- tional Bank for Reconstruction and Development : IBRD)을 설립하여 국제적 통화 및 투자문제를 해결하기로 합의를 보았다. IMF는 1947년 4월 1일부터, IBRD는 1946년 6월 25일부터 각각 그 업무를 개시하게 되었다. 전후의 국제통화제도는 IMF협정을 준수하여 운영되는 체제이므로 IMF체제 또는 브레튼우즈체제라고도 부른다. 브레튼우즈체제는 일본과 서구의 경제부흥으로 인하여 국제경제무대에서 미국의 절대적 우위가 상실되고, 미국의 국제수지가 악화되자 닉슨 대통령의 금태환(金兌換) 정지선언으로 사실상 와해 상태에 도달하였다.

그 후 1971년 환율변동폭을 종래의 1%에서 2.25%로 확대하는 것을 주 내용으로 하는 스미소니언 협정이 체결되었으나 지속되지 못하고 킹스턴체제로 이행하게 되었다. 킹스턴체제는 1976년 자메이카에서 개최된 회의로서 브레튼우즈체제의 단점을 극복하기 위한 것으로, 각 국은 자국의 실정에 맞는 환율제도를 채택하기로 하였다. 종래의 브레튼우즈체제에서 실시된 고정환율제도가 폐지되고, 실제적으로 변동환율제도를 채택하는 계기가 되었다.

국제통화기금(國際通貨基金)

국제무역의 균형적 발전과 다각적 결재제도의 확립을 목표로 하는 단기금융기구이다. GATT(General Agreement on Tariffs and Trade : 관세와 무역에 관한 일반협정)가 실물면에서 무역제한을 제거하는데 비해서, IMF는 환율의 안정과 외환거래의 자유를 국제적으로 유지하여 통화면에서 오는 무역장애를 제거하는 것이다.

IMF의 자금출자는 가맹국이 25%는 금으로, 75%는 자국의 화폐로 출자하고 출자한 금액의 25%까지 IMF자금을 이용할 때는 제한이 없다.

미국의 달러화만을 기축통화(基軸通貨 : key currency)로 하여 국제결재에 사용하고 달러화는 금과 태환(兌換)의 의무를 진다.

국제부흥개발은행(國際復興開發銀行)

국제부흥개발은행은 패전국을 포함한 전재국(戰災國)의 경제부흥과 후진국의 경제개발을 지원하기 위한 장기금융기관이다. 이 기구는 후진국을 위한 기구로 알려져 있다.

6.1.2 국제무역기구 : GATT와 WTO체제

전후 국제통화제도는 IMF협정을 준수하여 운영되는 체제였다면 국제무역을 관장하는 기구는 GATT이었다. GATT는 1948년 1월 1일자로 23개국의 참여로 발효되어 1995년 1월 1일 WTO(World Trade Organization : 세계무역기구)체제가 출범할 때까지 국제무역의 룰을 제시하여 세계무역의 자유화와 세계경제발전에 기여하여 왔다.

우리나라는 1967년 4월에 GATT의 정식 회원국이 되었고, 1995년 WTO체제가 출범하면서 그 창립회원국으로 승계되었다.

관세 및 무역에 관한 일반협정(GATT)

GATT의 성립 : 1945년 말 미국은 세계무역 및 고용의 확대에 관한 제안을 하게 되고 이를 기초로 하여 국제연합(United Nations : UN) 산하에 국제무역기구(International Trade Organization : ITO)를 설립하는 방안이 추진되었다. 1948년 하바나회의에서 관세, 무역제한, 보조금, 고용, 경제개발 등 국제무역의 모든 분야를 포함하는 ITO헌장(또는 하바나헌장)이 23개국의 합의에 의해 채택되었으나, 미국을 비롯한 대다수의 나라에서 국회의 비준을 얻지 못하여 발효되지 못하였다. 1947년 하바나회의서 ITO헌장 중 통상정책에 관한 부분을 기초로 하여 '관세무역에 관한 일반협정'(GATT)이 체결되었고, 1948년 1월 1일자로 발효되었다. GATT는 전후 세계무역을 규율하는 유일한 협정으로서 1995년 WTO체제가 출범하면서 발전적으로 해체하는 대신 그의 모든 기능이 WTO에 인계되었다.

다자간 무역협상 : GATT는 1947년 창설된 이래 8차의 다자간 무역협상을 통하여 관세인하와 기타 무역장벽의 완화 등 자유무역의 확대에 기여하였다(제1-4차 라운드, 제5차 딜런라운드, 제6차 케네디라운드, 제7차 도쿄라운드, 제8차 우루과이라운드).

GATT체제의 한계 : GATT체제는 행정협정에 의해 성립된 기구이기 때문에 법적인 구속력이 없다는 태생적 한계를 가지고 있다. 또한 선진국들에 의해 주도되어 1970년대 이후 확대·심화되어 온 신보호주의 등장, 지역주의(regionalism)의 등장, 개도국의 발언권 강화, 농산물·서비스 교역, 지적소유권문제 등 새로운 세계무역환경에 대해서 적절한 해결책을 제시하는데 한계가 있었다. 1986년 9월 우루과이에서 제8차 GATT 다자간 무역협상이 선언된 후 1993년 12월 15일 우루과이라운드협상이 타결되었다. 그 결과로 1995년 1월 1일 GATT체제의 한계를 극복하고 새로운 무역질서를 효과적으로 규율하기 위한 세계무역기구가 창설되었다.

세계무역기구(世界貿易機構 : WTO)

GATT의 8차 회의인 우루과이라운드(1986-1993)가 타결되자 GATT를 대신하여 국제무역분쟁을 해결할 국제기구로 WTO가 출범되었다.

WTO는 법적 구속력을 가진 국제기구로 강제적 집행능력을 가지고 있어 회원국들 사이에 발생하는 무역분쟁을 조정하고 해결하는 기능과 역할을 하게 되었다. 또한 WTO는 공산품교역뿐만 아니라 농산물・서비스교역, 지적소유권분야까지 규율대상으로 삼고 있으며, 무역정책검토제도(Trade Policy Review Mechanism)를 도입하여 WTO규정과 협상내용의 이행여부를 주기적으로 검토할 수 있도록 하였다.

6.2 경제통합

6.2.1 개 념

경제통합(economic integration)란 일반적으로 지리적인 인접성이나 경제적 보완관계에 의해서 각 국가들이 모여 단일국가와 같은 경제블럭(bloc)을 형성하는 것으로 정의 할 수 있다. 경제통합은 주로 2차 대전이후에 많이 결성되었는데 결성의 목적은 다음과 같다.

첫째, 2차대전 후 기술혁신으로 인한 대규모 생산은 각 국간의 경제관계를 밀접하게 진행시키게 되어 어느 한 국가만으로는 협소한 시장을 극복하는데 한계가 있는 등 지속적으로 발전하기가 불가능하다는 인식에서 비롯되었다.

둘째, 2차대전 후 신생국들의 독립으로 수출시장을 확대하기 위해서 비슷한 경제여건을 가진 국가들이 상호간 무역장벽을 제거하고 자국의 시장을 개방하게 되어 상호간 무역의 이익을 얻을 수 있다는 인식을 가지고 있었다는 것이다.

셋째, 세계경제를 자유무역체제로 유도할만한 국제기구나 국제협정이 존재하지 않아 무역자유화를 추구하는 일부 국가들이 지역적으로 협정을 체결하여 지역 내 무역자유화를 하는 경향으로 발전하였다.

6.2.2 경제통합의 형태

발라사(B. Balassa)에 의하면 경제통합의 형태는 대체로 5가지로 분류될 수 있다.

자유무역지역(自由貿易地域)

자유무역지역(free trade area)이란 회원국 상호간의 무역에는 무역제한 조치가 철폐되지만 비회원국과의 무역에서는 독자적으로 관세 및 기타 무역장벽을 유지하는 것이다. 초기적인 경제통합의 형태로 구주자유무역연합(EFTA)과 라틴아메리카자유무역연합(LAFTA)이 여기에 속한다.

관세동맹(關稅同盟)

관세동맹(customs union)은 가맹국 상호간에는 비관세 및 무역장벽을 철폐하지만, 비가맹국에 대해서는 공동관세를 취하는 것으로, 베네룩스 관세동맹이 여기에 속한다고 볼 수 있다.

공동시장(共同市場)

공동시장(common market)이란 관세동맹의 조건을 갖추면서 가맹국 상호간 생산요소의 자유로운 이동까지 허용하는 것이다. 이것은 경제적인 면에서 거의 한 나라와 같은 상태를 이룩하는 것으로 중남미 공동시장(CACM)이 여기에 속한다.

경제동맹(經濟同盟)

경제동맹(economic union)이란 공동시장의 형태를 갖추면서 가맹국 상호간의 경제정책을 상호·조정하는 경제통합 형태이다. 즉 각 국 정부간에 긴밀한 연락을 하여 금융, 재정, 통상, 노동 등의 경제정책을 조정함으로써 공동보조를 취하는 경우로 유럽경제공동체(EEC)가 여기에 속한다고 볼 수 있다.

완전한 경제통합

완전한 경제통합(complete economic integration)이란 경제동맹에서 더 발전하여 가맹국간에 단일의 경제권을 형성하는 것이다. 이것은 단순히 경제정책을 조정하는데 그치지 않고 모든 경제정책을 통일하는 것이다. 즉 각 국의 주권으로부터 독립된 행정기관의 설치가 필요하게 되고, 이 초국가적인 기관에서 재정, 금융 등의 경제정책을 수행케 하여 경제적인 면에서의 통합이 아니라 정치적인 면에서의 통합까지 수반하는 경우이다.

표 13-7 경제통합의 현황

명 칭	주 요 내 용
유럽연합(EU)	① 1967년에 창설된 것으로 유럽경제공동체(EEC) 등을 기반으로 한다. ② 지역경제협력의 차원을 넘어 완전한 경제통합을 목표로 하고 있다. ③ 통화통합을 위한 시도로 단일통화를 사용하고 있다. ④ 프랑스, 독일, 이탈리아, 네덜란드, 벨기에, 룩셈부르크 등 12개의 가맹국이 있다.
유럽자유무역연합 (EFTA)	1960년에 창설된 것으로 오스트리아, 노르웨이, 스웨덴 등 7개국이 가맹국의 경제발전과 고용증대, 생산성 향상을 위해서 구성한 기구
중남미공동시장 (CACM)	1960년에 창설된 것으로 중남미 과테말라, 엘살바도르, 온드라스 등 5개국이 가입되어 있으며, 역내무역자유화와 역외관세의 통일화를 기하고 있다.
라틴아메리카 자유무역연합 (LAFTA)	1961년에 창설되었으며 아르헨티나, 브라질, 칠레, 멕시코, 등 11개 회원국으로 구성되어 있으며, 역내무역장벽의 철폐를 통한 역내무역의 자유화를 주목적으로 하고 있다.
북미자유무역지대 (NAFTA)	1994년에 창설된 것으로 미국, 캐나다, 멕시코 3개국으로 구성되어 있으며, 북미지역의 자유무역을 실현하기 위한 목적으로 되어 있다.
동아시아국가연합 (ASEAN)	1967년 태국, 인도네시아, 필리핀 등 동남아시아 5개국이 지역협력을 통한 경제발전과 사회진보, 문화발전, 역내자연자원의 이용강화 등을 목적으로 발족한 지역협력기구이다.
아·태자유무역지대 (APEC)	아시아 태평양지역 정부간 공식협의체로 완전한 자유무역지대로 출발하지 못하고 있다.

6.2.3 경제통합의 효과

무역창출효과(trade creating)

무역창출효과란 관세동맹의 결성으로 인하여 회원국간에 관세가 철폐됨에 따라 역내에 무역이 창출되는 것을 말한다. 역내의 상품생산에서 생산비가 높은 회원국으로부터 낮은 회원국으로 생산지 이동이 있게 되고, 이에 따라 자원을 효율적으로 배분하게 되어 역내 국가의 후생을 증진시키는 결과가 나타난다.

<그림 13-3>과 같이 A국은 자국의 생산을 보호하기 위하여 B. C양국으로부터 수입되는 상품에 대해서 각각 100%의 관세를 부과한다면 B국의 X재 가격은 52불, C국의 X재 가격은 40불이 된다. 이러한 경우 A국과 B. C 양국 간에 무역이 이루어지지 않는다. 그런데 A . B양국이 관세동맹을 결성하여 역내관세를 철폐하고 이와 동시에 역외국인 C국에 대하여 차별적인 공동관세를 부과한다면, A국은 X재의 생산을 포기하고 보다 저렴한 가격으로 생산하는 B국으로부터 X재를 수입할 것이다.

한편 A국은 X재의 생산을 포기하는 대신 Y재의 생산비가 B국에 비하여 훨씬 저렴하다면 이를 B국에 수출할 수 있을 것이다. 이로써 A. B양국은 비교우위의 원리에 따라 보다 유리한 상품에 각각 특화함으로써 새로운 무역을 창출할 수 있는 것이다. 이를 무역창출효과라고 한다.

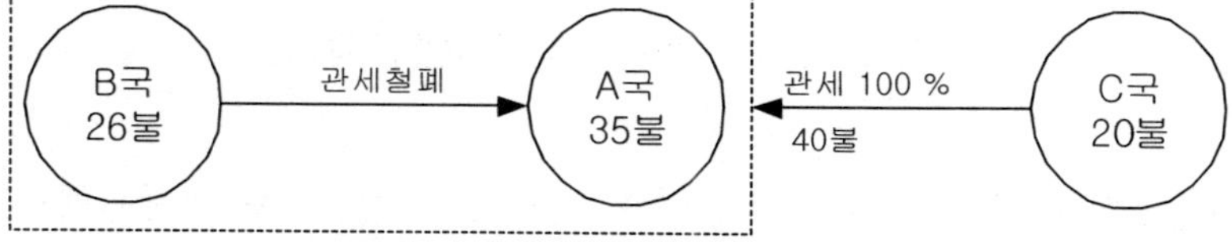

그림 13-3 관세동맹의 무역창출효과

무역창출효과는 관세동맹의 결과 역내무역의 자유화에 의해 역내의 저 생산비국으로부터 고 생산비국으로 수출이 늘어남에 따라 발생하며 이에 따라 역내의 생산효율과 자원배분이 개선되고 비교우위에 입각한 생산의 특화가 더욱 진전되므로 역내 가맹국의 후생을 증가시킨다. 무역창출은 특히, 역외 비가맹국의 후생도 증가시키는데 그 이유는 생산의 특화에 따른 실질소득 증가의 일부분이 관세동맹이외의 국가로부터의 수입증가로 유출될 수 있기 때문이다.

무역전환효과

무역전환효과란 관세동맹으로 역외국가에 대하여는 역내국과 차별적으로 관세를 부과하게 됨으로써 관세동맹 결성 전 역외국으로부터의 상품수입이 역내생산으로 전환하게 되는 것을 말한다. 이때 상품생산에서 생산비가 낮은 역외국으로부터 생산비가 높은 역내국가로 생산지 이동이 있게 되고, 이에 따라 자원배분이 왜곡되고 회원국의 후생이 감소될 수 있다.

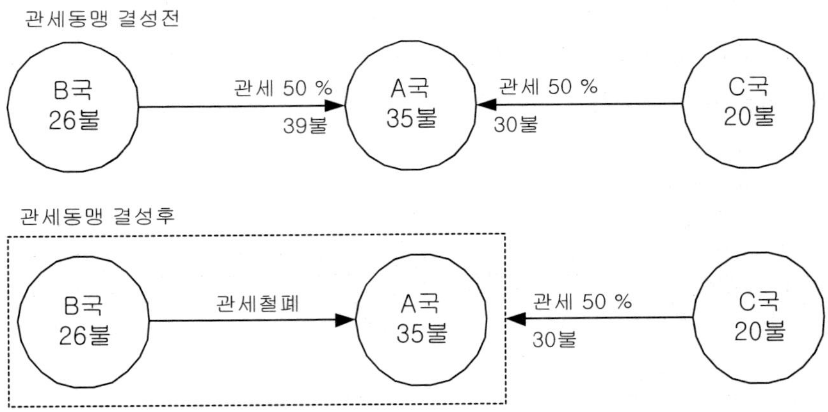

그림 13-4 경제통합의 무역전환효과

A・B・C국에 있어서 X재의 화폐가격이 이전과 동일하고 또 관세동맹결성 전에 A국이 B・C 양국으로부터 수입되는 상품에 대하여 각각 50%의 관세를 부과한다

면 <그림 13-4>와 같이 B국의 X재 가격은 39불, C국의 X재 가격은 30불이 된다. 이 경우 A국의 가격에 비하여 C국의 가격이 약간 저렴하므로 A국은 C국으로부터 수입할 것이다. 그런데 A · B양국이 관세동맹을 결성하여 역내에 있어서 상호관세를 철폐한다면 X재 가격은 C국의 경우보다 B국이 조금 더 저렴하다. 이로써 A국은 관세동맹이 결성됨에 따라 종래 C국으로부터 수입하던 X재를 B국으로부터 수입할 것이다. 이와 같이 관세동맹에 의하여 역외 저 코스트 공급원에서 역내 고 코스트 공급원으로 무역이 전환되는 효과를 무역전환효과라고 한다. 즉, 무역전환효과는 역외 비가맹국이 최저 생산비국임에도 불구하고 관세동맹의 역외 공동관세 때문에 경쟁력을 잃어 발생했기 때문에 생산효율과 자원배분은 악화되고 후생을 감소시킨다.

이상 무역창출효과는 관세동맹결성 전에 비하여 자원을 능률적으로 배분하지만 무역전환효과는 비능률적으로 배분되므로 무역창출효과가 무역전환효과보다 커야만 동맹내의 무역이익이 증가된다. 따라서 무역창출효과를 극대화시키고 무역전환효과를 극소화시키지 않으면 안 된다. 이외에도 관세동맹의 형성결과 나타나는 기타의 정태적인 효과로는 첫째, 가맹국 사이의 무역에 있어서는 세관관리나 국경순찰 등을 없앨 수 있으므로 행정적인 절약이 있다. 둘째. 무역을 전환시키는 관세동맹은 비 가맹국으로부터의 수입수요를 감소시키고 비 가맹국에 대한 수출공급을 감소시킴으로써 관세 동맹국의 전체적인 교역조건을 개선시킬 수 있다. 셋째. 관세동맹은 국제무역협상에서 하나의 단위로서 행동하기 때문에 모든 가맹국이 개별적으로 협상할 때보다 훨씬 강한 교섭력을 갖게 될 수 있다.

동태적 효과

동태적 효과는 EEC에 대한 실증분석에 의하면 GNP(국민총생산)에 대해 10% 또는 그 이하로 나타났다. 경제통합의 효과로서는 동태적 효과 쪽이 크다. 최근의 실증적인 연구에 의하면 이러한 동태적 이익은 정태적인 이익보다 5배에서 6배정도 큰 것으로 보인다.

관세동맹결성에 따른 동태적 효과 다음과 같다.

첫째, 시장확대에 의한 규모의 경제(economies of scale) 실현이다. 경제통합은 관세 및 비관세장벽, 환율조정, 경쟁국의 수출보조정책 등 국제무역에 있어서의 각종 불확실성을 가져오는 변동요소를 제거함으로써 시장의 안정적 규모확대를 가져온다. 이러한 시장규모의 확대는 우회생산[10]과 분업의 확대 및 광고비와 연구개발비 절약에 의해서 기업들로 하여금 경제통합 이전에 시장이 소규모일 경우에는 불가능했던 대량생산을 가능케 함으로써 단위당 평균생산비용을 낮추게 하고 국제경쟁력의 향상을 촉진시키는 등 규모의 경제가 가능하다.

둘째, 경쟁의 심화를 들 수 있다.

역내 무역의 자유화에 의해 경쟁이 격화되고 가맹국의 기업 중에는 도태되는 기업도 나오지만 이 과정에서 생산은 합리화되고 기술 진보는 촉진되어 생산성이 향상되고 결과적으로 역내의 실질소득이 증대된다.

셋째, 역내의 직접투자의 유치이다.

관세동맹의 형성으로 인하여 비가맹국의 생산물에 차별적으로 부과되는 무역장벽을 피하기 위해서 비가맹국이 관세동맹 지역내에 생산시설을 설비하는 등 직접투자기 증가할 수 도 있다. 1955년 이후 미국기업의 유럽에 대한 막대한 투자는 급속히 성장하는 시장으로부터 배척당하지 않으려는 의도로 설명된다.

끝으로 공동시장으로서의 경제통합에서는 노동과 자본의 공동체 전역에 걸친 자유로운 이동으로 동맹국 전체에 경제적 자원을 보다 효율적으로 사용할 수 있게 된다.

10) 원재료, 기계, 건물 등과 같은 중간 생산물을 이용하여 행해지는 생산양식

제14장 국제금융이론

1. 외환이론

1.1 기초개념

1.1.1 환율이란

일반적으로 환(換 : exchange)이란 격지자(隔地者)간의 채권·채무관계를 현금의 직접수송에 의하지 않고 제3자(대체로 은행)를 통한 지급위탁의 방법에 의해서 결재하는 수단을 말하며, 내국환과 외국환으로 나눌 수 있다. 이 장에서는 내국환은 무시하고 외국환에 대해서 살펴보는 것을 목적으로 한다.

환율(exchange rate)이란 자국의 화폐와 타국 화폐간의 교환비율을 말하며, 한 나라 통화의 대외적 가치를 나타낸다.

1.1.2 환율의 표시방법

수취표시 환율

자국통화의 단위가 외국의 통화로는 얼마가 되는가를 표시하는 방법으로 자국통화 1단위를 지불하여 수취할 수 있는 외국통화의 크기를 나타낸 것이다. 예를 들면 $1₩ = \frac{1}{1,000}\$$로 표시된다.

지불표시 환율

외국통화 1단위를 수취하기 위하여 지불해야 하는 자국통화의 크기로 나타낸 것이다. 예를 들면 1＄=1,000₩으로 표시되며, 대부분의 국가는 지불표시 환율을 사용하고 있다.

1.1.3 환율변동의 경제적 효과

평가절하(환율인상)

자국통화의 대외가치가 하락하는 것으로, 예를 들어 1달러당 1,000원에서 1,100원으로 원화의 가치가 하락하는 경우이다. 자국통화가 평가절하 되면 일반적으로 외화표시 수출가격은 하락하고 자국통화표시 수입가격은 상승하여 외국과 자국의 수입수요에 영향을 미친다. 따라서 자국의 수출이 증가하고, 수입은 감소하여 자국의 무역수지가 개선될 수 있다. 또한 물가의 상승과 차관에 대한 원리금 상환과 이자지급의 부담이 증가하게 된다.

평가절상(환율인하)

자국통화의 대외가치가 상승하는 것을 말하며, 1달러당 1,100원에서 1,000원으로 되는 것이다. 원화가 평가절상 되면 수출이 감소하고, 수입이 증가하는 반면, 물가의 하락과 차관에 대한 원화의 부담이 감소하게 된다. 그리고 무역수지는 악화된다.

1.2 환율의 결정

개 념

환율은 외환의 가격이므로 재화의 경우와 같이 기본적으로 외환시장에서 외환의 수요와 공급이 일치하는 수준에서 균형환율이 결정된다.

외환수요

외환수요는 여러 가지 요인에 의해서 결정되나 일반적으로 외국 상품이나 용역의 수입, 운임의 지불, 자본의 수출 등에 의해서 결정된다. 환율변동과 수입수요와의 관계는 서로 역의 관계이다. 환율이 상승(하락)하면 수입수요가 감소(증가)하게 된다. 그런데 수입수요와 외환수요는 같은 방향으로 변하므로 환율변동과 외환수요와의 관계는 서로 역의 관계가 된다. 수입수요는 환율뿐만 아니라 국민소득의 증가, 국내물가 상승, 해외물가의 하락 등 다른 요인에 의해 증가할 수 있다.

외환의 공급

외환공급은 여러 가지 요인에 의해서 결정되지만 일반적으로 자국의 상품이나 서비스의 수출, 운임의 수취, 차관의 도입에 의해서 결정된다. 환율이 상승(하락)하면 수출이 증가(감소)하고, 따라서 외환의 공급은 환율의 증가함수가 된다.

균형환율

외환시장에서 외환의 수요와 공급이 일치하여 결정되는 환율은 외환의 수요와 공급을 균형시키는 가격이라는 뜻으로 균형환율이라고 한다.

1.3 고정환율제도와 변동환율제도

1.3.1 고정환율제도

개 념

고정환율제(fixed exchange rate system)란 중앙은행이나 정부가 개입하여 환율을 일정한 수준에 고정시키는 제도를 말한다.

특 징

이 제도는 무역거래나 자본거래에 종사하는 사람들이 환율변동으로 인한 불의의 손해를 당할 염려가 없어 안심하고 국제거래에 종사할 수 있다는 점이다. 또 환율정책의 일관성을 유지할 수 있으며, 환율변동에 따른 경제의 불안정을 해소할 수 있다는 것이 장점이다. 단점으로는 국제수지의 불균형을 자동적으로 조정할 수 있는 능력이 없다는 것이다.

1.3.2 변동환율제도

개 념

변동환율제(flexible exchange rate system)란 환율이 외환의 수요와 공급에 의해서 자유롭게 결정되는 제도를 말한다. 이 제도는 정부개입이 전혀 없는 자유변동환율제와 환율이 외환시장에서 자유롭게 결정하도록 하되, 각 국 중앙은행이 필요에 따라서 수시로 외환시장에 개입하는 관리변동 환율제도가 있다.

특 징

이 제도는 국제수지의 불균형이 발생할 경우 이를 자동적으로 조정할 수 있다. 즉 국제수지의 불균형이 발생할 경우 환율이 변동되고, 환율의 변동은 수출입 및 단기자본의 이동을 유발함으로써 국제수지의 균형을 회복할 수 있다는 점이 장점이다.

	고정환율제도	변동환율제도
환율결정원리	정부의 정책이 환율결정의 주요 변수이며 이 변수는 외생변수로 취급된다.	환율의 결정은 외환의 수요와 공급에 의해서 결정되기 때문에 국제수지가 주요 변수로 작용한다.
국제수지 불균형 해소 방법	국제수지의 불균형은 정부정책에 의해서 균형으로 될 수 있다.	국제수지의 불균형은 환율의 변동을 통하여 자동적으로 달성된다.
환투기나 위험성	환율이 고정되어 있기 때문에 환투기나 위험성이 상대적으로 적다.	환율이 수시로 변경되기 때문에 외환리스크가 발생할 가능성이 크며, 외환투기가 발생한다.
무역발생 정도나 해외투자 상태	환율이 대체로 고정되어 있기 때문에 국제무역과 투자가 활발하게 일어날 수 있다.	환율이 수시로 변하기 때문에 국제무역과 투자가 위축될 가능성이 크다.
금융정책의 자율성	국제수지 변화에 따라서 통화량이 변화하기 때문에 금융정책의 자율성이 상실될 가능성이 있다.	국제수지 불균형이 발생하면 환율의 변동으로 인하여 해결되기 때문에 금융정책의 자율성이 보장된다.
투기적인 자본이동	환율이 고정되어 있기 때문에 투기적인 단기자본의 이동이 적다.	환율변동으로 인한 수익성의 차이 때문에 환투기로 인한 자본이동이 빈번하다.
정책의 유용성	금융정책의 효과는 대체로 적고, 재정정책의 효과가 상대적으로 크다.	재정정책의 효과가 적고 금융정책이 상대적으로 효과가 크다.

그리고 단점으로는 교역당사자로 하여금 환율변동으로 발생할 수 있는 손해, 즉 환risk를 발생시켜 국제거래를 저해하는 면이 있다. 또 외환시장에서 환율차액을 노린 외환 투기가 발생할 우려도 있다.

1.3.3 우리나라의 환율제도

우리나라는 1945년 10월 이후 정부가 환율을 일정 범위내에서 고정하는 고정환율제도를 채택하여 오다가 1964년 2월 3일부터 미국달러화에 연동된 고정환율제도의 한 형태인 단일통화연동제를 실시해 오다가 1980년 2월 27일부터 복수통화바스켓 방식으로 제도를 개편하여 환율을 미국달러화 뿐만 아니라 주요 교역상대국 통화의 국제시세에 연동하는 환율제도를 1990년까지 사용하였다. 이 제도로 통화의 대외적 가치를 보다 안정적으로 유지하고 필요에 따라 정부가 환율결정에 개입할 수 있게 되었다.

그리고 1990년 3월 이후 시장평균환율제도(市場平均換率制度)를 도입하여 환율이 보다 더 시장기능에 의해 결정될 수 있도록 하였다. 시장평균환율이란 전일 은행간 거래된 환율을 거래량으로 가중평균하여 결정된 환율을 가리킨다. 1997년 12월 이후 외환의 수요와 공급에 의해 환율이 결정되도록 하는 변동환율제도를 사용하고 있다.

1.4 국제금융시장

1.4.1 국제금융시장의 개념

외환시장이란 외환을 거래할 목적으로 다수의 구매자와 매도자가 접촉하여 외환거래가 이루어지는 장소를 말한다. 외환시장은 주로 은행과 외환취급업자(dealer)와 고객(customer) 및 중개인(broker) 등의 3자로 구성되어 있다. 여기서 외환취급업자는 은행이외에 외환판매업자, 할인업자 및 어음인수업자가 있고, 고객은 외환의 실수요자와 외환투기를 목적으로 하는 투기업자가 있다.

1.4.2 국제금융시장의 기능과 성립조건

기 능

국제금융시장은 국가간 환율의 안정과 자국통화와 외국통화와의 교환을 성립시킬 뿐만 아니라 외국무역에 신용을 제공하고 환위험을 서로 연계시키는 기능을 가지고 있다. 또 국제금융시장은 각 국의 경제발전계획의 수행 또는 국민경제운용상 필요한 자금의 조달을 원활히 해주고 있으며, 특히 자본이 부족한 후진국의 입장에서 국제금융시장을 통한 자금조달이 경제발전에 크게 기여하고 있다.

성립조건

국제금융시장이 성립되기 위해서는 다음과 같은 조건이 갖추어 져야 한다.

첫째, 국제금융의 중심이 되고자 하는 국가의 통화는 국제적인 결제통화인 동시에 준비통화가 되어야한다.

둘째, 당사국의 금융시장은 국제적인 업무를 수행할 수 있는 제반시설 및 제도 등 여건이 갖추어져야 한다.

셋째, 거주자는 물론 비거주자의 대외거래가 자유롭게 보장되는 등 외환관리가 없어야 하며, 금융과 관련된 상업적 기능을 수행하는 상품, 운송, 보험시장이 발달되어 있어야 한다.

1.4.3 주요 국제금융시장의 특징

뉴욕 국제금융시장

뉴욕 국제금융 시장은 미국의 정치, 경제적 역량, 특히 대외경제 거래에서 큰 비중을 배경으로 하여 런던시장과 함께 중추적인 외환시장이다. 런던 외환시장보다 늦게 발달하였으나 미국경제의 발달을 배경으로 급속도로 발전하였다. 뉴욕 금융시장의 거래는 은행과 고객과의 거래, 은행간 거래 및 뉴욕 주요은행들과 해외외국환은행과의 거래로 구분할 수 있다. 은행과 고객간의 거래는 국제간 무역에서 주요 상품의 거래결제 관습에 따라 외국통화로 이루어지는 거래이고, 은행과 은행간의 거래는 중개은행을 통해서 행정적 감독이나 재정적 책임을 지지 않고 자유로이 행해진다.

해외은행과의 거래는 뉴욕외환시장에서의 외환수급 불균형을 해소하는 주요한 방법이며, 때로는 미 연방준비은행과 해외 중앙은행과의 직접거래를 통해서 보완되기도 한다. 여기에서 거래되는 통화는 달러화나 파운드, 마르크화가 대부분이며 최근에는 엔화거래도 이루어지고 있다.

런던금융시장

런던이 국제금융의 중심지로 등장하고 있는 것은 교통·통신시설이 잘 정비되어 있으며, 정부규제도 심하지 않는 점을 들 수 있다. 또 딜러와 브로커의 활동이 활발하여 각종 금융거래에 대해 정확한 정보를 파악할 수 있고, 금융하부구조인 금융관계 통신망이 잘 정비되어 있었으며, 영란은행(bank of England)의 정책이 런던을 은행들이 활동하는데 적절한 곳이 되도록 하였다. 영란은행은 런던 금융가에 호의적인 행정과 지원을 아끼지 않았기 때문에 런던에 소재하는 은행들은 최소한의 규제만을 받게 되었으며, 그에 따라 런던에서의 역외금융이 유럽의 다른 지역보다 빨리 발전하게 되었다.

또 런던은 전문업자와 조직망이 발달되어 외환거래에 있어서 풍부한 지식과 경험 및 오랜 역사와 전통을 지닌 전문가가 군집해 있으면서, 세계 각 국의 고객 및 은행에게 국제금융과 외환수급을 조정하고 있기 때문이다.

영국은 스스로 충분한 자본을 가지고 자본을 수출할 수 있는 나라는 못되기 때문에 주로 역외금융의 중심지로 활동하고 있다. 런던에 소재하는 외국은행들의 대부분도 역외금융업무에 종사하고 있으며, 런던은행간 이자율(London Inter-Bank Offer Rate ; LIBOR)은 유로 금융거래의 대표적인 이자율로 인정받고 있다.

아시아 국제금융시장

싱가포르 : 싱가포르의 국제금융시장은 정부의 정책에 의해 의도적으로 마련된 것이다. 싱가포르는 영토에 비해서 많은 인구를 가지고 있기 때문에 이들에게 일자리를 마련해 주는 산업으로 서비스업인 은행업을 선택하여 발전시키기로 하였다. 이를 위해서 역외금융에 대한 세율을 낮추고, 등록세를 면제하여 비거주자 예금에 대한 이자소득세를 크게 감면하는 등의 조치를 취하였다.

특히 싱가포르는 종래 해운센터로서 이미 훌륭한 통신시설을 가지고 있었다는 점과 런던에서 거래가 종료된 후에도 싱가포르에서는 거래를 할 수 있도록 런던과 적당한 시차를 갖고 있다는 점에서 국제금융시장이 발전할 수 있는 조건이 있었다.

이러한 정책에 성공하여 싱가포르는 아시아 금융시장의 중심지가 되었으며, 특히 유로달러를 아시아에 중개하는 큰 역할을 하고 있다.

홍콩 : 홍콩은 본래 규제가 거의 없는 자유시장경제의 성격을 지닌 곳으로 금융거래를 규율하는 중앙은행이 없으며, 거주자나 비거주자 모두 외화나 외국의 주식을 허가 없이 사고 팔 수 있다. 또한 자본투자와 송금에 아무런 제약이 없으며, 금의 매매도 자유롭기 때문에 홍콩에서는 많은 외국인들이 활발한 금융거래를 해 왔다.

실제적으로 홍콩경제가 고도성장을 해온 배경에는 금융센터가 일조 하였다고 볼 수 있다. 그러나 홍콩은 중국과 인접해 있기 때문에 중국의 정책에 의해서 영향을 크게 받을 수밖에 없다는 한계를 지니고 있다.

2. 국제수지이론

2.1 기초개념

2.1.1 국제수지(balance of payment)란?

일정기간 동안에 일국의 거주자(국내거주자)와 비거주자(외국의 거주자)사이에서 발생한 모든 경제적 거래를 체계적으로 기록한 것으로 한 나라의 대외거래의 성과를 나타내는 것이다.

- 일정기간 : 국제수지표 작성 대상기간은 일반적으로 1년을 기준으로 하고 있으며, 일정기간 중에 발생한 거래를 집계한 유량(流量 : flow)통계임을 의미한다.

- **거주자(居住者)** : 일국의 경제권 내에 永住하는 개인, 기업, 정부와 같은 경제주체를 의미하며 일시적인 거주자들은 제외된다. 국적을 기준으로 하는 것이 아니라 利益의 中心(center of interest)을 기준으로 구분한다.
- **경제적 거래** : 한 나라의 국민경제와 외국간의 거래에서 발생된 일체의 대외적 거래(재화, 용역, 소득의 거래, 이전거래, 화폐용 금, 대외 채권·채무의 소유권 변동 등)를 말한다.
- **체계적인 정리** : 복식부기 원리에 의해서 국제적으로 통일된 기준과 항목분류에 따라 작성된다는 것이다. 대부분의 국가가 국제통화기금의 국제수지편제요람에 따라 작성하고 있다.

2.1.2 국제대차(國際貸借 : balance of indebtedness)란?

일정시점에서 한 나라가 다른 나라에 대하여 가지고 있는 채권·채무의 잔고를 의미하며 채권국인가, 채무국인가를 나타내는 지표이다. 따라서 국제대차는 일정시점의 수지상황을 나타내는 스톡(stock)개념이다. 국제수지는 일정기간에 실제로 결제된 과거의 수지의 총액인데 반하여, 국제대차는 일정시점에서 볼 때 장래에 결제될 채권과 채무의 총액으로 사용된다.

2.1.3 국제수지와 국민경제

국제수지는 국가의 경제상태를 알려주는 중요한 지표중의 하나로 국민경제에 다음과 같은 점에서 의의를 가질 수 있다.

첫째, 어느 국가의 국제수지는 그 국가의 정부로 하여금 자국의 대외결제 상태를 인식시킴으로써 효과적인 경제정책방향을 제시해 주고, 국민소득수준에 미치는 대외거래의 영향을 인지시켜 주며 이를 통해서 그 국가의 단기적인 대외거래의 전망을 평가할 수 있다.

둘째, 국제수지는 국가의 대외지급능력의 척도인 동시에 적정환율 결정요인이 된다.

셋째, 저개발국의 경우에 국제수지는 경제개발에 대한 선진국 원조의 기여도를 평가할 수 있다.

이와 같이 국제수지가 각 국의 경제측정지표로 이용되지만 국제수지 흑자가 곧 경제적 번영을 누린다고는 볼 수 없으며, 흑자상태가 국민의 후생을 증가시키고 적자상태가 후생을 감소시키는 것도 아니다.

2.2 국제수지의 구성과 내용

2.2.1 국제수지의 구성

우리나라의 종전 국제수지표는 IMF가 제정한 국제수지 편제기준(제4판)에 따라서 작성되었다. 1970년대 후반 이후 금융 및 자본시장의 국제화 및 자유화의 진전에 따른 대외거래 및 국제 유동성의 변화를 상세히 반영하고자 1993년 9월에 국제수지 편제기준(제5판)이 개정되었다. 따라서 우리나라도 1998년 1월부터 종래의 기준을 탈피하고 신기준에 따라 국제수지표를 작성하고 있다.

이러한 개편의 의의는 첫째, IMF 신기준에 의한 국제수지표는 시장확대에 따른 대외거래의 분류방식을 보다 세분화함으로 외환 및 자본자유화에 따른 대외거래의 심층분석에 유용하다. 둘째, 무역외수지를 소득수지와 서비스수지로 분리하고 항목을 세분화함으로써 시장개방에 따른 분석이 가능해진다.

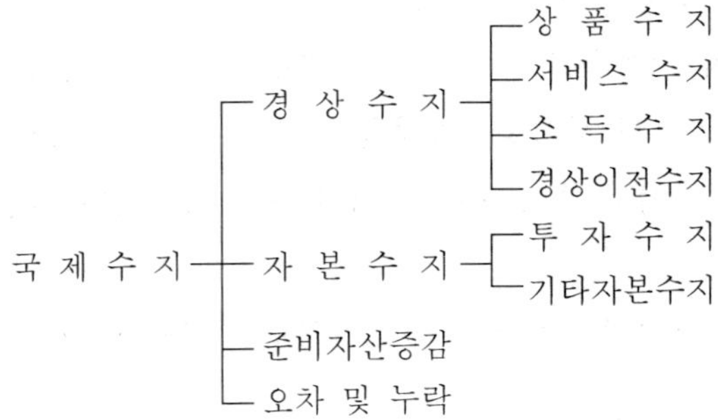

2.2.2 국제수지표의 내용

경상수지

경상계정에 포함된 수지는 상품 및 서비스수지, 소득수지, 경상이전수지로 구성되어 있으며 국제수지 구성항목에서 가장 중요한 요인으로 평가된다. 이들 내용을 살펴보면 다음과 같다.

- **상품수지(trade balance)** : 대외거래 중에서 가장 기본적인 거래로 눈에 보이는 재화의 수출과 수입, 그리고 운수조달재화(항공기, 선박 등 운송수단이 해외에서 조달한 식량이나 원료), 재화수리(선박, 항공기 등 재화에 대한 수리비)의 거래를 말한다. 국가 간의 상품교역은 각 국의 생산, 고용·물가에 영향을 미칠 뿐만 아니라 교역국간의 비교우위를 반영함으로 무역수지의 결과는 각 국의 국제경쟁력의 우위도를 나타낼 수 있다.
- **서비스수지(invisible trade balance)** : 용역의 수출입 관계를 나타낸 것이다. 즉 운임료, 보험서비스, 여행자 비용, 특허권 사용료(상표권, 저작권 등 무형자산의 사용대가), 통신서비스, 사업서비스, 정부서비스(대사관 등 국가 기관이 행한 모든 거래), 기타 서비스(거주자와 비거주자간 금융, 정보, 문화, 오락, 건설서비스 등) 등을 계상한다.
- **소득수지(income balance)** : 외국인 노동자나 내국인 해외 근로자가 수취하는 임금, 직접투자에 따른 투자수익, 증권투자에 대한 배당금, 기타소득수지 등을 말한다.
- **경상이전수지(unrequited balance)** : 반대급부 없이 일방적으로 거래되는 것으로 무상원조, 증여, 배상금, 수혜자에게 대가없이 제공되는 송금, 구호를 위한 식량, 국제기구 출연금 등을 들 수 있다.

자본수지(capital balance)

자본수지는 해외투자의 유출입과 차관 등 자본의 이동을 나타낸 것이다.

- **투자수지** : 민간기업이나 금융기관, 정부의 대외금융자산 또는 소유권변동과 관련된 자금의 이동을 나타낸 것이다. 예를 들면 직접투자(투자자가 영속적인 이익을

취득하기 위해서 행하는 투자), 증권투자, 기타투자 등에 따른 자본이동을 말한다.

- 기타 자본수지 : 자본이전(해외이주비, 투자보조금 지급)과 특허권 등 기타 자산의 거래에 따른 자금이동을 나타낸 것을 말한다. 해외이주비 등의 자본이전, 토지, 지하자원, 특허권, 상표권 등 유·무형의 자산거래에 따른 자본이동이 포함된다.

준비자산 증감

통화당국이 국제수지의 불균형을 직접 보전하거나 외환시장에 개입하여 국제수지불균형을 간접적으로 조정하기 위해서 사용할 수 있는 대외자산의 증감을 말한다(화폐신용, IMF의 특별인출권 등).

오차 및 누락(errors and omissions)

오차 및 누락이란 경상수지와 자본수지의 합계와 종합수지간의 차이가 있을 때, 이를 조정하는 항목이다. 즉 금융기관의 외화 대차대조표와 수출입 등 실물통계간의 불일치를 정리하기 위한 조정항목이다.

2.2.3 국제수지표의 작성방법

국제수지는 복식부기 원리에 따라 작성되며 외국으로부터 수취되는 금액은 대변에, 외국으로 지불되는 금액은 차변에 기록된다. 그리고 사후적으로 보면 수취와 지불은 항상 일치한다.

	차 변 (지불)	대 변 (수취)
경 상 수 지	상품수지(재화의 수입) 서비스수지(용역의 수입) 소득수지(투자소득지급) 경상이전수지 (해외에 대한 경상이전 지불)	상품수지(재화의 수출) 서비스수지(용역의 수출) 소득수지(투자소득 수취) 경상이전수지 (해외로부터 경상이전 수취)
자 본 수 지	투자수지 (직접투자나 증권투자 자금 유출) 기타 자본수지의 유출(자본이전 등)	투자수지 (직접투자나 증권투자 자금 유입) 기타 자본수지의 유입(자본이전 등)
준비자산증감	통화 금융당국의 준비자산 증가	통화·금융당국의 준비자산 감소
오차 및 누락		

2.3 국제수지의 균형

국제수지의 균형이란 수취와 지불이 일치하는 상태를 말한다. 국제수지표에서는 경상수지차액과 자본수지차액이 항상 일치한다. 이것은 복식부기의 원리에 따라 거래가 기록되기 때문이다. 그러나 국제수지표상의 몇몇 계정만 보면 대변과 차변이 일치할 경우도 있고, 그렇지 않는 경우도 있는데 수취와 지불의 합계가 일치하는 경우를 국제수지의 균형이라고 하고, 일치하지 않는 경우를 불균형이라고 한다. 따라서 국제수지의 균형·불균형의 판정기준도 여러 가지가 있다.

국제수지(특히 경상수지)의 불균형이 발생하였을 때 이것을 조정하는 것이 국제수지의 조정원리이다. 이것은 시장기구를 통해서 달성될 수도 있고, 정부의 통제에 의해서도 조정될 수 있다.

2.3.1 국제수지 불균형 원인

국제수지 불균형은 각 국가가 가지고 있는 독특한 경제환경 때문에 발생하는 것으로 일반적으로 지적되는 요인을 살펴보면 다음과 같다.

첫째, 교역상대국가간의 물가수준의 차이를 들 수 있다. 일국의 물가수준이 타국에 비해서 낮으면 그 국가의 대외경쟁력이 강화되어 수출이 증가하고 수입이 감소하여 국제수지는 흑자가 된다. 반대일 경우에는 적자를 기록하게 되어 국제수지는 불균형이 나타난다.

둘째, 국가간 자본이동으로 국제수지의 불균형이 발생한다. 국내기업의 해외진출 확대와 더불어 국가간 금리차이에서 발생하는 자본이동은 자본수지의 변동을 가져와 국제수지가 불균형상태에 놓이게 된다.

셋째, 교역상대국간의 구매력의 변화가 국제수지의 불균형을 야기시키는 원인으로 보고 있다. 수입국의 구매력이 감소하면 그 국가에 수출하던 국가의 국제수지는 악화되고, 수입국 역시 상대국의 소득감소에 의한 구매력의 감퇴로 인해서 수출이 감소함으로써 결국 교역당사국 모두 국제수지가 불균형상태에 직면하게 된다.

2.3.2 고전적 조정원리

금본위제하의 조정원리

흄(D. Hume)이 주장한 것으로 물가·정화유통이론(price-specie flow doc- trine)이라고 한다. 이것은 국제수지(무역수지나 경상수지)의 조정이 금의 유출입에 의해서 이루어진다는 것이다. 즉 국제수지가 적자상태에 있으면 금의 유출이 일어나 통화량이 감소하고 물가가 하락한다. 물가의 하락은 수출을 증가시키고 수입을 감소시켜 무역의 균형이 자동적으로 달성된다.

환율에 의한 조정원리

환율의 변동에 의해서 국제수지의 균형이 자동적으로 달성된다는 원리로 국제수지가 적자상태가 되면 환율이 인상되어 수출이 증가하고, 수입이 감소하여 국제수지가 개선되며, 국제수지가 흑자가 되면 환율이 인하되어 수출이 감소하고 수입이 증가하여 국제수지는 균형이 된다. 따라서 국제수지의 불균형은 환율의 신축적인 변동에 의해 자동적으로 해소된다는 것이다.

2.3.3 근대적 조정원리

소득효과적 조정

이 이론은 케인즈학파의 견해로 국제수지의 불균형이 무역승수를 통해서 국민소득을 변화시키고, 그로 인한 수입의 변동은 국제수지에 영향을 미치게 된다. 즉 수출초과에 의해 국제수지가 흑자상태가 되면, 국민소득이 증가한다. 국민소득의 증가는 수입을 증가시키기 때문에 국제수지가 균형을 이룬다는 것이다. 그리고 수입초과에 의한 국제수지 적자의 조정은 적자로 인한 국민소득의 감소는 수입을 감소시켜 국제수지를 균형상태로 유도하는 것이다.

총지출 접근법

국제수지(경상수지)의 불균형은 국민소득과 국내총지출의 크기에 의해서 결정된다는 것이다. 즉, 국제수지의 개선을 위해서는 소득을 증가시키거나 총지출을 감소시켜야 한다(경상수지=소득-총지출). 총지출이 소득을 초과하거나 못 미칠 경우 경상수지는 불균형상태가 된다.

● 화폐적 조정이론

물가와 화폐량이 국제수지의 불균형 조정에 역할을 한다는 것으로 국제수지가 적자상태가 되면 통화공급이 감소하여 물가가 하락한다. 물가의 하락은 수출을 증가시키기 때문에 국제수지는 균형상태가 된다. 또 국제수지가 흑자상태가 되면 통화량이 증가하여 물가가 상승하고 수출이 감소하여 국제수지는 균형상태가 된다는 것이다.

이 이론은 국제수지의 불균형은 단기적 현상이며 자동적으로 해결된다는 것이다. 즉 평가절하는 단기적으로는 국제수지를 개선시킬 수 있지만 장기적으로는 실물변수에 영향을 미치지 못하므로 국제수지를 개선시킬 수 없다는 것이다.

2.4 국제수지 조정정책의 유형

2.4.1 개 념

국제수지불균형이 가격, 소득, 통화 등 시장기구에 의해서 자동적으로 조정되지 않을 때 정부는 시장에 개입하여 그 조정을 유도하는 데 그 유형은 지출전환정책과 지출조정정책 있다.

2.4.2 지출전환 정책

지출전환정책(expenditure switching policy)이란 환율을 변경시켜 국제수지를 조정하는 정책으로 가격조정정책이라고 한다. 즉, 국제수지가 적자일 때 수입품에 대한 지출을 국산품에 대한 지출로 전환시켜 국제수지를 개선시키는 정책으로 환율변경, 관세부과, 수입허가제, 외환통제, 수입쿼터제, 수출보조금 지급 등이 있다.

2.4.3 지출조정 정책

지출조정정책(expenditure changing policy)이란 국내의 총지출을 변화시켜 국제수지를 조정하는 것으로써 재정정책과 금융정책을 들 수 있다. 이것은 환율인상이나 지출전환정책이 국내물가상승을 더욱 자극시켜 수출을 어렵게 하므로 국민경제의 총지출을 억제하여 국제수지를 개선하려는 정책을 말한다.

2.4.4 J-곡선 효과

일반적으로 평가절하를 하면 수출은 증가하고 수입은 감소하여 무역수지는 개선된다. 그러나 평가절하(平價切下 : 換率引上) 직후에는 무역수지가 오히려 악화된다. 그러나 시간이 지나면서 점차적으로 다시 호전되어 무역수지의 개선이 이루어지는 현상을 말한다.

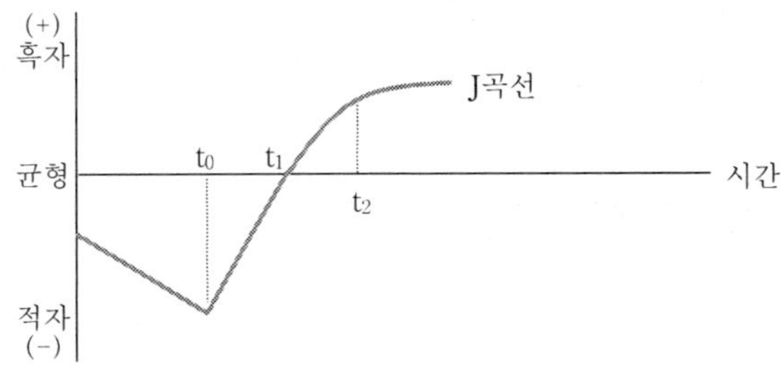

그림 14-1 J-곡선 효과

<그림 14-1>에서 보는 바와 같이 평가절하를 한 후 t0까지는 무역수지 적자가 확대되다가 그 이후에는 차츰 균형수준에 접근하여 국제수지가 개선된다. 이러한 현상은 1967년 영국 파운드화의 평가절하 효과를 검토하는 과정에서 처음 논의되었다. 우리나라는 1990년에 원화를 평가절하 했을 때 이런 현상이 나타났다.

제15장 도전받는 한국경제

1. 한국의 경제성장 요인과 과정

1.1 경제성장의 요인은 무엇인가?

우리는 경제성장이란 말을 많이 접하게 된다. 경제성장이란 무엇을 의미하는가? 한마디로 일국(一國) 경제의 국내총생산(GDP) 증가로 정의할 수 있다. 그러므로 경제성장률은 GDP 증가율을 의미한다. 한 예로, 한국의 1999년도 경상가격 GDP가 10조원이었는데 2000년에는 11조원으로 증가했다면 경제성장률은 10%가 된다. 여기서 주의할 것이 있다. 이 성장률은 당해연도의 물가변화를 반영하지 않았기 때문에 이를 그대로 성장률로 사용할 수 없다. 생산된 재화가격이 전 연도와 동일하고 물가가 전 연도에 비하여 10% 상승하면 경상가격 GDP도 10% 증가하게 된다. 그러나 이는 GDP의 증가라고 말할 수 없다. 따라서 경제가 실질적으로 성장한 것을 나타내기 위해서는 경상가격 GDP에서 물가변화 효과를 차감한 실질 GDP로 경제성장률을 표시하여야 한다.

실질 GDP규모가 크다고 해서 반드시 생활수준이 높은 것은 아니다. 일국 국민의 생활수준이 상대적으로 어느 정도인지를 파악할 수 있는 지표가 1인당 실질GDP이다. 최근 경제규모가 급격히 증대하고 있는 중국의 경우 국내총생산이 2000년 기준 10,800억달러로 한국의 4,574억달러에 비하여 훨씬 규모가 크다. 그러나 1인당 국민총소득은 한국이 8,551달러인데 반해 중국은 789달러(1999년 기준)로 한국의 생활수준이 높은 것으로 나타나고 있다. 그러므로 생활수준을 파악하기 위해서는 1인당 실질GDP를 사용하여야 하며, 이는 실질GDP를 총인구수로 나누면 된다.

그러면 경제가 성장한다는 것은 무엇을 의미하는가? 이는 생활수준이 향상됨을 말한다. 성장하는 경제는 쇠퇴하는 경제와 달리 국민의 새로운 욕구를 충족시키기 용이하며 사회적, 경제적인 문제가 발생할 경우 보다 쉽게 해결할 수 있는 유리한 입장에 서게 된다. 우리의 예를 보자. 그동안 추진하여온 경제정책의 결과 괄목할만한 성장을 이룩하였고 그로 인해 개인의 실질소득이 증가하여 국내는 물론 해외여행이 보편화되고 있고, my car시대가 열려 자동차 수가 급격히 증가하고 있으며, 개인·기업 및 정부는 자신들이 필요로 하는 지출을 유지하면서 국가적 빈곤을 완화시킬 수 있으면 물론 최근 국제적 관심사로 등장하고 있는 환경문제를 해결하는데 더 많은 예산을 배정할 수 있어 사회적 부담을 경감시키게 된다.

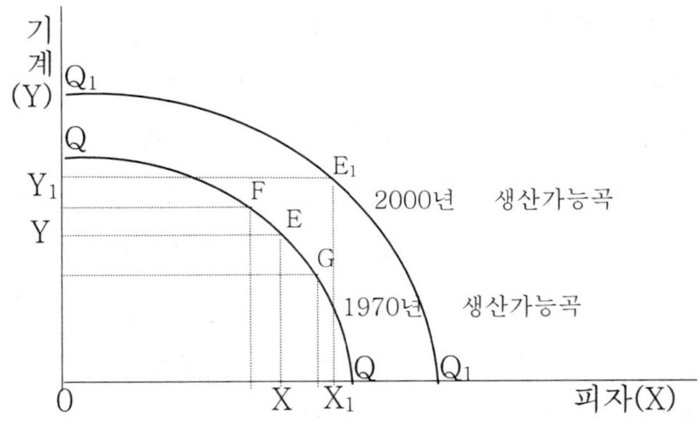

그림 15-1 경제성장과 생산가능곡선

그렇다면 일국의 경제성장을 결정하는 요인은 무엇일까? 여기에 대한 대답은 간단하지 않다. 왜냐하면 경제성장은 어떤 한 측면이나 어떤 한 요인에 의해 설명할 수 없는 복합적인 현상이기 때문이다. 여기서는 소비재로서 피자와 자본재로 기계가 있는 아주 단순한 모형 <그림 15-1>을 이용하여 경제를 성장시키는 요인이 무엇인가를 설명해 보자. 경제성장은 생산가능곡선을 이용하여 설명할 수 있다. 왜냐하면 경제성장은 생산가능곡선의 외부확장이라할 수 있기 때문이다. 생산가능곡선은 일국(一國)이 보유하고 있는 노동, 자본, 자원 등의 생산요소의 양과 질적 수준 그리고 생산기술로 생산할 수 있는 생산물의 효율적인 구성을 나타내는 곡선이다.

먼저 주어진 생산요소와 기술수준을 이용하여 피자(X)와 기계(Y)를 생산할 때 생산가능곡선 QQ는 피자와 기계 생산을 위한 투입량은 상이하나 이들 제품의 생산량이 동일함을 보이고 있다. 즉 곡선상의 F, E, G점을 생산하기 위하여 투입되는 양은 상이하나 생산량은 동일함을 말한다. 1970년 이후 한국경제가 성장하였다면 이를 어떻게 설명할 수 있겠는가? 이는 생산가능곡선의 변화를 통하여 설명할 수 있다. 생산가능곡선이 왼쪽으로 이동하면 경제성장이 달성되지 못했음을 의미하고 오른쪽으로 이동하면 경제성장이 있었음을 나타낸다. 2000년까지 지속적인 성장으로 생산가능곡선이 Q1Q1로 이동하였다면, 피자와 기계의 생산량이 1970년에 비하여 X1X와 Y1Y만큼 더 생산되었음을 의미한다. 그렇다면 생산가능곡선을 QQ에서 Q1Q1로 이동시키는 요인은 무엇일까? 즉 일국의 실질GDP를 증대시키는 요인은 무엇일까? 실질GDP는 공급측 요인과 수요측 요인에 의해 성장하게 된다.

공급측 요인인 노동이나 자본, 자원량이 증가하면 일반적으로 생산가능곡선은 우상향 이동하여 Q1Q1이 될 수 있으며, 생산요소의 투입량이 고정되어 있더라도 노동의 질적 수준이나 기술수준, 경영능력이 향상되어 생산성이 높아지면 생산가능곡선은 마찬가지로 우상향 이동하게 된다. 이와 같은 공급측 경제성장 요인은 일국의 경제가 성장할 수 있는 능력 즉 성장잠재력을 결정하는 요인이다 <그림 15-2>. 그러나 이들에 의해 반드시 경제가 성장하는 것은 아님에 유의해야 한다.

성장잠재력이 실제로 실현되기 위해서는 자원을 완전고용할 수 있는 능력이 있어야 한다. 이 능력을 총수요(總需要)라 한다. 즉 생산된 피자나 기계를 소비할 수 있는 양이 있어야 한다. 늘어나는 생산능력이 경제시스템에서 활용되기 위해서는

GDP에 대한 구매력인 총수요가 적절하게 늘어나야 한다. 즉 소비수요, 투자수요, 정부지출 그리고 순수출이 증가하는 생산능력에 맞추어 증가되어야만 실질GDP의 성장이 가능하게 된다. 만약 총수요가 부족하면 일국의 경제는 생산가능곡선 왼쪽에 위치하게 되고 생산가능곡선이 우상향 이동하더라도 수요가 없어 생산품이 팔리지 않기 때문에 성장잠재력이 실현되기는 어렵게 된다.

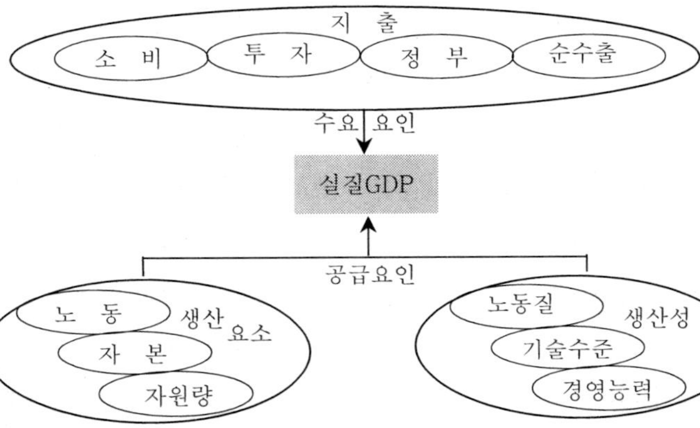

그림 15-2 경제성장의 요인

한 예로 1997년 IMP체제로 인하여 우리 경제가 악화되면서 심리적 불안으로 소비수요가 위축되고 기업의 투자의욕이 상실되어 폐업하는 공장이 늘어나고 해고되는 근로자가 증가하면서 수요부문이 급격히 위축되면서 성장잠재력이 100% 실현되지 못하였다. 이처럼 실질GDP는 어느 한 측면의 요인에 의하여 성장하는 것이 아니라 양 측면의 요인들이 상호작용을 하면서 성장하게 된다. 경제성장

> 경제성장은 일국(一國)경제의 국내총생산(GDP) 증가로 정의되며 경제성장률은 GDP 증가율을 의미한다. 공급측 요인으로 생산요소 측면에서 자본·노동·자원과 생산성 요인으로 노동질·기술수준·경영능력이 있으며, 수요측 요인은 소비수요, 투자수요, 정부지출 그리고 순수출이 있다.

1.2 한국의 경제성장은 어떤 요인에 의해 달성되었나?

한국경제는 고도성장으로 특징지워질 수 있다. 1960년대 초부터 시작한 경제개발5개년계획으로 한국경제는 세계 어디에서도 찾아볼 수 없을 정도의 높은 성장률을 달성하였다. 1960년대 우리나라의 경제사정은 국방비의 비중이 컸고, 인구증가율이 높아 실업률이 높았으며 국내자본형성이 미흡하여 빈곤의 악순환이 계속되고 있었다. 따라서 정부는 국가안보와 사회안정을 추구하기 위하여 고용기회를 확대하고 국민의 생활수준을 안정시키기 위하여 고도성장을 목표로 설정할 수밖에 없는 상황이었다.

어찌되었던 그림에서 볼 수 있듯이 우리 경제는 고도성장을 달성하게 되었는데, 이는 어떻게 가능하였을까? 이를 공급측 요인과 수요측으로 구분하여 설명하고자 한다.

전산업 및 제조업 경제성장률

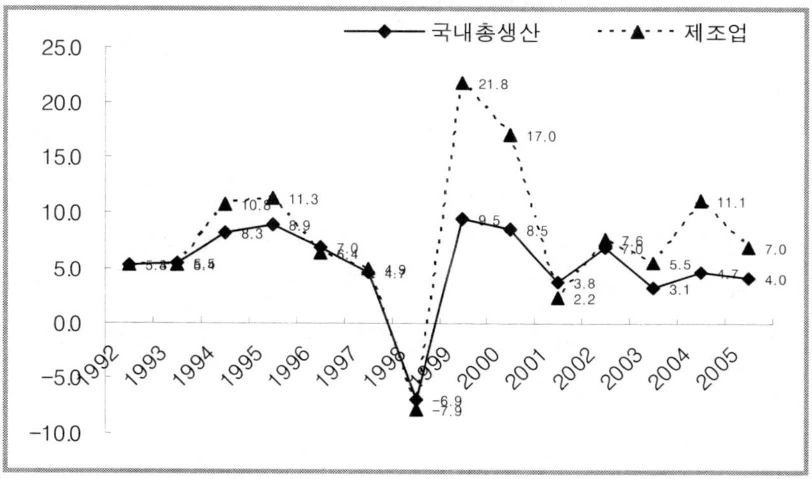

1.2.1 고도성장의 공급측 요인

풍부한 노동력과 높은 교육열

우리경제가 고도성장을 달성할 수 있었던 요인 중 가장 중요한 것이 풍부한 노동력 때문이었다. 좁은 국토에 산간지역이 대부분이어서 농경지 비율이 상대적으로 낮은 수준이며 지하자원이 풍부한 국가도 아니었다. 유일하게 경제발전에 활용할 수 있었던 것이 노동력뿐이었다. 대개의 개발도상국이 그렇듯 우리도 인구증가율이 높아 노동력이 급속히 증가하였고 이런 노동력이 대부분 잠재실업 상태로 도시나 농촌지역에 있었다. 또한 노동력이 양적으로 풍부할 뿐만 아니라 질적 수준도 비교적 양호하였다. 이는 한국의 교육열과 정부의 교육정책 그리고 전통적인 선비존중의 전통과 관련이 있었다고 볼 수 있다. 노동의 공급량이 늘어나고 질 좋은 노동력의 존재는 생산가능곡선을 우상향 이동시킴으로 실질GDP가 늘어나는 효과를 창출하게 된다.

당시에는 유휴노동력이 너무 많아 생산성에 비해 매우 낮은 임금으로 근로자를 고용할 수 있었고 이것이 한국경제가 발전한 가장 큰 원동력이었다고 할 수 있다. 노동의 공급과 수요측면에서 보았을 때 공급량에 비하여 노동수요가 적어 임금이 낮은 수준에 머물렀다. 또한 정부가 강력하게 노동운동을 통제한 것도 임금이 낮게 유지된 원인이 되기도 하였다.

이때 노동수요의 중심지가 도시지역이었기 때문에 농촌의 유휴노동력이 도시로 빠져나가 농촌인구가 급격히 감소하였고 반대로 도시는 인구가 하루가 다르게 늘어나는 현상을 초래하였다. 이와 같은 인구의 도시집중은 주택, 교통, 교육 등 다양한 문제를 야기하였기 때문에 바람직하지 못하였다. 1960년대는 임금이 낮아 노동집약적인 경공업이 발전하게 되어 노동수요가 늘어나면서 실질임금이 지속적으로 상승하게 되었다.

자본축적과 투자

한국경제가 발전할 수 있었던 두 번째 요인은 기업투자와 자본축적이다. 기업이 투자할 때 반드시 투자수익률이 투자자의 기회비용 즉 시장이자율보다 커야한다. 저축률이 높다면 이자율이 낮게 형성되어 투자가 활발해진다. 왜냐하면 저축은 기업이 투자할 돈을 확보하는 원천이기 때문이다. 기업이 투자를 증가시키면 자본이 축적되어 생산가능곡선을 우상향 이동시켜 GDP규모를 확대시켜 경제가 성장하게 된다.

한국의 경우 경제개발 초기에 1인당 국민소득은 100달러 미만이었고 저축률도 3%대에 불과했다. 그러나 정부의 경제개발계획 착수와 함께 공업화가 진전되고 이에 필요한 부족분을 외국자본(外國資本)으로 충당함으로써 공공부문과 기업의 활발한 투자활동으로 인하여 자본축적이 본격화 되었다. 따라서 1980년대 이후 국민소득은 그림에서 보듯이 크게 신장되었고, 투자규모는 1970년에 4,735억원에 불과했으나 2000년에는 1,607,015억원으로 증가하여 국내총자본형성은 1970년 6,935억원에서 1980년 120,683억원, 2000년 1,482,025억원으로 증대하였으며, 취업자 1인당 평균자본량도 1968년 63만원에서 빠른 속도로 증가하였는데, 이는 취업자당 기계사용량인 노동의 자본장비율(혹은 노동장비율)을 증가시켜 생산성을 향상시켰다. 이것이 경제성장의 중요한 요인으로 작용하였다고 볼 수 있다.

한편 정부가 경제정책을 추진하면서 고속도로, 항만, 공항 등 사회간접시설을 대폭 확대하였고 그로 인하여 제품의 원가가 절감되어 총공급 능력을 확대한 것도 한국경제를 성장시키는 요인으로 작용했다.

기술진보와 경제성장

한국경제가 발전할 수 있었던 또하나의 핵심요인은 기술진보이다. 발전초기 우리 경제의 기술수준은 매우 낮은 단계에 있었다. 그동안 정부는 외국의 선진기술을 활발하게 도입하여 많은 성과도 있었으나 외국의 기술을 우리 것으로 토착화시키지 못함으로써 외국의존형 경제구조가 지속되었다.

경제학자인 슘패터가 "기술혁신은 경제성장의 원동력"이라 했듯이 기술진보는 생산성을 획기적으로 향상시켜 일국의 생산가능곡선을 우상향 이동시켜 경제를 성장시키게 된다. 무엇을 기술진보라고 하는가? 기술진보는 보다 많은 생산을 위하여 한정된 자원을 새로운 방법으로 활용하는 과정이라 정의할 수 있다. 예를 들면, 기업이 신제품을 개발하거나 생산방법을 개선하거나 국내는 물론 해외에 시장을 개척하거나 경영방법을 변화시켜 생산량을 확대시키는 모든 것을 포함한다고 볼 수 있다. 그러면 기술혁신을 촉진시키는 요인은 무엇일까? 이는 <그림 15-3>에서 볼 수 있듯이 공급측 요인으로는 연구개발의 투자, 기술인력, 기술발전을 위한 사회간접시설 그리고 정부지원과 법제도 등이 있으며, 수요측 요인으로는 시장다변화·시장심화 등을 통한 해외시장의 확대와 국내수요를 증가시킬 수 있는 요인으로 구분할 수 있다.

우리 경제는 개발초기에 기술수준의 역할이 매우 컸다고는 말하기 어렵다. 우리 기업들은 그동안 발명이나 혁신을 통한 기술진보 보다는 모방에 의한 기술진보 형태가 중요한 역할을 한 것으로 생각된다. 그러나 1980년대 이후 기업과 정부의 노력에 힘입어 기술개발이 이루어짐으로써 기술진보는 우리의 경제성장에서 매우 중요한 위치를 차지하게 되었다.

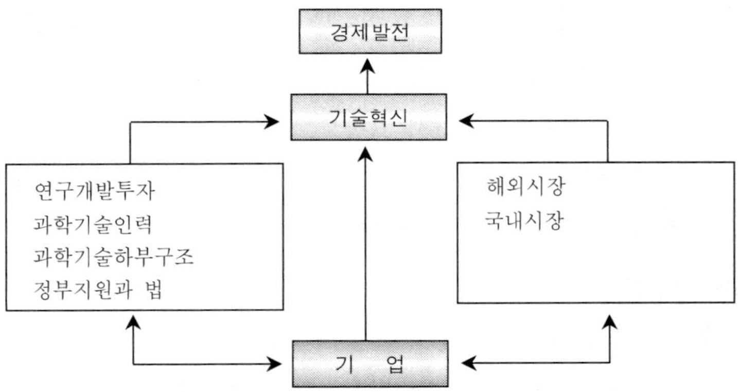

그림 15-3 기술혁신의 요인과 경제발전

자연자원과 경제성장

자원은 다른 생산요소와 달리 인간의 힘으로 해결하기 어렵다. 왜냐하면 기후, 지하의 광물자원, 산림자원, 해양에서 서식하고 있는 수산자원 등은 자연에 의해 주어지는 것이지 인간이 가공할 수 없는 자원이다. 따라서 자연자원은 경제성장과 매우 밀접한 관계를 갖게 된다. 중동지역의 석유자원이 좋은 예 중 하나이다. 중동지역은 석유가 생산되면서 국내총생산이 급격히 증대하였는데 이처럼 자연자원의 발굴은 일국의 총공급능력을 확대시키게 되고, 자원이 고갈되면 감소시켜 경제성장을 둔화시키는 역할을 하게 된다. 이와 같이 자원을 얼마만큼 보유하고 있는가는 매우 중요하며 이것이 생산가능곡선을 우상향시켜 GDP를 증가시키게 된다.

경제성장에서 자원이 차지하는 비중은 점차 높아지고 있으나 우리나라는 이 분야에서 매우 불리한 환경에 있다. 왜냐하면 우리는 뚜렷한 자원을 보유하고 있지 못할 뿐만 아니라 국토는 좁은데 비해 인구가 상대적으로 많아 경제성장의 장애요인으로 작용하고 있다. 지하자원중 공업화에 필요하고 부가가치가 높은 석유, 금, 동 등이 매우 부족하고 목재, 원면, 고무 등 지표자원도 부족한 실정이다. 따라서 정부는 고도성장정책을 추진하는 과정에서 필요한 천연자원을 대부분 수입에 의존하였다. 그러나 세계자연환경이 점차 훼손되고 변화되면서 수입원가가 높아지고 비용부담이 늘어나는 등 여러 가지 문제가 발생하고 있어 국내에서 필요한 자원을 개발하는 문제가 중요 이슈로 등장하고 있다.

자원배분의 효율성

주어진 자원을 제품생산에 어떻게 배분하는가는 경제성장에서 매우 중요한 과제이다. 경제정책을 추진하는 과정에서 자원이 왜곡되게 배분되면 경제성장의 효과는 그만큼 떨어지며 효율성이 클수록 경제성장의 효과가 크게 나타나게 된다. 물론 이는 일국의 기술진보나 교육과 관련된다. 자원의 효율적인 배분은 그 사회의 정치체제, 경제체제 및 가치문제와 직결된다고 볼 수 있다.

우리나라의 경우 첫째, 국민들의 경제적 의지가 경제성장을 촉진시켰다고 할 수 있다. 개발초기에 "사농공상(士農工商)", "농자천하지대본(農者天下支大本)"의 유교적인 직업관이 공업과 상업을 발전시키지 못하는 요인으로 작용하였다. 그러나 일제식민시대, 8·15해방 등을 거치면서 경제성장에 의해 국민들의 소득이 증가하고 그로 인하여 생활수준이 향상되면서 물질적 풍요가 바람직한 목표로 취급되면서 이들 분야에 종사하는 사람이 직업에 대한 자부심이 생겨나고 사회적으로 인정을 받으면서 근로의욕이 향상되고 그로 인해 경제성장의 효과는 크게 나타났다. 이처럼 일국의 지배적인 사고가 적극적이고 합리적이면 경제성장에 긍정적인 영향을 주게되고 현실 도피적이고 비합리적이면 부정적 영향을 미치게 된다. 경제활동에 대한 긍정적이고 합리적인 자세는 자원의 효율적 배분과 사용에 중요한 영향을 미치게 된다.

1.2.2 수요측면에서 본 경제성장의 요인

경제성장은 공급측 요인에 의해서만 달성될 수 없고 반드시 공급을 뒷받침할 수 있는 수요가 있어야 적절한 성장을 유도할 수 있다. 이는 결국 국민 각자가 경제활동을 하는 과정에서 발생하는 소비지출, 기업과 정부가 각종 제품을 생산하기 위하여 투입하는 투자지출 그리고 해외수출과 수입간의 차이인 순수출에 의존하게 된다. 이들은 국내총생산의 지출측면을 구성하는 요인들이다.

경제개발 초기인 1963년 우리나라의 소비구조를 보면, 투자가 97.6%, 수출이 17.3%, 수입이 4.6%로 주로 국내수요에 의존하는 경제구조를 보인 이후 점진적으로 소비구조가 변화되어 1975년에는 수출이 20%대를 넘어섰으며 국내시장이 차지하는 비중이 점차 줄어들게 되었다. 그 후 1980년대 중반부터는 투자가 70%로 감소하고 수출이 30%대를 넘어 해외소비의 상대적 비중이 지속적으로 증가하는 경향을 나타냈다. IMF체제를 겪으면서 우리 경제 상황은 매우 어려우나 우리 경제의 수요를 강화하기 위해서는 해외시장의 개척이 필수적이며 또한 과거 미국과 일본중심의 해외소비를 지양하고 EU, 중동, 남미 등 해외시장을 확대하여 해외소비 비중을 늘이는 경제정책이 추진되어야 경제성장이 지속될 수 있을 것으로 예상된다.

> 한국경제는 풍부한 노동력과 높은 교육열, 자본축적과 투자, 기술진보, 자연자원, 자원배분의 효율성 등의 공급요인과 소비, 투자지출 그리고 순수출 등 수요요인에 의해 성장하였다.

1.3 한국경제의 성장과정은?

광복 직후 들어선 미군정은 양곡배급제의 철폐, 양곡자유시장의 개설 등으로 자유시장제도를 도입하였고 유상몰수, 유상분배 방식으로 농지개혁을 단행하여 귀속재산을 불하하였는데 이것이 1940년대 우리 경제정책의 모습이었다. 1950년대는 원조경제시대라 할 수 있다. 이 시기에는 소비재 중심의 원조가 이루어졌으며 휴전 이후 방위지원을 위하여 공업원료형 농산물과 기타 원료용 물자가 대부분을 차지하였으며, 1950년대 공업화는 면방직, 제당제분 등 이른바 삼백산업이 산업을 주도하였다 <표 15-1>.

그 후 4.19혁명과 5.16쿠데타를 거치면서 집권한 군사정권은 외국자본을 유치하여 경제성장을 추구하였고, 이를 달성하기 위한 수단으로 경제개발 5개년계획을 도입하였는데, 이 계획은 공업화를 지향하며 농업생산력을 제고시키고 에너지자원을 개발한다는 것이 주요 내용이었고 성장목표를 7.1%로 설정하였다. 1967년부터 시작된 2차계획에서는 연평균 7.0%의 성장률을 목표로 하여 수출지향형 개방정책을 강화해 나갔다. 1970년대는 중화학공업의 육성이 개발목표였다. 그러나 1970년대 들면서 우리 경제는 고도성장 추세가 둔화되었고 경제는 불황의 늪으로 빠져들었다. 인플레이션이 발생하고 경기는 불황이며 국제수지는 악화되는 상황이 닥쳐 무모하게 외국자본을 도입한 기업들의 부실이 문제가 되었고 정부는 이를 방지하고자 8·3조치를 발표했는데, 이는 기업의 사채를 동결하고 대출금리를 인하한다는 것이 주요 골자였다. 이 시기에 선진국들의 보호무역주의가 대두되면서 경공업 위주의 경제성장에 한계를 느낀 정부는 이를 타개하기 위하여 중화학공업으로 정책목표를 수정하게 되었다. 이때 철강, 화학, 비철금속, 기계, 조선, 전자 등 6개 전략업종이 선정되었다. 그러나 중화학공업이 본격 추진되기 시작한 시점에 세계경제가 침체되고 2차 석유파동이 발생하면서 수출이 부진해지고 국내기업간 과다경쟁으로 부실기업이 늘어나게 되었다.

표 15-1 시대별 경제정책 내용

구 분	주요 경제정책
1940년대	농지개혁, 귀속재산 불하
1950년대	원조경제시대, 귀속재산 불하, 삼백산업 육성
1960년대	수출지향형 경공업 육성
1970년대	중화학공업 육성, 8·3조치(사채동결, 금리인하), 부가가치세 도입
1980년대	안정화경제정책, 산업합리화 조치, 주택 200만 가구 건설, 토지공개념 도입
1990년대	금융실명제 실시, 신경제 5개년계획, 외환위기 대책

1980년대 경제는 안전화와 경제민주화로 표현할 수 있다. 10.26이후 사회가 불안하고 집권세력이 없는 정치공백으로 경제상황이 악화되자 사회안정을 위한 경제적 안정의 필요성이 대두되었다. 집권에 성공한 전두환 정권은 물가 상승을 억제하는 경제정책을 추진하여 "물가를 안정시켜 경제안정을 이룩한 정권"으로 국민들에게 강한 인상을 남겼다. 1982년 소비자물가상승률이 2.4%이었고 통화 및 재정을 긴축시키는 정책을 추진하여 1980년대 후반부터 사회간접시설의 부족으로 인해 물류비가 상승되는 문제가 발생하게 되었다.

6공화국이 들어서면서 농어촌구조조정, 토지공개념의 도입, 금융실명제의 실시 등 많은 경제정책을 발표하고 이를 추진하였으나 일관성 없는 경제철학으로 인하여 그 성과는 크지 않았다는 것이 일반적인 평이다. 한편 1990년대 우리 경제는 신경제시대와 외환위기로 대변된다. 경제상황이 매우 어려운 시기에 집권한 김영삼 정부는 1993년 3월 공금리의 인하, 설비자금의 공급확대, 통화의 신축적 공급, 수출용원자재 연지급 허용기간의 확대, 정부공공사업에 대한 예산의 조기집행 등 경기활성화를 위해 "신경제 100일계획"을 발표하였고, 7월에 "신경제 5개년계획"을 발표하였다. 금융, 재정개혁과 대외개방, 국제화를 추진한다는 내용의 계획은 얼마뒤 금융규제 완화가 발표되면서 뚜렷한 성과를 얻지 못했다. 김영삼 정부의 개혁중의 개혁으로 평가받고 있는 금융실명제는 1993년 8월 12일 대통령 긴급재정경제명령 제16호를 발동하면서 도입되었다. 그러나 1997년 우리는 치욕적인 IMF경제체제를 맞게 되었다.

1997년말 집권에 성공한 국민의 정부는 IMF관리체제와 외환위기를 극복하기 위하여 재벌, 금융, 노동, 공공부문 등 개혁정책을 추진하면서 IMF위기를 해결하기 시작하였다.

어찌되었던 60년대 이후 우리 경제는 정부주도형 경제성장 패턴을 유지해 왔으며 일부 측면에서는 문제가 없지 않으나 경제개발계획의 역할은 매우 컸음을 부인할 수 없다. 그로 인하여 우리 경제는 괄목할만한 성장을 이룩하였다. 그러나 최근 세계경제 환경이 급격하게 변화하고 있어 우리의 경제성장에 제약요인이 될 것으로 예상된다.

한국의 경제성장 역사를 보면, 50년대는 원조경제시대, 귀속재산 불하, 삼백산업 육성, 60년대는 수출지향형 경공업 육성, 70년대는 중화학공업 육성과 부가가치세 도입, 80년대는 안정화경제정책, 산업합리화 조치 및 토지공개념 도입 그리고 90년대는 금융실명제의 실시, 신경제 5개년계획 추진 및 IMF경제체제와 외환위기 극복을 위한 대책 등으로 특징지워 진다.

1.4 경제성장 과정에서 발생하는 비용이란?

경제성장은 인간에게 물질적인 풍요를 가져다줘 삶의 질을 향상시키는 긍정적인 효과가 있으나 정도의 차이는 있으나 반드시 부수적으로 부정적인 영향을 미치게 된다. 경제성장의 결과로 대기, 수질, 토양, 자연환경의 파괴 등의 문제를 비용이란 측면에서 파악할 수 있다.

첫째, 경제성장으로 인하여 양적 성장이 이루어지면 그에 따른 외부불경제가 발생하게 되는데 가장 문제가 되는 것이 대기, 수질, 토양, 폐기물 등에 의한 산업 및 생활공해라 할 수 있다. 경제가 성장하면 인구가 도시에 집중되고 그로 인해 대기, 교통 및 소음공해가 발생하고 하천이 오염되며 자연환경을 훼손시키면서 인간이 필요한 각종 시설을 입지 시킴으로써 생태계가 파괴되는 등 각종 환경문제가 발생하게 된다. 이렇게 발생한 공해문제는 국내총생산을 생산하는 과정에서 발생하는 폐기물이 자연의 정화능력을 초과할 만큼 많이 발생하기 때문에 문제가 된다. 이런 현상은 경제성장 속도가 빠른 국가일수록 심화되는 것이 일반적이다. 총생산액이 증가하더라도 그 혜택보다 환경을 회복시키고 보전하는데 엄청난 사회적 비용을 투입할 수밖에 없기 때문에 성장속도를 적정수준으로 조절해야 한다는 주장이 제기되고 있다.

둘째, 경제성장이 반드시 공평성을 추구할 수 없다는 것이다. 성장비판론자들은 경제성장이 사회적 문제 특히 빈곤문제를 근본적으로 해결할 수 없다고 주장하고 있다. 일반적으로 경제가 빠른 성장을 보이는 국가일수록 소득불평등 문제가 제기되고 있다. 성장비판론자들은 빈곤을 해결하는 것은 분배차원의 문제이지 생산문제라고 인식하지 않고 있다. 우리나라의 경우 빈곤문제의 해결은 국내총생산의 증대를 통하여 이루어지기 보다는 정치적으로 해결되는 경우가 많이 있다.

셋째, 인간가치의 상실이 성장에 따른 비용이라 볼 수 있다. 경제성장에 대한 비판 중의 하나가 경제성장은 인간이 생존하기 위한 물질적 수단을 제공하나 반드시 질 좋은 삶을 제공하지는 않는다는 것이다. 사회가 변화하면서 직업관도 빠른 속도로 변화하고 있다. 최근 정보기술이 발달하면서 이 분야에 종사하는 근로자들은 상대적으로 높은 가치를 가지고 있으나 그동안 산업화에 큰 역할을 수행한 일반근로자들은 그동안 느끼던 심미적이고 직관적인 만족감이 상실되고 있다. 최근 관심사항으로 대두되고 있는 전문화, 고도화는 직무의 세분화를 초래하였고 경제단위가 확대되어 조직을 형성하게 되어 근로자들이 산업조직의 한 구성인자로 전락함으로써 심리적 소외감과 허탈감을 느끼게 되어 인간가치가 상실되는 문제가 야기되고 있다. 이러한 현상은 최근 대학지원자의 지원경향에서 뚜렷이 나타나고 있다. 정보통신, 컴퓨터관련학과 중심으로 지원이 집중됨으로써 국가발전의 원동력인 기초과학 분야는 소외당하고 있어 심각한 사회적 문제로 대두되고 있으며, 이런 현상이 당분간 계속될 것으로 전망되어 국가적 측면에서 엄청난 비용부담이 예고되고 있다.

마지막으로 심리적 비용문제이다. 급속하게 성장하는 경제는 반드시 새로운 기술개발이 뒷받침된다. 이런 과정에서 근로자들은 임금, 근로조건, 해고 등 새로운 걱정과 불안감에 직면하게 된다. 새로운 기술개발은 새로운 수요를 창출한다는 측면에서는 긍정적이나 기존의 근로자 입장에서 보면 기존의 기술과 경험이 노후화됨으로써 산업사회에서 도외시되어 새로운 사회문제를 야기해 국가의 부담을 가중시키게 된다.

> 경제가 발전하는 과정에서 대기·수질·소음 등 공해의 발생, 성장에 따른 불공평문제의 야기, 인간가치의 상실 및 심리적 비용 등 부정적 영향이 나타남으로써 국가의 사회적 부담을 증대시키고 있다.

2. 치욕의 IMF와 재도약을 위한 구조개혁

2.1 IMF위기 왜 발생되었는가?

1997년 후반기에 본격화된 우리나라의 외환위기는 독자적인 요인에 의해 야기된 것이 아니라 그동안 누적되어온 한국경제가 안고 있는 근본적인 문제들이 누적됨으로써 발생한 것으로 구조적으로는 "고비용, 저효율"구조와 같이 국내 생산품의 국제경쟁력을 약화시킨 모든 문제들이 혼합되어 나타난 결과이다. 우리 경제가 심각한 위기상황에 직면하면서 대기업의 연쇄부도 사태가 발생되었고 이는 금융기관의 부실채권을 증가시켜 은행의 위기상황이 1997년 초반부터 나타났고 그로 인하여 금융기관들의 대외신용도가 급격히 하락하면서 외환수급에 문제가 발생하게 되어 단기적 해외채무의 비중이 컸던 우리 경제는 해외채무를 상환하지 못하는 외채위기로 이어졌으며 이것이 원화가치를 급격히 하락시키게 되어 외환위기가 발생하게 되었다.

20세기말 아시아 경제위기는 그동안 경제발전의 견인차 역할을 수행해온 이 지역의 성공적 발전모델에 대한 광범위한 합의와 낙관주의를 급격하게 쇠퇴시켰다(문정인, 1998). 동남아시아에서 시작된 외환위기가 즉각 우리의 경제를 파산시킬 경제위기를 초래할 것으로 예상한 사람은 거의 없었다. 그러나 우리는 경제위기를 맞았고 그로 인하여 많은 국민들과 기업들이 고통을 받게 되었다. 그렇다면 우리의 외환위기는 왜 발생되었을까? 이에 대한 해답은 매우 복잡하다. 여기서는 몇 가지 관점에서 설명하고자 한다.

첫째, IMF(International Monetary Fund) 경제위기는 고도경제성장 이면에 누적된 경제적·사회적 각 부문의 구조적 문제가 결합되어 나타났다고 볼 수 있다. 과거 30년 이상의 정부주도형 압축성장과정에서 누적된 경제구조의 부실과 개인과 기업을 중심으로한 사회전반에 나타난 심각한 도덕적 해이 현상 등 민주적 시장경제질서가 정착되지 않음으로써 위기를 맞게 되었다.

둘째, 우리경제가 민주화과정에서 진통을 겪고 있는 동안 세계경제 환경은 급격히 변화하여 세계화의 추세는 우리의 무역과 자본시장의 개방을 요구하였고 이에 대응하기 위해서는 국내경제의 전면적인 구조개편이 불가피한 실정이었다. 그러나 우리는 이런한 환경 변화에 신속하고 적절하게 대응하지 못함으로써 국내에서 생산한 상품의 국제경쟁력이 약화되었고 이는 결국 경제위기를 야기하게 되었다. 당시 우리 경제의 구조적 취약점은 고임금, 고금리, 고지가, 고물가 등 소위 4고 현상과 저기술, 저능률, 저부가가치 등 3저 현상에 직면하고 있었고 이는 우리 상품의 경쟁력을 약화시키는 요인이었다.

또한 우리 경제는 경제규모가 확대되면서 설비투자의 필요성이 증대되어 기업들이 투자확대를 꽤하였고 그런 과정에서 부족한 자본을 외국자본에 의존하게 되면서 1990년대부터 외채가 급격히 증가하였고 특히 단기외채 비중이 꾸준히 증가하여 1997년 외화유동성 부족상황에 직면하였을 때 단기외채 상환부담이 일시에 집중됨으로써 외채위기를 가중시키게 되었다. 이렇듯 해외부채 의존적이며 외형위주의 기업경영관행이 지속됨으로써 기업부실이 늘어났고 이는 금융부실로 연결되어 금융위기를 야기시켰다. 당시 제조업 부채비율을 보면 한국이 396.3%(1997), 미국 153.6%(1996), 일본이 193.2%(1996) 그리고 대만이 85.7%(1995)수준이었다. 한편 국제경제 환경이 변화되고 그로 인하여 국내시장에 대한 압력이 가중되면서 국내금융의 자율화·자본시장의 자유화가 급속히 진행되었으나 이에 부합한 금융감독체제가 구축되지 못함으로써 금융분야에서 문제가 발생하였다.

셋째, 1980년대 후반부터 흑자를 보였던 경상수지가 1990년대부터 1993년을 제외하고는 1994년 이후 경상수지 적자가 확대되고 급기야는 외환유동성 부족을 초래하여 경제위기를 가중시켰다. 1996년 경상수지 적자가 237억달러로 GDP의 5%수준에 달하였으며 1997년 1/4분기때는 74.2억달러로 분기별 사상 최대적자를 기록하였다. 당시 경상수지 적자의 주요인은 무역수지 적자로서 1995년에 비해 3배 이상 늘어났다. 국내 주력 수출상품의 교역조건이 악화되어 수출증가율은 낮은 수준이었으나 수입은 기업의 투자확대와 소비증가로 빠르게 증가하여 무역수지 적자는 급격히 증가하였다. 수출단가의 하락은 이들 산업에 대한 기업의 투자를 확대시켰고 우리와 경쟁관계에 있는 동남아 등 경쟁국들도 동일산업에 투자를 확대함으로써 공급과잉 현상이 초래되면서 더욱 악화되었다. 또한 무역외수지 적자가 급증한 것도 경상수지가 악화된 중요한 요인이 되었다. 1996년 무역외수지는 76억달러로 전년도에 비해 2배이상 증가하였는데, 이는 해외여행자유화와 여행자 달러반출한도의 확대로 인한 외화유출과 정부의 세계화 정책으로 인하여 장려된 해외유학과 해외부동산 취득한도 확대로 인한 외화유출 등이 겹치면서 무역외수지 적자규모가 급격히 늘어나게 되었다.

넷째, 외환위기의 직접적인 원인은 외화유동성 부족에 있으며 1996년 말에도 단기외채비중이 높아 외화유동성 부족 가능성이 있었는데 1997년 하반기부터 외화유동성 부족이 급증하게 된 원인은 실천력 있는 국가 리더십 부재로 대기업 부도 처리 지연, 노동법 개정·금융개혁 관련법 제정 파동 등 개혁작업이 지연되면서 대외신용도가 하락된 것에도 원인이 있었다. 한보그룹으로부터 출발한 부도사태는 대기업들의 연쇄부도로 금융권의 부실채권이 증가하게 되었고 이는 국내금융기관들에 대한 대외신인도를 급격히 떨어지는 결과를 초래하였다.

신용평가사	1997.9.		1997.12	하락 수준
무디스	A1	→	Bal, Negative	6단계 하락
S&P	AA-	→	B+, Negative	10단계 하락
Fitch IBCA	AA-	→	B-, Negative	12단계 하락

그림 15-4 외국신용평가사의 IMF 전후 국가신용도 수준

한보, 삼미 등 대기업 부도와 주가하락으로 유가증권에 대한 투자손실과 평가손 등으로 1997년 2월 20일 조흥, 제일, 외환은행의 신용도가 1단계씩 하락하였고 국가의 신용도가 같은 해 10월 24일 S&P사가 1등급 하락시킨 것을 시작으로 지속적으로 하락하게 되었다. 신용평가사의 신용도 하락의 사유는 대기업들의 연쇄부도, 금

융기관의 부실화 그리고 정부의 공공부문 지원에 의한 부담증가 등 이었다. 한보사태 이후 1997년 2월부터 국내 금융기관들의 신규차입에 문제가 발생하기 시작하였고 신용한도액(credit-line)이 축소되어 외화차입 여건이 악화되기 시작하였다. 여기에다 1997년 7월부터 동남아 경제위기가 발생하였으며 정부가 기아를 공기업으로 처리한다는 결정을 내림으로써 금융기관의 신용도가 하락하였고 국가신인도는 <그림 15-4>에서 볼 수 있듯이 투자부적격 단계로 급속히 하락하게 되었다.

다섯째, 앞에서 설명한 여러 요인과 동남아 국가들의 경제위기로 인하여 우리 경제는 위기에 직면하게 되었고 이는 환율을 급격히 상승시켰으며 가용외환보유고가 급감하고 주가폭락이 야기되면서 경제상황이 급속히 악화되기 시작했다. 몇 가지 지표를 중심으로 경제상황을 구체적으로 보면, <그림 15-5>에서 볼 수 있듯이 환율은 1996년말 840원에서 1997년 9월 915원이었으나 구제금융을 신청한 직후인 12월 24일에는 1,965원까지 폭등하는 현상이 나타났고, 가용외환보유고는 IMF 직전 224억달러였으나 IMF가 발생한 약 보름뒤 39억달러로 바닥을 들어내는 최악의 상황에 직면하게 되었다. 한편 주가지수는 1996년 833대를 기록하였으나 1997년 9월 647.1로 하락하였고 IMF후인 1997년12월말에는 376.3으로 급속히 하락하여 기업들이 투자자금을 확보하는데 많은 애로가 야기되었다.

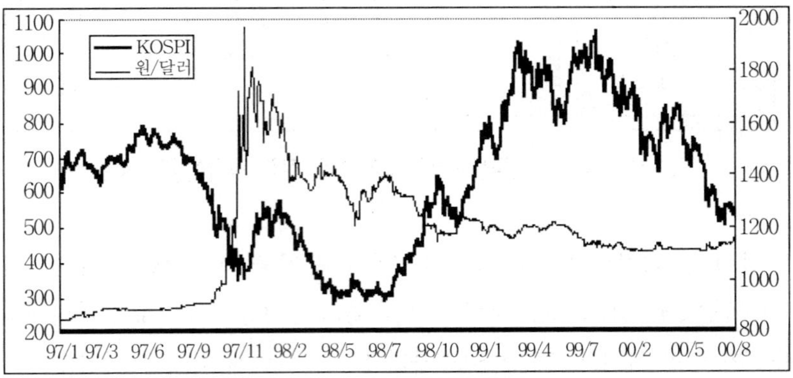

그림 15-5 IMF체제 기간 중 환율과 주가 변화추이

여섯째, IMF관리사태가 발생한 요인은 비단 국내 경제적, 정치적 요인뿐만 아니라 국제적 요인도 중요한 요인이 되었다. <표 15-2>에서 보듯이 태국에서 시작된 외환위기는 인도네시아, 필리핀, 말레이시아, 상가폴 등 인접국으로 확산되면서 국제금융시장의 불안정이 심화되었고 외국인 투자자들이 우리의 신용도 변화에 민감한 반응을 보였으나 우리 정부는 이에 적절하게 대응하지 못하여 경제위기는 한층 심화되는 형국을 맞게 되었다.

표 15-2 시기별 동남아 국가의 위기 내용

일 자 별	각 국 의 위 기 내 용
1997. 7. 2.	태국 바트화 폭락
1997. 10. 8.	인도네시아, IMF에 자금지원 요청
1997. 10. 17.	대만 외환방어 포기
1997. 10. 23.	홍콩 증시 10.4% 폭락
1997. 10. 27.	미국 다우존스지수 1일 최대인 7.2% 하락

그로 인해 국내은행의 외환차입금은 1996년 말 945.6억달러였으나 1997년말 629.2억달러로 감소하였으며 해외차입은 전면 중단되는 상황에 놓였고 외채만기 연장률은 1997년 1월의 87%에서 11월에는 59% 수준이었다. 경제가 위기상황에 직면하자 외국투자자들은 국내투자를 지양함으로써 외화자금 이탈이 가속화되어 경제는 더욱 악화되었다.

이러한 요인들이 겹쳐 우리 경제가 최악의 상황을 맞으면서 정부는 1997년 12월 3일 IMF에 긴급 구제금융을 신청하게 되어 우리경제는 독자성을 상실하고 IMF관리체제로 전환되었다. 아래 사진(1~6)은 1997년 12월 25일 경제부총리가 IMF지원 발표를 하는 모습에서 실사 팀과 첫 회의, 1997년 12월 3일 단행된 종금사 폐쇄, 국민들의 단합된 힘을 보여준 금모으기와 주부들의 달러 모으기 그리고 해고된 근로자들이 일자리를 요구하는 시위장면이다.

사진 1 2 3 4 5 6

IMF사태의 발생요인은 국내적 요인으로 경제·사회 각 부문의 구조적 문제, 세계경제의 환경변화에 적절하게 대응하지 못함으로써 국제경쟁력이 약화되었으며, 경상수지 적자가 확대되어 외환유동성 부족이 나타났으며, 실천력 있는 국가 리더십 부재로 부도처리 지연, 노동법 개정·금융개혁 관련법 제정 파동 등 개혁작업이 지연되면서 대외신용도의 하락 등에 원인이 있으며, 국제적 요인으론 태국에서 시작된 외환위기는 인도네시아, 필리핀 등 인접 동남아로 확산되면서 국제금융시장의 불안정이 심화되고 외국인 투자자들이 우리의 신용도 변화에 민감한 반응을 보이면서 외환위기는 시작되었다.

2.2 구조개혁은 어떻게 추진되었으며, 그 성과는?

2.2.1 구조개혁의 추진배경과 내용

IMF사태 후 우리 경제가 IMF통제하에 들어가면서 싫든 좋든 우리는 강도 높은 구조개혁을 요구받게 되었고 정부는 IMF 요구에 의해 경제위기의 극복, 경제체질의 개선이란 목표를 설정하고 외환유동성의 위기극복과 함께 구조개혁에 착수했으며 개혁과정에서 불가피하게 발생하는 실업과 소득격차를 완화시키기 위하여 생산적 복지시책을 추진하게 되었다.

정부는 구조개혁을 1, 2단계로 구분하여 추진했는데, 1단계(1998년 2월~2000년 8월)에서는 각종 부실의 제거와 구조조정을 위한 여건을 마련하는데 주력하여 부실요인을 제거하는 한편 시장기능을 통해 지속적으로 구조조정을 이룰 수 있는 법과 제도적 장치를 마련하였다. 2단계(2000년 8월~2001년 2월) 구조개혁은 경쟁력 강화를 위한 시장경제시스템을 구축하는데 초점이 맞추어 졌다.

표 15-3 단계별 정부구조개혁의 내용 비교

구 분	1단계 구조개혁	2단계 구조개혁
개혁목표	경제위기의 극복	경쟁력 강화
개혁대상	개별회사 중심	시장중심
개혁방식	정부의 직접개입	시장주도 자율
개혁내용	하드웨어 개혁 (부실금융회사·기업정리, 금융중개업 복원, 선진제도 도입 등)	소프트웨어 개혁 (금융시장기능의 제고, 금융회사·기업 내부역량 강화, 수익 및 생산성 제고)

구조개혁을 성공적으로 달성하기 위하여 핵심부문인 기업·금융·공공·노동 등 4대부문의 강도 높은 구조개혁 작업에 착수하게 되었다. IMF체제는 장기적인 관점에서 보면 우리 경제가 보다 건실하며 선진기법을 갖출 수 있는 기회가 되었다고 볼 수 있다. 그러나 IMF로 인해 국민이나 기업이 받은 고통은 상상할 수 없는 정도였다. 정부는 그동안 경제성장에 걸림돌이 되었던 각종 문제를 해결하고자 노력하였고 특히 우리 경제의 전통적인 구조적 문제를 치유하고 시장경제 원리를 확고히 정착시키기 위해 4대 부문에 걸친 구조개혁을 추진하게 되었다. 1단계 구조조정 작업은 당면한 경제위기에 대응하여 우선 부실금융기관을 정리하고 공적자금 지원 등을 통하여 금융중개기능을 회복하였다. 그리고 기업의 과다한 부채구조를 개선하고 전근대적인 경영기법을 개선하는데 역점을 두었는데 이는 1단계 구조개혁이 성공적으로 수행되어 외환위기를 단기간에 극복하고, 괄목할 만한 경기회복을 통한 재도약의 기틀을 마련하는 원동력이 되었다. 한편 2000년 8월 제2기 경제팀이 출범한 후 선택과 집중의 원칙 아래 4대 부문에 대한 12대 핵심 개혁과제를 선정 2001년 2월말까지 성공적으로 마무리하였고 그로 인하여 시장원리에 입각한 상시적 구조조정의 기본틀을 마련하게 되었다.

또한 "기업구조조정촉진법"을 제정·시행(2001.9)함으로써 보다 신속하고 투명한 기업구조조정을 추진하게 되었고 2001년 8월 35개 기업개선작업 진행업체에 대한 처리방침을 확정함에 따라 시장원리에 따른 상시적 구조조정시스템으로 이행할 수 있게 되었다.

4대 부문 12대 핵심과제의 추진성과

- 잠재 부실기업의 정리와 기업지배구조·재무구조 개선
- 금융기관의 건전성 회복과 자금흐름의 정상화
- 공기업 경영혁신과 민영화로 공공부문 효율성 증진
- 법과 원칙에 따른 노사분규 해결과 상생의 노사문화 유도

금융구조조정

금융부문은 IMF사태의 주역이라 할 수 있다. 국내금융시스템은 복잡하고 다양한 문제를 갖고 있다. 첫째, 금융기관의 자주성 상실, 둘째, 책임경영체제의 부재 그리고 정부감독의 부실 등으로 요약할 수 있다. IMF사태가 발생함에 따라 정부는 회생 불가능한 금융기관은 조기에 정리하고 회생 가능한 금융기관은 공적자금의 투입을 통해 건전 금융기관으로 회생시키고자 하였다. 2000년 10월까지 전금융기관의 약 25%에 해당하는 부실금융기관 600개가 정리되었으며, 신자산건전성 분류기준(FLC)를 엄격히 적용하는 한편, 충당금을 충분히 확보토록 하는 등 감독기능을 강화시켰다.

기업구조조정촉진법을 제정하여 상시구조조정 시스템을 구축하고 부실기업의 퇴출이 시장원리에 의해 결정되도록 하였으며 회사채 등 자금시장 안정과 금융중개 기능을 복원시켰다. 정부가 추진한 금융구조조정의 추진 내용은 <표 15-4>와 같다. 정부의 강력한 구조조정으로 우리나라의 BIS 비율은 1997말 7.04%에서 2001년 6말에는 11.10%로 대폭 확대되었으며 전금융기관의 부실채권 규모는 1998년 3월 112조원에서 2001년 6말 49.8조원으로 대폭 줄어드는 성과를 거두었다.

표 15-4 금융구조조정의 추진 내용

일 정	추 진 내 용
1997. 12. 2.	9개 종금사 영업정지 명령
12.22.	서울, 제일은행 경영개선 명령
12.24.	IMF 은행정상화 방안 일정 제시
12.29.	금융개혁법안 통과
1998. 1.30.	서울, 제일은행 감자 및 정부 증자
2.26.	BIS 자기자본 미달 12개 은행 경영개선 명령
3.30.	서울, 제일은행 민영화 방안 발표
4.14.	4차경제대책 조정회의, 금융·기업구조조정 방안 발표
4.23.	서울, 제일은행 매각 주간사 모건 스탠리 선정
4.30.	BIS미달 12개 은행 경영정상화 계획서 제출
6.10.	6개 회계법인 12개 부실은행 실사 완료
6.19.	경제대책조정회의, 금융구조조정 추진방안 및 금융경색 완화 대책
6.20.	은행경영평가위원회 구성, 평가작업 개시
6.28.	금감위, 경영평가위원회 평가결과 접수, 청와대보고
6.29.	퇴출은행 및 인수은행 발표
7.31.	상업, 한일은행 합병 발표
9.29.	9개 은행 노사협상 타결(32% 감원)
12.17.	조흥·강원은행·현대종금 합병 발표(99.2.12. 충북은행 추가 합병)
12.31.	제일은행 미국 뉴브리지 캐피탈에 매각 합의
1999. 2.22.	서울은행 영국 HSBC에 매각 합의
5. 2.	제일은행 본계약 연기
5.31.	서울은행 본계약 연기
7. 2.	제일은행 뉴브리지 캐피탈과 최종 합의
8.31.	서울은행 매각협상 결렬 발표
2000. 2. 9.	금감원, 2단계 금융 및 기업계획 추진방향 발표
4.14.	서울은행 독일 도이치뱅크와 구조개선자문 계약 체결
4.28.	한국투자, 대한투자에 5조원 공적자금 투입발표
7.11.	정부와 금융노련 2차 은행구조조정 방안 합의
9.22.	40조원 추가공적자금 조성 계획 발표
10. 4.	4대부문 12대 개혁과제 발표
11. 8.	한빛, 평화, 광주, 제주은행 독자생존 불가 판정
12. 1.	40조원 추가공적자금 조성계획 국회 통과

자료 : 유용주 외, IMF 체제 3년간의 한국경제 변화, 2000.12.

표 15-5 금융구조조정관련 주요 조치내용

구 분	조 치 내 용
은행경영의 자율성 확립	· 행장 후보 추천위원회 도입 등 인사의 투명성 제고 · 독립적인 여신전문위원회 등에 의한 여신결정 · 정부가 대주주인 은행에도 일상적인 경영활동 불간섭
금융감독 강화	· 금감위 설립(1998.4), 감독기구 금융감독원으로 통합(1999.1) · 재경부·금감위·한은 등 금융정책의 분권체계 구축 ·「금융산업의 구조개선에 관한 법률」 제정(1998.9) · 국제기준의 자산건전성 분류기준(FLC)제도 도입(1999. 12) · 적기시정조치제도의 도입(1998.6)
금융부실 정리와 클린뱅크 탄생	· IMF 이후 2001년 10월말까지 총 600개 부실금융기관 정리(1997년말 대비, 전체금융기관의 28.6%) *은행(11)·종금(27)·증권(7)·투신(7)·보험(15)·리스(10)·신용금고(120)·신협(403) · 2차례 공적자금 조성 및 회수재원 활용, 2001년 9월말까지 148조원 투입 · 한빛·평화·광주·경남은행 등 4개 은행과 하나로 종금에 공적자금 투입, Clean화하여 우리금융지주회사로 통합(2001.4) · 국민·주택은행 합병으로 우량거래은행 탄생(2001.11)
예금부분보장제도 도입	· 예금전액보장 → 부분보장제도로 전환(2001년 1월부터) *금융기관 파산시 금융기관별로 예금자 1인당 최고 5천만원까지 보호

자료 : 재정경제부, IMF위기를 넘어 다시 뛰는 한국경제, 2001.11.

기업구조조정

기업의 경영부실은 금융기관 부실과 밀접한 관계를 갖고 있다. 우리의 기업집단은 경제의 고도성장을 추구하는데 많은 역할을 했음은 부인할 수 없다. 그러나 기업의 경영방식이 비합리적, 비효율적으로 운영되어 왔기 때문에 국내외로부터 많은 비판을 받았다. 기업의 구조조정은 금융부문과 관련되어 있으나 기업 내부적으로 볼 때 자본금에 대한 차입금이 과다하고, 분식결산이 일반화되어 있으며 기업이 발표하는 재무제표를 믿을 수 없었고, 순이익보다는 총매출액에 중점을 둠으로써 외형적으로 기업의 세를 확장하려 했으며, 재벌총수를 중심으로 한 수직적인 의사결정으로 근로자들의 창의성이 기업경영에 반영되지 못했고 총수의 의사결정 독점에도 불구하고 법적 책임이 없었으며, 정치권과 결탁하여 비자금을 조성하여 정치적, 사회적 물의를 일으키는 등 많은 문제점을 안고 있었다. 외환위기 이후 기업의 자금조달 변화 추이를 <그림 15-6>에서 보면 위기 당해연도인 1997년에는 직접금융과 간접금융이 비슷한 수준이었으나 다음 해인 1998년에는 직접금융이 대부분을 차지하였고 1999년에는 해외차입이 크게 증가하였다.

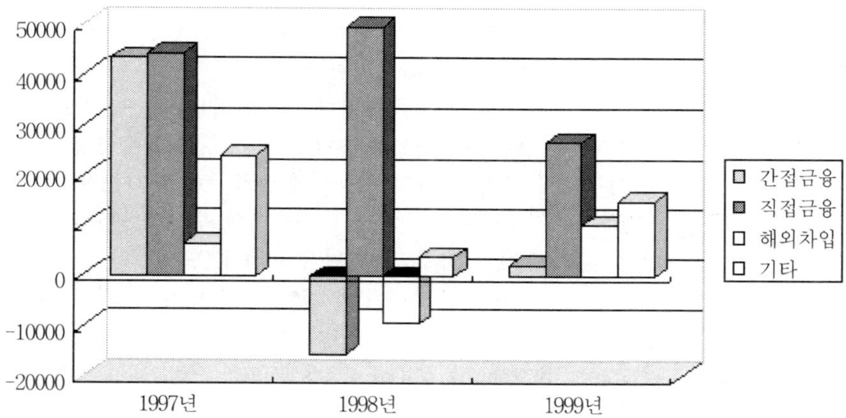

자료 : 유용주 외, 전게서, 2000.12.

그림 15-6 기업의 자금조달 변화(10억원)

IMF가 발생하자 정부는 기업구조를 개선하기 위하여 상호지급보증 금지, 연결재무제표의 공개, 외부감사의 의무화, 집단내 부실기업의 정리, 부채비율 축소, 핵심역량의 집중 등을 통해 기업구조를 개선하고 수익성 위주로 경영 패러다임이 정착될 수 있도록 구조개혁 정책을 추진하였다. 정부가 추진한 기업구조조정관련 정책의 주요 내용은 <표 15-6>과 같다.

노동부문 구조조정

노동부문의 구조조정은 많은 어려움이 따랐다. 왜냐하면 정부가 구조조정을 추진하는 과정에서 근로자와 충돌하게 되었고 그로 인하여 기업의 생산성이 떨어지는 문제가 야기되었다.

표 15-6 기업구조조정관련 주요 조치 내용

구 분	조 치 내 용
기업구조개혁 「5+3원칙」에 따른 제도개혁의 추진	· 경영투명성 제고 : 사외이사·감사위원회 도입 등 지배구조개선, 회계·공시제도 강화 등 · 재무구조의 획기적 개선 : 부채비율 200%, 과다차입금에 대한 세제상 불이익(손비불인정) 등 · 핵심역량 집중 : 도산3법의 정비, 적대적 M&A 허용, 합병·분할 등 사업 구조조정에 대한 세제지원 등 · 상호지급보증 해소 : 대규모 기업집단의 채무보증 금지 · 지배주주와 경영진의 책임성 강화 : 이사의 충실의무규정 신설, 사실상 이사제도 도입, 회사정리원인 제공 주주의 주식소각 등 · 제2금융권 경영지배구조 개선, 순환출자와 부당내부거래 차단, 부의 변칙 상속·증여 금지 등 보완원칙 추가(1999.8)
채권금융기관 중심의 기업구조조정 추진체계 정립	· 1998년 2월 채권금융기관과 30대그룹간 '재무구조개선약정' 체결·시행 · 1998년 6월 채권금융기관의 기업부실 판정 * 55개사(5대그룹 20, 6대 이하 35개사) · 기업개선작업(workout) 추진(1998.7) * 당초 선정(104), 중도탈락 및 중단(37), 조기졸업(36) · 잠재 부실기업에 대한 신용위험 특별점검(2000.11) * 52개사 정리대상 · 은행별 '기업신용위험 상시평가 시스템'(2001.3) * 1,500여 대상업체중 9월말까지 1,097개사를 평가한 결과 141개사를 정리대상으로 분류 · 「기업구조조정촉진법」 제정·시행(2001.9.15)
기업부문의 질적변화 확산	· '대마불사 신화'의 종식 * 1997년 30대 그룹 중 대우 포함 16개 그룹이 탈락 · 현금흐름·수익성·주주 중심 경영풍토 확산 * 제조업 부채비율 : (1997년말) 396.3% → (2001년상) 193% * 제조업 이자보상배율 : (1997년)1.3 → (1998년)0.7 → (2001년상)1.7

자료 : 재정경제부, 전게서, 2001.11.

그동안 근로자는 우리 경제 발전의 일등공신이었다. 그러나 경제가 발전하면서 임금이 상승되고 그로 인해 수익성이 확보되지 못하는 기업은 퇴출 되고 기술수준이 높은 고부가가치 산업을 중심으로 하는 새로운 기업문화가 도입되면서 근로자의 해고, 임금하락, 근로시간 단축 등의 문제가 발생하면서 근로자들은 가정적으로나 사회적으로 소외당하고 있다는 의식을 갖게 되었다.

정부는 고용조정제·근로자파견제의 도입 등을 통하여 노동시장의 유연성을 제고하기 위하여 노력하였으나 근로자들의 반대에 부닥쳐 많은 어려움을 겪었다. 정부는 노동구조개혁을 성공적으로 달성하기 위하여 근로자, 사용자, 정부가 참여하는 노사정 협력체제를 구축(노사정위원회의 출범)하여 운영하였고 산재·고용보험의 확대 실시 등 근로조건의 개선과 상생의 생산적 노사관계를 정립하기 위하여 노력하였다 <표 15-7>.

표 15-7 생산적 복지노동정책 내용

정 책 목 표	주 요 내 용
사회보험제도 내실화	실업으로부터 보호 산업재해로부터 보호
일자리 창출, 인간개발	일자리 창출과 고용 유지 실업예방, 조속한 취업 촉진 산업수요에 부합한 인력양성 공평한 훈련기회 제공
근로생활의 질 향상	근로복지 확충(근로자복지기본법 제정) 근로시간 단축, 근로조건 정비 취약근로계층 보호제도 정비
노동참여복지 증진과 산업민주주의 실현	다양한 근로자 참여제도 개발 고용안정과 실업해결을 위한 노사정 협력 노사정위원회를 통한 사회파트너쉽 형성

공공부문 구조조정

IMF사태의 발생은 금융부문이나 기업부문에만 책임이 있는 것은 아니다. 그들은 정부가 계획한 틀 속에서 최선을 다했다는 분위기였다. 정권이 바뀔 때마다 항상 정부조직의 축소문제가 거론되었다. 그러나 그 성과는 크지 못하였다. 문민정부는 공공부문 개혁을 위하여 중앙정부, 지방정부 및 정부산하기관에 대한 개혁에 착수하였으며, 그 대책의 하나로 정부부문의 인력을 약 13만 감축하여 연간 3조 5천억원의 인건비를 절감하는 효과를 거두었다 <표 15-8>. 그러나 초중등학교 교사 정년단축 등 교육정책에서 볼 수 있듯이 정부구조개혁은 많은 문제점을 노출했다. 정부는 개혁을 달성하기 위하여 1998년부터 2001년 5월까지 총 11,125건의 규제중 9,226건을 개선하여 기업활동에 도움이 되도록 하였으며, 11개 민영화 대상 공기업중 6개 공기업의 민영화를 완료하고, 28개 공기업 자회사를 정리하여 외형적으로는 성과를 거두었다고 할 수 있으나 이 역시 많은 문제를 야기하고 있다.

표 15-8 정부조직 개편

구 분	1차 정부조직개편	2차 정부조직개편	성 과
개편시기	1998년 2월	1999년 5월	–
개혁중점	하드웨어(기구, 인력)	기능조정 및 운영시스템	–
조직구조	2원 14부 5처 14청 : 17부 2처 16청으로	17부 2처 16청 : 17부 4처 15청으로	기획예산처, 국정홍보처 신설
감축기구	차관보4, 실11, 국(관) 42, 과(담당관)53 폐지	실5, 국32, 과 83 감축	총 16실 74국(관) 136과 감축

이상과 같은 4대 구조개혁의 성과에도 불구하고 미흡했던 점들도 많이 있었다. 시장경제 시스템 작동을 위해 관련 법·제도를 정비하였으나 경제주체들의 의식과 각종 관행이 이를 수렴하지 못하였으며, 기업경영의 투명성·수익성 제고를 위한 경영혁신 노력이 미흡하였고, 금융기관도 자율·책임경영체제의 정착이 미진하였으며, 공공부문의 비효율성이 여전히 남아있으며, 노동시장의 유연성도 현장에서의 작동은 미흡한 상태로 남아 있다. 기업투자가 늘어나지 않고 장기 성장잠재력 배양에 자신감이 결여되고 청년실업문제 및 소득분배구조의 악화가 우려되는 등 최근

경기침체에 따른 경제활력 및 자신감이 저하되고 있다.

2.2.2 IMF위기 이후 경제성과

우리 경제는 IMF체제 후 4년 동안 국내적으로나 국제적으로 어려운 여건하에서도 지속적이고 철저한 구조개혁 작업을 추진한 결과 외환위기를 조기에 극복하고 시장경제질서의 기본틀을 확립하는 등 비교적 큰 성과를 조기에 달성하게 되었다. 이를 몇 가지 측면에서 보면, 외환보유고가 2005년 말 현재 2,103.9억불로 괄목할만한 성과를 거두었으며, 2005년 GDP대비 총외채 비중은 24.1%로 세계은행 기준 '외채문제 없는 국가'수준(30% 미만)을 유지하고 있고, IMF사태의 한 요인이었던 단기외채 비중을 줄임으로써 외채구조가 개선되었으며, 1999년 3/4분기 이후 채무국에서 순채권국으로 전환되었다.

1998년 마이너스 성장을 기록했던 경제성장률이 급속히 회복되었고 수출활성화로 경상수지도 1997년 적자에서 1998년 이후 흑자로 돌아섰으며, 2001년 세계경제의 동반침체 속에서도 대만·싱가폴 등 동남아시아 국가에 비해 양호한 성장률을 유지하였다. 물가는 안정세를 유지하여 저물가 기조가 정착되었으며, 경기회복과 범정부적 실업대책 추진으로 한때 8.6%(1999.2)까지 올라갔던 실업률이 3~4%대에서 안정을 유지하였다. 금리가 안정되고 기업도산이 크게 감소하는 등 금융시장이 정상상태를 회복하였고, 기업의 자금사정도 호전되었다. 2000년까지 실물경제의 뚜렷한 회복으로 국민적 자신감을 회복하였으나 2000년 4/4분기 이후 해외경기 침체로 수출과 투자가 둔화되었다.

한편 경상수지흑자도 대폭 증가하여 1998년의 404억 달러에서 2005년에는 149,803억 달러의 흑자를 기록하였다. 대규모 경상수지 흑자가 지속되어 기업이나 금융기관 등 민간부문의 외화유동성이 풍부해지면서 금융기관 등이 외화예탁금을 꾸준히 상환하게 되었으며, 경제전반에 걸친 구조조정 노력으로 대외신인도가 회복됨에 따라 외국인의 직·간접투자자금이 유입되어 외국인투자 유치실적도 2005년 11,563억 달러나 되었다. 이러한 국내 경제상황으로 IMF직후 투자부적격 수준까지 떨어졌던 국가신용등급이 1999년에 투자적격 수준을 회복하게 되었다.

표 15-9 IMF 체제 후 한국의 경제성과

항 목	1997	1998	1999	2000	2005
경제성장률(%)	5.0	−6.7	10.7	8.8	4.0
소비자물가(%)	4.5	7.5	0.8	2.3	2.8
실업률(%)	2.6	6.8	6.3	4.1	3.7
실업자수(만명)	56	146	135	89	89
경상수지(달러)	△82	404	245	110	149.8
외국인투자(억달러)	70	89	155	157	11,563
외환보유고(억달러)	39	485	741	962	2,103.9
순대외채권(억달러)	△541	△202	83	306	3,086
총외채(억달러)	1,592	1,487	1,371	1,363	1,898
환율(W/$)	1,965	1,399	1,190	1,131	1,013.0
주가지수(연말,p)	376.3	562.5	1,028.1	504.6	1,073.6
회사채금리(3년,%)	13.39	14.99	8.86	9.25	4.69
어음부도율(%)	1.5	0.38	0.33	0.26	0.14
전산업임금(천원)	1,463.3	1,426.8	1,599.2	1,667.5	2,404.4

자료 : 재정경제부, 전게서, 각 년도

2.3 공적자금이 무엇이며, 왜 말이 많는가?

2.3.1 공적자금의 조성과 지원

우리 경제는 1960년대 이후 정부주도의 압축성장을 추구하였고 그런 과정에서 발생한 금융기관의 취약한 위험관리시스템이 문제가 되었을 뿐만 아니라 외형 부풀리기 위주의 기업 경영방식 등의 금융 및 기업관행이 지속됨에 따라 부실이 누적되었다. 이러한 기업과 금융기관의 부실은 1997년 대내외 경제여건의 악화와 여건변화에 정부나 기업이 적절한 대응을 하지 못함으로써 대기업이 연쇄 도산하면서 현재화되었고 우리 경제는 위기상황에 직면하게 되었다. 이러한 우리 경제의 실상과 진로에 대하여 국민적 합의가 이루어지지 못함에 따라 구조개혁이 지연되면서 대외신인도가 급격히 하락하였고, 불안을 느낀 외국투자자와 외국은행들은 국내에 투자하였던 자금을 급격히 회수하기 시작하면서 환율·금리가 급등하고 주가가 대폭 하락하는 등 기업·금융·외환시장 전반에 걸쳐 어려움이 급속도로 심화되면서 금융기관의 금융중개기능이 크게 위축되고 자금경색현상이 발생하여 흑자기업도 유동성이 부족하여 도산하게 되었고 실업자가 급증하여 가정공동체가 붕괴되는 총체적 위기상황을 맞게 되었다.

정부는 이를 극복하기 위하여 1997년 말 국제통화기금(IMF)에 구제금융을 요청하게 되었고 우리의 대외신인도를 회복하고 경제체질을 개선하기 위해서는 금융·기업·노동·공공부문의 구조조정이 시급하다고 인식하고 강도 높은 개혁정책을 추진하기 시작하였다. 특히, 금융부문의 누적된 부실을 처리하는 것이 급선무라고 보고 공적자금의 조성·지원이라는 특단의 대책을 바탕으로 금융구조조정을 신속하고 과감하게 추진하기 시작하였다. 기업, 가계 등 다른 경제주체가 금융기관을 구제하기 어려운 상황에서 기업부실로 초래된 금융기관의 부실을 처리하기 위해서는 공적자금을 조성하지 않을 수 없었다. IMF경제체제속에서 우리 국민은 물론 기업이나 정부도 많은 고통을 받았고 이를 해결하기 위해 모두가 노력해 왔음을 부인할 수 없다. 그렇다면 도대체 공적자금이란 무엇인가? 이는 정부가 금융구조조정을 위해 지원하는 돈(자금)이라 정의할 수 있다. 외환위기 이후 정부는 금융구조조정을 위하여 Public Fund를 조성하기로 IMF와 합의하였다. 즉 공적자금이란 이 펀드를 말한다. 공적자금은 무자본특수법인인 예금보험공사와 정부출자기관인 자산관리공사가 정부의 지급보증을 받아 3~7년 만기의 정부보증채를 발행해 조달하게 된다. 정부가 처음 국회 동의를 얻은 금액이 64조원으로 부실채권정리기금에서 32조 5천억원 그리고 예금보험기금에서 31조 5천억원을 충당한다는 계획이었다. 공적자금을 100% 국민세금으로 충당하는 것은 아니다. 금융기관에 지원해준 다음 다양한 경로를 통하여 이를 회수한 후 최종 손실만큼 국민세금인 예산으로 충당하게 된다. 여기에 정부 보증채의 이자도 결국 국민이 부담하여야 한다. 그러나 자금회수에 어려움이 있기 때문에 국민들의 부담은 늘어날 수밖에 없다. 정부가 추가로 조성한 50억원과 1차 조성된 자금을 포함하면 공적자금 조성금액은 총 159조 6천억원으로 볼 때 이는 1999년 국내총생산 483조 7천억원의 33.3%수준이며 1999년 총인구기준으로 국민1인당 3,406천원을 부담해야 할 금액이고, 경제활동인구를 기준으로 하면 1인당 부담금액은 7,377천원인데 이는 IMF 유동성위기 극복과정에서 국민들이 부담해야 할 액수이다. <표 15-10>은 1997년 11월부터 2004년 6월말까지 정부가 예금보험공사, 자산관리공사 등을 통하여 지원한 공적자금 규모이다. 공적자금은 국회 지급보증 동의를 받아 조성한 102.1조원의 채권발행자금과 기 지원한 공적자금을 회수한 자금 그리고 기타 공공차관, 국유재산 등을 통하여 조달한 자금 등으로 지원하였다.

표 15-10 공적자금 지원 현황 (단위 : 억원)

재원 \ 지원방식		예금보험기금, 정부 등				부실채권정리기금	계
		출 자	출 연	예금대지급	자산매입등	부실채권매입	
채 권 발 행		—	—	—	—	—	—
	누계	(42.2)[1]	(15.2)	(20.0)	(4.2)	(20.5)	(102.1)
회 수 자 금		19,700	5,602	11,015	7,538	3,142	46,997
	누계	(5.9)	(2.2)	(7.4)	(5.1)	(17.4)	(38.0)
공 공 자 금		△584[2]	—	—	—	△3,627[3]	△4,211
	누계	(14.0)	(—)	(—)	(6.3)	(-)	(20.3)
기 타 자 금		—	531	—	25	—	556
	누계	(0.1)	(0.1)	(2.9)	(0.1)	(1.1)	(4.3)
계		19,116 (62.2)	6,133 (17.5)	11,015 (30.3)	7,563 (15.7)	△485 (39.0)	43,342 (164.7)

주 : 1) 괄호안의 숫자는 1997년 11월부터 2004년 6월말까지 누계지원실적이며, 단위는 조원임.
2) 예금보험공사가 IBRD 차관자금 584억원을 회수자금으로 상환함.
3) 자산관리공사가 IBRD 차관자금 3,627억원을 회수자금으로 상환함
1997년 11월부터 2004년 6월말 기준

자료 : 공적자금관리백서, 2004

이를 구체적으로 보면 2004년 6월말까지 지원된 공적자금은 채권발행자금 102조 1천억원, 회수자금 38조, 공공자금 20조3천억원 등 총 164조 7천억원이다. 지원방법별로 구분하면 금융기관 출자에 62조2천억원, 출연 및 예금 대지급에 47.8조원, 자산매입 등에 15.7조원이 사용되었으며 자산관리공사를 통한 부실채권 매입에 39.0조원이 사용되었다.

정부가 공적자금을 투입하는 과정에서 투입에는 매우 적극적이나 기존에 투입된 자금의 회수에는 상대적으로 소극적이란 비판을 받았고, 그런 과정에서 몇 가지 문제점이 나타나기 시작했다.

첫째, 정부는 64조원의 엄청난 재원을 마련하면서 향후 회생이 불가능한 금융기관에는 공적자금을 투입하지 않고 반드시 자구노력과 손실부담의 원칙 그리고 부실책임자는 그 책임을 묻는다는 원칙을 세웠었다. 그러나 이 원칙은 지켜지지 않았다. 2001년 1월 31일 현재 금융구조조정을 위하여 정부가 투입한 공적자금 지원 실태를 보면, 총 지원액이 약 802,195억원이며 이중 부실금융기관의 자본을 건전하게 만들기 위하여 금융기관의 주식을 취득하는데 사용한 출자가 361,159억원으로 전체의 45.0%를 차지하였고 다음으로 영업정지나 파산 등으로 금융기관이 고객에게 예금을 지급하지 못할 때 대신 예금을 지급하는 보험금 지급에 210,986억원을 투입하여 26.3%, 부실금융기관을 계약이전(P&A)방식으로 정리할 때 계약을 이전 받는 금융기관에 자금을 지원하는 출연에 121,639억원을 투입하였으며 그 외 부실금융기관 정리시 인수금융기관이 인수를 거부하는 부실자산을 구입하는 부실자산매입에 90,479억원 그리고 금융기관의 단기유동성 위기를 해소하기 위하여 일시적으로 빌려주는 대출에 17,933억원을 사용하였다.

둘째, 정부가 공적자금을 원칙 없이 투입하는 과정에서 책임을 져야할 사람들이 책임을 회피하는 현상이 나타났다. 그 예로 부실금융기관들이 정부의 예금자 보호를 배경으로 고금리상품을 내놓고 고객을 유혹한 경우이다. 금융기관의 경영진들이 자체적으로 부실채권을 정리하는 등 자구노력을 하기보다는 추가 공적자금 지원을 기대하면서 자체 구조조정을 게을리 하는 공적자금 도덕적 해이가 만연하였다.

셋째, 정부가 투입한 공적자금의 회수에 문제가 발생한 것은 1차적으로 제도정비가 미비했기 때문이다. 예금보험공사는 종금사가 문을 닫은지 1년이 지난 후에야 공적자금 회수 절차를 마련하였다. 그러나 그때는 이미 대주주나 경영진들이 재산을 은닉한 상태였다. 그래서 공적자금의 회수 문제가 발생하기 시작했다. 이런 의혹은 현재도 계속되고 있는 실정이다. <표 15-11>은 2004년 6월말까지 회수된 공적자금의 내용을 보여주고 있는데 회수된 공적자금은 총 67.1조원이며, 예금보험공사가 주식매각·파산배당·자산매각·대출금 회수 등을 통해 26.2조원을 회수하였고, 자산관리공사는 금융기관으로부터 매입한 부실채권을 국제입찰·ABS 발행·법원공매 등 다양한 방법을 통해 매각하여 33.1조원을 회수하였다.

표 15-11 투입된 공적자금 회수재원 재사용실적 (단위 : 억원)

구 분		예금보험기금	부실채권정리기금	정 부	계
회 수 재 원		68,142	19,337	2,023	89,502
	누 계	(26.2)	(33.1)	(7.8)	(67.1)
재사용실적		43,855	3,142	-	46,997
	누 계	(20.6)	(17.4)	(-)2)	(38.0)

주 : 1) 괄호안의 숫자는 1997년 11월부터 2004년 6월까지의 누계지원실적이며, 단위는 조원임.
2) 기업은행(1.0조), 수출입은행(0.2조) 주식을 현물출자한 것은 회수자금의 재사용으로 보지 않고 공공자금을 투입한 것으로 보았음.
1997년 11월부터 2004년 6월말 기준

자료 : 공적자금관리백서, 2004

두 기관간 회수실적의 차이는 자산관리공사는 금융기관으로부터 시가로 매입한 부실채권을 시가로 재매각하는 방식으로 공적자금의 회수가 이루어지나, 예금보험공사는 예금대지급·출연자금은 부채가 자산을 초과하는 금융기관에 대하여 지원한 것이기 때문에 파산배당 등으로 회수노력을 극대화하고 있음에도 불구하고 회수가 어려운 데 가장 큰 원인이 있다. 또한 예금보험공사가 보유한 주식의 본격적인 매각은 2002년 하반기 이후로 예정되어 있는데도 원인이 있다고 볼 수 있다.

한편 공적자금의 만기도래 일정은 <표 15-12>와 같다. 상환기간중 2003년부터

2005년까지 상환금액이 집중되어 있어 자금이 제대로 회수되지 못한다면 정부는 물론이고 국민들의 부담은 늘어날 것으로 예상된다.

표 15-12 공적자금 부채 만기도래 일정 (단위 : 조원)

연도별	예금보험공사			자산관리공사			계
	원금	이자	소계	원금	이자	소계	
2001	1.5	1.1	2.6	–	0.3	0.3	2.9
2002	4.7	2.6	7.3	1.0	1.4	2.4	9.7
2003	9.7	3.8	13.5	12.2	1.6	13.8	27.3
2004	14.0	3.7	17.7	2.2	1.2	3.4	21.1
2005	9.0	3.6	12.6	–	1.2	1.2	13.8
2006	4.6	3.0	7.6	–	1.2	1.2	8.8
2007	–	2.0	2.0	–	0.4	0.4	2.4
2008	–	0.8	0.8	–	–	–	0.8
계	43.5(40[1)])	20.6(12[2)])	64.1(52)	15.4	7.3	22.7	86.8(52[3)])

자료 : 재정경제부, 2001.3.

주 : 이자는 정부재정이 상환하는 시점 기준임.

1) 2차분 2006~2008년기간중 상환원금. 2) 2차분 2001~2008년 중 발생이자이며, 발행금리 평균 6%, 만기 5년 가정시 추정치. 3) 2차상환총액.

> 공적자금이란 정부가 금융구조조정을 위해 지원하는 돈(자금)이라 정의할 수 있으며, 외환위기 이후 정부는 금융구조조정을 위하여 Public Fund를 조성하기로 IMF와 합의하였는데 이 펀드가 공적자금이다.
>
> 공적자금 투입과정상 문제점은 원칙이 지켜지지 않았다는 것, 공적자금 지원대상 금융기관의 도덕적 해이, 자금회수를 위한 제도적 장치 미흡 등 이다.

2.3.2 공적자금 지원의 성과

1997년 말 경제위기는 과거 수십년간 누적된 우리 경제의 구조적인 문제와 대외적 경제환경의 변화에 적절하게 대응하지 못하는 등 우리 경제가 안고 있는 다양한 요인들에 의해 발생되었다. 그러자 정부는 금융위기와 국가신용도를 회복하기 위하여 4대부문 구조개혁을 강도 높게 추진하였다. 그동안 외형적 성장을 추구하는 기업집단과 연계되어 누적되어 온 금융기관의 부실을 처리하는데 많은 어려움이 있었으나 엄청난 규모의 공적자금을 투입함으로써 금융시스템의 붕괴를 방지하고 경제회복의 기틀을 마련하는 성과를 거두었다. 그러나 아직도 공적자금의 성과에 대해 비판적인 시각이 있는 게 사실이다. 그러면 몇 가지 측면에서 공적자금 투입의 성과를 정의해 보면, 첫째, 금융중개기능의 회복을 통하여 국내경제위기를 어느 정도 극복했다는 것이다. 공적자금의 투입으로 부실금융기관의 건전성과 유동성이 제고됨에 따라 경제의 혈맥인 금융중개기능이 정상화되었으며 많은 기업이 도산 위험에서 벗어나고 가계활동과 기업활동이 활성화되어 1999년이후 실업률이 감소하고 경제성장률이 상승하는 등 실물경제도 빠르게 회복되었다. 그로 인해 우리 경제의 대외신인도가 제고되어 경상수지 흑자와 외국인 투자규모가 지속적으로 확대되었고 이는 IMF 차입금을 조기 상환을 가능하게 함으로써 경제위기를 조기에 극복할 수 있는 기반을 마련하였다.

둘째, 각종 금융기관에 돈을 안심하고 맡길 수 있는 계기를 마련했다. 공적자금의 투입으로 퇴출금융기관의 예금자에 대한 예금대지급 및 부실금융기관의 경영정상화 지원을 통해 소중한 국민의 예금자산을 보호하고 금융기관 부실에 따른 예금자의 손실을 방지할 수 있었다. 특히 예금대지급 자금은 금융기관 파산에 따른 국민의 손실을 직접 공적자금을 통해 보전해 줌으로써 2001년 3월까지 퇴출되어 예금을 대지급하게 된 금융기관은 241개이며, 예금대지급을 위해 지원된 공적자금은 18조 2천억원으로 이로 인해 예금을 보장받은 국민은 총 117만명에 이르렀다.

셋째, 공적자금의 투입으로 금융산업의 체질이 개선되는 한편 건전성 제고를 위한 기반이 마련되었다. 1998년 이후 2001년 6월까지 은행 11개를 포함한 총 590개의 금융기관이 인가취소, 합병, 해산 등으로 정리됨에 따라 금융기관도 망할 수 있다는 인식이 정착되면서 책임경영을 기반으로 한 금융산업의 체질강화가 진행되고 있다. 또한 손실분담원칙에 따라 금융기관의 자구노력을 요구함으로써 과거 도덕적 해이 등 잘못된 관행을 개선함은 물론 경영시스템의 효율화 및 인력·점포 축소 등을 통해 금융기관의 수익성 기반도 상당부분 개선되었다. 이와 함께 금융기관이 보유한 부실채권 규모도 크게 축소되었으며 일반은행의 국제결재은행(BIS)기준 자기자본 비율이 2000년 말 기준 10.53%로 높아지는 등 금융기관의 건전성도 지속적으로 제고되었다.

넷째, 2단계 금융구조조정의 원활한 추진을 가능하게 하였다. 2단계 금융구조조정의 추진으로 금융기관의 잠재부실을 정리함은 물론 금융구조조정의 기본틀이 확립되었다. 은행권의 경우 한빛은행 등 4개은행의 편입을 통한 금융지주회사의 설립 등으로 금융기관의 대형화·겸업화추세에 대응한 우리 금융기관의 경쟁력 제고기반이 마련되었으며, 제2금융권 또한 공적자금의 투입을 통해 부실금융기관의 퇴출, 통합, 경영정상화 등이 강도 높게 추진되었다.

> 공적자금의 지원성과는 금융중개기능의 회복, 국민의 예금자산 보호, 금융산업의 체질 개선과 건전성 제고 그리고 2단계 금융구조조정의 원활한 추진 등이라 할 수 있다.

3. 한국경제의 미래 어떻게 해야 하나?

3.1 새로운 경제환경 디지털경제

18세기 말 산업혁명이 시작된 이래 지역적, 국가적으로 다양한 산업이 등장하고 이런 과정에 새로운 기술이 개발되는 등 산업혁명이 빠른 속도로 진행되면서 20세기 초의 제2산업혁명 그리고 오늘날 제3의 산업혁명으로 이어지고 있다. 급격하게 세계화와 정보화가 진행되면서 일국의 경제체제는 변화를 요구받게 되어 새로운 형태의 시장시스템이 구축되고 있다. 과거의 자국내 경제체제 중심에서 이제는 초

국가적인 다국적기업들이 강력한 파워를 형성하면서 세계 어느 곳이던 국경을 무시하고 기업활동을 하고 있고 웹사이트를 활용한 국경 없는 거래가 보편화되면서 자국중심의 국민경제는 점점 퇴색되면서 인터넷을 이용한 디지털문화가 빠른 속도로 형성되고 있다. 디지털을 가능하게 하는 가장 중요한 컴퓨터와 인터넷이 사무실은 물론이고 일반가정에 빠른 속도로 보급되면서 디지털경제는 농업과 산업혁명에 이어 제3의 혁명이라 할 수 있을 것이다.

디지털경제란 곧 "국경 없는 경제", "지구촌 경제"를 의미한다고 볼 수 있다. 그렇다면 이는 무엇을 의미하는가? 이는 일국이 아니라 전세계적으로 생산성의 팽창을 의미한다. 선진국들은 임금수준이 높게 상승되면서 자국내에서 제품을 생산하여 수출하는데는 코스트가 높아 경쟁력이 없어지자 임금이 낮은 개도국이나 후진국으로 생산공장을 이동시켰다. 우리나라도 민주화 이후 임금이 빠른 속도로 상승되면서 국내에서 이윤을 확보하기 어려운 많은 기업들이 저임금 노동력을 구하기 쉬운 중국, 인도네시아, 베트남, 인도 등으로 진출하고 있다. 이러한 현상은 저임금 국가의 생산성을 향상시켜 선진국과 개도국간 생산성의 차이를 축소시킬 수 있을 것으로 전망되며 이는 세계적인 생산성의 팽창을 유도하게 됨으로써 공급과잉 문제를 야기해 제품가격을 하락시키게 될 것이다. 따라서 기존의 기업들은 공장규모를 축소하거나 새로운 고부가가치 산업으로 전환해야 하는 상황에 직면하게 될 것이다.

이런 시대적 상황에 맞게 출현하고 있는 것이 디지털경제(산업)라 할 수 있다. 이는 경제는 물론이고 정치, 사회, 문화를 포함한 거의 모든 영역에서 새로운 문화를 창출하게 된다. 안방에 앉아서 원하는 곳으로 돈을 보낼 수 있는 것이나, 필요한 물건을 인터넷을 이용하여 구입할 수 있는 것이나, 친구에게 E-mail을 이용하여 편지를 보내거나, 삼척에서 서울 무교동에서 개최되는 각종 전시회를 동영상을 통해서 볼 수 있는 것이나, 특정한 사무실이 없이 영업활동을 할 수 있는 등 모든 것을 가능하게 만들고 있다.

제조업의 생산력을 급격히 증가시키는데 필연적인 것이 경제의 정보화이다. 과거 농업혁명에 의해 생산성이 비약적으로 발전해 선진국이 10%미만의 농업인이 자국의 소비량에 충분한 농산물을 생산한 것처럼 경제의 정보화는 공업제품의 생산성을 획기적으로 향상시켜 소수의 인력이 필요한 모든 제품을 생산할 수 있는 경제체제로 만들 것이므로 제조업에 필요한 노동자가 감소됨으로써 타 산업 즉 영상산업, 게임, 문화 등의 문화산업이나 금융업, 컨설팅 등 소프트웨어를 공급하는 산업이 점차 기반산업으로 위치를 확보하게 될 것이다.

특히 금융산업과 경영컨설팅산업 등은 국가의 경제운영, 기업경영, 개인의 자금운영 등의 효율성을 제고시켜 전체적으로 국가경쟁력을 향상시키는 결정적인 역할을 하게 될 것이다. 농약, 비료 및 농기구가 농업생산성을 획기적으로 증가시킨 것처럼 소프트산업은 제조업의 부가가치 향상에 결정적인 역할을 하게 될 것이다.

그러면 우리나라의 디지털경제의 진행상황은 어느 정도일까? IMF 이후 IT산업은 급속한 성장으로 경제회복을 주도하는 역할을 하였으나 전통산업은 상대적으로 침체되어 <그림 15-7>에서 볼 수 있듯이 산업의 양극화 현상이 두드러지게 나타났다. IT산업의 생산은 1998부터 3년간 연평균 성장률이 44.1%로 증가한 반면 전통산업의 생산은 동기간에 연평균 성장률이 5.7%에 불과했으며, 설비투자 증가율도 IT산업은 동기간 연평균 8.1% 증가한 반면 전통산업은 −21.2%로 오히려 감소함에 따라 IT산업이 GDP에서 차지하는 비중은 1995년의 5.7%에서 2000년에는 15.2%로 높아질 것으로 추정되었다.

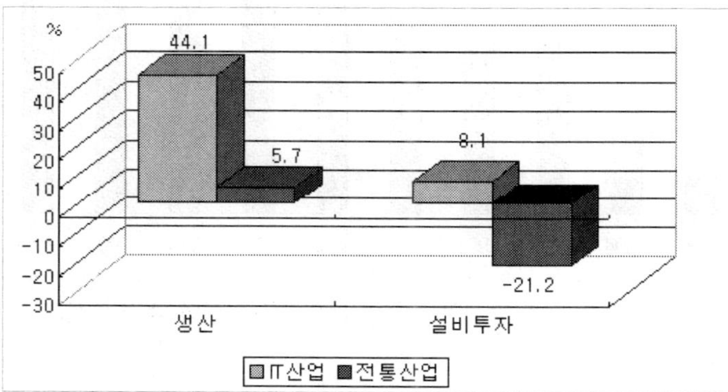

그림 15-7 IT산업과 전통산업 비교

그러면 경제의 디지털화가 어느 정도로 진행되고 있는지 보자. 컴퓨터가 1990년대 이후 기업은 물론이고 사무실, 학교, 공공기관 특히 개인 가정 등에 광범위하게 보급되면서 인터넷 인구가 급속히 확산되었고 디지털 디바이드(Digital Divide : 디지털 격차) 현상이 가시화되기 시작했다. 컴퓨터 보급의 확산으로 우리의 정보화 수준은 과거에 비해 지속적으로 향상되는 추세를 보였고 가구당 컴퓨터 보유율은 1997년 43.2%에서 2005년에는 78.9%로 증가하여 거의 대부분의 가구들이 컴퓨터를 보유하게 되었으며 이러한 추세는 현재도 지속되고 있다. PC 보급대수도 1995년 535만대 수준에서 2000년 1,515만대로 그리고 2005년에는 25,685만대가 보급되어 정보화의 기본틀이 짜여지기 시작하였다.

인터넷 기반 환경이 조성됨으로써 인터넷 인구도 급격히 늘어나 인터넷 이용자수가 상용서비스 첫해인 1994년 14만명에 불과했으나 6년만에 118배 이상 증가하였으며, 인터넷 이용자수는 1997년 약 163만명에서 매년 대폭 증가하여 1999년에 1,000만명을 돌파한 이후 2005년에는 3,301만명을 기록하였다 <그림 15-8>.

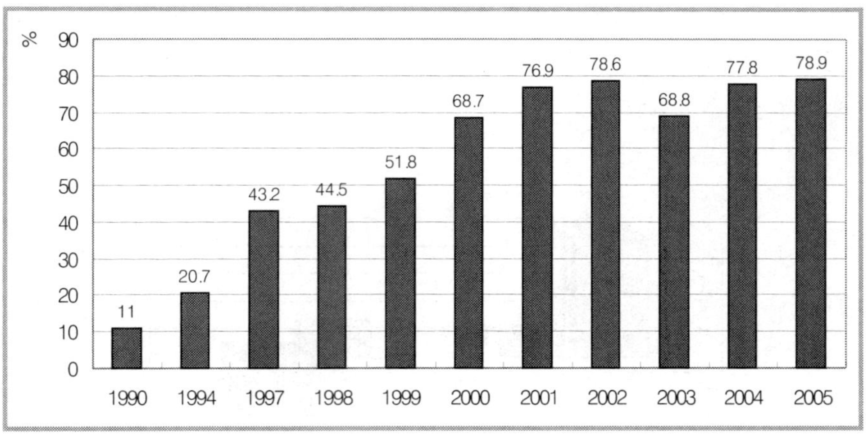

그림 15-8 가구당 컴퓨터 보유율 변화 추이

디지털화의 진전과 더불어 소득수준별, 학력별, 연령별로 디지털 디바이드 현상이 가시화되기 시작했다. 월평균 소득 4백만원 이상 계층과 1백만원 미만 저소득계층의 컴퓨터 및 인터넷 이용비율은 각각 약 3배와 4배 정도의 격차를 나타냈으며 학력별로도 대졸 이상과 중졸 이하의 컴퓨터 및 인터넷 이용비율은 각각 약 28배와 78배의 격차를 보였다. 연령별로는 20~30대의 인터넷 이용비율은 20% 이상인 반면 50대 이상은 1%에 불과하다는 조사결과가 발표되었다.

이와 같은 디지털환경을 토대로 하여 전자상거래가 빠른 속도로 증가되면서 과거의 전통적 거래방식에서 전자상거래 방식으로 변화하는 양상을 보이고 있다. B2C(기업과 소비자간) 전자상거래는 1996년 14억원, 1997년 63억원 수준으로 미미하였으나 1998년 이후 급성장하여 2001년 25,800억원, 2005년에는 7조 9,210억원으로 증가되었다. 사이버쇼핑몰을 운영하는 업체수는 2001년 이전에는 2,009개에 불과하였으나 2005년은 3,915개로 급격히 늘어났다. 이들 업체의 월간 B2C 거래규모는 1,145억원으로 전체 소매거래액의 약 1.1%를 차지하였으며, 인터넷을 기반으로 한 B2B(기업과 기업) 전자상거래 규모도 1997년 216억원에서 2005년에는 319조 2,020억원으로 큰 폭으로 증가되었다. 이러한 B2B 전자상거래 규모는 전체 기업간 거래규모에서 차지하는 비중이 점차 증가하고 있어, IT산업이 경제내에서 차지하는 비중이 확대되고 그로 인해 경제성장을 주도할 것으로 예상된다. IT산업은 IMF 체제 3년간 경제성장의 원동력 역할을 하였다. <표 15-13>에서 보듯이 IT산업 생산은 1997~99년 중 30% 내외의 증가세를 나타내어 같은 기간의 경제성장률을 크게 상회하였다.

표 15-13 IT산업 성장률 및 기여도

구 분	1996	1997	2000[1)]	2002[1)]	2005[1)]
경제성장률(%)	6.8	5.0	4.3	7.5	5.3
IT산업 성장률(%)	17.1	30.5	23.1	20.6	19.8
IT산업성장기여도(%p)	1.0	1.9	1.9	11.4	2.7

주: 1) 4/4분기 기준

3.2 한국경제의 미래는 어떠한가?

지금까지 우리는 우리 경제가 안고 있는 문제점과 IMF체제로 인한 경제체질 개선을 위한 공적자금의 투입과 그로 인한 성과 등을 알아보았으며, 우리 경제는 어떤 방향으로 가는 것이 바람직한지를 함께 보았다. 그렇다면 우리 경제는 앞으로 발전 가능성이 있는지 또는 21세기 우리 경제의 모습이 어떻게 변화하게 될지 궁금하지 않을 수 없다. 여기서는 정부가 발표한 「위기를 넘어 다시 뛰는 한국경제」에서 정의하고 있는 내용을 중심으로 설명하고자 한다.

정부는 IMF란 엄청난 대가를 지불하고 얻은 교훈을 바탕으로 21세기에는 우리 제품의 국제경쟁력을 강화하고, 중산층과 서민층의 생활안정과 지역간 불균형 문제를 해소하고, 상시구조조정으로 시장의 불확실성을 제거하며 세계로 발전하는 한국을 건설하기 위하여 열린 세상, 유연한 사회를 위한 “Vision 2011”을 제시하였다.

그 내용을 보면 첫째, 글로벌 기준에 부합하는 시장경제(market economy)를 구축한다는 것이다. 세계화와 지식정보사회의 도래로 증대되는 불확실성에 탄력적으로 대응하고, 제도·관행·의식구조가 상호일치하는 유연한 열린 경제 그리고 각 부문별 구조개혁이 성공적으로 마무리되어 글로벌 기준의 시장경제원리가 각 부문에서 실질적으로 작동되는 경제체제를 갖춘다는 것이다.

둘째, 지식과 기술이 견인하는 성장경제(growing economy)로의 발전이다. 선택과 집중에 의한 효율적인 자원배분과 기술혁신체제가 구축되어 지식과 기술이 새로운 성장견인 역할을 하는 경제를 만들고 지식기반의 확충과 기술혁신으로부터 새로운 성장동력이 확보됨으로써 지속적인 성장이 가능하도록 한다.

셋째, 경제발전과 삶의 질을 아우르는 복지사회(welfare society)를 구현한다. 범국민적 합의를 토대로 지속 가능한 생산적 복지가 구현되는 사회가 되도록 하며, 문화·환경·주거 등 삶의 질 향상이 경제발전과 조화되는 사회를 구축하고 경제구조의 개편으로 파급되는 이해관계 변화가 합리적으로 조정되는 메커니즘이 확립되어 성숙한 사회적 합의과정이 정착된 사회가 되도록 한다.

넷째, 동북아 경제권 형성을 선도하는 거점국가(hub country)로 부상한다. 중국·일본 등 동북아 경제권의 협력을 유도하고 이를 효과적으로 조율하는 조정자로서의 역할을 전략적으로 발굴해 가는 진취적 국가, 동북아 연계교통 인프라 구축 등을 통하여 동북아 경제권에서 거점역할을 수행토록 한다. 이러한 내용을 성공적으로 달성하기 위한 과정은 <그림 15-9>와 같다.

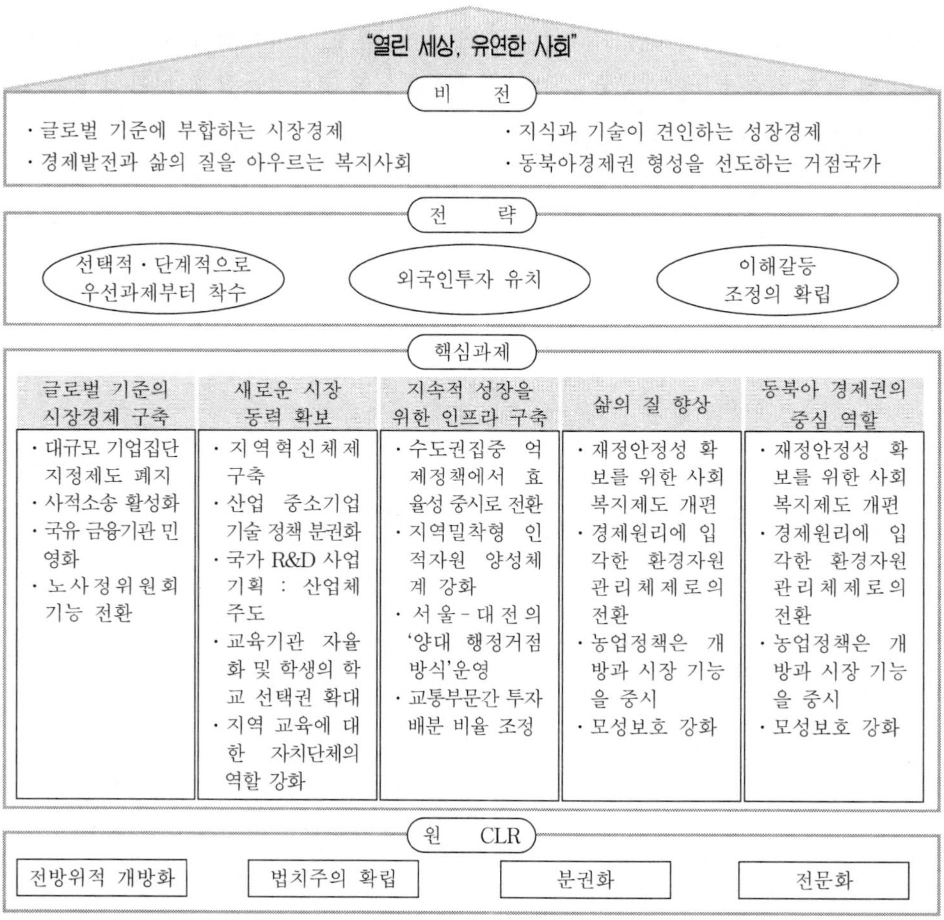

자료 : 재정경제부, 전게서, 2001.

그림 15-9 열린사회, 유연한 사회건설을 위한 내용

정부가 추진하고 있는 Vision 2011계획이 성공적으로 달성되면 우리나라는 첫째, 상시혁신 시스템이 구축됨으로써 시장경제시스템의 원활한 작동이 가능해져 국제경쟁력을 제고할 수 있고, 둘째, 통신망·인터넷·컴퓨터 등 정보기반을 획기적으로 구축함은 물론 교육환경을 OECD 수준으로 개선하며, 과학기술 수준을 G7국가 수준으로 발전시켜 지식정보 강국으로 부상하게 되며, 셋째, IMF 이후 학력간, 성별 등 계층간, 지역간 불균형이 심화되고 있어 국민화합에 부정적 영향을 주고 있으므로 이를 개선하여 사회통합을 달성할 수 있으며, 넷째, 남북화해의 시대 개막과 인천신공항을 중심으로 한 동북아 물류 및 비즈니스 중심지역으로 도약하여 한반도는 세계경제의 중심지역으로 발전하게 될 것이다.

제16장 인터넷과 전자상거래

1. 전자상거래란 무엇인가?

전자상거래는 1989년 미국의 lawrence livermore national laboratory에서 미국국방성의 프로젝트를 추진하면서 처음 사용된 이후 1993년 미국 연방정부가 조달행정업무의 전자화에 전자상거래(Electronic Commerce)를 표방하면서 그 개념이 확산되었다고 할 수 있다. 미국 국방성은 "전자상거래는 종이문서를 사용하지 않고 전자문서교환, 전자우편, 전자게시판, 팩스, 자금이체 등과 같은 정보기술을 이용한 상거래이다"라고 정의하였다.

다시 말해, 전자상거래(EC : Electronic Commerce)는 정보통신망의 개념이 통신수단으로서의 의미를 넘어 시장이라는 개념으로 확대됨을 의미하며, 특히 정보기술을 응용한 전자상거래는 기존의 거래관계를 전자화 하는 것 외에, 각종 소프트웨어, DB 등 정보 및 지식과 관련된 비물질적인 제품의 새로운 시장을 창출한다는 데에 그 의의가 있다.

전자상거래에는 전자문서교환, 이미지처리, 바코드사용, 전자우편, PC통신, 업무흐름 관리체제, 전자화폐 및 전자자금이체, 인터넷과 통신망 등 전자적 기술과 수단이 모두 동원될 수 있으며, 이중에서도 특히 전자문서교환(EDI : Electronic Data Interchange)[1)]은 전자상거래를 위한 핵심요소이다. 전자상거래 기술의 발전과 비구조적 전자거래의 확대 가능성 등을 감안할 때 전자문서교환을 전통적인 개념에 묶

어두기보다는 점차 이를 '전자거래(Electronic Transaction)' 또는 그보다 넓게 '전자행위(Electronic act)'의 개념으로 연장시켜 파악하는 것이 적절하다.

전자상거래의 범위를 그림 16-1에서 보는 것처럼 협의의 전자상거래와 광의의 전자상거래로 구분할 수 있다.

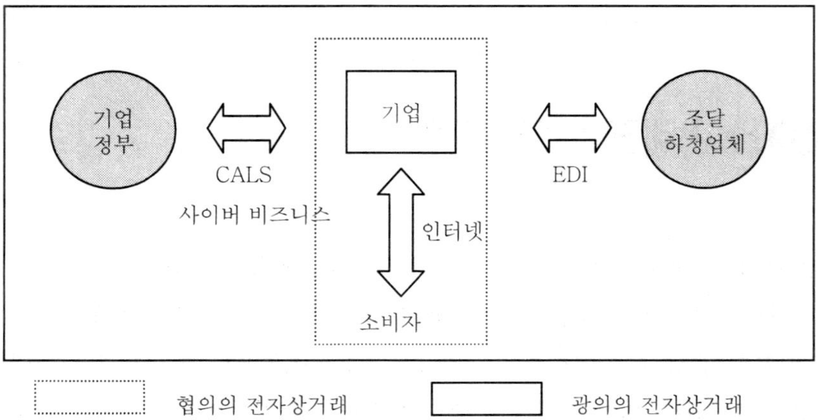

그림 16-1 전자상거래 범위[2)]

협의의 전자상거래란 인터넷상에 홈페이지로 개설된 상점을 통해 실시간으로 상품을 거래하는 것을 의미하며, 거래되는 상품에는 전자부품과 같은 실물 뿐 아니라, 원거리 교육이나 의학적 진단과 같은 서비스도 포함된다. 또한 뉴스, 오디오, 소프트웨어와 같은 디지털 상품도 포함되며, 이들의 비중이 점차 높아지고 있다.

광의의 전자상거래는 소비자와의 거래뿐만 아니라 거래와 관련된 공급자, 금융기

---

1) EDI(electronic data interchange)는 각종 거래 자료를 표준화하여 컴퓨터 통신을 통하여 송·수신하는 전자문서교환으로서, 주로 기업의 본점과 지점 및 대리점 또는 거래업체 등과의 거래에 주로 이용된다.

2) CALS(commerce at light speed)는 제품의 설계, 개발, 생산에서부터 유통, 폐기에 이르기까지 전체 수명 주기에 관련된 데이터를 통합, 공유 및 교환하는 활동으로서 광속성거래라고도 한다.

관, 정부기관, 운송기관 등과 같이 거래에 관련되는 모든 기관과의 관련행위를 포함한다. 전자상거래시장이란 생산자(producer), 중개인(intermediaries), 소비자(consumers)가 디지털 통신망을 이용하여 상호 거래하는 시장으로 실물시장(physical market)과 대비되는 가상시장(virtual market)을 의미한다.

그러나 단순하게 전자상거래란 이런 것이다 라고 말하기에는 그 활용 분야가 너무 방대하기 때문에 정의나 범위에 대해 단정 짓는다는 것은 모순일 수 있다. 따라서 전자상거래에 대한 정의를 kalakora & whinston은 통신, 업무처리, 서비스, 온라인 측면 등 네 가지 관점에서 정의를 하고 있다.

- 온라인 측면 - 전자상거래는 인터넷과 기타 인터넷 온라인 서비스를 이용해 상품과 정보를 구입하고 판매할 수 있는 가능성을 제공한다.

- 서비스 측면 - 전자상거래는 상품의 품질을 개선시키고 신속하고 정확한 서비스를 제공하면서 기업과 소비자가 서비스 비용을 절감할 수 있도록 해주는 도구이다.

- 통신측면 - 전자상거래는 전화, 컴퓨터 네트워크, 인터넷, 기타 통신 수단을 이용한 정보와 상품 서비스를 제공하거나 결제 수단이 된다.

- 비즈니스 측면 - 전자상거래란 업무 거래와 작업 흐름을 자동화 하기 위해 정보기술을 이용하는 것을 뜻한다.

이외에도 각 기관 및 전자상거래를 하는 업종 및 상품에 따라 다양한 개념의 전자상거래 정의가 내려지고 있다. 이같이 전자상거래에 대한 다양한 정의가 나오는 것은 전자상거래의 활용 영역이 금융, 교육, 예술 등 다양한 새로운 영역으로 확산되고 있기 때문이다.

2. 전자상거래의 유형 및 종류

전자상거래 유형은 크게 거래주체에 따라 기업-소비자간(B2C), 기업-기업간(B2B), 기업-정부간(B2G) 거래, 소비자-소비자간(C2C) 등으로 분류할 수 있고, 전자상거래 종류는 크게 C-Commerce, M-Commerce, T-Commerce로 분류할 수 있다. 그림 16-2는 전자상거래 유형간의 관계를 설명한 것으로, 기업, 소비자, 정부기관은 전자시장에서 중요한 역할을 담당한다.

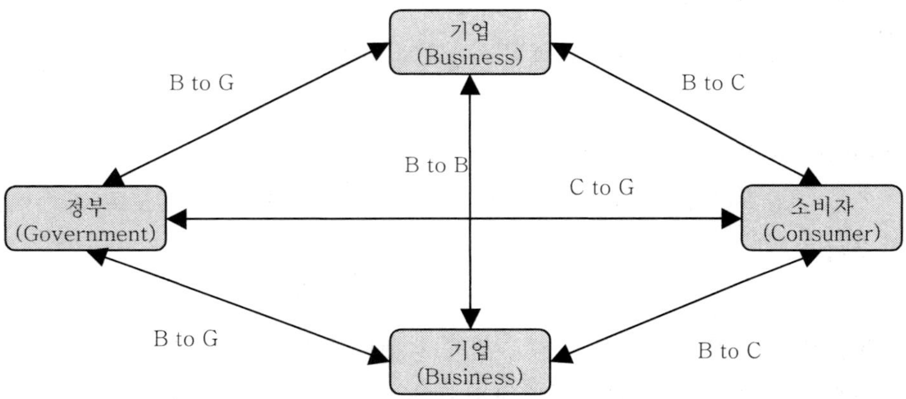

그림 16-2 전자상거래의 거래 유형

2.1 전자상거래 유형

2.1.1 기업-소비자간(B2C) 거래

기업-소비자간 거래인 B2C는 기업이 고객에게 제품, 서비스를 전달하는 수단으로서 전자상거래를 이용하는 것으로 인터넷 쇼핑몰, 홈뱅킹(대금 납부, 이체, 계좌관리 등), 정보, 교육, 전자중개상(electronic intermediary) 등이 여기에 속한다. 기업은 인터넷을 이용해 광고, 판매, 고객 서비스 등 고객 지향적인 전자상거래를 활용할 수 있다.

1990년대 중반부터 인터넷이 본격적으로 활동되기 시작함에 따라 일반 소비자를 대상으로 상거래 서비스를 제공하는 B2C 전자상거래는 빠른 속도로 성장하며 전자상거래 시장의 초기 단계를 주도하였다. 특히 B2C 전자상거래는 B2B 전자상거래보다 프로세스가 간단하고, 간편하게 적용할 수 있어 급속도로 확산되었다.

하지만, 전자상거래의 빠른 확산으로 형성된 많은 닷컴 기업들이 수익기반을 확보하지 못하고 경영환경이 악화됨에 따라 닷컴 기업의 위기론이 대두되기 시작하였다. 1999년에는 Buy.com, Egghead.com 등이 닷컴 기업들이 100억 달러 이상의 순손실을 기록함에 따라, B2C 전자상거래는 시장 조정 단계에 돌입하였다.

현재 시장 조정 단계를 거친 B2C 전자상거래는 시장 안정화 단계에 있으며, 비즈니스 모델을 확보한 기업들이 B2C 전자상거래 시장의 주류를 이루고 있다.

Amazon.com 등 경영난을 겪은 대규모 B2C 전자상거래 기업들은 2001년부터 수익성을 확보하기 시작하였고, 기존의 오프라인 벤더들의 온라인 시장으로 참여가 두드러지게 나타나고 있다.

표 16-1은 기업과 소비자간의 전자상거래 시장 추이를 나타내고 있다.

표 16-1 기업과 소비자간 전자상거래 시장 추이 (단위 : 10억원)

년도 및 분기	2005 (3/4)	2005 (2/4)	2005 (1/4)	2004	2003	2002	2001
시장 규모	2,009	1,867	1,909	6,443	6,095	5,043	2,580

-자료 : 통계청(http://kosis.nso.go.kr/cgi-bin/sws_999.cgi)

2.1.2 기업-기업간(B2B) 거래

기업간의 전자상거래인 B2B는 기업 사이에서 발생하는 주문, 조달, 생산, 판매, 송장 발·수신, 물류 등의 기업 활동 정보를 네트워크 상에서 EDI, VAN[3])을 통해 교환하는 것이다. 또한 B2B는 재화나 용역 생산 시 원자재 조달과 제품 개발, 금융업무, 제품 운송 등 기업간의 업무처리를 네트워크를 이용하여 디지털 매체로 수행하는 제반 과정을 포함한다.

B2B 전자상거래는 기업간 거래가 주류를 이루기 때문에 통합 프로세스가 복잡하고, 초기단계에서 활용이 난해하기 때문에 B2C 전자상거래보다 늦게 시장을 형성한 반면, 1990년대 후반부터 기업들이 Marketplace, 전자조달 시스템 등 B2B 전자상거래 시스템을 본격적으로 도입함에 따라 전자상거래 시장을 주도하기 시작하였다.

B2B 전자상거래는 2001년 전체 전자상거래 시장의 80% 이상을 차지하였으며, 2006년에는 전체 시장의 87%를 차지할 것으로 보인다. 이렇듯 기업간 전자상거래가 급성장하게 된 배경은 기업들로 하여금 구매, 조달, 생산, 유통은 물론 고객관리, 인력관리 등 비즈니스 프로세스 전반을 인터넷을 통하여 수행할 수 있는 기회를 제공함으로써 비용절감과 새로운 사업 기회 창출 등의 다양한 효과를 제공하고 있기 때문이다.

초기의 기업간 전자상거래는 EDI(Electronic Data Interchange)를 기반으로 전개되었는데, EDI는 비용이 많이 들뿐 아니라 폐쇄적인 성격의 네트워크이기 때문에 산업 전반에 걸쳐 활성화되는 데에 많은 어려움이 있었다. 그러나 인터넷을 기반으로 하는 기업간 전자상거래는 적은 비용으로 다수의 거래자를 참여시킬 수 있는 개방적인 성격이 강해 많은 기업들의 참여를 유도함으로써 활발한 거래를 일으키고 있다.

특히, 최근 들어 가장 두드러진 움직임이 바로 e-Marketplace의 구축이다. e-Marketplace는 B2B 벤처기업들에 의해 먼저 구축되기 시작했는데, 최근에는 오프라인의 대형 제조업체들을 중심으로 거대한 규모의 업종별 e-Marketplace가 등장하고 있는 상황이다.

---

3) VAN(Virtual Area Network) : 네트워크의 고대역폭 접속을 통해 지역 사회의 가시적인 느낌을 공유할 수 있는 통신망으로, 도시권 통신망(MAN)이나 확장된 구내 정보 통신망(LAN)과 같이 고대역폭 접속을 통해 화상 통화, 온라인 커피숍, 원격 의료 진료, 법률 상담, 기업 내외의 온라인 그룹 회의 등이 가능하다.

표 16-2는 기업과 기업간의 전자상거래 시장 추이를 나타내고 있다.

표 16-2 기업과 기업간 전자상거래 시장 추이 (단위 : 10억원)

년도 및 분기	2005 (3/4)	2005 (2/4)	2005 (1/4)	2004	2003	2002	2001
시장 규모	76,753	79,136	73,604	279,399	206,854	155,707	108,941

- 자료 : 통계청(http://kosis.nso.go.kr/cgi-bin/sws_999.cgi)

2.1.3 기업-정부간(B2G) 거래

기업과 정부간의 전자상거래인 B2G는 B2B에서 파생된 용어로서, 기업과 정부기관이 웹 사이트를 이용해, 오프라인에서 하던 것에 비해 효과적으로 정보를 교환하고, 비즈니스 활동을 영위하자는 개념이다. 예를 들어, B2G 서비스를 제공하는 웹 사이트에서는 시, 도 및 중앙정부 등 여러 기관에서 이용되는 각종 신청서 및 세무 양식의 비치, 작성이 완료된 양식의 전송, 공과금 납부, 기업 정보 갱신, 질의응답 요청 등과 같은 각종 업무를 한곳에서 일괄 제공할 수 있다. 또한, B2G는 전자조달 서비스를 포함하기도 하고, 기업들은 정부 기관의 구매 요건 등을 파악하는 한편, 정부 기관은 관련 기업들에게 제안서 제출 등을 요구할 수 있다. B2G는 기업과 정부 기관간 온라인 회의를 주재하거나 계획의 검토 그리고 작업 진도 관리를 위한 사이트를 공유함으로써, 추진 중인 사업에 대해 업무를 조정할 수 있는 가상 작업 공간을 지원하기도 하여 B2G를 전자정부라고도 한다.

표 16-3은 기업과 정부간의 전자상거래 시장 추이를 나타내고 있다.

표 16-3 기업과 정부간 전자상거래 시장 추이 (단위 : 10억원)

년도 및 분기	2005 (3/4)	2005 (2/4)	2005 (1/4)	2004	2003	2002	2001
시장 규모	8,031	7,898	5,840	27,349	21,634	16,632	7,037

-자료 : 통계청(http://kosis.nso.go.kr/cgi-bin/sws_999.cgi)

2.1.4 기업-기업-소비자(B2B2C) 거래

B2B는 물론 B2C 전자상거래까지 동시에 지원하며 B2B인 Marketplace나 인터넷 서비스 업체에 솔루션과 서비스를 제공하여 이들이 다시 협력 업체나 일반 소비자에게 제품이나 서비스를 제공하도록 하는 형태의 전자상거래를 말한다. 특히, 이 형태는 일괄 공급으로 끝나는 것이 아니라 사이트 실적에 따라 개발 수수료나 라이센스료, 유지 보수료 등을 받기 때문에 마케팅에 비해 수익률이 높지 않는 B2C나 투자 회수 기간이 긴 B2B에 비해 단기간 내에 수익을 낼 수 있는 모델로 부상하고 있다.

2.1.5 소비자-소비자간(C2C) 거래

소비자간의 전자상거래인 C2C는 웹을 이용한 경매사이트를 통해 소비자들 사이에 협상하는 것으로, 현재 가장 활성화되어 있는 분야는 인터넷 경매분야와 각종 상품과 서비스를 실수요자간에 팔고 사는 생활정보지 방식의 서비스 분야가 있다.

소비자간 전자상거래의 가장 큰 장점은 실수요자간에 편리하고도 값싸게 상품을 구입할 수 있다는 것인데 이는 인터넷을 통해 실시간으로 실수요자간에 정보가 공유됨으로써 유통업체 또는 쇼핑몰 업체의 일방적인 가격 설정의 틀에서 벗어나 보다 합리적인 대응형 거래를 지향할 수 있다는 것이다.

2.1.6 개인-개인간(P2P) 거래

인터넷이 사용자들을 일대일로 연결시켜주므로, peer to peer, people to people, person to person 등으로 불리우는 P2P 모델이야말로 인터넷의 장점을 가장 잘 살린 비즈니스 모델이다. 각 사용자들의 PC에 있는 mp3, 동영상 등의 디지털 파일을 공유하여 교환할 수 있도록 해주는 것으로 교환형과 온라인 Marketplace를 통한 중개형 서비스로 구분한다.

P2P는 판매자와 구매자가 직접 협상하고 그 결과에 따라 거래를 마무리 짓는다는 점에서 온라인 경매업체인 eBay 등에서 볼 수 있는 C2C와는 다르고, 수요자와 공급

자의 뚜렷한 구별없이 서로 질문과 대답의 형태로 정보를 주고 받기 때문에 전문가 그룹이 고객의 질문에 응답하는 형식의 전문가 사이트와도 구별된다.

2.2 전자상거래 종류

2.2.1 C-Commerce

e-Commerce가 상거래 중심적인 의미인데 비해 정보교환 활동을 중심으로 하는 C-Commerce는 가트너(Gartner)그룹에서 처음 소개한 용어로 B2C와 B2B로 대별되는 e-Commerce보다 확대된 개념으로, 여기서 C는 '협력적인', '공동의'의 뜻인 지닌 'Collaborative' 단어로서 소비자간(C2C), 기업대 소비자간(B2C), 기업간(B2B) 거래에 있어 상호간 '커뮤니케이션'을 강조하는 협업형 전자상거래를 가리킨다.

전자상거래가 성장하면서 중요하게 나타나는 현상 중 하나가 공급자와 소비자간 직접연결, 즉 다이렉트 마케팅의 개념이다. 이러한 현상은 중개상의 역할 비중이 줄어드는 양상을 보였다. 그러나, 최근 경매 및 입찰 등의 상거래 형태가 부각되면서 다시 중개상이 중요하게 되는 현상이 나타나고 있다. 이러한 의미에서 C-Commerce라는 개념이 새로이 등장하고 있으며 이는 가상공간에서 참여기업이 협업과 지식공유를 통해 새로운 부가가치를 창출하는 개념이다.

C-Commerce는 고객관리, 공급체인관리, 지식 등의 세 요소가 중요한 축을 이루는데, 개인간 또는 기업간에 제품이나 서비스를 생산하기 이전에 미리 의견을 교환함으로써 수요나 공급을 예측해 재고를 대폭 줄이고 제품 디자인에 적용, 설계 기간 및 비용을 절감하는게 주요 목적이다. 이처럼 C-Commerce가 전자상거래의 주요 사업형태로 떠오르면서, 상호간 커뮤니케이션을 원활하게 할 수 있도록 지원하는 '협업 기술(collaborative technology)'을 보유한 업체들이 경쟁적으로 C-Commerce를 지향하는 솔루션을 출시하고 시장 개척에 적극적으로 나서고 있다.

이러한 '협업 기술(collaborative technology)'에는 커뮤니케이션 스케쥴링, 에이전트, 그룹웨어, 워크플로우, 공급망관리(SCM) 등이 있으며 현재 이런 솔루션 개발에 중점을 두고 있는 회사에는 IBM, i2 Technology, Oracle, Microsoft, 그리고 SAP 등이 있다.

2.2.2 M-Commerce

M-Commerce는 상품의 구매와 대금의 지급결제에 이동통신 단말기와 통신 네트워크를 이용하는 것으로 유선 인터넷을 이용한 전자상거래를 무선 인터넷으로 확장한 형태로 'M'은 이동전화를 뜻하는 '모바일 폰(mobile phone)'의 첫 글자를 딴 것이다. M-Commerce의 넓은 의미로는 핸드폰, PDA 및 노트북 컴퓨터 등과 같은 이동단말기와 이동통신망 상에서 이루어지는 모든 형태의 가치전달 활동을 의미하며, 좁은 의미로는 재화 및 서비스 거래, 광고 및 금융 서비스만 대상으로 한다.

M-Commerce는 기존의 전자상거래와 기본적으로 유사하지만 모바일 환경에서 이동통신 단말기를 활용하고 있으므로 제공되는 콘텐츠 및 애플리케이션, 수익 기회를 비롯한 비즈니스 모형 측면에서 기존의 전자상거래와 차이가 있으며, 앞으로는 이동통신 단말기와 무선 인터넷을 중심으로 상거래가 이루어지는 M-Commerce가 전자상거래를 주도할 것으로 전망된다.

M-Commerce는 일반적으로 콘텐츠 제공업자부터 모바일 망 사업자에 이르는 많은 조직을 포함한 다양한 비즈니스 파트너십으로 특징지을 수 있으며, M-Commerce 애플리케이션과 서비스 이동경로에는 인프라 장비업체, S/W 업체, 광고업자를 포함한 콘텐츠 제공업자, 콘텐츠 통합업체, 가상 망 사업자를 포함한 모바일 망 사업자(Mobile Network Operator), 모바일 포탈, 모바일 단말업체, 무선 애플리케이션 서비스 제공업자(WASP), 위치정보 브로커 등 많은 조직들이 포함되어 있다.

2.2.3 T-Commerce

T-Commerce는 인터넷 TV를 이용해 상품을 사고 파는 TV 전자상거래를 말한다. 즉, TV로 홈쇼핑을 보다가 즉석에서 리모컨으로 물건을 주문하거나 경매에

참여하는 양방향 서비스로 PC 및 휴대폰에 이어, 연간 2억대의 보급을 기록하고 있는 TV를 이용한 전자상거래로 현재 유망한 비즈니스로 각광 받고 있다.

T-Commerce 상에서 상품을 데이터베이스화하며 시청자가 언제든지 재생할 수 있도록 저장이 가능하고, TV 화면에서 제품을 검색하여 비교하고 구매할 수 있기 때문에 홈쇼핑이 갖는 시간적 공간적 한계를 극복할 수 있다. 따라서, 홈쇼핑업체들은 차세대 성장 원동력으로 T-Commerce를 주목하고 있다.

하지만 T-Commerce를 하기 위해선 현재의 방송 시스템인 아날로그 방식에서 디지털 방식으로 바뀌어야 하고, 소비자들은 비싼 디지털 TV와 셋톱박스를 갖추어야 한다. 또한 케이블 망을 디지털로 모두 전환해야 하므로, T-Commerce가 상용화되기까지는 거액의 자금과 장기간 투자가 필요하다.

삼성경제연구소는 지난 1월 2일 2006년은 'T-Commerce의 원년'이 될 것이라고 전망했다. 최근 CJ 홈쇼핑이 서울 양천구, 경기도 분당, 대구 달서구, 부산 해운대, 인천 부평·계양 지역의 1만6000여 가구에 T-Commerce 방송을 지난 2005년 12월13일부터 시작했으며, GS 홈쇼핑도 안양케이블 TV 등 8개 케이블TV를 통해 방송중이며, 현대홈쇼핑과 우리홈쇼핑도 준비 중이다.

2.2.4 U-Commerce

e-Commerce에 비해 무제한적(unlimited. unbounced)이고, 포괄적(umbrella)이며, 장소에 구애받지 않는(ubiquitous) 전자상거래이다. 즉 언제, 어디서나, 누구라도, 모든 기기를 이용해 신속하고 저가에 비즈니스 업무를 수행할 수 있는 전자상거래를 의미한다.

U-Commerce는 기존의 e-Commerce, M-Commerce, T-Commerce 등 모든 종류의 전자상거래를 포괄하는 상위개념으로, 정보기술(IT)의 급격한 발달로 지금까지 세분화된 전자상거래의 영역이 허물어지고 있는 현실을 적절히 표현하는 개념인 셈이다. 또한 거래에 사람이 개입하지 않아도 정보기기 사이에 알아서 정보를 주고

받는 사일런스(silence) commerce까지 등장했다.

U-Commerce의 3대 요소는 모바일(mobile), 와이어리스(wireless), 사일런스(silence)로, 무선 통신 환경과 스마트 정보기기가 핵심인 것이다.

예를 들어 컴퓨터에 쇼핑 리스트를 입력해 놓으면 길을 걷다가 자신에게 필요한 물건을 파는 상점이 있으면 이동전화가 스스로 울리면서 몇 미터 앞에 얼마에 어떤 물건을 파는 상점이 있다는 정보를 알려준다.

3. 전자상거래의 장·단점

3.1 전자상거래의 장점

전자상거래의 장점을 살펴보면 다음과 같다.

3.1.1 일반적인 장점

소액자본으로 사업전개 가능

컴퓨터와 인터넷을 사용할 수 있는 최소한의 장비와 툴만 있으면 창업이 가능하다. 따라서 전통적인 점포에 비해 설비투자비나 유지비가 저렴하다.

무인점포

홈페이지에 점포를 개설하므로, 물리적인 상점과 판매원이 필요 없으며, 인터넷 서비스 제공자의 도움을 받는다면 네트워크 관리도 필요 없게 되며 최소한의 인력으로 시작할 수 있다.

사이버 공간

점포를 개설하는 공간은 가상공간이므로 회사 설립을 위한 공간이 따로 필요 없다. 따라서 가정에서도 컴퓨터 한 대만으로도 회사 설립이 가능하다. 또한, 사이버 공간이므로 국경이 없다. 인터넷에서 개설한 점포는 전 세계 어느 곳에서도 연결이 가능하므로 세계 시장을 대상으로 영업을 할 수 있다.

시간과 공간의 벽이 사라짐

인터넷을 이용한 전자상거래 활동이므로, 1년 365일, 하루 24시간 내내 열 수 있으며, 상점이 위치한 장소가 문제 되지 않는다. 또한, 기업 활동에 있어 시간과 공간의 제약이 사라져 기업은 24시간 내내 국경 없이 어디서나 상품판매가 가능하다.

고객의 자유

상품에 대한 정보가 어디에 있는지를 알려주는 검색엔진이 있기 때문에 문제없이 원하는 정보를 찾아 낼 수 있으며, 고객은 정보가 어디에 있는 지만 알면 가격을 비교하여 얼마든지 좋은 상품을 값싸게 구매할 수 있다.

짧은 유통 채널

네트워크를 통해 공급자와 구매자를 직접 연결하기 때문에 도매점, 소매점 등의 중간 유통 채널이 필요 없게 됨으로써 상대적으로 짧은 유통 채널을 갖는다.

판매거점 불필요

기존의 상거래는 상품전시, 영업 관리, 고객대응 등을 위하여 물리적인 판매 공간이 필요한 반면, 전자상거래의 경우에는 네트워크 상에서 상품 거래가 이루어지기 때문에 물리적인 공간이 불필요하다.

효율적인 마케팅

축적된 데이터베이스를 통해 상품에 관심을 가질만한 특정고객을 대상으로 1:1로 상호작용의 마케팅이 가능하며, 동시에 고객의 욕구를 충족시켜 줄 수 있는 데이터베이스 마케팅이 가능하다.

고객 정보 획득 용이

마케팅 및 거래 과정에서 확보된 고객 정보를 그대로 DB화 하여 활용 가능하다.

3.1.2 판매자 측면에서의 장점

◉ 물리적 공간을 확보할 필요가 없다.

재고를 비치해두어야 하는 부담을 줄일 수 있고, 상품을 물리적으로 진열할 필요가 없음으로 매장 공간을 확보하지 않아도 된다.

◉ 고용인원의 최소화

기존의 전통적인 매장은 관리를 위한 수많은 인원을 고용하는데 전자상거래 상에서는 인원을 대폭 축소시킬 수 있으며 24시간 365일 내내 고객에게 서비스를 제공할 수 있다.

◉ 중간 물류비용 최소화

제조업체에서 직접 매장을 개설할 경우 중간 물류비용을 줄일 수 있다.

◉ 운영비용의 최소화

위와 같은 이유로 적은 자본으로 매장을 개설과 운영비용의 최소화 등의 효과를 볼 수 있다.

3.1.3 구매자 측면에서의 장점

◉ 시간적인 제약이 없다.

전통적인 상거래에서의 백화점의 개점 시간은 주로 낮 시간대인데, 전자상거래 상에서는 시간적인 제약이 없으므로 밤에도 구매가 가능하다.

◉ 공간적인 제약이 없다.

구매자가 상점까지 직접 방문하지 않고 어느 곳에서나 구매가 가능하도록 장소의 제약이 없다는 점이다.

◉ 직접적인 비용 절감

구매자는 시간 절약과 거리 이동을 생략함으로써 직접적인 비용 절감의 효과를 볼 수 있다.

3.2 전자상거래의 단점 및 문제점

전자상거래는 현재까지 기술적·사회적 문제들이 완전히 해결되지 않은 상태이기 때문에 다음과 같은 단점과 문제점들을 있다.

3.2.1 전자상거래 단점

● 품질 보증 문제

구매자는 직접 재화를 눈으로 보고 확인 할 수 없기 때문에 상품의 사양이나 품질을 확인하기 힘들뿐만 아니라 보증체계와 사후관리 등에 대한 안전성을 신뢰하기 어렵다. 특히, 국제간 거래에 있어서는 더욱 그러하다. 가상공간 관리자나 국가적 차원에 있어 이를 보증하거나 규제할 수 있는 안전장치의 개발이 시급한 실정이며, 또한 매매당사자의 계약 및 계약실행에 관련한 분쟁이 발생하였을 경우 적용법과 관련제도의 미비로 적절한 해결책을 마련하기 힘들다는 단점이 있다.

● 대금 지급과 결제에 대한 보안과 인증 문제

전통적 상거래에서와 같은 대금지불방식을 사용할 수 없는 대신 전자적 결제를 필요로 함에 따라 발생될 수 있는 지급과 결제에 있어서 보안과 인증에 관련한 기술적인 대비책이 미흡한 실정이다. 또한 보안기술이 완벽하지 못한 상태에서 개인의 프라이버시 침해 및 고유의 정보가 노출될 위험이 있다.

● 중소기업의 경쟁력 약화

구매자의 경우 무한한 정보를 통해 구매 의사결정을 수반하여야 함에 따라 정보의 과잉으로 인한 혼선이 발생할 수 있다. 구매자의 탐색 및 정보의 이용이 집중될수록 제품간 경쟁이 치열할 수밖에 없어 브랜드의 중요성이 증대됨에 따라 중소기업의 경우 경쟁력이 약화될 수 있다. 한편, 기존 브랜드 입지를 강화하고 있는 대기업의 경우에도 가상공간에의 진출경쟁에 따라 치열한 경쟁 압박을 받을 수 있다.

환불 및 배송 지연

전자상거래 보호법에 따르면 통신판매업자는 제품을 반환받은 날로부터 3일 이내에 대금을 소비자에게 환불해줘야 함에도 불구하고 환불 요청 기일이 제대로 지켜지지 않고 있으며, 사이버 마켓 상에서 적정 상품을 선택하여 구매 의사 결정을 하고 전자적으로 대금을 성공적으로 지불하였다 하더라도 구매한 물건이 배송기한 내에 지정한 장소에 배달되지 않는 문제가 발생한다.

3.2.2 전자상거래 문제점

전자상거래에서 발생할 수 있는 문제점들을 살펴보면 다음과 같다.

미성년자거래

미성년자와 같은 행위무능력자의 전자상거래에 있어서의 법률행위에 대한 문제이다. 미성년자인지를 구분 짓는 나이에 대해, 『민법』에서는 만20세, 『청소년보호법』에서는 만18세, 『정보통신망법』에서는 만 14세로 명시하고 있다. 전자상거래에 있어서 만 14세의 기준을 따르고 있으며, 법정대리인의 동의 없는 계약은 취소 가능하며, 처음부터 무효가 된다. 사업자는 받은 대금이 있다면 반환해야하고, 미성년자는 현존하는 이익의 한도 내에서 반환하면 된다. 그러나 미성년자의 적극적인 사술, 즉 성인인 것처럼 상대를 속여서 거래를 성립시키는 경우는 계약취소가 불가하다.

사실상 전자상거래가 가진 비대면 거래의 특성상 사업자가 가진 프로그램을 포함한 시스템으로만은 확인이 어려워, 사업자가 이를 극복할 수 있는 시스템상의 방법을 강구해서 피해를 줄여나가고자 노력하고 있다.

의사표시의 불일치

전자상거래 거래과정에서 내면의 의사와 외부에 표시된 의사가 다른 경우가 있다.

① 제품을 살 맘도 없으면서, 허위로 구매 신청한 경우는 사업자가 이용자의 진위를 알았거나, 알 수 있었던 경우에는 무효이지만, 그 외의 경우는 유효

하다. 즉, 전자상거래 사업자의 명백한 악의가 입증되지 않는 한 이런 경우 그 청약은 유효하다.

② 상대방과 통정하여서 한 허위의 의사표시는 무효이다. 여기서 상대방이란 전자상거래에 있어서는 사업자가 될 수 있으나, 이용자가 사업자와 통정허위표시를 하는 일은 드물 것이다.

③ 법률행위의 중요부분에 착오가 있는 경우에는 이를 취소할 수 있다. 여기서 착오란 내면의사와 표시된 내용이 불일치함을 표시자 자신이 알지 못하는 것을 말하며, 전자상거래의 특성상 다양한 유형의 착오가 발생될 가능성이 있다. 목적물 자체, 수량이나 가격 등 법률행위의 중요부분에 착오가 있는 경우에는 그 의사표시는 무효로 된다. 다만, 착오에 대하여 표의자에게 중대한 과실이 있는 경우에는 표의자 자신은 착오의 무효를 주장할 수 없다. 중대한 과실이라 함은 표의자의 입장에서 통상인이라면 당연히 기울였을 주의를 현저히 결한 경우이다.

④ 사기와 강박에 의한 의사표시는 취소할 수 있다. 여기서 사기란 기망(다른 사람에게 잘못된 판단과 인식을 하도록 하는 행위)에 의해 표의자가 착오에 빠져서 의사표시를 하는 것이고, 강박이란 상대방으로부터 협박을 받아 공포상태에서 표의자가 의사표시를 하는 것을 의미한다.

무권한 거래

권한이 없는 자가 다른 사람의 명의로 거래를 하거나 아이디와 비밀번호 등을 도용하여 거래를 하는 것을 무권한 거래라 할 수 있다.

① 타인이 본인을 가장하여 본인의 비밀번호를 입수해 본인인 것처럼 행세하여 거래를 한 경우에는, 본인의 의사표시가 없기 때문에 기본적으로는 아무런 법률관계가 발생하지 않으며, 따라서 책임을 부담하지 않는 것이 사법의 일반원칙이다.

② 대리권이 없음에도 불구하고 대리인으로 행세하여 대리행위를 한 경우에는 이를 무권대리라고 하며, 무권대리인에 의한 계약은 그 효력이 본인에게 귀

속되지 않고, 본인이 계약에 대하여 책임을 지지 않는다. 다만, 본인이 무권대리행위의 성립 후에 무권대리인의 대리권을 인정하거나 추인한 경우에는 처음부터 유권대리로 취급되어 본인이 책임을 부담한다. 또한 무권대리인이 본인의 대리인으로 행세하여 전자상거래를 한 경우에는, 본인과 그 무권대리인과의 사이에 어떠한 특별한 관계가 있다고 볼 수 있는 경우에는 표현대리가 성립해 본인이 책임을 부담한다.

그러므로 아들이 부모의 명의로 인터넷서비스제공업자에게 가입하고, 부모가 이를 승낙한 경우 또는 부모가 자식에게 패스워드를 알려주고 인터넷 이용을 허락한 경우 등에는 표현대리가 성립할 수 있다.

4. 전자상거래의 효과

전자상거래는 전자적으로 개방된 시장에서 공급업체간 경쟁이 강화되어 구매자의 비용이 절감할 수 있고, 온라인으로 입찰정보 DB접속, 입찰서 제출, 결과조회가 가능해 공급자의 비용을 절감시킬 수 있다. 인터넷 사용자들은 전체가 전자상거래의 잠재 고객이 될 수 있으므로, 저렴한 마케팅이 가능해 신규시장 개척이 용이하다.

전자상거래 장점에서 살펴보았듯이 공간적인 제약이 없으므로 지리적인 거리를 초월한 새로운 시장 진입이 용이하고, 비즈니스 과정들이 상호 연결되어 각 단계별 및 세부과정간의 시간지연이 제거되어 상거래의 신속화를 가져다준다. 또한, 제품사양이 표준화되고 경쟁이 심화되어 제품의 품질이 개선되며, 시장의 확대와 제품의 주문생산이 이루어져 제품의 다양화가 이루어지며, 통합화된 제조기술을 통해 제품이나 서비스에 대한 요구를 전자적으로 연결시킬 수 있으며 재고관리비용과 불량재고에 의한 리스크를 줄일 수 있다.

따라서, 관리과정의 표준화, 자동화로 간접비용을 줄일 수 있으며, 전자문서를 사용함으로 종이문서를 줄일 뿐 아니라 실제로 움직이지 않고도 전자적으로 정보를 얻기 때문에 공해물질을 줄일 수 있어 환경적으로도 유익한 효과를 가진다.

전자상거래의 효과를 기업과 소비자로 분류해보면 다음과 같다.

4.1 기업에게 미치는 효과

긍정적 효과

전자상거래가 기업에 미치는 긍정적 효과는 전자상거래의 특징과 그 맥을 같이 한다. 전자상거래의 기업 이점은 기존 상거래가 가지고 있는 물리적·시간적·공간적 한계를 극복할 수 있다는 한마디로 요약될 수 있는데, 이를 세부적으로 살펴보면 다음과 같다.

첫째, 인터넷 전자상거래는 네트워크를 이용하여 거래를 하기 때문에 판매거점 즉 상점 및 점포가 필요 없어 토지비나 종업원 고용 등에 소요되는 고정비용 및 간접비용을 절감할 수 있다.

둘째, 영업시간 제약이 없어 24시간 거래가 가능하여 전통적 상거래 방식의 물리적 한계를 극복할 수 있게 한다.

셋째, 인터넷을 통한 전자상거래는 고객과 기업간의 쌍방향 통신이 가능하고, 고객정보의 획득이 용이하여 기업이 구매자의 욕구에 맞는 상품을 개발·판매할 수 있어 기업이 적극적인 마케팅을 구사하여 마케팅의 성과를 높일 수 있다는 면에서 유리한 점을 가진다.

넷째, 재화 및 용역의 판매·운송에 있어서 도·소매상 등의 중간유통단계 생략에 따른 유통비를 절감할 수 있어 시장에서 가격경쟁력을 확보할 수 있는 기반을 조성한다. 이러한 가격경쟁력은 운송비, 점포유지비, 유통마진 등을 절감하여 상품 및 서비스의 가격을 인하함으로서 가능해진다.

다섯째, 시장의 지역적 제한이 없어 기업의 새로운 시장에 대한 진입이 용이하다.

여섯째, 대금결제도 네트워크를 통한 cyber cash 혹은 전자화폐로 이루어져 기업에게 편리함을 제공한다.

이러한 효과들로 인해 전자상거래는 확산될 것이고, 또한 인터넷 확산은 제품에 대한 잠재적 수요자의 확대 즉, 시장의 실질적인 확대를 의미하게 된다. 왜냐하면 24시간 사이버 공간에서의 인터넷 이용자 모두가 기업에게는 잠재적인 수요자이기 때문이다.

부정적 효과

전자상거래는 정보에 의한 거래이기 때문에 문제점을 가지기도 한다. 이러한 문제점을 살펴보면 다음과 같다.

첫째, 전자상거래는 사이버 공간을 통해 무한한 정보를 제공하기 때문에 소비자의 탐색·정보비용을 대폭으로 절감시키게 되고, 이에 따라 제품간 경쟁이 치열해지는 문제점이 있다. 이러한 경우 브랜드 이미지가 좋은 상품의 판매가 확대되며 따라서 브랜드 명성의 중요성이 보다 커지게 되어 중소기업의 입지는 더욱 불안해질 수도 있다. 한편 중소기업의 경우 세계시장에의 노출이 촉진됨에 따라 경쟁의 압박을 받을 수는 있지만 반면에 세계시장으로의 진출 기회도 보다 확대될 수 있다는 기회도 제공받는다.

둘째, 도·소매상의 생략 등 유통채널의 단순화는 비용감소를 가져오지만, 유통구조상에서의 중간 업체 및 면세점 등을 급격히 쇠퇴시키는 문제를 가진다.

4.2 소비자에게 미치는 효과

긍정적 효과

정보와 시간의 중요성이 커지고 있는 현대인에게 전자상거래의 등장은 소비자에게 여러 가지 장점을 가진다.

첫째, 물리적인 시장에 나가지 않아도 앉아서 쇼핑, 구매, 대금 결제까지 할 수 있는 one stop shopping이 가능해져 편리함을 제공한다. 이러한 효과로 인해 소비자는 정보탐색의 시간 및 비용을 절감할 수 있어 경제적인 이익을 얻는다.

둘째, 진입장벽이 낮아 기업들의 가격 경쟁이 심해지고 이에 따라 소비자는 저렴한 가격에 제품을 구입할 수 있다. 저렴한 가격으로 소비자에게 제품을 제공할 수 있는 또 다른 이유는 전자상거래가 중간상인이 배제되어 있고, 쇼핑몰 운영비가 저렴하여 결과적으로 소비자에게 저렴한 가격으로 제품을 제공할 수 있다는 것이다.

셋째, 기업의 영업에 있어 시간상의 제약이 없어 소비자는 24시간동안 전 세계의 제품을 한자리에서 한눈에 비교하며 쇼핑할 수 있다.

넷째, 소비자와 기업간의 쌍방향 통신을 통해 소비자는 자신의 욕구를 전달할 수 있으며, 불만이 있는 경우 즉각적인 조치를 받을 수 있어 자신의 욕구에 맞는 제품을 구입할 수 있다.

다섯째, 인터넷상에는 가상백화점이 최고 25만여 종이 전시되어 있고, 이러한 가상쇼핑몰에서 상품검색 기능을 활용하여 용이하게 제품을 선택할 수 있다.

여섯째, 기존의 상거래 방식이 가지고 있던 문제점 중의 하나인 종업원 불친절 또는 강매에서 해방되어 풍부한 제품정보를 가지고 쇼핑을 할 수 있다.

일곱째, 인터넷상에서의 쇼핑에서는 정보탐색 시간 및 비용이 저렴하여 충분한 사전조사를 가지고 구매할 수 있어 충동구매가 감소하고 계획구매가 이루어진다.

부정적 효과

소비자는 인터넷 전자상거래를 통해 원하는 제품을 편리하게 집에서 받아볼 수 있지만 인터넷상에서 이루어지는 거래이기 때문에 다음과 같은 문제점이 있으며, 이 문제점들은 전자상거래 단점과 맥을 같이 한다.

첫째, 소비자는 가상쇼핑몰 상에서만 제품을 보고, 직접 볼 수 없기 때문에 구매 후 불만족이 발생할 수 있다. 이런 경우 반품 및 환불이 어렵다는 문제점이 있다. 특히 그 제품을 해외시장에서 구입한 경우에는 더욱 어렵다.

둘째, 인터넷상에서는 구매 후 대금지불을 신용카드로 할 경우, 보안기술이 고도로 발달되지 않은 한 개인정보가 노출되어 악용될 가능성이 있다는 문제점이 있다.

5. 전자상거래 정보 보안

인터넷 사용이 보편화되고, 웹을 이용한 광고, 전자출판, 쇼핑, 인터넷 뱅킹 등 다양한 서비스가 네트워크를 통해 제공되면서 전자상거래 보안에 대한 필요성이 증가하고 있다. 현재 대부분의 인터넷 쇼핑몰을 이용하는 사용자들은 구매물품에 대한 지불을 위해 신용카드를 사용하게 되는데, 이때 신용카드 번호 및 개인정보가 불법적인 제 3자에게 유출되거나 위조변조 될 가능성이 점차 커지고 있다.

따라서 전자상거래가 원활히 수행되기 위해서는 기밀성, 무결성, 부인봉쇄, 신원인증과 같은 보안 서비스가 제공되어야만 한다.

기밀성

기밀성은 전자문서를 송신할 때 그 문서를 제 3자가 알아보지 못하게 암호화하는 기능이다. 이와 같은 기밀성을 제공하기 위해서는 메시지를 암호화하는 방식이 일반적으로 사용된다.

무결성

무결성은 전자문서의 작성자가 작성한 내용이 송・수신 과정에서 변조가 있었는지 확인하는 기능이다. 네트워크를 통하여 송신자가 메시지를 전송할 때 제 3자가 중간에서 메시지를 가로챈 후에 그 메시지의 내용을 변조하여 수신자에게 이 변조된 메시지를 전송할 위험이 있다. 즉, 제 3자에 의한 이러한 불법적인 메시지 변조를 막을 수 있는 기능을 무결성이라 한다.

부인봉쇄

부인 봉쇄는 전자문서의 송신자를 확인하고 수신자의 수신 여부를 확인함으로써 전자문서 송・수신자 측의 송・수신 사실의 부인을 방지하는 기능을 말한다. 송신자가 송신한 사실을 부인할 때 송신자만이 알 수 있는 비밀번호로 만들어진 전자서명이 첨부되어 있으면 특별한 사정이 없으면 송신자가 그 전자문서를 작성하고 발신하였다고 간주할 수 있는 기능이다. 즉, 사용자가 거래했던 행위를 나중에 부인할 수 없는 것을 부인 방지라고 한다.

신원인증

전자상거래 작업을 수행할 수 있도록 권한을 부여받는 행위로서, 상거래가 이루어지기 전에 거래 당사자로서 신원을 확인하는 것을 말한다. 신원 인증은 실제 거래가 이루어지기전에 반드시 실행되어야 하며, 향후 분쟁의 소지에 따른 법적 증거로서 유효한 입증자료로도 활용할 수 있다.

5.1 인터넷 보안 프로토콜

5.1.1 SSL

SSL(Secure Socket Layer)은 인터넷 환경에서 클라이언트와 서버 간에 안전한 채널을 만들어주는 보안 프로토콜이며, 사용자가 웹 브라우저를 통해 웹 서버에 접속하는 경우 접속한 웹 서버가 정당한 웹 서버인가를 증명해주는 인증기능을 제공하며, 이후 웹 채널을 통해 송・수신되는 데이터를 암호화시켜 제 3자가 볼 수 없도록 하는 비밀성을 제공해준다. 그리고 선택적으로 사용자 인증 기능을 제공받은 정당한 권한을 갖는 사용자만이 웹 서버에 접속할 수 있도록 해준다.

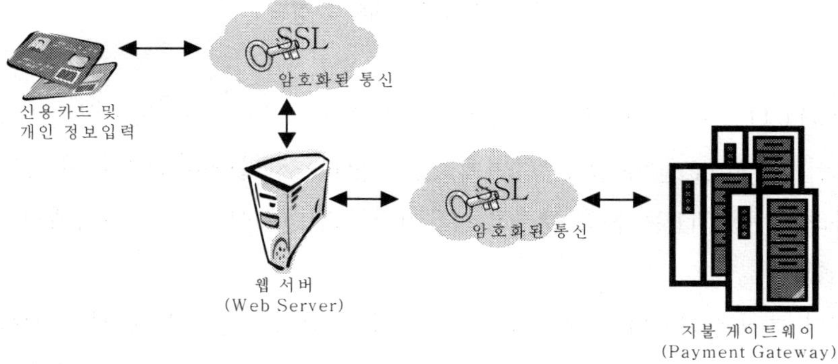

그림 16-4 SSL 기본 구성도

5.1.2 SHTTP

SHTTP(Secure HyperText Transfer Protocol)는 1994년 EIT(Enterprise Integration Technologies)에서 웹의 상업적 이용에 대비하여 기존의 HTTP에 보안 요소를 추가하여 특별히 개발한 프로토콜이다. 즉 SHTTP는 인터넷 상에서 파일들이 안전하게 교환될 수 있게 해주는 HTTP의 확장판이다.

SHTTP는 다중 키 관리 기법(multiple key management mechanisms)을 지원하며, 데이터를 주고 받는 두 사람이 사용하는 암호 알고리즘(cryptographic algorithm)의 일치를 통한 확인을 지원하는 동시에 기밀성, 신원인증, 무결성, 부인 방지를 지원한다. SHTTP는 사용 허가된 특별한 소프트웨어로만 사용이 되도록 제한되어 있으며, 대상 데이터를 블록 암호화를 통해 보호한다.

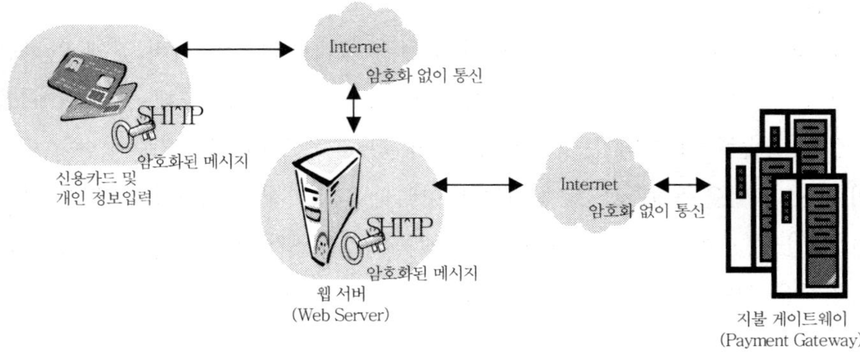

그림 16-5 SHTTP 기본 구성도

SSL과 SHTTP 두 프로토콜의 차이점은 SHTTP는 사용자 인증을 위해 인증서를 클라이언트에서 보낼 수 있는 반면에, SSL에서는 서버만이 인증할 수 있다는 점이다. 따라서, SHTTP는 좀더 안전한 사용자로부터 인증이 필요한 상황에서 많이 사용되고 있다.

SHTTP의 특징은 HTTP가 가지고 있는 요청-응답이라는 기본 동작 형태를 변화시키지 않고, HTTP의 특성을 모두 가지고 있으며, PEM[4]과 PGP[5] 등의 여러 암호문 형태를 지원하며, HTTP와도 같이 사용할 수 있으며, SHTTP를 탑재하지 않은 시스템과도 통신할 수 있다.

5.2 비밀키 암호화

비밀키 암호화 방식은 대칭키 암호화 방식 또는 단일 암호화 방식이라고도 한다. 대칭키 암호화 방식은 메시지를 암호화 시킬 때 사용된 비밀키가 메시지를 복호화 시킬 때에도 똑같이 사용하는 암호화 시스템이다.

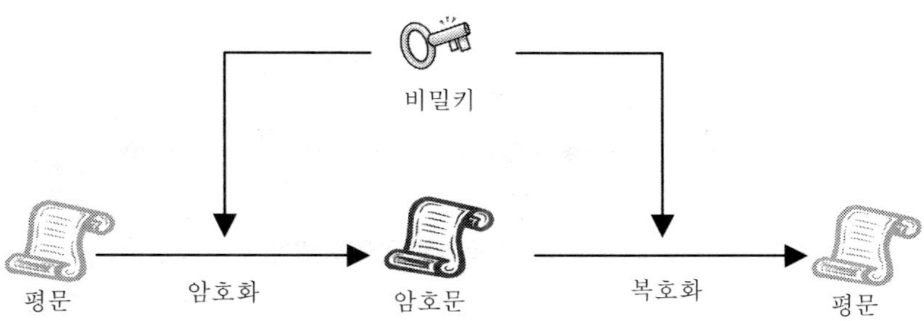

그림 16-6 비밀키 암호화 방식

이 방식은 처리 속도가 빠르다는 장점이 있지만, 누군가가 엿듣거나 비밀키를 가로채는 경우 그 비밀키를 사용하여 암호 메시지를 판독할 수 있기 때문에 메시지 기밀성 유지하기가 상당히 어렵다는 단점을 갖는다. 또한, 사전에 서로 알지 못하는 구매자와 판매자가 비밀키를 상호 공유하는 것이 현실적으로 어렵기 때문에 디지털 서명에 사용하기에는 부적합하다.

---

4) PEM(Privacy Enhanced Mail) : 여러 가지 암호화 기술을 사용함으로써 기밀성과, 메시지의 인증 및 무결성을 유지하는 전자우편이다

5) PGP(Pretty Good Privacy): 인터넷 전자우편을 암호화하고 복호화하는데 사용되는 인기 있는 프로그램이다. 이것은 또 송신자의 신원을 확인함으로써 그 메시지가 전달 도중에 변경되지 않았음을 확신할 수 있도록 해주는 암호화된 전자서명을 보내는 데에도 사용될 수 있다.

5.3 공개키 암호화

공개키 암호화 방식은 비대칭키 암호화 방식이라고도 한다. 공개키 암호화 방식은 전자상거래에서 보다 안정성을 기할 수 있는 방식으로 산술적으로 연관되어진 두 개의 키를 사용하여 하나는 메시지를 암호화할 때 사용하고, 다른 하나는 메시지를 복호화할 때 사용하는 암호화 시스템이다.

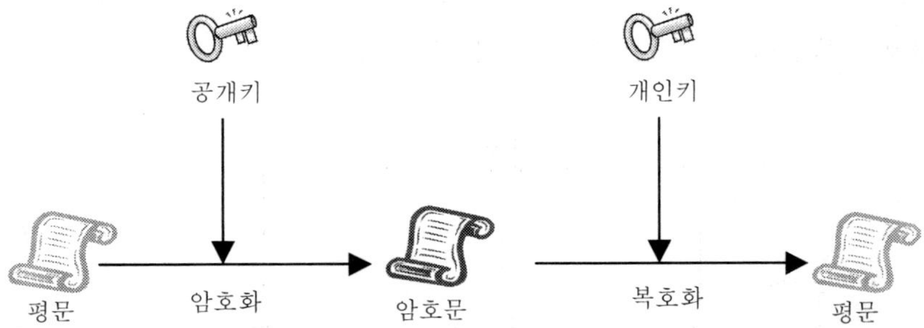

그림 16-7 공개키 암호화 방식

이 방식에서 사용하는 두 개의 키 중 하나는 공개되지 않는데 이 키를 비밀키라고 하고, 메시지의 사용자를 인식하기 위한 키로 사용한다. 즉, 이 방식은 메시지를 암호화하는 것 외에도 사용자를 인증할 수 있는 전자서명에도 사용할 수 있다.

6. 전자상거래 법규

6.1 전자상거래 기본법

전자상거래가 확산됨에 따라 기존의 전통적 상거래에서는 경험하지 못한 새로운 문제점들이 나타나게 되었다. 전자상거래에 기존의 거래 규범을 적용하는 한계를 극복하고자 전자거래기본법이 1999년 2월 법률 제 5834호 제정되어 1999년 7월 1일부터 시행되었다.

이 법률은 크게 제 1장 총칙, 제 2장 전자문서, 제 3장 전자거래의 안전, 제 4장 전자거래의 촉진, 제 5장 소비자 보호, 제 6장 보칙으로 구성되어 있으며, 핵심적인 내용은 다음과 같다.

다른 법령에 특별한 규정이 있는 경우를 제외하고는 전자문서에 대하여 서면에 의한 문서와 동일한 효력을 부여하고, 전자서명 역시 서면상의 서명 또는 기명날인으로 보도록 하였다.

전자거래 당사자 등이 전자거래와 관련하여 개인 정보를 수집하는 경우에는 미리 상대방에게 이를 알리도록 하고, 수집한 정보는 당초 수집한 목적 이외의 다른 용도로 사용하지 아니하도록 하였다.

전자거래의 안전성과 신뢰성을 확보하기 위하여 전자거래 당사자의 신원을 확인해주는 공인인증기관을 전자서명법의 규정에 따라 지정할 수 있도록 하였다.

전자거래의 촉진에 필요한 기반 조성 사업은 원칙적으로 민간주도에 의하여 추진하도록 하되, 정부는 이를 지원하기 위하여 전자거래정책협의회를 구성하고 전자거래촉진 계획을 수립 · 시행하도록 하였다.

전자거래에 관한 국내외 조사 연구 등 진흥 사업을 수행하기 위하여 한국전자거래진흥원을 설립하도록 하고, 전자거래로 인한 피해를 구제하고 공정한 전자거래의 관행을 정착시키기 위하여 전자거래에 관한 분쟁의 조정에 필요한 시책을 강구토록 하였다.

전자거래를 이용하는 소비자의 기본 권익을 보호하기 위하여 관계 법령에 따라 소비자에의 정보 제공, 소비자 피해보장 기준의 적용 등 필요한 시책을 마련하도록 하였다.

6.2 전자서명법

전자거래의 가장 큰 특징 중의 하나는 비대면으로 거래가 이루어지기 때문에 전자문서 작성자의 신원확인과 새로운 방식의 서명이 필요하다. 따라서 전자서명법은 전자문서의 안전성과 신뢰성을 확보하고, 그 이용을 활성화하기 위하여 전자서명에 관한 기본적인 사항을 규정함으로써 국가사회의 정보화를 촉진하고 국민 생활의 편익을 증진하기 위하여 1999년 2월 5일 법률 제 5792호로 제정되어 1999년 7월 1일부터 시행되었다.

전자서명법은 제1장 총칙, 제2장 공인인증기관, 제3장 인증서, 제4장 인증업무의 안전 및 신뢰 확보, 제5장 보칙, 부칙으로 구성되며, 핵심적인 내용은 다음과 같다.

전자서명을 비대칭 암호기술을 활용한 디지털서명으로 분명히 정의하고, 전자서명과 전자문서의 법적 효력을 부여하고 있다.

안전한 전자서명의 이용 기반을 조성할 수 있도록 공신력 있는 기관인 공인인증기관이 전자서명을 인증하도록 하기 위하여 공인인증기관의 지정 제도를 도입하고 있다.

공인 인증 업무의 적정성 및 지속성을 확보하기 위하여 필요한 규정을 두고 있다. 인증서의 신뢰성 확보를 위하여 인증서에 포함할 내용을 명확히 하고, 인증서의 발급・효력정지・폐지절차 및 방법 등에 관한 세부적인 사항을 규정하고 있다.

전자서명 및 전자문서의 안전한 사용 및 분쟁 발생시에 대비하기 위하여 안전하고 신뢰성 있는 인증관리 체계의 운영과 전자 서명키 및 인증 의무 관련 기록의 안전한 관리 등 인증기관의 책임과 의무를 명확히 하고 있다.

인증제도의 안전하고 효율적인 운용을 위해서는 전자 서명키의 보호가 필수적이므로 타인의 전자 서명키 도용행위, 타인의 명의로 인증서를 발급하는 행위 등을 금지하고, 이를 위반한 자를 처벌하는 규정을 두고 있다.

인증 서비스 이용 증가 및 정보통신기술 발달에 따라 공인인증기관이 용이하게 수집・처리・보관・유통할 수 있는 개인정보를 보호하기 위하여 인증 업무에 필요한 개인정보의 수집 제한, 목적 외 이용 및 누설 금지 등을 명시한 조항을 두고, 이를 위반한 자를 처벌하도록 하였다.

전자서명을 안전하게 사용할 수 있는 환경 조성 및 효율적인 공인인증기관 관리를 위하여, 한국정보보호센터로 하여금 전자서명 인증관리 업무를 수행하도록 하였다.

국가간 전자적 거래에 대비하여 정부가 외국 인증기관이 발행한 인증서를 상호 인정하는 협정을 체결할 수 있도록 규정하고 있다.

참고문헌

김성희 · 정기진, "전자상거래.com", 청람, 2004
이병관 · 정은희, "인터넷 보안", 남두도서, 2004
조동훈, "전자상거래 개론", 한올출판사, 2002
심종석 · 정경진, "전자상거래와 e-비즈니스", 청림출판, 2000
통계청, 통계정보시스템, http://kosis.nso.go.kr
T-Com Media, http://www.t-commerce.or.kr
정보통신정책연구원, http://telesum.kisdi.re.kr
두산동아, http://www.encyber.com/infocomdic
김동근의 텀즈 · 컴퓨터 용어사전, http://www.terms.co.kr
김경수, 거시경제학, 연암사, 1999.
김 균 외, 경제학원론, 율곡출판사, 2000.
김대식 · 노영기 · 안국신 공저, 현대경제학원론, 박영사, 1999.
김덕중 외, 경제학원론, 법문사, 1996.
김일경, 경제와 생활, 법원사, 2001.
류재경, 현대경제학, 한국교육문화원, 2001.
맨큐(N. Gregory Mankiew), 맨큐의 경제학, 교보문고, 2001.
______, 맨큐의 핵심경제학, 교보문고, 2001.
박명광, 경제학원론, 무역경영사, 1996.
박유영, 경제학원론, 삼영사, 2000.
박해용 외, 경제학 기초의 이해, 경영과회계, 2001.
박홍립, 경제학원론, 박영사, 1995.
서승환, 미시경제론, 홍문사, 1996.
성백남 외, 미시경제학, 박영사, 2000.
손정식 외, 경제학개론, 법문사, 1999.
申鳳浩, 微視經濟學, 比峰出版社, 1996.
안국신, 경제학 길잡이, 율곡출판사, 2000.

______, 현대거시경제학, 박영사, 2001.
유지성, 경제학원론, 박영사, 2001.
이관두, 경제학원론, 청목출판사, 2000.
이 근, 한국인을 위한 경제학, 박영사, 2001.
이민수 외, 경제학원론, 법경출판사, 2001.
이승훈, 경제학입문, 영지문화사, 2001.
이영환, 정보경제학, 율곡출판사, 1999.
이준구 외, 경제학원론, 법문사, 2000.
이찬근 외, 경제학원론, 진영사, 1997.
李鶴容, 微視經濟理論, 茶山出版社, 1997.
______, 생활경제학, 다산출판사, 1999.
李亨純, 巨視經濟學, 法文社, 1990.
이형순, 경제학개론, 박영사, 1996.
이홍윤, 거시경제학, 경세원, 2000.
임종천·현훈 공저, 경제의 이해, 창문각, 2001.
임해정, 경제학원론, 형설출판사, 2001.
丁榮燮, 經濟學原論, 진영사, 1996.
정창영, 경제학원론, 법문사, 1997.
趙 淳·鄭雲燦, 經濟學原論, 法文社』, 1996.
조병택 외, 미시경제학, 형설출판사, 2000.
조성천 외, 경제학원론, 경문사, 2001.
조 순 외, 경제학원론, 법문사, 1997.
주명건, 경제학원론, 박영사, 1998.
주한광, 經濟學原論, 율곡출판사, 1997.
최병권, 현대경제학, 법문사, 2001.
최성수, 경제학원론, 대왕사, 1997.
허우원, 경제학원론, 학문사, 2001.
김성희 · 정기진, "전자상거래.com", 청람, 2004.
이병관 · 정은희, "인터넷 보안", 남두도서, 2004.
조동훈, "전자상거래 개론", 한올출판사, 2002.
심종석 · 정경진, "전자상거래와 e-비즈니스", 청림출판, 2000.
통계청, 통계정보시스템, http://kosis.nso.go.kr
T-Com Media, http://www.t-commerce.or.kr

정보통신정책연구원, http://telesum.kisdi.re.kr

두산동아, http://www.encyber.com/infocomdic

김동근의 텀즈・컴퓨터 용어사전, http://www.terms.co.kr

DeLong J. Bradford, *Macroeconomics*, McGraw Hill College Div., 2001.

Dornbusch, *Macroeconomics*, McGraw Hill College Div., 2002.

Hal R. Varian, *Microeconomic Analysis*, W. W. Norton & Company, Inc., 1984.

Himmelweit, Susan・Simonetti, Roberto・Trigg, Andrew, *Microeconomics*, Thomson Learning, 2001.

Lloyd G. Reynolds, *Labor Economics and Labor Relations*, Yale Univ. Prentice-Hall.

Pigou, A. C.・Aslangeigui, Nahid・Pigou, Arthur Cecil, *The Economics of Welfare*, Transaction Pub., 2002.

Rudiger Dornbusch, Stanley Fischer, *Macroeconomics*, McGraw-Hill, 1981.

Thomas J. Sargent, *Macroeconomic Theory*, Stanford Univ. Academic Press, 1987.

찾아보기

(ㄴ)

(ㅊ)

(ㅋ)

(ㅌ)

(ㅍ)

(ㅎ)

(기타)

현대 생활과 경제

2007년 2월 25일 초판1쇄 인쇄
2008년 8월 25일 초판2쇄 발행

저 자 박일수 · 김동규 · 김종섭
김정호 · 유원근 · 정은희

저자와의
협의하에
인지생략

펴낸이 임 순 재
펴낸곳 한올출판사
등록 제11-403호
121-849
주 소 서울시 마포구 성산동 133-3 한올빌딩 3층
전 화 (02)376-4298(대표)
팩 스 (02)302-8073
홈페이지 www.hanol.co.kr
e-메 일 hanol@hanol.co.kr
정 가 값 23,000원

• ISBN 978-89-8325-870-0